Ernst Weyden

Geschichte der Juden in Köln am Rhein

Ernst Weyden

Geschichte der Juden in Köln am Rhein

ISBN/EAN: 9783741158605

Manufactured in Europe, USA, Canada, Australia, Japa

Cover: Foto ©ninafisch / pixelio.de

Manufactured and distributed by brebook publishing software (www.brebook.com)

Ernst Weyden

Geschichte der Juden in Köln am Rhein

Geschichte

der

Juden in Köln am Rhein

von den

Römerzeiten bis auf die Gegenwart.

Nebst Noten und Urkunden.

Von

Ernst Weyden.

Köln, 1867.

Verlag der M. DuMont Schauberg'schen Buchhandlung.

Druck von M. DuMont-Schauberg.

Herrn **Franz Ferdinand Pape,**

Bibliothecar an der Universität in Bonn,

Herrn Dr. **Leonard Ennen,**

Archivar und Bibliothecar der Stadt Köln,

und

Herrn **Ferd. Jos. August Böcker,**

städtischen Steuer-Secretär in Köln,

Vorwort.

Von rein objectivem Standpuncte ist vorliegendes Werk bearbeitet. Nur Thatsächliches habe ich nach den Quellen erzählt, die Geschichte einer der ältesten, wahrscheinlich der ältesten Judengemeinde Deutschlands. Wer das Wesen einer solchen Aufgabe kennt, wird mit mir die Ueberzeugung gewonnen haben, daß es eine Unmöglichkeit, dieselbe vollständig zu lösen, daß die Lösung in Bezug auf Köln immer lückenhaft bleiben muß, weil bei den vernichtenden Stürmen, welche die Judengemeinde hier zu wiederholten Malen heimsuchten, ihre Erinnerungsbücher, wie sie oberrheinische Judengemeinden noch besitzen, nicht auf uns gekommen sind, wir nur spärliche Andeutungen derselben kennen. Ich konnte mich nur an den Quellen halten, welche unser eben so reiches als wichtiges Stadt-Archiv noch aufbewahrt, dessen Schätze uns aber, Dank den Bemühungen der Herren Dr. Ennen und Dr. Eckertz, bereits zum Theil durch den Druck (Quellen zur Geschichte der Stadt Köln, 2 Bde., gr. 8., 1860 und 1863) zugänglich geworden sind.

In wie weit es mir nun gelungen, nach den vorhandenen Quellen meiner Aufgabe, eine äußere Geschichte der Juden in Köln von den Römerzeiten bis auf die Gegenwart zu schreiben, gerecht zu werden, dies zu beurtheilen, stelle ich der Billigkeit meiner Leser anheim.

Von vielen Seiten fand ich bei meiner Arbeit die freundlichste und bereitwilligste Unterstützung, und den Männern, denen ich mich dafür zu ganz besonderem Danke verpflichtet fühle, dem Herrn Universitäts-Bibliothecar F. Ferd. Pape in Bonn, Herrn Stadt-Archivar Dr. L. Ennen und dem Herrn F. J. A. Böcker, Stadt-Steuer-Secretär in Köln, habe ich denselben dadurch zu bethätigen gesucht, daß ich ihnen meine Arbeit widmete.

Bei der Bearbeitung des Werkes hielt ich stets einen allgemeinen Leserkreis im Auge, wie ein Jeder aus der Anlage desselben ersehen und mir es daher auch zu gute halten wird, daß ich, der allgemeinen Verständlichkeit wegen, in der Einleitung bis hinauf in die Heldenzeit der Makkabäer ging und stets die allgemeine Geschichte der Juden in Deutschland berücksichtigt habe, wie, des Zusammenhanges wegen, die Geschichte der Stadt Köln, konnte ich in Bezug auf letztere auch nur andeutend zu Werke gehen, alles Ausführliche vermeidend.

Gewissenhaft habe ich alle Arbeiten, welche in jüngster Zeit in Deutschland über die Geschichte der Juden erschienen sind, zu Rathe gezogen, leider aber das auf dem umfassendsten und gründlichsten Quellenstudium fußende Werk von Otto Stobbe in Breslau: „Die Juden in Deutschland während des Mittelalters in politischer, socialer und rechtlicher Beziehung“, nur bei den letzten Bogen benutzen können, da meine Arbeit bereits im Drucke begriffen war, als Stobbe's höchst verdienstvolle Schrift (1866) erschien. Ein Verzeichniß der von mir benutzten ungedruckten und gedruckten Quellen und Hauptwerke zur Geschichte der Juden habe ich der ersten Note beigegeben, ohne jedoch alle Special-Geschichten deutscher Städte, die von den Schicksalen der Juden berichten, anzuführen. Ueberall dasselbe trostlos düstere Schauspiel, überall dasselbe, die Menschheit entwürdigende Trauerspiel!

Auf einen allgemeinen Leserkreis sind ebenfalls die beigefügten Noten berechnet und können dem Geschichtskundigen nur in Bezug auf Köln etwas Neues bieten. Die auf die Geschichte der Juden in Köln bezüglichen Urkunden habe ich so vollständig als immer möglich mitgetheilt, aber nur die wichtigsten ausführlich, wenn dieselben auch zum großen Theil in den Urkunden-Sammlungen von Bossart, Günther, Lacomblet, Eckertz und Ennen u. s. w. abgedruckt sind.

Von welchem Gesichtspuncte man auch meine Arbeit beurtheilen mag, ich darf die Versicherung geben, daß ich nie den Grundsatz: „Vor Allem der Wahrheit die Ehre!“ außer Acht ließ.

Köln, October 1866.

Ueberſicht.

Druckfehler.

—

Seite 98, Anmerkung, statt mensarios — usurarios publicos zu lesen.
„ 107 statt Hagen — Haym zu lesen.
„ 157 statt 1425 — 1424 zu lesen.

So weit unsere Kunde der Geschichte der Juden in der nachexilischen Zeit reicht, finden wir in derselben alle Züge der thatgewaltigsten Vaterlandsliebe, der todesmuthigsten Hingebung für religiöse Ueberzeugung und politische Unabhängigkeit, alle Tugenden, denen wir in der Geschichte anderer Völker die höchste Achtung, die höchste Bewunderung, die höchste Verehrung zollen, die wir als die ewigen Vorbilder preisen. In der Trägerin ihres Nationalbewußtseins, in der religiösen Ueberzeugung, daß sie das auserwählte Volk Gottes seien, lag die hohe moralische Macht des in numerischer Beziehung winzigen Judenvolkes. In dieser Ueberzeugung allein war seine unerschütterliche Gesetzestreue — hatte doch Gott selbst ihm das Gesetz gegeben —, war sein nationaler Stolz, allen anders glaubenden Völkern gegenüber nur zu oft bis zur bittersten Unduldsamkeit gesteigert, war seine felsenfeste Hoffnung auf den Messias der Verheißung begründet.

Groß blieb das Volk der Juden selbst in seinem politischen Untergange. Nie hat es gewankt in seinem nationalen Selbstbewußtsein, in der Ueberzeugung seines Glaubens, was auch immer sein Verhängniß sein mochte. Und sind wir gerecht, können wir dem Volke Israel unsere Hochachtung nicht versagen; denn wie vernichtend auch der Zeiten Geschick über dasselbe hereinbrach, ihm Heimath, Recht und Schutz, des Lebens heiligste Güter, raubend, wie vertilgend auch die unsäglichsten Leiden und Verfolgungen in allen Theilen der alten Welt gegen sein Dasein Jahrhunderte lang wütheten, in dem festen Glauben an den einigen Gott, sein Gesetz und seine Verheißungen hat das Volk der Juden auch das

Aergste, das Uebermenschliche überdauert. Und eine solche Erscheinung sollte uns nicht mit bewunderndem Staunen erfüllen? Hat die Geschichte der Menschheit noch ein zweites derartiges Beispiel aufzuweisen? Sie zwingt uns, mit „Nein" zu antworten[1]).

Allein dieser Gedanke veranlaßte mich, den Versuch zu wagen, eine Geschichte der Geschicke der Juden in Köln am Rheine zu schreiben — in Köln, der einst so mächtigen, in der politischen Geschichte des deutschen Reiches, so wie in culturgeschichtlicher Beziehung so einflußreichen Stadt.

Hier tritt uns vor Allem die Frage entgegen: Wann und wie kamen die Juden an den Rhein? Wann und wie kamen sie nach Köln?

Mit historischer Gewißheit lassen sich diese Fragen nicht beantworten, und längst vorüber ist die Zeit, wo man mit Hypothesen Geschichte schrieb, wo man Weltgeschichte auf der Studirstube machte.

1) S. Note I

Im Jahre 161 v. Chr. war Juda Makkabi, Judäa's letzter Held, in der Schlacht bei Eleasa den Heldentod für die religiöse und politische Unabhängigkeit seines Volkes gestorben[2]). Gerade ein Jahrhundert später führte der Kampf der Brüder Hyrkan und Aristobul um die Krone Judäa's die Römer nach Palästina, und mit ihnen nahm die Zeit der Schmach und Knechtschaft des jüdischen Volkes ihren Anfang. Unersättlich war Rom's Ländergier, unersättlich die Habsucht seiner Feldherren, welche vor den fluchwürdigsten Mitteln nicht zurückschreckten, galt es, ihrer Habgier Gelüste zu stillen. Pompejus trat da als Eroberer auf, wo ihn die Kurzsichtigkeit der Kronprätendenten zum Schiedsrichter in ihrer Angelegenheit erkoren hatte. Wie hätte der Sieggewohnte eine Gelegenheit unbenutzt vorübergehen lassen können, die Zahl seiner Eroberungen noch um eine bedeutende zu vermehren? Um sich Pompejus geneigt zu machen, hatte ihm Aristobul den kunstvoll aus Gold gearbeiteten Weinstock, ein Schmuck des Tempels und Weihegeschenk des Königs Alexander Jannai aus dem Geschlechte der Hasmonäer († 83 v. Chr.), dessen Werth auf 400 Talente, etwa 500,000 Thlr., geschätzt ward, verehrt, hatte Aristobul sich alle Demüthigungen von dem Stolze des Römers gefallen lassen, um sich zuletzt als Aufwiegler behandelt zu sehen, weil er, des Pompejus' Plan durchschauend, an Selbstvertheidigung dachte. Pompejus zog gegen Palästina und wußte den unentschlossenen Aristobul dergestalt einzuschüchtern, daß dieser

2) Dr. H. Graetz, Geschichte der Juden, Band III., S. 5.

ihm alle Festungen auf dem Königsgebirge übergab. Immer anmaßender trat Pompejus auf, immer unverschämter in seinen Forderungen, seitdem ihn in Palästina die frohe Botschaft überrascht hatte, daß Rom's gefährlichster Feind in Asien, Mithradates, freiwilligen Tod dem Schicksale, den Römern lebendig überliefert zu werden, vorziehend, seinem Leben ein Ende gemacht. Endlich entschloß sich Aristobul, hinter Jerusalems festen Thürmen und Mauerwällen den Entscheid des Kampfes abzuwarten, kam aber bald wieder von seinem Entschlusse zurück, als die Legionen der Römer heranrückten, und schickte sich auch sofort an, dem Pompejus Jerusalem und seine Schätze zu überliefern.

Als Aristobul zu diesem Ende in Begleitung des römischen Legaten Gabinius nach Jerusalem gekommen, fand er hier in den Republicanern eine mächtige Partei, welche, todesmuthig entschlossen, das Aeußerste zu wagen, sich seinem Vorhaben widersetzte und ihn nicht mehr aus Jerusalem entließ, nachdem sie den Römern die Thore verschlossen. Pompejus belagerte die Stadt, welche ihm nach kurzer Frist von den Anhängern Hyrkan's übergeben ward. Es hatten sich die Patrioten aber auf den Tempelberg zurückgezogen, die Verbindungsbrücke abgebrochen, mit dem festen und todesmuthigen Entschlusse, die Citadelle der Stadt, den Tempel, das National-Heiligthum aufs Aeußerste zu vertheidigen. Drei Monate währt die Belagerung des Tempelberges, kühn werden alle Angriffe der Römer, die Belagerungsgeräthe aus Tyrus hatten kommen lassen, von den Belagerten zurückgewiesen. Endlich an einem Sabbath im Monat Siwan (Juni 63)[3]) gelingt es den Römern, einen Thurm des Tempels zu untergraben. Sein Sturz öffnet ihnen eine Bresche, durch welche sie in den Tempel dringen, mit blinder Wuth, unmenschlicher Blutgier alles niedermachend, was ihnen begegnet, die Priester beim Opfer und alle, die, aus der heiligen Ruhe des Sabbaths aufgescheucht, den Angriff mit Waffengewalt abzuwehren suchen. Es sollen an diesem Tage 12,000 Juden umgekommen sein. Die Edelsten zündeten sich selbst die Scheiterhaufen an, stürzten sich von des Tempels Zinne in die

3) S. Note II.

Tiefe der den Tempelberg umklaffenden Abgründe, um der römischen Sclaverei zu entgehen, für ihre Freiheit zu sterben.

Pompejus, kaum Herr des Tempelberges, hatte nichts Eiligeres zu thun, als den Tempel zu besuchen. Selbst in das Allerheiligste drang er, das kein Israelit, nicht einmal ein gewöhnlicher Priester, nur der Hohepriester am Versöhnungstage betreten durfte. Der Sieger wollte sich mit eigenen Augen von den Absonderlichkeiten überzeugen, welche über den jüdischen Cultus, namentlich von Alexandrinischen Schriftstellern verbreitet waren. Wie groß war seine Ueberraschung, sein Staunen, als er in den heiligen Hallen nicht einmal ein Bild der Gottheit fand. Und wer weiß, ob der gewaltige Eindruck dieser Ueberraschung den sonst geldgierigen Römer nicht bestimmte, den Tempelschatz, welcher an Gold und Silber und geprägten Münzen 2000 Talente, also mehr denn zwei und eine halbe Million Thaler, betragen haben soll, unberührt zu lassen und sofort Befehl zu geben, den Tempel von den Spuren der Metzelei zu reinigen*)?

Jerusalems Mauern wurden zerstört, die heldenmüthigen Führer der Tempelvertheidiger heimlich hingerichtet und die übrigen Kriegsgefangenen nach Rom geschleppt. Unter ihnen auch Aristobul, seine beiden Söhne Alexander und Antigonos, zwei seiner Töchter und sein Oheim Absalon, um den Triumphzug zu verherrlichen, welcher den Pompejus nach seiner Rückkehr aus dem Pontus in Rom erwartete.

Mit dem Königthum der Hasmonäer hatte auch die Unabhängigkeit der Juden in Judäa ihr Ende erreicht; sie wurden den Römern tributpflichtig. Sie mußten den Census, Kopfgeld, zahlen, einen Denar = 5 Ngr., und Zölle entrichten, d. h. Abgaben von ihren Ländereien und deren Erzeugnissen, von Vieh u. s. w. Wie bei den Griechen, waren die Zoll-Einnehmer seitdem auch bei den Juden verachtet, den Sündern gleich gestellt, den Leuten, die sich durch von dem Gesetze als unehrlich bezeichnete Beschäftigungen (sordidum manus) ihren Unterhalt verdienten. Hyrkan mußte

*) Dr. Graetz a. a. O. B. III., S. 163 ff., und J. M. Jost, Geschichte der Israeliten, B. I., S. 104.

dem Königstitel entsagen, sich mit dem eines Ethnarchen, d. h. Volksfürsten, und der Hohenpriesterwürde begnügen unter der Vormundschaft des römischen Landverwesers Antipater.

Daß sich schon vor der Eroberung Jerusalems durch Pompejus in Rom und anderen italienischen Handelsstädten zu Handelszwecken Juden aufgehalten haben, läßt sich annehmen, wenn auch nicht historisch beweisen. Sie kamen aus Kleinasien und Aegypten nach Italien, angelockt durch den Gewinn, den sie in Kleinasien als Lieferanten der römischen Heere gefunden hatten und welcher sie zu größeren Speculationen als Steuerpächter veranlaßte. Erst mit den jüdischen Kriegsgefangenen des Pompejus erhielten sie in Rom eine geregelte Gemeinde-Verfassung; denn unter jenen befanden sich Gesetzeskundige, die, von ihren bereits in Rom angesiedelten vermögenden Stammesgenossen losgekauft, in Rom eine Judenschule gründeten, das Gesetz lehrten und eine Synagoge bauten[5]).

Rom kannte noch keine Staatsreligion. Ein jedes Bekenntniß, dessen Anhänger den römischen Gesetzen gemäß lebten, hatte dort unbeschränkten Cultus, freie Religionsübung. Die Mehrzahl der jüdischen Sclaven, die nach und nach ihre Freiheit erkauften oder erhielten, waren als „Libertini", Freigelassene, römische Bürger. So bildeten die Juden in Rom eine bedeutende Gemeinde, deren Wohnsitze im Viertel der Ausländer, auf dem linken Tiberufer, am Fuße des vaticanischen Hügels, oder auf der Tiberinsel, durch eine Brücke, die noch in späterer Zeit den Namen Judenbrücke (Pons Judaeorum) führte, mit dem Ufer verbunden. Diesen Ort mochten sie zu ihrer Niederlassung gewählt haben, weil er günstig zur Löschung ihrer Frachtschiffe[6]) gelegen war.

Stimmberechtigt in den Volks-Versammlungen, mag die römisch-jüdische Gemeinde durch ihre Einhelligkeit und Eintracht oft in denselben den Ausschlag gegeben haben. Treu ihrem Gesetze, dem Brauche der Väter in Gewohnheiten und Kleidung, welche letztere sie besonders in dem bunten Wirrsal so vieler Nationalitäten, die

---

5) Dr. Graetz a. a. O. B. III., S. 170.
6) Dr. Graetz a. a. O. B. III., S. 171.

das damalige Rom beherbergte, kennzeichnete[7]), standen sie in steter Verbindung mit dem Synedrion Jerusalems, als ihrer höchsten Instanz in allen Religions-Angelegenheiten, während ihre Aeltesten und Gesetzeskundigen in Rom ein eigenes Gericht bildeten, das in allen Angelegenheiten der Gemeinde, in allen Processen über Mein und Dein entschied. Angewiesen waren die Juden in Rom und wo sie sich sonst im römischen Reiche angesiedelt auf den Handel, das Handwerk und den Taglöhnerdienst. Mit der Zunahme ihrer materiellen Macht, wuchs auch in wenigen Jahren ihr Einfluß und Ansehen so sehr, daß es ihnen viele Neider und Feinde unter den Römern schuf. Selbst Cicero war, urtheilbefangen, ein entschiedener Judenfeind. Ihren Einfluß scheuend, wagte er es aber nicht, offen gegen sie aufzutreten, als er den seiner Gelderpressungen in Kleinasien wegen angeklagten Flaccus vertheidigte. Flaccus war auch beschuldigt, sich der Tempelspenden der kleinasiatisch-jüdischen Gemeinden, die 200 Pfund Gold betrugen, bemächtigt zu haben. In seiner Vertheidigungs-Rede erlaubt sich Cicero nur folgende Aeußerung: „Ein hoher Ernst gehört sich dazu, dem barbarischen Aberglauben entgegenzutreten, und es zeugt von hohem Charakter, im Interesse des römischen Staates den in den Volks-Versammlungen rührigen Juden Verachtung zu zeigen. Wenn Pompejus keinen Gebrauch von seinem Siegesrechte gemacht hat und den Tempelschatz der Juden unangetastet ließ, so geschah dies wohl nicht aus Verehrung der jüdischen Heiligthümer, sondern vielmehr aus Klugheit, um der argwöhnischen und verleumderischen jüdischen Nation keine Gelegenheit zu Anklagen zu geben; sonst würde er schwerlich fremde, und noch dazu jüdische Heiligthümer verschont haben.“ Dann heißt es ferner: „Als Jerusalem noch unbesiegt und die Juden in Frieden lebten, zeigten sie einen tiefen Abscheu gegen den Glanz des römischen Reiches, gegen die Würde des römischen Namens, gegen die Gesetze unserer Altvordern, und in dem letzten Kriege hat die jüdische Nation erst recht gezeigt, von welcher feindlichen Gesinnung sie in Bezug auf uns beseelt ist. Wie wenig diese Nation bei den unsterblichen Göttern

7) S. Note III.

beliebt ist, hat sich erwiesen, da ihr Land erobert, da es verpachtet und unterjocht ist."

Julius Cäsar, Cicero's Feind, war ein Freund, ein Beschützer der Juden. Auf seinem Eroberungszuge nach Gallien, das er in neun Jahren der Herrschaft Rom's unterwarf, begleiteten ihn wahrscheinlich Juden als Lieferanten seiner Legionen und dazu gebraucht, Handelsverbindungen mit den unterjochten Völkerschaften anzuknüpfen. Schon im Jahre 55 bahnte sich der sieggewohnte Feldherr mit seinem Heere einen Weg durch die Urwälder und Sümpfe, welche das Land der Belgen vom Rheine trennten, nach dem Niederrheine. Wahrscheinlich hatten aber schon Handelsbeziehungen zwischen den Anwohnern des Rheines, selbst des rechten Ufers, und den gallischen Völkerschaften bestanden, denn der zwischen Lahn und Sieg wohnende deutsche Volksstamm — Ubii nennen ihn die Römer — konnte dem römischen Feldherrn eine beträchtliche Anzahl von Flußschiffen zur Verfügung stellen, um seinen Rheinübergang zu bewerkstelligen, als sie ihn zum Schutze gegen ihre Nachbarn, die sie hart bedrängenden, ihren Handelsverkehr fortwährend durch Einfälle und Plünderungen störenden Sugambrer, um Beistand angerufen hatten*). Cäsar schlägt eine Brücke über den Rhein, lagert achtzehn Tage auf dem rechten Rheinufer, wahrscheinlich zwischen Sieg und Agger, ohne jedoch etwas gegen die Sugambrer, die sich in ihre Berg- und Waldeinöden zurückgezogen, zu unternehmen. Er kehrt wieder nach Gallien zurück, sieht sich aber im Jahre 53 auf die flehentliche Bitte der Ubler noch einmal veranlaßt, über den Rhein zu gehen. Auch dieser Feldzug hatte für die römischen Waffen keine Lorbern, keinen sonderlichen Erfolg, mochte die Römer aber bestimmen, zum Schutze der neuen Nordgränze ihres Reiches, des Rheines, einzelne feste Lagerstätten auf dessen linkem Ufer anzulegen. Der Lagerverkehr gab den freien Juden Aussicht auf Gewinn. Gewiß siedelten sich einzelne in den Lagerstätten an, und sahen bald ihre Zahl durch jüdische Sclaven vermehrt, denn Cassius, Legat des im Kampfe gegen

*) Ubiorum civitas ampla fuerit et mercatoribus florens. Caesar de Bello Gallico IV., 2.

die Parther gefallenen Crassus, ließ im Jahre 52 nicht weniger denn 30,000 jüdische Krieger als Sclaven verkaufen, da der Versuch des jüdischen Feldherrn Pitholaos, das Römerjoch in Judäa mit Waffengewalt zu sprengen, gescheitert, er gezwungen worden war, sich in Tarichea, am See Tiberias, mit seinem Heere den Römern zu ergeben. Pitholaos starb durch Henkershand.

Als das Schicksal des Römerreiches Cäsar nach Africa und Kleinasien rief, bewies er sich allenthalben den Juden günstig, sowohl in Aegypten, als in Kleinasien und Judäa. Den Alexandrinischen Juden bestätigte er alle ihre Gerechtsame, stellte sie völlig gleich mit den Griechen und erlaubte die Ausfuhr der Tempelspenden. Unter seinen besonderen Schutz nahm er die kleinasiatischen Juden, gab ihnen volle Religionsfreiheit und das Recht, Synagogen zu bauen, das ihnen die Griechen streitig gemacht hatten, wie er sie auch der Pflicht entband, am Sabbath vor Gericht zu erscheinen; Antipater, der ihn in Aegypten mit 3000 Mann jüdischer Krieger unterstützt und wesentlich zu seinem Siege beigetragen hatte, lohnte er mit dem römischen Bürgerrechte, der Steuerfreiheit und ernannte ihn zum Landverweser über Judäa. Den Juden gestattete er, Jerusalems Mauern wieder aufzubauen. Aber theilnahmlos, kalt, blieben die Juden bei diesen Wohlthaten. Sie sahen darin nur Gunstbezeugungen des Römers, des Gönners des verhaßten Idumäers Antipater, dessen Geschlecht, von Johann Hyrkan gezwungen, sich zum Judenthum bekannt hatte[8]).

Mit dem lebhaftesten Danke empfingen aber die römisch-jüdischen Gemeinden außerhalb Palästina die Begünstigungen Cäsar's. Sie verehrten in dem Imperator ihren höchsten Wohlthäter. Als ihn im Jahre 44 der Mordstahl traf, war der Schmerz, die Trauer der Juden in Rom unsäglich. Viele Nächte hindurch besuchten sie die Stätte, wo die Leiche des Divus Julius Caesar verbrannt worden, um dem Andenken des großen Mannes die letzte Ehre zu erweisen[9]).

---

8) Dr. Graetz a. a. O. B. III., S. 161 und S. 181.

9) Suetonii Tranq. Div. Jul. Caesar 84, wo es heißt: In summo

Die Juden in Köln während der Römerherrschaft.

Während der gewaltige Kampf der Republicaner und Cäsarianer die bekannte Erde erschütterte, aus dem die monarchische Neugestaltung des römischen Reiches nach den heftigsten Wehen hervorgehen sollte, lagerte der Römer-Feldherr Marcus Vipsanius Agrippa zum Schutze der Rheingränze in der von sanften Hügeln umzogenen Ebene, in welcher das heutige Köln seine Thorburgen und Thürme erhebt. Sein Standlager war, nach Römer-Sitte, von festen Mauerwällen und Thürmen geschützt, in deren Bering die öffentlichen Bauwerke errichtet, welche jede Römer-Stadt zierten.

Agrippa gab der wiederholten Bitte der Ubier Gehör, ihnen zu gestatten, ihre Wohnsitze auf das linke Rheinufer zu verlegen, um unter dem Schutze römischer Waffen Ruhe und Sicherheit gegen die Raubzüge der Sugambrer zu finden, welche seit Cäsar's zweitem Rheinübergange immer stürmischer geworden waren. Er räumte den Ubiern das vor Cäsar's Einfall von den Eburonen bewohnte Gebiet zwischen Uerdingen und dem Ahrflusse ein und nahm einen Stamm derselben unter den Schutz seines Standlagers, das sich von dem Hügel, auf dem jetzt der Dom prangt, bis zu dem Hügel, auf welchem die Kirche St. Maria im Capitol ihre Zinnen erhebt, erstreckte. An der Nordseite seines Winterlagers gründeten die Ubier, 38 v. Chr., ihre Niederlassung, das Oppidum Ubiorum.

Wie dem Heere Cäsar's Juden an den Rhein gefolgt, so nicht minder den Legionen Agrippa's, denen sie als Handelsleute neben den Zünften der verschiedenen Handwerker bei Niederlassungen, gleich der von dem römischen Feldherrn am Niederrheine beabsichtigten, ein nothwendiges Bedürfniß. Reiches Gedeihen fand die Ansiedlung der Juden in Agrippa's Standlager und in dem Oppidum Ubiorum, der Ubierstadt, da die Ubier, selbst Kaufleute,

---

publico luctu exterarum gentium multitudo circulatim suo quoque more lamentata est: praecipueque Judaei, qui etiam noctibus continuis bustum frequentarunt.

in ihrem Handelsverkehre die Juden als Zwischenhändler benutzten. Bestimmte historische Kunde hierüber besitzen wir zwar nicht, doch bezeichnen die jüdischen Geschichtschreiber die Juden-Gemeinde Kölns, der ohne Widerrede ältesten Römer-Niederlassung auf dem linken Rheinufer, als die älteste Deutschlands[10]).

Agrippa mußte bald dem Kriegsrufe Octavian's folgen, welchem er als Führer seiner Flotte im Jahre 31 v. Chr. den Sieg bei Actium erfocht und mit diesem Siege die Alleinherrschaft über das große Römerreich. Octavianus Augustus gab dem Freunde und Feldherrn, dem treuen Rathgeber, seine Tochter Julia zur Gemahlin. Als Kunstfreund und Beschützer und Förderer der schönen Künste hatte Agrippa zweifelsohne sein festes Standlager am Rheine durch stattliche Bauwerke und eine Wasserleitung verschönert, wie er der Weltstadt selbst ihre berühmtesten Wasserleitungen und den Prachtbau des Pantheon gab. Er starb 13 v. Chr., allgemein beklagt, selbst von den Republicanern, und am tiefsten von dem Cäsar Augustus.

Die Hoffnung auf den kommenden Messias, bei den strenggläubigen Juden feste Ueberzeugung, verlieh ihnen Stärke und Ausdauer, alle über sie verhängten Unbilden zu ertragen, ja, selbst in Palästina die bittere Schmach der Römerherrschaft, welche die Gebildeten des Volkes nur als eine vorübergehende Zeit der Prüfung betrachteten, „bis der wahre Priester die verlorenen Urim und Tumim wiederbringen, bis der wahre Prophet erscheinen, bis Elias wiederkehren werde, die Herzen der Väter mit den Herzen der Kinder zu versöhnen"[11]).

Dieser Gedanke erhob alle Gemüther, tröstend und beseligend, das Endziel der Wünsche Aller. Daher nichts natürlicher, als daß die Männer, die im Laufe der Römerzeit in Palästina als

10) Vgl. Dr. Graetz a. a. O. B. VI., S. 106, wo es im Jahre 1096 von den in Köln wohnenden Juden heißt: „Die älteste Gemeinde Deutschlands machte sich auf das Gräßlichste gefaßt u. s. w." — B. VIII., S. 148, wo gesagt wird: „Ohne sich um Papst und Kaiser zu kümmern, vertrieben die Kölner die wahrscheinlich älteste deutsche Gemeinde aus ihren Mauern u. s. w."

11) Dr. Graetz a. a. O. B. III, S. 258.

Propheten, als Messias unter den Juden auftraten, auch Anhänger fanden. Je härter der Druck der Willkür der römischen Landpfleger in Judäa wurde, je tiefer man die Schmach der verlorenen Unabhängigkeit im Volke empfand, um so lebendiger, um so heftiger die Sehnsucht nach dem verheißenen Erlöser, von dem aber jede der religiösen Parteien, in welche das Volk zerfallen — die drei Hauptsecten: Pharisäer, Sadducäer und Essäer, dann Nebensecten: die republicanischen Zeloten, die Schammaiten, die Hilleliten, die Anhänger des jüdischen Platonikers Philo —, eine andere Vorstellung hatte, an welchen jede andere Anforderungen machte[12]).

Als Johannes der Täufer, ein Essäer, auftrat, und das Herannahen des Himmelreichs durch Jesum verkündete, die Juden zum Sündenbekenntniß, zur Buße und zur Taufe aufforderte, fand er viele Anhänger. Auch Jesus von Nazareth empfing von Johannes die Taufe im Jordan und begann dann das Werk seiner göttlichen Sendung als Messias Christos[13]).

Johannes wurde, weil er treu der Wahrheit, auf Befehl eines der Vierfürsten, Herodes Antipas, im Kerker der Festung Machaerus in Galiläa enthauptet. Viele seiner Anhänger blieben ihrem Meister treu und bildeten, getrennt von den Christen, die Secte der Zabier oder Johannis-Christen, welche noch im 18. Jahrhundert in Persien, in der Provinz Irak, bestand.

Jesus Christos von Nazareth starb, als Tiberius (14—37) auf dem Throne Rom's saß, unter dem Landpfleger Pontius Pilatus in Jerusalem den Verbrechertod am Kreuze, weil die nach der gewöhnlichen Annahme hier herrschende Partei der Pharisäer den Heiland und seine Lehre als staatsgefährlich zu schildern, das Volk gegen ihn dergestalt aufzuwiegeln und dessen reli-

---

12) S. Note IV.

13) Jesus ist die griechische Aussprache des Namens Josua, wie auch Josua, der Sohn Nun's, von den griechischen Uebersetzern Jesus genannt wird, und eben so Jesus Sirach. Dr. A. Geiger: Das Judenthum und seine Geschichte. S. 119.

giösen Fanatismus dermaßen auf das höchste zu steigern wußte, daß der Blutruf: „Kreuziget ihn!" alle Empfindungen des Erbarmens, des Mitgefühls übertönte, daß das Volk zur Befreiung Christi nicht einmal von seinem alten Rechte, vor einem Festtage für einen Verbrecher Gnade erwirken zu können, Gebrauch machte, obgleich Pilatus ihm dies freigestellt hatte. Christus wurde an's Kreuz geschlagen, wie früher Juda aus Gaulonitis und dessen Genossen[14]).

Das heilige Werk, welches Christus begonnen, wurde von seinen Jüngern fortgesetzt und von ihnen die erste Christengemeinde in Jerusalem gegründet, unter dem Namen der Ebioniten, d. h. der Freiwillig-Armen, oder der Nazarener, so genannt nach dem göttlichen Stifter ihrer Religion. Leider haben sich im Laufe der Zeiten viele der Bekenner der Lehre Christi, der Lehre der göttlichen Liebe, durch fanatische Unduldsamkeit, durch die düstersten und blutigsten Gräuel gegen die Anhänger anderer Bekenntnisse an der göttlichen Lehre ihres Stifters und an der Erinnerung an denselben aufs schrecklichste versündigt, wie es der Verlauf unserer Geschichte darthun wird. Wie viele Unmenschlichkeiten, wie viele Grausamkeiten, wie viele Gräuel hat nicht die Geschichte in ihren Annalen verzeichnet, welche unter dem Namen des Christenthums begangen wurden? Wie oft blieben die Grundlehren ihres göttlichen Stifters: „Liebe Gott über Alles und deinen Nächsten wie dich selbst — Was du nicht willst, daß dir geschieht, das sollst du auch keinem Anderen thun!" zur Schande der Menschheit unbeachtet, wie oft wurden sie von denen, die sich zu Christi Lehre bekannten, durch die blutigsten Gräuelthaten geschändet!

---

14) Dr. A. Geiger: Das Judenthum und seine Geschichte. Abtheil. I. S. 116 ff. — Dr. Ludwig Philippson hat in seiner Abhandlung: „Haben wirklich die Juden Jesum gekreuzigt? (Berlin, Louis Gerschel's Verlagshandlung, 1866) den Beweis zu führen versucht, daß Jesus Christus nicht durch die Juden, sondern durch den römischen Landpfleger Pilatus und durch die Römer zum Tode am Kreuze verurtheilt und hingerichtet worden sei. Der Beweis, daß Jesus nicht durch die Juden umgekommen, ist mit vieler Klarheit und Schärfe geführt, ohne alle Polemik. Ich verweise auf das Schriftchen selbst.

Die ersten Christen haßten in den Juden die Mörder des Stifters ihrer Religion, seine erbittertsten, hartnäckigsten Widersacher. Die Juden sahen in den Christen nur Abtrünnige, Sectirer, welche sie nicht minder verabscheuten, haßten. Und dieser gegenseitige Haß hat den Juden, als das Christenthum den Weltsieg errungen, die bitterste, blutigste Frucht getragen.

Es ist wohl eine müßige Erfindung, daß Abgar, König der Armenier, dessen Residenz Edessa, dem Tiberius über die Wunder, den Tod und die Auferstehung des Heilandes berichtet und den Cäsar aufgefordert habe, Rache an den Juden zu nehmen und dahin zu wirken, daß Jesus anerkannt werde als der wahre Gott. Wie denn auch die Antwort des Tiberius, welcher dem Abgar meldet, daß ihm Pilatus Kunde gegeben über die Wunder Christi und seiner Auferstehung, und daß er mit dem Senate Rath gepflogen, Christus als Gott anzuerkennen, was Jedem erlaubt, dem mit Tode drohend, der Christus verleumde. Was die Juden angehe, so werde er dieselben, sobald er die rebellischen Spanier bezwungen habe, zur verdienten Strafe ziehen[15]).

Tiberius erwirkte wirklich beim Senate die Bestätigung eines Gesetzes, nach dem alle Aegypter, Anhänger des Isisdienstes, und alle Juden und Proselyten bei Strafe ewiger Sclaverei Rom verlassen mußten, wenn sie nicht in vorgeschriebener Frist dem Isisdienste oder dem Judenthume abgeschworen hätten. Auf Antreiben seines Günstlings Sejan wurden 4000 jüdische Jünglinge nach Sardinien gesandt, um hier gegen die Räuberbanden zu kämpfen[16]). Sie wurden das Opfer der Ungesundheit des Klima's der Insel oder starben als Martyrer für ihren Glauben[17]).

Zwölf Jahre währte die Verbannung der Juden aus Rom, bis zum Jahre 31 n. Chr., als Sejan durch Henkershand gestorben war. Antonia, die Schwägerin des Tiberius, welche Sejan's Verschwörung gegen das Leben des Cäsars entdeckt hatte, verwandte sich für die Juden und erwirkte ihre Zurückberufung.

15) Note IV.
16) C. Suet. Tranq. Tiberius Caesar, 36. — Tacit. Annal. II. 85.
17) Dr. Graetz a. a. O. B. III. S. 254.

Der Glaube ist ein Bedürfniß des weiblichen Gemüthes, daher kann es uns nicht auffallen, nicht wundern, daß gerade unter den Frauen Roms — und besonders unter den vornehmeren, sei nur außer Antonia, der Schwägerin des Tiber, Nero's Gemahlin, Poppaea, genannt — so viele Proselyten des Judenthums, und schon in den ersten Decennien nach Christus auch des Christenthums gefunden werden. Es hatte der Glaube an die alten Götter den Boden verloren, war bei den Gebildeten Gegenstand des Spottes geworden, denn er gab, in den krassesten Aberglauben ausgeartet, dem Herzen, dem Gemüthe keine Genugthuung mehr. Man suchte Ersatz für das Aufgegebene, und fand denselben: einen neuen positiven Glauben im Judenthume und im Christenthume, deren Lehren in den Mysterien, welche sie umgaben, auf denen sie fußten, für die sehnsuchtvollen, nach Trost ringenden Herzen einen unaussprechlichen Reiz hatten, von dessen Allgewalt wir auf unserem Standpuncte uns schwerlich eine klare Vorstellung machen können.

Die Schicksale der Juden in Rom mochten auf die in den einzelnen Provinzen des Westreiches hausenden, und also auch auf die in der Ubierstadt am Rheine wohnenden, wenig Einfluß haben. Cäsar Caligula (37—41) zwang die Juden Jerusalems, sein Bild in ihrem Tempel aufzustellen, ihm als Divus göttliche Verehrung zu erweisen. Das Schwert des Chareas, des Anführers der Leibwachen des Caligula, befreite Rom von diesem wahnwitzigen Ungeheuer. Caligula erließ übrigens den palästinischen Juden die drückende Abgabe des Centesimae vectigal, und gab ihnen in Agrippa, einem Enkel Herodes d. Gr., einen eigenen König, welcher die Würde auch von 38 bis 45 n. Chr. behauptete.

Caligula's Nachfolger, Claudius I. (41—54), ertheilte allen Juden des römischen Reiches das volle Bürgerrecht, mithin auch denen der Ubierstadt, und gestattete ihnen, nach ihren Gesetzen und Bräuchen (suis legibus et moribus) zu leben. Es scheinen die Juden sich durch Bestechungen die Gunst der Freigelassenen Narcissus und Pallas, unter deren Einfluß der Tyrann stand und denen Alles feil, gewonnen zu haben. Gegen das Ende seiner Regierung verbannte aber Claudius die Juden aus Rom, weil sie, zu einer sehr zahlreichen Gemeinde herangewachsen, sich unter einem gewissen Chrestus, wie Sueton berichtet, mancherlei Ruhestörungen hatten zu Schulden kommen lassen*).

Annehmen läßt sich, daß die Judengemeinde der Stadt der Ubier Zuwachs erhielt, als Julia Agrippina im Jahre 50 n. Chr. ihren Gemahl, den Cäsar Claudius, bestimmte, die Stadt der Ubier, wo sie, eine Tochter des Germanicus, zuerst das Licht der Welt erblickt hatte, zu einer römischen Pflanzstadt zu erheben unter dem Namen Colonia Agrippinensis. An die Veteranen, welche Agrippina nach der neuen Colonie am Rheine übersiedelte, wo sie ihnen Grundbesitz und Wohnungen anwies, schlossen sich gewiß auch Juden aus Rom an. Was sie in Rom aufgaben, fanden sie in der Colonia Agrippinensis, welche bald, was Sitte und Brauch, Gesetz und Verwaltung anging, ein zweites Rom wurde, mit der Weltstadt an der Tiber an Luxus und Pracht, an Ueppigkeit und Entsittlichung wetteiferte, so daß die Bewohner der Colonie germanischen Stammes, die alten Ubier, in nicht ganz neun Jahrzehenden völlig entarteten, verrömerten und mit sichtlichem Stolze den Namen „Agrippinenses" führten und zuletzt sogar zu feigen, hinterlistigen Verräthern an der Sache des germanischen Vaterlandes wurden[18]).

Agrippina's Sohn, Nero Claudius (54—68), dieses Scheusal der Menschheit, trat als Imperator zuerst als Verfolger der Christen auf, deren Secte von den Heiden nicht weniger verabscheut und gehaßt wurde, als von den Juden, welche Nero wieder in Rom aufgenommen und auf mancherlei Weise begünstigt hatte, ihnen freie Religions-Uebung und das Recht, nach ihrer Väter Sitte zu leben, gestattend[19]). Wie bekannt, ließ Nero in Rom Feuer anlegen, das sechs Tage und sieben Nächte wüthete, zehn Viertel der Stadt einäscherte und eine Menge Tempel und historischer

---

*) Sueton, vit. Claudii. XXV.

18) Vgl. Dr. Ennen, Geschichte der Stadt Köln. B. I. S. 36 ff.

19) Sueton, Nero Claudius Caesar, 16, wo es von den Christen heißt: Afflicti suppliciis Christiani, genus hominum superstitionis novae ac maleficae. Tacit. Annal. XIV., 44.

Denkmäler vernichtete. Von der Zinne des Mäcenischen Thurmes weidete der Unmensch sich an dem furchtbaren Schauspiele, Troja's Zerstörung besingend[20]). Er klagte die Christen und zweifelsohne auch die Juden, da die Christen noch im Judenthume standen, als Urheber des Brandes an und ersann eine schreckliche Qual zur Strafe der Unschuldigen. Mit brennbaren Stoffen beschmiert, ließ er die Unglücklichen in seinen Gärten in langen Reihen an Pfähle binden und bei einbrechender Nacht anzünden. Ein Vergnügen machte er sich daraus, in seinem Wagen zwischen diesen brennenden, im Todesschmerz jammernden und wehklagenden Menschen hin und her zu fahren. Nur die Absicht, den Haupttheil Roms nach einem neuen Plane umzubauen, zu verschönern, hatte den hirnverbrannten Tyrannen zu dieser grausenhaften Schandthat veranlaßt. Das Reich mußte die Kosten zu dem Neubau der Residenz aufbringen. Noch in seinem Todesjahre, 68, sprach Nero das Todesurtheil über die Apostel Petrus und Paulus und erlitten diese den Märtyrtod in Rom.

Indessen sollte das Verhängniß des Judenreiches in Palästina in Erfüllung gehen. Die Vorsehung hatte den Untergang der jüdischen Nation beschlossen. Der Kampf auf Leben und Tod mit den Römern begann. Zehn Jahre lang währte er und lieferte den Beweis, was eine Nation, wenn auch ihrem Feinde gegenüber numerisch unbedeutend, von wahrer Freiheitsliebe, erhabenem Nationalgefühl und tiefer religiöser Ueberzeugung beseelt, vermag, welcher Opfer sie fähig ist! Man kann den Juden in Palästina während der Dauer des Riesenkampfes um ihre politische und religiöse Unabhängigkeit und Freiheit seine Bewunderung nicht versagen — ohne ungerecht zu sein. Die zehn Jahre des Kampfes bieten auf der Seite der Juden eine Reihe von Heldenthaten, Beispiele des edelsten Patriotismus, der hingebendsten Selbstverläugnung und Opferwilligkeit, wie die Geschichte der Menschheit nur wenige aufzuweisen hat. Moralisch groß und einzig ist das Volk der Juden in seinem Untergange[21]).

---

20) Suet. l. c. 38.

21) Ueber das Nähere vgl. Dr. Graetz a. a. O. B. III., 13., 14., 15. und 16. Cap. S. 343—457. — J. M. Jost a. a. O. B. II., 6., 7. u. 8. Buch.

Die jüdischen Patrioten, die Vorkämpfer der Freiheit, traten in Palästina unter dem Namen der Zeloten auf, von der glühendsten Vaterlandsliebe entflammt, entschlossen, Alles für die Freiheit, zum Untergange der mit jedem Tage drückender und verhaßter werdenden Fremdherrschaft der Römer zu wagen. Der Zeloten Begeisterung riß auch die Zaghaftesten zum Kampfe hin. Immer kleiner wurde die Friedenspartei. In offener Empörung traten die Zeloten in verschiedenen Theilen Judäa's auf, bald siegreich, bald unterliegend. Aber jede noch so blutige Niederlage begeisterte sie zu frischerem Kampfesmuthe, zu neuen Unternehmungen gegen die Römer, hoffend auf den Gott Israels, und felsenfest war diese Hoffnung.

Neben den Zeloten machte sich noch eine zweite Freiheitspartei bemerkbar: die Sicarier, die mit hinterlistigem Mord und Raub, durch die blutigsten Unthaten das Werk der Rache an den Römern und ihren Anhängern verfolgten[22]). Die Seele der Zelotenpartei in Jerusalem war Eleasar ben Anania, ein wahrer, edler, für die Freiheit glühender Volksheld. An der Spitze der Sicarier stand Manahem, der aber nach dem blutigen Aufstande Jerusalems gegen den Landpfleger Florus und den jüdischen König Agrippa II. auf Befehl Eleasar's hingerichtet wurde. Blutige Rache nahmen die Zeloten an der römischen Besatzung Jerusalems, die sich ergeben, und der man freien Abzug gewährleistet hatte. Alle wurden niedergehauen, außer ihrem Anführer, Mitelius, den man verschonte, weil er gelobt hatte, sich zum Judenthume zu bekennen. Unter die Zahl der Siegestage wurde der Tag (19. Elul) aufgenommen, an dem Jerusalem von den Römern befreit worden[23]).

Florus bot Alles auf, dem Aufstande, der Empörung Schranken zu setzen. Als die 20,000 jüdischen Bewohner Cäsarea's

---

22) Die Bezeichnung Sicarius, Sicarier, ist von dem lateinischen Worte Sica, dem Namen ihrer Waffe, des kurzen Dolches, mit dem sie ihre Mordthaten verübten, herzuleiten. Wir finden das Wort in der Bedeutung von Bandit, gedungenem Meuchelmörder, im französischen Sicaire, italienisch Sicario.

23) Dr. Graetz a. a. O. B. III., S. 377.

seinen Befehl, die Stadt zu verlassen, in Vollzug setzten, ließ er sie niedermetzeln, und die der Metzelei entkommen, als Sclaven verkaufen.

Ein allgemeiner Wuthschrei der Rache erscholl von einem Ende Judäa's zum anderen. Allen Römern und Römerlingen, allen Heiden wurde Tod und Vernichtung geschworen. An allen Enden Judäa's bildeten sich Banden jüdischer Freischärler, die mit Feuer und Schwert das Werk der Rache an den Heiden vollzogen, mordeten, sengten und plünderten. Nicht müßig blieben die Heiden, die Gleiches mit Gleichem vergalten und natürlich eben so schonungslos, wie die Juden, verfuhren, auch kein Erbarmen kannten. Es war ein blinder, Alles vernichtender Racenkampf, dem gleich die Geschichte des Alterthums noch keinen gesehen hatte[24]). Ueberwältigt wurden die Juden in Askalon, Ptolemais, Tyrus und in mehreren anderen Städten Syriens, ihrer Habe beraubt, niedergemacht oder als Sclaven verkauft. Nach allen Richtungen dehnte sich die Revolution aus, Mord und Brand und Raub in ihrem Gefolge, wie in jedem Bürgerkriege. Auch in Alexandria, dessen griechische Bevölkerung den jüdischen Einwohnern immer gram und neidisch, kam es zu einem mörderischen Aufstande. Vergebens hatte der Statthalter Tiberius Alexander einem Volksauflaufe der Juden gegen die Alexandriner zu steuern gesucht und, von den Juden, die ihn einen Renegaten, einen Abtrünnigen nannten, öffentlich beschimpft, gab er seinen Kriegern Befehl, das Judenquartier zu überfallen. Alle Gräuel und Grausamkeiten einer wilden, von der griechischen Einwohnerschaft gegen die Juden aufgehetzten Soldatesca wurden hier verübt. Nach Josephus' Bericht über den jüdischen Krieg blieben bei dieser Metzelei 50,000 Juden.

Jerusalem war frei. Mit jedem Tage wurde die Partei der Zeloten hier stärker, mit jedem Tage zuversichtlicher und kühner, da sie auch mit jedem Tage mehr Zuzüge aus Syrien von Römerfeinden erhielt[25]).

---

24) Dr. Graetz a. a. O. S. 378.
25) Dr. Graetz a. a. O. S. 381.

In Judäa war die Römermacht gebrochen. Da wurde es kund, daß Cestius, Syriens Statthalter, mit seinen Legionen und Hülfstruppen, einem Heere von 30,000 Mann, gegen Jerusalem im Anzuge, daß er seinen Weg längs dem Meere mit Brand und Mord bezeichnete, die Städte und Flecken, wo Juden wohnten, niederbrennend, plündernd und die jüdischen Bewohner hinschlachtend ohne Unterschied des Alters und Geschlechtes. Allein in Joppe wurden 8000 Juden ermordet und die Stadt den Flammen Preis gegeben.

Mit dem Herannahen der Gefahr entflammte der Muth der Zeloten immer mehr zu todesverachtender Kühnheit, getragen von den edelsten Gefühlen, die des Mannes Brust beseligen und erheben können, zum höchsten Enthusiasmus gesteigert. Eine Meile vor Jerusalem wurde das Heer des Cestius von Jerusalems Besatzung, die ihm entgegen gezogen, völlig geschlagen, und ohne Hülfe der Reiterei wären seine Fußsoldaten gänzlich aufgerieben worden. Im Triumphe, Hosianna singend, kehrten die Sieger, mit Beute beladen, nach Jerusalem zurück. Dieses Glück ihrer Waffen hob den Muth der jetzt Belagerten zur höchsten Begeisterung. Auf den Tempelberg in die durch sonderlich feste Mauerwälle gesicherte innere Stadt, hatten sie sich zurückgezogen. Fünf Stürme der Römer wurden zurückgeschlagen. Beim sechsten gewannen diese einen Vortheil, den sie aber nicht benutzten. Bis zum Herbste währte die Belagerung. Da die Lebensmittel im Römer-Lager zu fehlen anfingen und durch die Regenzeit bei den mit jedem Tage unwegsamer werdenden Straßen alle Zufuhr abgeschnitten war, hob Cestius die Belagerung auf und trat den Rückzug an. Viele Römer, von allen Seiten den Angriffen der jüdischen Guerilla's ausgesetzt, verloren auf dem Rückzuge das Leben. Vierhundert Krieger, die Cestius zum Schutze der Hinterhut im Lager zurückgelassen hatte, wurden niedergemacht. Die ganze Kriegscasse und reiches Kriegsgeräthe war in die Hände der Juden gefallen, Trophäen ihres Sieges. Nach Josephus hatte dieser Zug gegen Jerusalem den Römern 6000 Krieger gekostet. Unaussprechlich war der Jubelrausch in Jerusalem! Der Gott Israels hatte sein Volk beschützt, ihm den Sieg über die bis dahin für unbesiegbar gehaltenen Römer verliehen, dieselben zum schimpflichen Rückzuge gezwungen. Ganz Jerusalem ward, nachdem der erste Siegesrausch verklungen, zu einer Waffenwerkstätte, zu einem einzigen Rüsthause umgewandelt. Man mußte auf das Aergste gefaßt sein, und die Kunde von den Grausamkeiten, welche die Römer auf ihrem Rückzuge in einzelnen Städten, die bis dahin verschont geblieben, an den Juden verübt, diente nur dazu, das Rachegefühl zu stärken, den allgemeinen Muth immer frischer zu beleben, die Ausdauer zu stählen. Selbst die blut- und waffenscheuen Essäer traten in die Reihen der Kämpfer für Unabhängigkeit und Freiheit, überwanden die ihnen durch ihre religiösen Ansichten eingeflößte Scheu vor allem Waffenwerke. Nur die Bekenner der neuen Lehre Christi, die Juden-Christen, wurden nicht hingerissen von der allgemeinen hohen Begeisterung für die heilige Nationalsache. Ihre Gemeinde wandte Jerusalem den Rücken und ließ sich in den heidnischen Städten jenseit des Jordans nieder. Sie hatten mithin völlig gebrochen mit dem Judenthume. Religionshaß hatte schon längst Wurzel gefaßt und trieb, von dem befangensten und blindesten Fanatismus gehegt und gepflegt, wie er bei allen Religions-Revolutionen in die Erscheinung tritt, auf beiden Seiten die lebendigsten Keime. Vergessen dürfen wir nicht, daß es heißblutige Orientalen waren, bei denen das Gefühlsleben das Verstandesleben im ersten Moment der That stets überwuchert, alle Seelenstimmungen jäher, heftiger und gewaltiger, als bei den ruhigeren, kalt reflectirenden Söhnen des Nordens, diese auf der anderen Seite zäher und ausdauernder sind.

Neu begründet war die jüdische Republik, aber kurz war ihre Dauer; sie währte nur vier Jahre. Die Synedrien hatten ihre Autonomie wieder erlangt; sie bildeten die Hauptgerichtshöfe, die selbst über Verbrechen Recht sprachen, und mit der größten Strenge; denn nach dem Sturze der Römerherrschaft übten auch die Heiden in Palästina und Syrien aller Orten blutige Rache an den Juden, mordeten sie schonungslos in vielen Städten sammt Weibern und Kindern. In Damascus allein wurden 10,000 Juden, die man hinterlistig ins Gymnasium gelockt hatte, niedergemetzelt. Nichts natürlicher, als daß die Juden, wo es in ihrer Macht stand, mit dem Maße ausmaßen, mit dem ihnen eingemessen wurde.

Eleasar ben Anania setzte mit Waffengewalt bei den seiner Partei, den gemäßigten Zeloten, gegenüberstehenden Parteien die Annahme der unter dem Namen der achtzehn Maßregeln bekannten Bestimmungen durch, deren Hauptinhalt die völlige Scheidung der Juden von den Heiden war, von denen die Juden weder Wein, noch Oel, noch Brod, noch sonstige Speisen kaufen, mit denen sie auch sonst in keine Gemeinschaft treten durften. Alles bot Eleasar auf, daß das Feuer der Begeisterung für die heilige Sache der Unabhängigkeit nicht erkaltete. Mit dem größten Eifer wurden die Rüstungen zu dem bevorstehenden Kriege fortgesetzt, die Wahl der Volksführer in die Hände der Volksversammlungen gelegt und daher leider schwankend, weil jede Partei im Volke ihre Anhänger hatte, und man sich nicht entschließen konnte, hingebungsvolle Männer an die Spitze zu stellen, deren Herkunft unbekannt, weil die Menge an der alten, unzuverlässigen, zweideutigen Aristokratie hing. Eleasar wurde zum Statthalter der Landschaft Idumäa gewählt und mußte sein Amt mit Josua ben Saphia theilen. Die Central-Regierung lag in der Gewalt des großen Synedrion, dessen Vorsitzer Simon ben Gamaliel, welches aber unter dem Einflusse der stets schwankenden Volksstimmung seufzte, so daß, gelähmt in seinen Beschlüssen, an keine Einheit und Ausführung derselben zu denken war, zumal mehrere Römerfreunde, so der aus dem hohenpriesterlichen Geschlechte stammende Anan und der seines Amtes entsetzte Hohepriester Josua ben Gamola Sitz und Stimme in demselben hatten[26]. Die Ultrazeloten gewannen die Oberhand. Das große Synedrion, kaum zwei Jahre an der Spitze sämmtlicher Staatsgeschäfte, wurde gestürzt.

Auch Galiläa, die gesegnetste, reichste Provinz Judäa's, die in 200 Städten, deren kleinste 16,000 Einwohner gehabt haben soll, an drei Millionen Menschen zählte[27], erhob sich nach

---

26) Dr. Graetz a. a. O. B. III., S. 390.

27) Die Schilderung des Landes bei Dr. Graetz a. a. O. S. 391 ff.

dem Vorbilde Jerusalems gegen die Römerherrschaft. Es entstand der galiläische Krieg, welchen der Römer-Feldherr Flavius Vespasianus im Jahre 67 bis 68, begleitet von seinem Sohne Titus, durch Tapferkeit und List zu Gunsten der Römer glücklich zu Ende führte. Die Römer kannten keine Schonung. Vernichtung war das Ziel ihrer Kriegführung, deren Gräuel die vor dem Kriege so blühende Provinz mit allen ihren Schrecken heimgesucht hatten. Vernichtet waren die Städte, gebrochen die Vesten des Landes, hingeschlachtet ihre heldenmüthigen Vertheidiger, ihre Bewohner ohne Unterschied des Alters und Geschlechtes. Verwüstung und trostlose Oede herrschte, wo vordem Ackerbau und Gewerbfleiß geblüht hatten. Die Männer und Jünglinge Galiläa's, welche dem Racheschwerte der Römer entgangen, fanden, von heiligstem Eifer für die Freiheit beseelt, bereit, für dieselbe, für den Glauben der Väter freudig das Leben hinzugeben, eine Zufluchtsstätte in Jerusalem.

Fühlte sich die jetzt in Jerusalem herrschende Partei der Zeloten auch zu sicher, so hatte man doch Alles aufgeboten, die Stadt, welche damals mit den Vorstädten am Fuße des Oelberges: Bethphage und Bethanien, zwei Stunden im Umfange hatte, aufs stärkste zu befestigen, wobei die Beschaffenheit des Terrains mit einer solchen strategischen Umsicht benutzt worden war, daß die Stadt uneinnehmbar schien. Eine starke Festung, drohte der Tempel von seiner Höhe, eine dreifache Umwallung schützte die Nordseite der Stadt, von denen die der Vorstadt Bezetha 25 Ellen hoch und 10 Ellen dick war, mit 90 festen Thürmen, während der Mauerwall der Unterstadt von 14 Thürmen geschützt und die Mauer der eigentlichen Stadt, die höchste und stärkste, von 60 Thürmen überragt war. Steile Abgründe und Felsenschlünde bildeten im Süden, Osten und Westen die natürlichen Befestigungen. Nach Tacitus war Jerusalem, als Vespasian und Titus gegen die Stadt zogen, von 600,000 Menschen bewohnt. Glauben wir den jüdischen Quellen, so hatte man in der Stadt für volle zehn Jahre Lebensmittel aufgehäuft, welche jedoch in Folge der inneren Parteikämpfe größtentheils durch Feuer vernichtet wurden. Die Bewohner Jerusalems waren nämlich in vier Parteien getheilt, unter denen die größte Zwietracht und Zerrissenheit herrschte, welche, zu wiederholten Malen in blutige Kämpfe ausartend, Mord und Brand und die schrecklichste Anarchie im Geleite hatte, zuletzt der Schreckensherrschaft der Zeloten weichen mußte.

Wohlweislich war Vespasian nicht direct auf Jerusalem vorgerückt. Die sich einander zerfleischenden Parteiungen sollten seinen Zweck fördern. Zwei Jahre benutzte er, ehe er zur Belagerung schritt, das fast wehrlose Judäa mit Feuer und Schwert zu verwüsten; fanden seine Truppen auch häufigen, hartnäckigen Widerstand an vereinzelten Haufen von Parteigängern, namentlich der Sicarier — jeder Widerstand entflammte nur um so mehr die Rachewuth der Römer.

Nach Nero's Tod hatten die Legionen Roms drei ihrer Feldherren zu Kaisern ausgerufen: Galba, Otho, Vitellius, und, ihrem Beispiele folgend, beehrte das ägyptische Heer auch seinen Feldherrn, Titus Flavius Vespasianus mit der Kaiserwürde. Dieser eilte nach Rom und wurde auch hier, als Vitellius durch Mörderhand gefallen, zum Imperator ausgerufen, mit dem Purpur bekleidet. Das Geschlecht der Flavier war das herrschende im weiten Römerreiche, denn Vespasian wußte es bei seinem Regierungs-Antritte dahin zu bringen, daß man seinen Sohn, Titus Flavius Vespasianus, zu seinem Nachfolger ernannte.

Titus kehrte sofort, 70 n. Chr., als Feldherr nach Judäa zurück, um sich hier an die Spitze des Heeres zu stellen, dessen Aufgabe, die Einnahme Jerusalems, über die Zukunft des jungen Cäsars entscheiden sollte. Das Heer, das er jetzt gegen die Stadt führte, wird auf 80,000 Mann geschätzt und war mit allen nur denkbaren Belagerungs-Geräthschaften aufs reichlichste versehen. Bis auf sieben Stadien hatte sich im April 70 das Heer der Stadt genähert. Die Vorhut des Heeres, die unter Titus' Anführung die Nordseite der Stadt auskundschaftete, wurde von den Juden überfallen und niedergehauen, Titus selbst entging mit genauer Noth der Gefangenschaft. Dieser Sieg befestigte die Belagerten in der Ueberzeugung, Jerusalem könne nicht in Feindeshand gerathen, der Tempel nicht fallen, wie es begeisterte Männer verkündeten, den Todesmuth des Volkes neu belebend und hebend durch die Weissagung: „Gott werde seine Stadt und sein Heiligthum nicht zu Schanden werden, nicht in Feindes Hand fallen lassen!“ Fest vertrauten die Gläubigen auf diese Weissagung, ein Wunder der Rettung vom Himmel erwartend. Alle Parteien waren jetzt unter einander ausgesöhnt, alle waren von einem begeisterten Willen beseelt, Blut und Leben für die Vertheidigung Jerusalems hinzugeben.

Von drei Seiten wurde die Stadt angegriffen, wetterten Tag und Nacht die Belagerungs-Werkzeuge gegen die Wälle und Mauern; aber allenthalben fanden die Römer den heldenmüthigsten Widerstand, die gottbegeistertste Todesverachtung. Ausfall auf Ausfall folgte von Seiten der Belagerten, deren Kühnheit es nicht selten gelang, die Werke der Römer zu zerstören. Unterlag eine Mauer Jerusalems den Widdern und Sturmböcken, so fanden die Römer eine neue, noch festere hinter derselben aufgeführt. Auf Seiten der Belagerer kämpfte man mit der Erbitterung der Rache, auf Seiten der Belagerten mit der heldenmüthigsten Hingebung für Religion und Freiheit, getragen von der heiligen Begeisterung felsenfesten Glaubens. Fünf Monate währte die Belagerung. Titus hatte, um den Belagerten allen Verkehr nach außen abzuschneiden, ihnen alle Zufuhr von Lebensmitteln unmöglich zu machen, einen Mauerwall um die ganze Stadt aufführen lassen — ein in der Belagerungskunst der Römer oft angewandtes strategisches Mittel. Wir brauchen nur an die Belagerung von Numantia unter Scipio Africanus, 133 v. Chr., zu erinnern.

In dem Maße die Noth der Belagerten zunahm, in dem Maße stieg auch ihr Muth. Alle Aufforderungen der Römer, sich zu ergeben, und zwar unter den günstigsten Bedingungen, wurden mit Stolz, ja, mit Hohn zurückgewiesen, und am Leben diejenigen gestraft, die zum Feinde übergehen wollten, wie auch die Verwandten derer getödtet wurden, welche zu den Römern übergegangen waren. Alle Schrecken der furchtbarsten Hungersnoth wütheten im Innern der Stadt, rafften täglich viele Hunderte hin, so daß man die Leichen nicht mehr zur Erde bestatten konnte, und durch die Verwesung derselben pestartige Seuchen entstanden, welche nicht minder viele Opfer forderten. Unbegreiflich ist der Heldenmuth der Juden, des höchsten Lobes würdig, wenn auch zuletzt die Verzweiflung, die Aussicht des Schicksals, das ihrer harrte, wenn die Römer siegten, sie zum Uebermenschlichen trieb; denn sie mußten täglich von den Wällen, von den Zinnen der Tempelburg sehen, wie Hunderte der Ihrigen, welche die Stadt verlassen, um in derselben dem gewissen grausenvollen Tode des Hungers zu entgehen, ans Kreuz geschlagen wurden — oft fünfhundert an einem Tage. Aber auch das Schrecklichste konnte den verzweifelten Heldenmuth der Juden nicht beugen; alle Angriffe schlugen sie zurück und waren nicht selten Sieger in den wiederholten Ausfällen. Bei einem solchen Ausfalle, am 10. Juli (Ab), werden sie zurückgeschlagen, einer der nachdringenden Römer wirft einen Feuerbrand in den Tempel, dessen Vorbau schon niedergebrannt war. Mit dem Brande des Tempels hört augenblicklich der Widerstand der Juden auf. Die Rachewuth der eindringenden römischen Krieger steigert sich zur blutgierigsten Raserei, mit welcher, als die Juden sich noch einmal auf der Brandstätte zu neuem Kampfe gesammelt hatten, alle, selbst die Wehrlosen, die in den Hallen des Tempels Schutz gesucht, niedergemetzelt werden. Bis auf den Grund brannte der Tempel nieder. Aber noch sind die Römer nicht Herren der Stadt, denn mit unerschütterlicher Standhaftigkeit setzen die Zeloten bis zum 8. September (Elul) den Kampf in der Oberstadt fort, den Römern jede Spanne streitig machend, und finden einen ruhmvollen Tod in den Flammen, nachdem das letzte Viertel der Oberstadt dem Feuer Preis gegeben worden war.

Die Stadt war ein dampfender Trümmerhaufe — ihre Mauern bis auf einen Theil der westlichen Mauer und drei Thürme: Hippikos, Mariamne und Phasael, die als Siegestrophäen erhalten bleiben sollten, der Erde gleich gemacht. In Erfüllung gegangen mit allen ihren Schrecken war die Weissagung des Propheten über Sion, die Stadt Gottes, die sich einst stolz die Braut des Herrn genannt hatte!

Nicht ohne Entsetzen und Schaudern kann man die Geschichte dieser Belagerung, des Unterganges Judäa's, lesen, aber auch nicht ohne ein Hochgefühl der staunenden, bewundernden Anerkennung dessen, wozu die Juden fähig waren für ihre Religion, für ihre Unabhängigkeit. Die Geschichte kennt nur wenige Seitenstücke zur Belagerung und Einnahme Jerusalems durch Titus, aber keines, das so reich an Großthaten, an Zügen des für alle Zeiten ruhmwürdigsten patriotischen Heldenmuthes, des rührendsten Opfermuthes[28]).

Bei der Belagerung war mehr denn eine Million Menschen umgekommen und gewiß doppelt so viel während des Vernichtungskampfes in den einzelnen Provinzen und Städten Judäa's. Auf heimischem Boden ward der jüdische Stamm zum größten Theile vertilgt.

Man nimmt an, daß die Römer während des Krieges neunmalhunderttausend Juden zu Gefangenen gemacht. Von den in Jerusalem gefangenen wurden alle, die am Kampfe gegen die Römer selbst Theil genommen hatten, hingerichtet. Hungers starben siebenzehntausend der Gefangenen, weil man es ihnen an dem Nothdürftigsten fehlen ließ und viele sich weigerten, Speise von den Römern anzunehmen. Der Libertine Fronto, dessen Obhut Titus die Sclaven anvertraut hatte, wählte die kräftigsten für den Triumph seines Herrn und für die Kämpfe in den Cirken. Er sandte die Männer über siebenzehn Jahre zu lebenswierigem Frohndienste in die Bergwerke Aegyptens. Vierzigtausend, unter denen die Frauen, wurden zu Spottpreisen als Sclaven verkauft, nachdem sich Titus siebenhundert, unter ihnen auch die beiden Zeloten-Führer Johannes von Gischala und Simon bar Giora, die den Fall Jerusalems überlebt, zu seinem Triumphe ausgewählt hatte. Er zog durch Palästina, Syrien und Alexandrien und feierte in den Hauptstädten seinen Sieg durch Thierkämpfe und Gladiatoren-Spiele, in denen Tausende jüdischer Gefangener der blutdurstigen Schaulust der Römer geopfert wurden.

Als Titus nach Rom heimgekehrt, feierte Vespasian mit ihm und seinem zweiten Sohne Domitian den Triumph über

---

28) Die Belagerung ist ausführlich geschildert bei Dr. Graetz a. a. O. B. III., Cap. 15, S. 420 ff., wo auch alle speciellern Quellen aufgeführt sind. — J. M. Jost a. a. O. B. II., 8. Buch.

das besiegte Juda. „Judaea capta, Judaea devicta," lautete die Inschrift der auf den Sieg geprägten Denkmünze. Das ganze Schaugepränge eines römischen Triumphzuges wurde bei dieser Gelegenheit entfaltet. Vor den Quadrijugen der Triumphatoren wurde die Siegesbeute, namentlich der goldene Leuchter, der goldene Tisch und die Gesetzesrolle aus Jerusalems Tempel getragen, schleppten Hunderte gefangener Juden ihre Fesseln, während Abbildungen der Kämpfe und der Zerstörung Jerusalems um die Triumphwagen zur Schau gestellt waren. Simon bar Giora schleifte man in Fesseln durch die Straßen Roms, ehe man ihn hinrichtete, da der Brauch bei einem römischen Triumphe ein Menschenopfer heischte, wie noch in unserem Jahrhundert der Carneval Roms mit einer Hinrichtung eröffnet wurde. Zum ewigen Andenken an den Sieg wurde dem Titus ein Triumphbogen erbaut, welcher die achtzehn Jahrhunderte nach demselben überdauert hat.

Die jüdischen Gefangenen fanden in Rom Glaubensgenossen, deren Zahl während der Unruhen, der Empörungen in Judäa durch Flüchtlinge aus Palästina bedeutend vermehrt worden, aber ungestört in ihrem Cultus blieben, wenn auch seit dem Aufstande in Palästina ihr Loos, wie das der Christen, die der Römer noch nicht von den Juden schied, eben kein beneidenswerthes war.

In den Legionen Roms, die Judäa vernichtet, Jerusalem erobert und zerstört hatten, dienten auch gallische und germanische Hülfstruppen, denn die römische Politik hielt streng an dem Grundsatze, fremde, neurömische Soldaten stets fern von ihrer Heimath zu verwenden. Den in die Heimath zurückkehrenden Kriegern wurden aus der allgemeinen Siegesbeute auch jüdische Sclaven zu Theil. Der Chronist der Stadt Worms, ein Mönch aus dem Kloster Kirschgarten, erzählt nun: „Nach der Eroberung von Jerusalem und nachdem das ganze Land zu Grunde gerichtet war, haben die Vangionen — ein deutscher Volksstamm, welcher das linke Rheinufer von Mainz bis Worms hinauf bewohnte —, in ihre Heimath zurückkehrend, wie es bei Soldaten Gewohnheit ist, und wir es noch heut zu Tage bei jenen sehen, die aus den Schlachten und Kriegen des unteren Deutschlands zurückkehren, die schönen Judenmädchen mit sich genommen, um sich ihrer Dienste zu bedienen oder auch, weil sie Heiden waren und vom Adel, wenn auch einige Weiber hatten, um sich ihrer zur Befriedigung ihrer Lüste zu bedienen. Hernach aber, weil nach adeliger Sitte die Vaterschaften selten waren (Deinde quia nobilium more rari erant parentes), haben sich diese Mädchen ihre Kinder wie sie wollten und konnten erzogen, nach ihrem Gesetz, so viel sie es vermochten, unterrichtet. Siehe, das sind unsere Juden, die in dieser Hinsicht eher Kinder der Vangionen, als der Juden sind, obschon diese solches nicht hören wollten und noch nicht hören wollen[29])."

Als mit dem ersten Kreuzzuge das Verderben über die Judengemeinden am Rheine hereinbrach, die blutigen Verfolgungen derselben ihren Anfang nahmen, erzählten die wormser Juden: „Nicht lange nach Josua's Eroberung, als der Stamm Benjamin wegen der Unthat an der Frau zu Gibea von den übrigen Stämmen beinahe aufgerieben worden war, seien tausend Benjamiten, um dem Blutbade zu entgehen, geraden Weges nach Deutschland ausgewandert[30])."

Es sollte dadurch der Beweis geliefert werden, daß die Juden lange vor Christi Geb. in Deutschland seßhaft waren. So behaupteten sie auch, zur Zeit Esra's von Jerusalem aus ein Sendschreiben erhalten zu haben, sich an den Tempelfesten in Jerusalem zu betheiligen, worauf sie geantwortet, daß sie sich am Rheine ein Neu-Jerusalem gegründet und von dem alten losgesagt hätten. Um die Mitschuld am Kreuzestode Christi von sich zu wälzen, nicht als Gottesmörder von dem fanatischen Pöbel verfolgt zu werden, zeigte man ein Schreiben aus Jerusalem an die Gemeinden von Worms, Ulm oder Regensburg, in welchem man diese von der Erscheinung Jesu und seinem Leben und Leiden benachrichtigte. Der Sage nach hatte die Synagoge Jerusalems der Synagoge in Worms die Frage gestellt, ob Jesus von Nazareth des Todes

29) J. A. Schaab: Diplomatische Geschichte der Juden zu Mainz u. s. w. Seite 2 ff.

30) Dr. Graetz a. a. O. B. V., S. 219.

schuldig sei, was von der wormser Synagoge entschieden verneint worden. Nur der Selbsterhaltungstrieb veranlaßte diese Nothlügen, um die von den Kreuzzüglern gegen die Juden erhobene Anklage zu entkräften, daß sie sich an der Hinrichtung Jesu, am dem Gottesmord, wie die Christen sagten, betheiligt, von sich zu wälzen und so möglicher Weise Tausenden Unschuldigen das Leben zu retten, ihnen die Qualen eines schmachvollen Todes zu ersparen, von denen die Juden bedroht waren. Wer kann den Juden unter den damaligen Verhältnissen die Erfindung solcher Nothlügen als eine Sünde anrechnen? Erwiesen ist es jetzt auch, daß die jüdischen Leichensteine, nach denen schon im ersten Jahrhundert n. Chr. eine jüdische Gemeinde in Worms bestanden, nur eine müßige Erfindung sind[31]).

Fehlt uns auch der historische Beweis, so läßt sich doch annehmen, daß gerade die Agrippinensische Colonie den Juden wegen ihrer Lage, wegen ihrer Bedeutung als Handelsstadt in ihrer Entwicklung viel des Anlockenden bot, daß nach dem Falle Jerusalems auch jüdische Kriegsgefangene hieher verpflanzt wurden, die als Freigelassene in den vollen Genuß aller bürgerlichen Rechte traten, zu den Staatsämtern zugelassen wurden, Grundeigenthum erwerben und letztwillig unter dem Schutze des Gesetzes über ihr Eigenthum verfügen konnten. Zudem genossen sie mancher Begünstigungen, waren selbst von einzelnen lästigen Aemtern, so vom Decurionate befreit, lebten ruhiger und sicherer in der Colonie, als in Rom selbst, wo sie zur Zeit eines Horaz, eines Martial, eines Juvenal, eines Persius, eines Tacitus schon Gegenstand des öffentlichen Spottes waren, jedoch oft schon römische Namen führten.

Unter Domitian (81—96) begannen in Rom schon die Reibungen zwischen Juden und Christen, welche letztere Alles auf-

---

31) Dr. Graetz a. a. O. S. 219 und 220, wo das Nähere über die angeblich gefundenen Leichensteine mitgetheilt. Das älteste Grab-Denkmal in Worms trägt die Jahreszahl 1070. — Ohne historische Begründung ist auch die Annahme von jüdischen Leichensteinen in Wien, die bis zum Jahre 120 v. Chr. hinaufreichen sollen, wie es auch eine Fabel ist, daß nach der ersten Zerstörung des Tempels in Jerusalem schon Juden nach Deutschland gekommen sein sollen.

boten, sich streng von den Juden zu sondern und sich von der allgemeinen Judensteuer zu befreien, da sie noch als Juden betrachtet und sogar gezwungen wurden, sich untersuchen zu lassen, ob sie das Zeichen des Judenthums am Körper trugen und dann steuerpflichtig waren[82]). Domitian betrachtete die Christen als staatsgefährlich, weil sie den Heiland König nannten, ließ unter grausamer Härte Nachforschungen nach den Verwandten Jesu und den Kronprätendenten anstellen, und da diese keine Resultate ergaben, beschloß er im Jahre 95 eine allgemeine Christen-Verfolgung in Rom, aber besonders in Kleinasien. Viele Christen besiegelten ihr Bekenntniß mit ihrem Blute, starben als Märtyrer für die Wahrheit der Lehre Christi. Nicht zu bezweifeln ist es, daß der Haß der Juden gegen die Christen, die sie nur als abtrünnige Sectirer betrachteten und verabscheuten, mitgewirkt hat, den Argwohn des Tyrannen zu schüren und zu bestärken. Mehr als fanatisch waren die Juden in ihrem Religionshasse, und wozu religiöser Fanatismus fähig, dafür liefert uns die Geschichte der folgenden Jahrhunderte selbst unter Christen die Belege.

Im Genusse voller Gewissensfreiheit lebten die Juden Roms unter den nächsten Kaisern, seitdem sie Nerva (96—98) wieder aufgenommen, ihnen seinen besonderen Schutz angedeihen ließ und sie „ab impietatis crimine" freigesprochen hatte. Die Katakomben haben uns nicht nur einzelne Grabstätten von Juden aufbewahrt, sondern auch jüdische Todtenkammern, mit aller Pracht der Kunst ausgestattet. Nicht ausgeschlossen waren die Juden von bürgerlichen und militärischen Ehrenstellen, durften die Tutel auch über Nichtjuden ausüben; sie hatten das Testirrecht, ihre Testamente die volle Gültigkeit, sie waren Herren über ihre Sclaven so weit, daß sie dieselben beschneiden lassen konnten, hatten Zutritt zur Advocatur und trieben freie Künste[83]), wie sich dies aus den Erlassen von Antonin (138 — 161) und Severus (193 — 211) ergibt.

---

82) Suet. in Domitiano, 12.

83) Vgl.: Die Juden im christlichen Abendlande. Preußische Jahrbücher von Haym, B. VIII, S. 80.

Als P. Aelius Hadrian (117—138) Jerusalem unter dem Namen „Aelia" neu hatte aufbauen lassen, empörten sich die Juden unter Barcochebas oder Bar Cochba, d. i. Sohn der Sterne, in welchem sie den Messias verehrten, und bewaffneten die Rache der Römer aufs Neue gegen sich[34]). Drei Jahre dauerte der blutige, von den Römern mit der größten Grausamkeit geführte Krieg von 134 n. Chr. an, in welchem nicht weniger als 480,000 Juden umgekommen sein sollen. (?) Aus Jerusalem waren sie auf ewig verbannt und durften sich der Stadt nur so weit nähern, daß sie dieselbe mit den Augen erreichen konnten. Um die Juden abzuschrecken, wurde über dem Thore, das nach Bethlehem führte, das Bild eines Schweines aus Marmor errichtet.

Hadrian zeigte sich bei dieser Gelegenheit nicht weniger feindselig gegen den Cultus, die Religion der Christen. Auf der Stelle, wo der Heiland gen Himmel gefahren, ließ er ein Standbild des Jupiter errichten und auf dem Calvarienberge eine Statue der Venus. In Bethlehem wurde ein dem Adonis geweihter Hain angelegt und demselben auch die Höhle geweiht, in welcher Jesus geboren. Zu einer Christen-Verfolgung kam es nicht, da der Kaiser den Vorstellungen des Serenius Granianus Gehör gab, der ihn zu überzeugen wußte, daß es eine Ungerechtigkeit sei, die Christen auf bloß unbegründete Anschuldigungen hin zu verdammen, ohne sie nach dem Gesetze zu richten und eines Verbrechens zu überführen. Hadrian erließ ein Rescript, nach dem es verboten, Jemanden zum Tode zu verurtheilen, der nicht auf gesetzlichem Wege irgend eines Verbrechens überführt, welches die Todesstrafe nach sich zog.

Die Juden hatten in Tiberias ihren Patriarchen, standen unter Ethnarchen, hatten Archi-Synagogen, Synedrien und übten in ihren einzelnen Gemeinden eine gewisse Autonomie unter sich.

Immer zahlreicher wurden indessen die Gemeinden der Christen, die sich völlig vom Judenthume losgesagt hatten. Mit den Fortschritten der neuen Religion wuchs auch natürlich der jüdische

---

34) Selig Cassel, Geschichte der Juden, in Ersch und Gruber's Encyclopädie. 27. Thl. S. 4.

Sectenhaß gegen ihre Anhänger. Die widersinnigsten Beschuldigungen wurden gegen die Christen vorgebracht. Man beschuldigte sie der schändlichsten Laster, daß sie in ihren Versammlungen Menschenfleisch äßen, daß sie nicht nur den Untergang aller alten Volks-Religionen bezweckten, sondern auch den Umsturz des römischen Kaiserthrones und die Gründung einer neuen Monarchie. Diese Anschuldigungen fanden bei dem Volke Glauben, da sich die Christen in ihrer gesellschaftlichen Verfassung von den Heiden und Juden streng geschieden hielten, bei nächtlicher Weile ihre Zusammenkünfte und ihren Cultus feierten, und aus Furcht ihr Wesen und Treiben in das Dunkel des Geheimnisses hüllten, dabei mit der größten Entschiedenheit gegen allen Götzendienst eiferten, und viele mit schwärmerischer Begeisterung die bevorstehende Wiederkunft Christi verkündeten, wie sie die Offenbarung Johannis verheißen.

So war es auf der einen Seite blinder Glaubenshaß, auf der anderen Mißtrauen und Furcht der Imperatoren, welche diese veranlaßte, die Christen in Rom und in den einzelnen Provinzen des Reiches auf das blutigste, auf das grausamste zu verfolgen. Tausende wurden hingeschlachtet, erlitten mit der heldenmüthigsten Standhaftigkeit den Martyrtod und zwangen selbst ihre Henker zur Bewunderung. Dem Volke waren diese grausamen Hinrichtungen, zu denen man die schrecklichsten Qualen ersann, diese Schlächtereien in den Cirken willkommene Schauspiele. So tief entartet und entsittlicht waren die Römer.

Nach den Verfolgungen der Christen unter Nero und Domitian, erlitten sie 105 eine dritte unter Trajan (98—117), eine vierte, äußerst blutige, 177 unter Marcus Aurelius (161—180) in Gallien, und eine fünfte 192 unter Commodus (180—193), da die Christen immer offener gegen den Götzendienst auftraten und sich mit der Standhaftigkeit der religiösen Ueberzeugung weigerten, den falschen Göttern zu opfern. Der Gegenkaiser Septimus Severus (193—211) verbot 202 den Uebergang zum Christenthum und Judenthum, und veranlaßte dadurch die heftigsten Verfolgungen. Mit der Zahl der Martyrer wuchs aber der Glaubensmuth der Christen, die unter Caracalla

(211—217), Macrinus (217—218) und Heliogabalus (218—222) geduldet, und sogar durch Alexander Severus (222—235), welcher im Geheimen dem Christen-Glauben zugethan gewesen sein soll, begünstigt wurden.

Hatten die Christen auch vierundzwanzig Jahre der Ruhe genossen, ungestört ihren Cultus geübt, so brach aber unter Verus Maximinus (235—238) die sechste Verfolgung über sie herein, eine der blutigsten, die sich beim Antritte der Regierung seines dritten Nachfolgers, Decius (249—251), als die siebente auf das schrecklichste im ganzen Reiche wiederholte, da es des Decius Absicht war, die Christen völlig auszurotten. Die achte Verfolgung fand 257 unter Valerianus (253—260) Statt, die neunte unter Aurelian (270—275), und die zehnte, die letzte, 303 unter Diocletian (284—305), welcher bei seinem Regierungs-Antritte die Christen begünstigt, ihnen die bedeutendsten Staatsämter anvertraut hatte; gegen das Ende seiner Regierung aber um so wüthender, um so unmenschlicher gegen sie auftrat. Tausende erlitten den Martyrtod, weil sie sich aufs standhafteste weigerten, den heidnischen Göttern zu opfern. Ihre Kirchen wurden zerstört, ihre heiligen Bücher verbrannt und die grausamsten Mittel angewandt, um sie zur Verläugnung ihres Glaubens zu zwingen, aber umsonst! Dieselben Verfolgungen der Christen in allen Provinzen des weiten römischen Reiches in Griechenland, Italien, Illyrien und Spanien unter Galerius, einem der Nebenkaiser Diocletian's, unter Maximinus, Licinius und unter Constantius Chlorus in Gallien und Britannien, wiewohl letzterer den Christen geneigt war. Er vermochte es nicht, sie gegen die fanatische Wuth des Pöbels zu schützen. Bis zum Jahre 310 wiederholten sich die Christen-Verfolgungen in einzelnen Provinzen des römischen Reiches.

Um diese Zeit finden wir schon Spuren des Christenthums in der Colonia Agrippinensis, denn anzunehmen ist es, daß in der Colonie unter den Zuzüglern aus Gallien und Rom sich auch Christen befanden, die bald Proselyten machten und im Verborgenen eine Gemeinde bildeten, haben wir auch keine Andeutungen, daß dieselben im Laufe der drei Jahrhunderte n. Chr. von einer der Verfolgungen getroffen worden seien. Aber der Boden Kölns sollte auch schon früh mit Martyrerblut getränkt werden.

Diocletian hatte nach siegreicher Beendigung seines Krieges in Aegypten, besonders gegen die Bewohner der Thebais, aus der Jugend dieses Landes drei Legionen gebildet, welche die Namen führten: „Ia Jovia felix Thebaeorum", „IIa Maximiana Thebaeorum" und „IIIa Diocletiana Thebaeorum". Diese Legionen, welche aus Christen bestanden, führte Maximianus Herculeus aus Italien nach Gallien, um mit denselben den hier ausgebrochenen Bauern-Aufstand der so genannten Bagauden zu dämpfen, die sich mit Waffengewalt den mehr als unmenschlichen Bedrückungen der Römer entziehen wollten. Auch die Bagauden wurden als Christen verschrieen, weil man jede Empörung in den weiten Provinzen diesen zuschrieb, um den Haß gegen dieselben wach zu halten und zu steigern. Nicht rathsam wäre es gewesen, christliche Soldaten zur Bekämpfung von Christen, und das waren die Bagauden, zu gebrauchen. Daher mußte Maximinian Bedacht darauf nehmen, seine Legionen von Christen zu säubern. Als er über die Alpen gezogen und mit einer Legion in der Rhone-Ebene lagerte, erließ er den Armeebefehl zu einer allgemeinen Opferfeier. Die Christen weigerten sich, an dem heidnischen Opfer Theil zu nehmen. Mauritius, Führer einer Abtheilung der christlichen Legion, verließ das Heer und zog mit seinen Truppen nach Auganum im unteren Wallis. Von Maximinian eingeholt, besteht Mauritius auf seiner Erklärung und wurde darauf an der Stelle des heutigen St. Maurice mit seinen Soldaten als Aufrührer niedergemacht. Dasselbe blutige Schauspiel wiederholte sich, nach der Tradition, am Niederrheine bei Bonn, wo die Anführer einer thebaischen Legion-Abtheilung, Cassius und Florentius, mit ihren, dem Christus-Glauben treu gebliebenen Kriegern den Martyrtod erlitten, als Blutzeugen starben[35]; in Xanten, wo den Führer Victor und die Seinigen dasselbe Schicksal ereilte, und in Köln, wo Gereon und die von ihm

35) Vgl.: „Godesberg, das Siebengebirge und ihre Umgebungen" von Ernst Weyden (2. Aufl., 1864), S. 12.

geführte Abtheilung der thebaischen und maurischen Legion auch den Martyrtod für ihren Glauben starben. Die von vielen Geschichtsschreibern bezweifelte Thatsache steht fest, wurde sie auch im Laufe der Jahrhunderte legendarisch ausgeschmückt. Noch in den letzten Jahrzehenden fand man an verschiedenen Stellen im südlichen Theile Kölns die Ueberbleibsel von menschlichen Körpern, die auf zahlreiche gewaltsame Hinrichtungen schließen lassen. So 1847 bei der Fundamentirung der Häuserreihe auf der Nordseite des Waisenhauses 67 wohl erhaltene Schädel, aber keine Spuren von Skeletten. Vielen der Schädel war auf der rechten Seite ein langer eiserner Nagel in die Schläfe getrieben, während die andern unverletzt waren. In den unverletzten Schädeln will man die decimirten Soldaten der thebaischen Cohorte gefunden haben, die enthauptet wurden, in den durch den Nagel getödteten den männlichen und weiblichen Troß, welcher die Legion begleitete, da einer dieser Schädel wirklich als der eines jungen Mädchens äthiopischer Race anerkannt wurde. Zu gewagt ist es, diesen Fund mit der thebaischen Legion in Verbindung zu setzen, da man einen ähnlichen Fund auf der Severinstraße machte. Hier war einigen Schädeln der Nagel von oben hereingetrieben, anderen von der Seite, und ein gefundenes Skelett zeigte die Spuren von Nägeln in Händen und Füßen, — was auf den Kreuzestod hinwies. Auffallend und mir unerklärlich ist es, daß bei dem Funde in der Gerberbachstraße auch gar keine Ueberreste von Skeletten entdeckt wurden. Zu welchem Ende sollte man die Köpfe getrennt von den Leibern verscharrt haben[36])? Die Ursache weiß ich mir nicht zu erklären.

Historisch läßt sich nicht nachweisen, daß die Juden zu irgend einer der Christen-Verfolgungen Veranlassung gegeben, die Ursache derselben gewesen seien, wenn sich auch annehmen läßt, daß Privat- und Sectenhaß mitunter die fanatische Wuth gegen die Christen anschürte und zu blutigen Ausbrüchen trieb. Haß zeugt nur Haß, kann keine Liebe erzeugen.

Konstantin (306—337) der so genannte Große, gab 312

---

36) S. Note VI.

und 313 den Christen im römischen Reiche Religionsfreiheit. Sie erhielten ihre Kirchen und ihre Güter zurück, denn als er selbst 312 zum Christenthum übertrat, wurde die Christus-Religion als Staats-Religion des römischen Reiches anerkannt.

Alles bot Konstantin zur Hebung des Christenthums auf und war als Christ mit der größten Entschiedenheit gegen die Juden, in denen er nur die Feinde des Christenthums sah, wie dies verschiedene seiner gesetzlichen Bestimmungen beweisen. Vorerst beschränkte er die Rechte der Juden Kölns, deren Gemeinde schon unter den Kaisern Commodus (180—193) und Macrinus (217 218) angeführt wird, indem er ein Gesetz an die Curia der Stadt erließ, kraft dessen die Juden, mit Ausnahme von zweien oder dreien, auch verpflichtet werden, das Decurionen-Amt anzunehmen, d. h. Mitglieder des Magistrats zu werden, von welchem sie bis dahin ganz befreit, und damit auch von einer Menge Staatslasten und Steuern, welche diesem Amte aufgebürdet waren. So waren sie auch verpflichtet, Vormundschaften selbst über andere Religionsverwandte zu übernehmen. Die Judengemeinde zu Köln hatte ihre Vorgesetzten, an deren Spitze ein Archisynagogus, dem zur Seite die Archietri und ein Lehrer — didascalus — standen. Unter Vorsitz des Archisynagogen bildeten die Aeltesten der Gemeinde das entscheidende Tribunal in allen bürgerlichen Rechtsstreitigkeiten. Durch ein allgemeines Gesetz befreite Konstantin später die Vorgesetzten der Judengemeinde von der Verpflichtung, das Decurionen-Amt zu bekleiden. Gratian nahm ihnen das Privilegium wieder*). Der Begräbnißplatz der Juden in Köln lag vor der nordwestlichen Ecke der Römerstadt, an der Stelle, wo der jetzige erzbischöfliche Palast erbaut ist.

Konstantin's Nachfolger gingen immer weiter in den Beschränkungen der Juden, da die Kirchenväter, wie Cyrillus von

*) Vgl.: Cod. Theodos. 16. 8. 3, wo es heißt: Cunctis ordinibus generalibus concedimus vocare ad Curiam. Verum ut aliquid ipsis ad solatium pristinae observationis relinquatur, binos vel ternos privilegio perpeti patimur nullis nominationibus occupari. Vgl. ferner: De Constantini M. legibus Ecclesiasticis et Civilibus. Lips. 1727.

Alexandria († 344), Ambrosius († 397) und Chrysostomus († 404), feindlich gegen dieselben auftraten[87]) und einzelne Concilien durch ihre Beschlüsse die Juden in rechtlicher Beziehung, was ihre sociale Stellung anging, immer mehr zu erniedrigen, immer rechtloser zu machen suchten.

Valentinian III. (424—455) hatte bereits das Patriarchat der Juden, ihre Autonomie in bürgerlichen Rechtssachen aufgehoben und sie für unfähig zum Kriegsdienste erklärt. Der Justinianische Codex enthält eine Reihe von Bestimmungen gegen die Juden[88]). Wenn sie zulassen, daß ein Bild des Gekreuzigten zur Verachtung der christlichen Religion verbrannt wird, sollen sie alle Concessionen der freien Religionsübung verlieren. Beschneidet ein Jude einen Christen oder läßt ihn beschneiden, trifft ihn ewige Verbannung und Verlust seines Vermögens, und dieselbe Strafe denjenigen, der einen Christen zum Abfall von seiner Religion verleitet. Kein Jude ist zulässig zu Staatsämtern. Es dürfen keine neuen Synagogen gebaut werden. Ehen zwischen Christen und Juden sind unter Strafe des Ehebruchs verboten. Der Jude darf sein zum Christenthum bekehrtes Kind nicht enterben; selbst wenn es die gröbsten Vergehen gegen Vater und Mutter beging, das Pflichttheil muß er ihm geben. Ein Jude kann nur Zeuge gegen Juden sein, nicht für dieselben und nie gegen Christen.

Die gesetzlichen Bestimmungen der Kaiser gegen die Juden wurden natürlich auch in Köln befolgt, und man darf es als be-

87) Als Theodosius bei einer Verfolgung der Juden in Konstantinopel den Befehl erließ, daß der Bischof die von den Christen eingeäscherte Synagoge auf seine Kosten neu erbauen sollte, billigt Ambrosius das Verfahren der Christen und sagt unter Anderem: „Justum est incendium synagogae impietatis — synagoga incensa est, perfidiae locus, impietatis domus, amentiae receptaculum, quod Deus damnavit ipse.“ Cyrillus von Alexandria und Chrysostomus wiegelten auch das Volk gegen die Juden auf und ließen ihre Häuser und Synagogen niederbrennen. Die Juden-Verfolgungen unter Cyrillus in Alexandria sind treffend und lebendig geschildert in dem englischen Roman von Charles Kingsley: „Hypatia, or: New Foes with an old face.“

88) Cod. Just. I, 9 und 10. Vgl. in Dr. Christ. Friedr. Glück's Commentar über die Pandekten die auf die Juden bezüglichen Stellen. Theil I. — XXIX.

stimmt annehmen, daß zur Zeit Konstantin's das Christenthum auch schon in der agrippinensischen Colonie Wurzel gefaßt hatte, denn wir finden um das Jahr 313 einen Bischof Maternus dieser Colonie unter den 19 Bischöfen, die sich auf Befehl Konstantin's zu Rom im Palaste Lateran versammelt, um in den Donatischen Streitigkeiten und über die Anklage gegen Cecilienus, Bischof von Karthago, zu entscheiden. Donatus und seine Anhänger wurden zu Schismatikern erklärt, Cecilienus von der gegen ihn erhobenen Anklage freigesprochen. Im darauf folgenden Jahre wohnte Bischof Maternus dem großen, von Konstantin zu demselben Zwecke nach Arles berufenen Concil bei. Köln war mithin schon Sitz eines Bischofes. Ueber die Lebensschicksale und den Tod des Bischofs Maternus ist uns keine nähere Kunde geworden, wahrscheinlich starb er 315. Als seine Nachfolger werden genannt: Euphrates, der um 365 gestorben sein soll, dessen Dasein aber von Vielen bezweifelt wird, der heilige Severinus (um 365—403), der heilige Evergislus (403—418 oder 440), Aquilinus oder Solinus (Solatius) (440—470), Simonäus (Sinnovänus) (470—500) und Domitianus. (?) Wir entbehren aber jede nähere Nachricht über das Leben und Wirken der vier letztgenannten Bischöfe, da es gerade in die erste Sturmperiode der Völkerwanderung fällt und ihr Sitz den wiederholten Angriffen der Heerhaufen der Franken ausgesetzt war. Ein Grund, weßhalb wir auch aus dieser Periode nicht die mindeste Kunde haben über die Schicksale der Judengemeinde in Köln und ihre Stellung zu den Christen. Eine glänzende, beneidenswerthe ist sie keineswegs gewesen, wie sie es auch nicht in Rom und in den anderen größeren Städten des Westreiches war, wo sich Juden niedergelassen, angesiedelt hatten. Sie bildeten überall die niedrigste, eine verachtete Volksclasse[39]), auf der nach der Meinung der Christen der Fluch Gottes schwer lastete.

Durch ihre Energie, durch die eiserne Beharrlichkeit ihrer Willenskraft, die nichts zu schwächen, zu beugen oder zu brechen im Stande war, welche, in ihrem festen Glauben wurzelnd, in den

39) Joost a. a. O. B. I. S. 829.

zu bewältigenden Hindernissen stets neue Kräftigung fand, wußten sich die Juden in der folgenden Periode der Franken-Herrschaft im Reiche der Franken eine leidliche, an einzelnen Orten sogar eine sichere, auf Grundbesitz, Handel zu Wasser und zu Lande und Gewerbthätigkeit begründete sociale Stellung zu verschaffen. Nicht ohne Einfluß waren sie an einzelnen Höfen als Gesandte, als Vermittler in Geldangelegenheiten, als Leibärzte, so daß ihre Stellung die einer im Ganzen wohlgelittenen, oft einflußreichen Classe war[40]). Die mißtrauische Spannung zwischen ihnen und dem Volke herrschte damals noch nicht[41]), wenn auch einzelne christliche Kirchenfürsten, so unter Anderen der Bischof Abogard von Lyon, in ihrem blinden, fanatischen Bekehrungseifer das Volk gegen die Juden aufzuwiegeln suchten, die feste Beharrlichkeit, mit der diese an ihrem Glauben hingen, als blinde Verstocktheit verdammend. Was man an den Bekennern, den Blutzeugen der Lehre Christi als hohe Tugend pries, daraus machte man den Juden ein Verbrechen!

40) Dr. Abr. Geiger a. a. O. Thl. I. S. 158.
41) Dr. Abr. Geiger a. a. O.

Die Juden in Köln während der Franken-Herrschaft.

Bereits unter Valerian's Regierung, um das Jahr 255, hatten die Einfälle der Franken-Stämme auf das linke Ufer des Rheines einen ernsten Charakter angenommen. Bis dahin waren nur kleinere Heergefolge der Franken unter ihren Führern über den Rhein gegangen und hatten sich mit der Beute, die sie auf ihren Streifzügen machten, begnügt. Jetzt traten sie mit größerer Heeresmacht gegen die Römer auf. Gallienus, den sein Vater Valerian zum Mitregenten der westlichsten Provinzen des Reiches ernannt, konnte den Sturm einzig durch bedeutende Geldsummen abwehren, wodurch die Franken aber nur um so lüsterner auf die reiche Beute jenseit des Rheines gemacht wurden. Als Gallienus in den einzelnen Provinzen von Usurpatoren bedroht wurde — es hatten sich auf einmal nicht weniger als zwanzig Führer von Legionen an der Spitze ihrer Soldaten zu Imperatoren ausrufen lassen —, übertrug der Wollüstling seinem zum Cäsar ernannten Sohne P. Licinius Cornelius Solaninus Valerianus die Herrschaft am Niederrheine. Ihm zur Seite stand Albanus. Den Oberbefehl über die zum Schutze der Rheingränze um Köln zusammengezogenen Truppen führte der Gallier M. Cassianus Latinius Posthumus, der sich aber sofort zum Kaiser in Gallien ausrufen ließ. Solaninus wollte sich dieser Anmaßung widersetzen, wurde jedoch von Posthumus in Köln belagert und fand bei dieser Belagerung den Tod. Köln war jetzt die Residenz des neuen Kaisers von Gallien, der sieben Jahre seine Würde behauptete, dann aber, 267, von seinen Soldaten bei Mainz ermordet wurde, weil er diesen die Plünderung der Stadt, in welcher er den Tyrannen Lelienus besiegt hatte, nicht gestatten wollte. Seine Würde als Kaiser von Gallien riß

M. Aurelius Piauvonius Victorinus an sich, fiel aber schon im folgenden Jahre in Köln durch den Dolch eines von ihm an seiner Ehre gekränkten Ehemannes. M. Aurelius Marius, ein Waffenschmied, eignete sich die Kaiserwürde zu, wurde aber acht Tage nachher ermordet. P. Pivisuvius Tetricus wird darauf zum Kaiser von Gallien ausgerufen. Nachdem er sechs Jahre, bis 273, den Titel geführt, unterwarf er sich dem Kaiser L. Valerius Domitius Aurelianus (270—275) und machte so dem gallischen Kaiserthume ein Ende. Köln hörte mithin auf, Residenzstadt zu sein.

Die inneren Spaltungen des Reiches mußten nothwendig seine Macht nach außen immer mehr und mehr schwächen und den fortwährend gegen dasselbe anstürmenden Barbaren an seinen Gränzen freies Spiel lassen. Besonders erschütternd waren die wiederholten Einfälle der Allemannen und Franken längs der ganzen Rheingränze, was den Kaiser M. Aurelius Valerius Probus (276—280) veranlaßte, zum Schutze der Gränze von der Donau bis zum Niederrheine die 200 Meilen lange, mit festen Thürmen geschützte Mauer, den „limes transrhenanus", erbauen zu lassen; denn bei seinem Regierungs-Antritte fand er nicht weniger als siebenzig, früher blühende Städte zerstört, die er alle wieder herstellen ließ.

Erst Konstantin konnte sich mit Glück dem Andrange der Allemannen und Franken widersetzen. Er erhob Köln zur Hauptstadt der Germania secunda, welcher er den ganzen Pomp der damaligen Verwaltung verlieh, und die er durch eine steinerne Brücke mit dem rechten Ufer verband. Als Brückenkopf ließ er am rechtsseitigen Ausgange der Brücke ein festes Castell aufführen, das „Castellum duitiense", „Divitense monumentum".

Furchtbare Rache nahm er an den germanischen Stämmen. Mord und Brand begleitete seine Legionen, die das ganze Gebiet der Franken und Allemannen in eine wüste Oede verwandelten. Was nicht durch der Römer Schwert gefallen, wurde die Beute der reißenden Thiere in den Circen. Selbst zwei fränkische Herzoge, Ascaricus und Rogaisus nennt sie sein Lobredner Eumenius und sein Geschichtschreiber Eusebius, wurden verrätherisch nach Trier gelockt und hier bei einem Thier-Kampfspiele den Bestien Preis gegeben[42]).

Der Franken Racheschrei verhallte nicht. Hatte auch Konstanz, Konstantin's zweiter Sohn und Nachfolger, einen Scheinfrieden durch Geld erkauft, so brach die verhaltene Wuth der Franken im Jahre 354, als Konstanz nach Kleinasien gezogen, um so furchtbarer aus. Mit den Allemannen vereint, drangen sie über den Rhein und verwüsteten das ganze Land bis unterhalb Köln. Die unter Julian (361—363) vom Hunsrück zur Dämpfung des Aufstandes hinabziehenden Legionen fanden eine weite Oede, ein grausiges Leichenfeld. Außer dem Castell bei Confluentes — dem heutigen Coblenz —, dem Castell Regiomagus und einem Thurme bei Köln war das ganze Land ein Trümmerhaufen. Vierzig Städte und fünfundvierzig Burgen oder kleinere Castelle waren gebrochen, der Flammen Raub geworden. Auch das mächtige Köln war seiner Thorthürme, seiner Mauerwälle theilweise beraubt. Zehn Monate blieb die Metropolis der Germania secunda in der Gewalt der Franken. Julian nahm endlich die Stadt wieder in Besitz und ließ ihre Thore und Thürme neu herstellen. Er fand sich sogar veranlaßt, um hier die Gränzen des Römerreiches zu schützen, einen Theil des von den Agrippinern bewohnten Landes den Franken unter römischer Oberherrlichkeit einzuräumen. Die neuen Ansiedler nannten sich Ripuarier — Ufer-Franken — und ihr Land Ripuarien[43]).

Nur scheinbar war der Friede, denn 366, 370 und 388 wiederholten sich die stürmischen Einfälle der Franken, und es verging seitdem kein Jahr, wo nicht Kriegerhaufen derselben, sogenannte Heergeleite, die westrheinischen Gebiete der Römer mit Raub und Mord heimsuchten, alle fahrende Habe, Menschen und Vieh als Beute über den Rhein schleppten.

Hatten die Anstrengungen der Kaiser Valentinian I. und Valentinian II. (383—395) auch für den Augenblick Ruhe und

---

42) Eumen. Paneg. Constant. 10–13.

43) Dr. Eckertz: „Das fränkische Ripuar-Land“. Annalen des historischen Vereins für den Niederrhein. Heft I. 40.

Sicherheit an der Rheingränze hergestellt, letzterer sogar in Köln einen Frieden mit den Franken geschlossen, für das in seinem Innersten morsch gewordene Römerreich im Westen war aber keine Rettung mehr, es mußte untergehen!

Im Jahre 449 soll ein König der salischen Franken, Merowäus, Köln erobert und sich mit seinem Heerhaufen im Gebiete der Ubier festgesetzt haben, von wo aus er die Römer immer weiter nach Gallien zurückdrängte. In der Schlacht bei Chalons sur Marne unterstützte er die Römer gegen den gemeinsamen Feind, den Hunnenkönig Attila, der nach der verlorenen Schlacht auf seinem Rückzuge mit 500,000 Kriegern in einer Fronte von Straßburg bis Köln über den Rhein ging, Alles mit Feuer und Schwert verheerend und verwüstend. Ueber das Schicksal Kölns bei dieser Gelegenheit haben wir keine bestimmte Kunde, doch soll um diese Zeit, 451, die heilige Ursula und ihre Gefährtinnen in oder bei Köln den Martyrtod erlitten haben.

Auf Merowäus folgte Childerich, sein Sohn, 458 als König der Ripuarier, mußte aber bald vor der Rache der in ihren Weibern und Töchtern von dem Könige an ihrer Ehre gekränkten Männer fliehen. Er ging nach Thüringen. An seiner Stelle wählten die Franken einen Römer, Aegidius oder Gilon, und riefen ihn in Köln zum Könige von Ripuarien aus. Köln blieb die Haupt- und Residenzstadt des neuen Königreiches, das auch den Namen „Königreich von Köln" führte. Acht Jahre herrschte Aegidius mit der ganzen Willkür eines übermüthigen Römers, so daß die Franken ihren König Childerich, 457, aus Thüringen zurückriefen. Aegidius wurde ermordet, und das von seinen Anhängern vertheidigte Köln mit stürmender Hand durch Childerich erobert. Aegidius war der letzte gewalthabende Römer am Rheine. Ihre Macht war hier für immer gebrochen.

Die Geschichte schweigt über die Schicksale der Juden in Köln während dieser Vorgänge und während der grauenvollen, blutigen Zeit, welche nach dem Tode Chlodwig's, 511, Childerich's Sohn, über das Reich der Franken und auch das der Ripuarier durch die unseligen Theilungen hereinbrach.

Die Franken hatten anfänglich die Verfassung und die gesetzlichen Bestimmungen der Römer in Köln beibehalten. Childerich I. (458—481) suchte aber in seinem bitteren Hasse gegen alles, was römisch hieß, das Römerthum mit Gewalt zu verdrängen, er schaffte sogar den Namen „Colonia Agrippinensis" ab und nannte die Stadt „Colonia Francorum" oder schlechtweg „Colonia". Die Gesetze der Ripuarier wurden eingeführt, wie man dieselben später auf Veranlassung des Königs Dagobert I. (628—638) nebst den salischen, den allemannischen und den baierischen um 630 niederschrieb.

Bis dahin hatten die Juden unter den gesetzlichen Bestimmungen Konstantin's gestanden. Die erobernden Franken behandelten sie als Römer, da sie volles Bürgerrecht in den eroberten Provinzen genossen, das sie auch unter fränkischer Herrschaft beibehielten. Wissen wir bestimmt, daß die Juden in den gallischen Provinzen Grundbesitz haben durften, Ackerbau, Gewerbe und Handel trieben, mit eigenen Schiffen Flüsse und Meere befuhren, die Arzneikunst pflegten, selbst waffenfähig waren, daß sogar Ehen zwischen Christen und Juden vorkamen, wie überhaupt das beste Einverständniß zwischen Juden und Christen herrschte, so darf man annehmen, daß dieselben Verhältnisse auch in Köln bestanden, denn jedenfalls blühte eine Judengemeinde in der Stadt, deren Handelsverkehr schon damals sehr bedeutend, deren Verbindungen nach Westen und Süden wie nach Norden durch den Strom und treffliche Straßen schon sehr lebhaft waren, und welche, ihres politischen Ansehens als Hauptstadt der Ripuarier wegen, viel des Anziehenden bot.

Auf den Zustand, die Lage der Juden hatten die blutigen Annexionen Chlodwig's zur Bildung eines einigen Frankenreiches, und sein Uebertritt zum Christenthum keinen wesentlichen Einfluß geübt, wenn auch die gallischen Concilien des fünften und sechsten Jahrhunderts schon einzelne Bestimmungen in Betreff der Juden trafen. So beschloß das Concil zu Vannes (465), daß die Geistlichen bei keinem Juden zu Gast gehen, und auch keinen Juden an ihren Tafeln sehen durften. Auf verschiedenen Concilien wurde dieser Canon wiederholt und zuletzt auch auf Laien ausgedehnt. Was aber in einem Theile des Frankenreiches Gesetzeskraft erhielt, wurde in dem anderen gar nicht beachtet; denn man darf in jener Zeit an keinen einheitlichen Staats-Organismus denken, und dies besonders nicht in den grausenhaften Wirren nach der Theilung des Reiches, wo kein allgemeines Gesetz herrschte, jeder der Könige nach seiner Willkür regierte.

Die Geistlichkeit hatte zudem einen anderen Feind zu bekämpfen, der lange hartnäckig dem Christenthum widerstand, nämlich neben der allgemeinen Entsittlichung der Könige, der Großen und des Volkes, wie sie die Geschichtschreiber dieser Periode schildern, das germanische Heidenthum, dessen Aberglauben in Frankreich und Deutschland, trotz aller Anstrengungen der Geistlichen, jetzt noch nicht ganz aus dem Volksglauben verbannt ist, sich noch in einzelnem Brauch kund gibt, kann sich das Volk auch keine Rechenschaft über seinen Ursprung geben, wie denn auch verschiedene christliche Festgebräuche auf altgermanischen heidnischen Gebräuchen fußen, manche Erscheinungen des germanischen Heidenthums in den christlichen Wunderglauben aufgingen, heidnische Anschauungen sich unter christlichen Deutungen verloren. Die katholischen Geistlichen konnten kein besseres Mittel erfinden und anwenden, um den heidnischen Glauben nach und nach ganz zu verbannen und auszurotten.

Nach der damaligen Anschauungsweise war es ganz natürlich, daß die katholische Geistlichkeit Alles aufbot, die Kluft zwischen Christen und Juden immer größer zu machen, indem sie alle ihre Bekehrungs-Versuche, die mitunter blutig, an der standhaften Beharrlichkeit der Juden, in der Ueberzeugung ihres Glaubens, scheitern sahen. Gewiß glaubten die Männer, welche im ost- und weströmischen Reiche gegen die Juden auftraten, sie aus ihrer Verstocktheit, dem einzigen Verbrechen, das sie ihnen nach ihrer Ansicht vorwerfen konnten, zu bekehren, dem Christenthum zu gewinnen suchten, ein gottgefälliges Werk zu thun; gewiß waren ihnen alle Mittel zu diesem Zwecke, welcher Art sie auch sein mochten, ob strenge, selbst grausame, ob milde, durch irdischen Vortheil überredende, geheiligt; sie waren des festen Glaubens, nur für das Seelenheil der zu Bekehrenden zu handeln. Daß dieser Bekehrungseifer bei einzelnen der Könige in dem buntgetheilten Frankenreiche zu blindem

Fanatismus ausartete, je nachdem sie mehr oder minder unter dem Einflusse der Geistlichkeit standen, ist ganz natürlich und leicht erklärlich, da diese mit allen nur denkbaren Mitteln dahin wirkten, alles aus dem Wege zu räumen, was dem im Frankenreiche nur noch schwach befestigten Christenthum hinderlich, ja, verderblich werden konnte, und das war vor Allem — das Judenthum.

Nur wenige der Kirchenfürsten standen über den Ansichten ihrer Zeit, doch unter diesen auch manche der Päpste, denen man keine fanatische Unduldsamkeit gegen die Juden zur Last legen kann. Papst Gregor I. (590—604), den die Geschichte mit Recht den Großen, den Heiligen nennt, sprach sich dahin aus, daß die Juden nur durch Ueberredung und Sanftmuth, nicht durch Gewalt zum Christenthum gebracht werden sollten. Er schützte den Juden das ihnen von den Kaisern zuerkannte Bürgerrecht und trat in allen Fällen, wo den Juden irgend einer Gemeinde Italiens in ihren Rechten eine Beeinträchtigung von Seiten der Bischöfe drohte, mit der größten Energie und Entschiedenheit gegen dieselben auf[44]. Wie denn ein Jahrhundert früher der Bischof von Clermont, Sidonius Apollinaris (472—482), die Juden auch schon gegen die sie hart bedrohende Unduldsamkeit kräftig in Schutz nahm.

Einzelne von den judenfeindlichen Bestimmungen der gallischen Concilien des sechsten Jahrhunderts fanden Unterstützung bei den Nachfolgern Chlodwig's, wurden zu Staatsgesetzen erhoben, so der Beschluß des Concils zu Orleans (533), welcher die Ehen zwischen Christen und Juden verbot, welche mithin nicht selten gewesen sein mußten, weil sonst keine Ursache des Verbots vorhanden. Auf dem dritten (538) und vierten (545) Concil zu Orleans wurde beschlossen, daß keine Christen an jüdischen Gastmählern Theil nehmen durften, den Juden verboten, Proselyten zu machen und sich während der Osterfeier der Christen in den Straßen und auf öffentlichen Plätzen zu zeigen, „weil ihr Erscheinen in dieser Zeit eine Beleidigung gegen das Christenthum sei“. Childebert I. (511—558), König von Paris, gibt im Jahre 554 dieser

44) S. Gregorii magni epistolae. Lib. I. 10, XII. 18.

Bestimmung Gesetzeskraft[45]). Unter Childebert II. (575—596) beschloß das Concil zu Macon (581), daß die Juden keine Richterämter bekleiden, noch Steuerpächter sein durften, daß sie ihre Sclaven nicht ins Judenthum aufnehmen, in Gegenwart christlicher Priester nicht sitzen durften, vielmehr ihnen eine tiefe Verehrung zollen mußten, unter Androhung schwerer Strafen gegen die Zuwiderhandelnden. Verschärft wurde die Bestimmung bezüglich der Osterfeier, und die Juden möglichst von dem öffentlichen Leben, allen bürgerlichen Rechten ausgeschlossen, da ihnen das Concil von Paris (615) unter Clotar II. (584—628), welcher seit 613 das ganze Frankenreich wieder in eine Monarchie vereinigte, alle Berechtigungen zu obrigkeitlichen Aemtern und zu Kriegsdiensten absprach.

Diese Bestimmungen trafen natürlich auch die Juden Kölns und stellten sie in die Reihe der Unfreien, der Hörigen. Dagobert (628—638), der seinem Vater in der Regierung des Frankenreiches folgte, überbot diesen, unter dem Einflusse der Geistlichkeit, in fanatischem Judenhasse, denn gleich nach seinem Regierungsantritte, 629, gab er den Befehl, daß alle Juden des Frankenreiches sich an einem bestimmten Tage entweder zum Christenthum bekennen, oder als dessen Feinde mit dem Tode bestraft werden sollten. Zur allgemeinen Ausführung kam diese Verfolgung nicht, denn dann hätte bereits im folgenden Jahre (630) das Concil zu Rheims nicht alle Beschlüsse der früheren Concilien gegen die Juden, besonders das Verbot des Handels mit christlichen Sclaven und den Ausschluß von allen öffentlichen Aemtern, zu erneuern brauchen.

Sclaven bildeten einen stehenden Handelsartikel, denn wie bei den Römern das Handwerk, Bestellung der Aecker Sache der Sclaven, der Unfreien war, so auch bei den Franken. Sclavenhandel daher eine Nothwendigkeit, der aber keineswegs allein in den Händen der Juden; diesen wird hauptsächlich nur der Handel mit Christensclaven untersagt. Christen betheiligten sich an demselben nicht minder und führten fortwährend eine Menge Sclaven

45) Pertz: Monumenta Germaniae, leges I. 1.

aus dem nordöstlichen Europa nach dem südwestlichen. Die Juden waren im Frankenreiche zunächst auf den Handel angewiesen, dessen Hauptgegenstände: Getreide, Wein und andere von ihnen selbst bereitete Getränke[46]), kostbare Stoffe, Pelzwerke, Specereien u. s. w. und nothwendig auch Sclaven. Daher sich das Verbot des Handels der Juden mit Christensclaven in späteren Concilien-Beschlüssen wiederholt. Erst unter Kaiser Heinrich II. (1002 bis 1024), dem Heiligen, wurde der Sclavenhandel aufs strengste gänzlich verboten[47]), wie sehr auch bis dahin die Kirche fortwährend mit allen ihr zu Gebote stehenden Mitteln gegen denselben geeifert hatte.

Näheres über die Geschicke der Juden in Köln unter der Herrschaft der Majordomen des Frankenreiches wissen wir nicht.

Rabbi Joseph ha Cohen (1496—1575), der uns in seinem Werke Emek-ha-Bacha*) meist nach den Berichten von Augenzeugen eine äußerst belehrende Schilderung der Leiden und Drangsale seines Volkes in Europa hinterlassen hat, sagt von dieser Zeit: „Auch in Deutschland und Italien entstanden zahlreiche Leiden und Zerrüttungen im Jahre 4405 (645), mithin zur Zeit Karl Martel's; die Israeliten kamen damals gar sehr herunter und tranken den Becher des göttlichen Zornes.“ Sicher blieben sie auch in Köln nicht verschont. Daß hier, wie in dem benachbarten Bonn, eine jüdische Gemeinde bestand, geht daraus hervor, daß in der zweiten Hälfte des siebenten Jahrhunderts ein R. Ephraim aus Bonn als einer der größten Gelehrten und

---

46) Wie dies noch zur Zeit Heinrich's IV. der Fall war, welcher ausdrücklich in einer Urkunde von den Juden sagt: „Habeant praeterea licentiam vinum suum et pigmenta et antidota vendere Christianis.“

47) Pertz: Monumenta Germaniae. 5. Pag. 821. Thietmar. Merseburg. VI.

*) „Emek-ha-Bacha“ von R. Joseph ha Cohen. Aus dem Hebräischen ins Deutsche übertragen, mit einem Vorwort, Noten und Register versehen und mit hebräischen handschriftlichen Beilagen bereichert von Dr. M. Wiener, Oberlehrer in Hannover. Leipzig. Oskar Leiner. 1858. Aeußerst belehrend sind die beigefügten Noten.

ausgezeichnetsten Lehrer am Niederrheine von den Juden gerühmt wird. Gegen Ende des Jahrhunderts nahmen die jüdischen Gemeinden am Rheine zu durch die aus Persien, in Folge der Kriege zwischen den Arabern und Persern, geflohenen Juden, welche sich in Rußland, Deutschland und der Schweiz niederließen.

Im eigentlichen Frankreich scheint um diese Zeit der Einfluß der Juden nicht unbedeutend gewesen zu sein, denn einzelne jüdische Gebräuche hatten sich sogar beim Volke eingeschlichen. So sollte man sich Sonntags keiner Pferde, noch Ochsen, noch Wagen zum Reisen bedienen und auch keine Speisen zum Essen bereiten. Auf dem am 11. Juli des Jahres 755 zu Ver oder Vern (Concil Vernense), einem zwischen Paris und Compiègne abgehaltenen Concil, sahen sich die versammelten Bischöfe veranlaßt, durch das 14. Canon zu bestimmen, daß diese Gebräuche als jüdisch zu verwerfen seien.

Karl der Große, der in Allem hoch über seiner Zeit stand, dessen Umsicht auch das Geringste nicht entging, hatte die Wichtigkeit der Juden für das Staatsleben und den Handelsverkehr erkannt und wandte auch ihnen seine Aufmerksamkeit zu. In seinen Capitularien werden sie gewöhnlich Kaufleute, „negotiatores“, genannt und von ihm zu mancherlei politischen Geschäften benutzt — zur Anbahnung von Handelsverbindungen. Sie waren die einzigen Handelsvermittler zwischen dem Osten und Westen; in ihren Händen lag der Handel mit den Spezereien, den kostbaren Stoffen und Edelsteinen des Orients. Man glaubte sie vertraut mit allen geheimen Künsten, der Sterndeuterei und Alchymie, als deren Erfinder das Mittelalter — selbst die Araber — die Patriarchen des alten Bundes betrachtete. Bis ins vierzehnte Jahrhundert kommen Juden als Hofsterndeuter an den Höfen christlicher Könige und Fürsten vor. Wir wissen, daß ein Jude, Isaak, des Kaisers Gesandten Sigismund und Landfried an den Chalifen Harun Arraschid beigegeben war, und daß dieser Isaak, als die beiden Edelleute auf der Rückreise gestorben, dem Kaiser das Antwortschreiben des Chalifen und dessen Geschenke, unter denen sogar auch ein Elephant (nomen Elephantis erat „ambulans“), im Jahre 802 in Aachen, wo er in feierlicher Audienz empfangen wurde, überbrachte[48]). Karl soll den Chalifen auch gebeten haben, ihm einen gelehrten Juden aus Babylonien zu senden, und Harun Arraschid ihm einen berühmten Thalmudisten, R'Machir, gesandt haben, welchen Karl der Große zum Vorsteher des jüdischen Lehrhauses in Narbonne machte, und dessen Nachkommen sich durch hohe Gelehrsamkeit auszeichneten[49]).

Um einem lüsternen Prälaten einen losen Streich zu spielen, hatte Karl einen Juden beauftragt, demselben von einer Fahrt nach dem Orient eine in Specereien eingemachte Maus als Leckerbissen mitzubringen. Dies geschah, und der Feinschmecker ließ sich das Mäuslein köstlich munden zum größten Ergötzen des Kaisers.

So hatte Karl bereits um das Jahr 787 eine gelehrte jüdische Familie aus Lucca, die Kalonymos[50]), Vater und Sohn Mose und Neffen bewogen, nach Deutschland überzusiedeln und sich in Mainz niederzulassen, wie er denn überhaupt aus Italien und Spanien viele Juden nach Deutschland zurückbrachte, die dort verfolgt, hier und in England eine neue Heimstätte gefunden. Durch die Uebersiedlung jüdischer Gelehrten aus Babylon nach Südfrankreich, aus Italien nach Deutschland wurden die thalmudischen Studien, die Kenntniß midraschischer Deutungen und Schriften auch nach diesen Ländern verpflanzt, wo die thalmudische Gelehrsamkeit uns im zehnten Jahrhundert als ganz selbstständig entgegentritt[51]).

---

48) Pertz: Monumenta Germaniae. I., pag. 190, 358. Eginhardi annales.

49) Dr. Graetz a. a. O. B. V., S. 221.

50) Ein R'Kalonymos ben David lebte zu Anfang des 16. Jahrhunderts und vollendete 1523 die hebräische Grammatik des jüdischen Arztes Abraham de Balmis, gedruckt in Venedig. Lateinisch und hebräisch.

51) Abr. Geiger: Das Judenthum und seine Geschichte. S. 156. — Es heißt da: „Woher kam sie? (die Gelehrsamkeit.) Alles deutet darauf hin, daß die thalmudische Wissenschaft unmittelbar von den Geonim in Babylon nach Deutschland und Frankreich zugekommen ist. Wenn Ihnen die Entfernung eine so mächtige scheint, bei den damaligen so großen Erschwerungen im Verkehr, so wiederholt sich diese wirklich wunderbare Erscheinung das ganze Mittelalter hindurch, daß trotz der bedeutenden Hindernisse, welche sich der Verbindung entgegenstellen, dennoch ein lebhafter Verkehr zwischen den Juden der entlegensten Länder sich findet, ein gelehrter Briefwechsel vom Abend- zum Morgenlande,

Karl's des Großen Gedanke, die weiten Marken, die er seinem Scepter unterworfen, in ein einheitliches Ganzes umzugestalten, erlaubte ihm nicht, die eximirte Stellung der Juden aufzuheben, sie als ebenbürtig mit den Christen zu behandeln. Der Gedanke der Einheit, die Verbreitung des Katholicismus war auch das hohe Ziel der werdenden Hierarchie, welche nach Kräften in ihren Bestrebungen zu unterstützen für Karl den Großen Beruf war, seitdem er die römische Kaiserkrone trug, seitdem er in der römischen Kaiserwürde die Idee des römischen Weltreiches verwirklicht sah. Er hielt die Bestimmungen der Kirche, die canonischen Beschlüsse gegen die Juden aufrecht, ließ er denselben auch den Schutz der allgemeinen Gesetze, ließ er sie auch ungestört im Besitze von Allodialgütern, und erkannte er ihnen auch das Recht zu, als Zeugen gegen Christen aufzutreten, wie sich letzteres aus der von ihm vorgeschriebenen Eidesformel der Juden ergibt[52]). Der Jude, der gegen einen Christen den Eid ablegte, mußte sich mit Sauerampfer umgeben, in der Rechten die Thora halten und den Aussatz Naaman's, die Strafe Kora's auf sich herab beschwören zum Zeugniß der Wahrheit[53]). Daß Karl nichts weniger als ein Feind

von Spanien nach Böhmen, von Frankreich nach Bagdad hin geführt ward. Es zeigt uns dies, wie ein ernstes Streben alle räumlichen Hindernisse zu überwinden weiß."

52) Pertz: Monumenta Germ. Leges I. 144.

53) Nach J. M. Jost soll der Eid „More judaico" zuerst um 980 im byzantinischen Reiche eingeführt worden sein. Um den Juden das Schwören zu verleiden, sie zu verhöhnen, wurde bei der Eidesleistung auf gewisse religiöse Formalitäten gehalten und die Eidesformel möglichst abschreckend gemacht. Die ältere Form war folgende: Der Schwörende wurde mit einem Dornstrauch umgürtet, mußte ins Wasser schreiten, drei Mal auf sein männliches Glied spucken und dann die Worte sprechen: „Bei dem Bereschit bara, Adonai, Elohim, welcher Israel trockenen Fußes durchs Meer geführt hat, bei dem Gesetze, welches Adonai gegeben, und bei dem Anspucken des beschnittenen Gliedes und dem Dorn, womit ich meine Hüften umgürtet habe! ich schwöre nicht falsch bei dem Namen des Herrn Sabaoth. . . Wenn ich aber falsch schwöre, so seien verflucht die Sprößlinge meines Leibes; ich müsse tappen wie ein Blinder an der Mauer, und wie ein Augenloser hinfallen. Zugleich müsse die Erde ihren Mund aufthun und mich verschlingen wie Dathan und Abiron!" Nach dem sächsischen Rechte mußte der Jude auf der Haut einer Sau stehen, welche in dem

der Juden war, geht am deutlichsten aus dem Umstande hervor, daß er, wie oben erzählt, sogar aus fernen Ländern jüdische Gelehrte nach Frankreich und Deutschland verpflanzte, um an den Judenschulen zu lehren.

Ludwig der Fromme (814–840), Karl's des Großen Sohn und Erbe, blieb den Juden gewogen, ließ sich, wie kirchlich fromm er auch war, durch den Einfluß der höheren Geistlichkeit nicht bestimmen, beschränkend gegen dieselben aufzutreten. Im Gegentheil gewährte er ihnen noch mehr Freiheiten, als sie bis zu seinem Regierungs-Antritte gehabt hatten. Sie genossen seinen vollen Schutz*). Alle Judengemeinden in Frankreich und in Deutschland blieben im Besitze ihres Eigenthums, ihrer Liegenschaften, im Genusse ihrer Freiheiten und Gewohnheiten. Es war den Juden Freizügigkeit zugestanden, erlaubt, christliche Knechte und Arbeiter zu halten und völlig freien Sclavenhandel zu treiben, d. h. im Auslande Sclaven zu kaufen, um sie im Inlande wieder zu verkaufen. An einzelnen Orten wurden ihnen zu lieb sogar die Wochenmärkte vom Sabath auf andere Wochentage oder gar auf den Sonntag verlegt. Den Geistlichen war untersagt, Judensclaven zur Taufe zuzulassen, weil diese nach empfangener Taufe emancipirt waren. Den Gottesurtheilen waren die Juden nicht unterworfen, auch von der Geißelstrafe befreit, es sei denn, daß ihre eigenen Gerichtshöfe, sie besaßen mithin das Recht der Autonomie, dieselben zuerkannt hatten. Ganz unbeschränkt waren sie im Handel, wofür sie jährlich eine Steuer an den Fiscus zahlen mußten. Zu diesem Zwecke waren sie gehalten, jährlich oder alle zwei Jahre Rechnung über ihre Einnahme zu legen. Da-

letzten vierzehn Tagen geworfen und deren Haut zu diesem Zwecke mit besondern Schnitte abgezogen werden sollte. Vgl. den Artikel Juden-Eid in der Encyklopädie von Ersch und Gruber. 27. Theil. — In Bezug auf den Juden-Eid unter Karl dem Gr. vgl. Pertz: Monumenta III. p. 194. Capitula de Judaeis. Dr. Cassel a. a. O. S. 53 und 73.

*) Hierauf bezügliche Urkunden bei Bouquet: Recueil des histoires des Gaules. II., p. 649—650. Eine Urkunde schließt: „Et vobis notum esse volumus, ut iam, quia suprascriptos Hebraeos sub mundeburdo et defensione nostra suscepimus.

durch, daß sie auch Steuerpächter sein durften, hatten sie, trotz aller canonischen Beschlüsse, eine gewisse Gewalt über die Christen gewonnen. Die Rechte und Gerechtsamen der Juden des ganzen Reiches überwachte ein Judenmeister (Magister Judaeorum), der unter Ludwig's Regierung Everard hieß[54]).

Ungestört in Handel und Wandel und in der Ausübung ihrer Religion lebten die Juden im ganzen Reiche, also auch in Köln; denn daß in der schon mächtigen Handelsstadt unter den Karolingern eine Judengemeinde bestand, läßt sich mit Gewißheit annehmen, fehlen uns hierüber auch historische Belege.

Die Zeit Ludwig's des Frommen war die goldene der Juden im Kaiserreiche. Ludwig's zweite Gemahlin, Judith, aus welfischem Stamme, mit der er sich 819 nach dem Tode seiner ersten Gemahlin Ermingarde vermählte, und welche den entschiedensten Einfluß auf den Kaiser hatte, wie dies aus dem Verlaufe seiner unglücklichen Regierung hervorgeht, war eine Gönnerin der Juden, die von ihr in jeglicher Weise begünstigt wurden, und daher auch vom Kaiser. Mit der Kaiserin stimmte ihr Günstling, der Herzog Bernard von Septimanien, vom Kaiser zum Erzkämmerer erhoben, in Bezug auf die Juden überein. Sie hatten eine einflußreiche Partei am Hofe, besonders unter den vornehmen Frauen, die für das Judenthum schwärmten und sogar jüdische Frauen mit kostbaren Gewändern beschenkten. Der Einfluß der Frauen machte sich bald geltend. Es waren Christen von dem Judenthume dergestalt eingenommen, daß sie den Sabath heiligten und am Sonntage arbeiteten. Frei durften die Juden über Religions-Angelegenheiten disputiren, und ihre Predigten wurden in einzelnen Städten fleißiger besucht, als die der christlichen Priester[55]). An Apostasieen fehlte es auch nicht. Unter den Apostaten sei nur der Diakon Bodo, ein Liebling des Kaisers, aus edlem allemannischen Geschlechte angeführt, der, zum Judenthum übergetreten, nach Spanien ging und sich hier unter dem Namen Eleazar im Kriegsdienste eines maurischen Fürsten als entschiedenen Feind

---

54) Dr. Graetz a. a. O. B. V., S. 246 ff.

55) Dr. Graetz a. a. O. B. V., S. 247 ff., wo auch die Belegstellen.

des Christenthums bewies, so daß sich die Bischöfe des Frankenreiches an den Kaiser wandten, um ihn zu bewegen, sich den gefährlichen Apostaten ausliefern zu lassen. Ludwig that zu dem Zwecke keine weiteren Schritte, bewahrte den Juden seine Gunst, nahm sie unter seinen besonderen Schutz (sub nostra defensione oder sub nostro mundeburdo) und sprach sich noch im Jahre 839 dahin aus, „daß, wenn gleich die apostolischen Gesetze ihn nur verpflichteten, für die Wohlfahrt der Christen Sorge zu tragen, so hinderten sie ihn doch nicht, seine Gerechtigkeit und sein Wohlwollen allen Unterthanen zu Theil werden zu lassen, zu welchem Bekenntnisse sie auch gehören mögen".

Nichts war natürlicher, als daß die Geistlichen mit innerem Aerger sahen, wie der Kaiser die canonischen Beschlüsse nicht in ihrer ganzen Strenge beachtete und, denselben schroff entgegen, die Juden begünstigte, wie dies auch bei der Hofpartei der Fall war, an deren Spitze die Kaiserin Judith stand. — Gerade in der Gewogenheit, welche der Kaiser den Juden erzeigte, sehen wir eine Hauptursache, daß die Geistlichkeit in dem unheilvollen Streite mit seinen Söhnen stets auf der Letzteren Seite stand, daß die Kaiserin Judith im Jahre 830 von Pipin in das Kloster der heiligen Radegundis in Poitiers gesteckt und, wie es scheint, auch gezwungen wurde, den Schleier zu nehmen; denn als sie im folgenden Jahre wieder aus dem Kloster entlassen ward, bestand der Kaiser darauf, daß sie vom Papste Gregor und vielen Bischöfen ihres Gelübdes entbunden wurde, ehe er sie wieder als Gemahlin erkennen wollte.

Die judenfeindlichen Bischöfe fußten mit ihren Klagen auf den Beschlüssen der Concilien und Synoden, standen also im Sinne der Kirche auf dem Rechtsboden, und kaum zu erklären ist es, wie der fromme Ludwig ihren Klagen und Beschwerden kein Gehör gab, mit denen sich besonders Agobard, Erzbischof von Lyon[56]), in Wort und Schrift an den Kaiser wandte, so noch im Jahre 829 mit einem Sendschreiben der in diesem Jahre in Lyon abgehaltenen Synode, unterzeichnet von ihm, dem Erzbischofe

56) S. Note VII.

Bernard von Vienne und dem Bischofe Faof von Chalons-sur-Saône. Dieses Synodalschreiben, das uns noch aufbewahrt ist, führt den Titel: „De judaicis superstitionibus" (vom Aberglauben der Juden). Mögen auch die Befürchtungen, die Agobard in diesem Sendschreiben und einer anderen Schrift: „De insolentia Judaeorum" ausspricht, übertrieben sein, so scheint doch das Judenthum im Süden Frankreichs keinen fördernden Einfluß auf das Christenthum geübt, sogar viele Freunde gefunden zu haben, und das Auftreten der Juden, mit kaiserlichen Schutzbriefen (Indiculi) versehen, nicht ganz frei von herausfordernder Anmaßung gewesen zu sein, wenn auch die Bevölkerung der einzelnen Städte, trotz der judenfeindlichen, aufwiegelnden Predigten, trotz des Einflusses des Beichtstuhles nirgendwo Partei gegen die Juden nahm[57]).

Außer im Süden Frankreichs scheint die Judenfreundlichkeit des Kaisers und seiner Gemahlin Judith in keinem anderen Theile des Reiches irgend ein Aergerniß gegeben, irgend eine Bewegung gegen die Juden hervorgerufen zu haben, wenigstens ist uns darüber keine Kunde geworden. Auf den unter Ludwig's Regierung am Rheine abgehaltenen Synoden und Concilien, so 816 und 817 in Aachen, 822 in Thionville (Diedenhofen), 825 in Aachen, 829 in Mainz und in Worms, 830 in Nymwegen, 831 in Aachen, 835 in Diedenhofen, wo die beiden Erzbischöfe, Abogard von Lyon und Bernard von Vienne als Feinde des Kaisers ihrer Würde entsetzt werden, und 837 in Aachen, geschieht der Juden keine Erwähnung.

In den Wirren, die nach Ludwig's Tode das jetzt getheilte Reich heimsuchten, traten die Päpste mit immer größerer Entschiedenheit gegen den Willen der Machthaber aus der Familie der Karolinger auf, suchten sie, der seit Karl dem Großen angebahnten Hierarchie ein stets festeres und ausgedehnteres Fundament zu gewinnen. Nach dem Vorbilde der Päpste handelten auch die Würdenträger der Kirche in einzelnen Theilen des Reiches, namentlich in Frankreich, und strebten unablässlich dahin, die früheren

---

57) Dr. Graetz a. a. O. B. V., S. 247 ff. gibt uns eine ausführliche Schilderung der Bemühungen Agobard's gegen die Juden.

Beschlüsse der Concilien und Synoden gegen die Juden zur vollen Geltung zu bringen und denselben Rechtskraft zu verschaffen.

Unter Karl's des Kahlen (840—879) Regierung blieben die Juden Frankreichs im Besitze der ihnen von Ludwig dem Frommen zugestandenen Freiheiten. Der Besitz von Grundeigenthum und der Handel waren ihnen nicht verkürzt. Karl's Leibarzt, Zedelias, war ein Jude und vom Könige hochgeschätzt, wie denn überhaupt jüdische Aerzte gesucht waren, da man denselben übernatürliche Kräfte und magische Gewalt zuschrieb, um Heilungen zu bewerkstelligen, wenn auch schon Kirchenväter gegen diese Meinung geeifert hatten[58]). Trotz aller Beschuldigungen, die man gegen die jüdischen Aerzte vorbrachte, finden wir sie während des ganzen Mittelalters an vielen Höfen und in manchen Städten angesehen und bei allen Ständen großes Vertrauen genießend, was wohl zuweilen ein Grund war, daß Geistliche gegen die jüdischen Aerzte auftraten, da sich auch Geistliche mit der Arzneikunde befaßten. So verbietet das große, 1131 in Rheims abgehaltene Concil in seinem sechsten Canon den regulirten Canonicis und den Mönchen Arzneiwissenschaft zu treiben, aber den Säcular-Priestern blieb dies erlaubt.

Karl der Kahle hatte auch noch einen jüdischen Günstling, Namens Juda, den er seinen Getreuen nannte und der mit mancherlei politischen Sendungen und Aufträgen von ihm betraut wurde. Einzelnen Juden war auch in verschiedenen Districten die Zollpacht übergeben. Die mit solchen und ähnlichen Aemtern schon von Ludwig dem Frommen betrauten Juden finden wir häufig unter dem Namen „Kammer-Grafen" angeführt.

Im Jahre 845 am 17. Juli versammelten die Bischöfe Hinkmar von Rheims, des Kaisers Liebling, Warilo, Erzbischof von Sens, und Rudolf, Erzbischof von Bourges, in Meaux bei Paris eine Synode und erhoben unter Anderem auch alle die früheren Beschlüsse der Concilien gegen die Juden zum Gesetze. Da aber der Adel durch die Beschlüsse dieser Synode sich in vielen seiner Rechte gekränkt sah, brachte er es beim Könige dahin,

---

58) Dr. Cassel a. a. O. S. 44.

daß dieser auf das folgende Jahr eine General-Versammlung der Stände nach Epernai-sur-Marne berief, wo die Beschlüsse der Synode, nachdem sich die Bischöfe auf Befehl des Königs entfernt hatten, geprüft und von achtzig Canones nur neunzehn, welche den Großen des Reiches nicht zu nahe traten, aufrecht erhalten wurden. In den Acten des im Jahre 846 in Paris abgehaltenen Concils finden wir die Beschlüsse gegen die Juden nicht verzeichnet. Da bei dieser Gelegenheit die Plane der Bischöfe völlig gescheitert waren, trat Amolon oder Amulon, Erzbischof von Lyon, Diakon des Erzbischofs Abogard, dem er 841 in der erzbischöflichen Würde folgte, mit einer Schmähschrift gegen die Juden auf, welche alle in Abogard's Schriften enthaltenen Beschuldigungen mit noch grelleren Farben schilderte. Aus derselben ergibt sich aber, daß die Juden beim Adel und beim Volke, sogar bei einzelnen Geistlichen nicht nur geduldet, sondern auch selbst geachtet waren, und man häufig mit ihnen verkehrte[59]).

Alle diese Umtriebe gegen die Juden blieben beim Könige ohne Erfolg. Er erhöhte nur den Procentsatz, den sie von ihrem Waaren-Umschlage zahlen mußten, zu eilf Procent, während die Christen zehn Procent zahlten. Die Juden lebten wie früher „sub mundoburdo et defensione" des Königs ungestört im vollen Genusse ihrer Handelsfreiheiten, wie es sich aus den königlichen Bestimmungen: „De cappis (Beschnittene) et aliis negotiatoribus" ergibt.

Die Saat des Haders und des Unfriedens, welche hier gestreut war, fiel aber nicht auf unfruchtbaren Boden, wenn sie für jetzt auch nur in einzelnen Städten des Königreichs Frankreich vorübergehend aufging; sie wucherte im Geheimen fort, um ein paar Jahrhunderte später um so vernichtendere Früchte zu erzielen, von blinder Unduldsamkeit, von dem zum Höchsten in der Menge gesteigerten religiösen Fanatismus genährt und gepflegt.

---

59) Vgl. Dr. Graetz, S. 268, B. V. Die Schrift führt den Titel: „Rhabani Mauri archiepiscopi Moguntii epistola seu liber contra Judaeos." Spätere Forschungen haben aber festgestellt, daß dieses Sendschreiben nicht von Rhabanus Maurus herrührt, sondern den Erzbischof Amolon von Lyon zum Verfasser hatte.

Unter den Karolingern hatte sich in Köln der Handelsstand und allmählich auch das freie Handwerk, durch die Bedürfnisse bedingt, ausgebildet. Auch die vornehmsten, angesehensten Familien, die späteren Patrizier, die Stadtgeschlechter, trieben Handel und hatten sich zum Schutze desselben in sogenannte Gildonien zusammengethan, Vereinigungen, die später von den Handwerkern in ihren Zünften und Gilden (Aemtern und Gaffeln) nachgeahmt wurden. Das Corporationswesen, theils auf römischem, theils auf germanischem Fundamente fußend, ist der Grundcharakter des socialen Lebens aller Stände im Mittelalter. Das Bedürfniß des Selbstschutzes machte in dem sich immer mehr scheidenden und ausbildenden Ständewesen solche Corporationen zur Nothwendigkeit[60]).

Nach Ludwig's des Frommen Tode war das getheilte Reich der Schauplatz der blutigsten Wirren, eines unter seinen Nachkommen sich zu wiederholten Malen erneuernden Bürgerkrieges, mit dem sich die Gräuel der Heerzüge der Normannen vereinigten. Schon 864 oder 865 wurde auch Köln von den Normannen mit Feuer und Schwert heimgesucht. Aber nur vorübergehend war dieser Raubzug. Im Jahre 870 ward Köln und die heutige Rheinprovinz vom lotharingischen Reiche losgerissen und mit Deutschland vereinigt, bis sechs Jahre später, nach Ludwig des Deutschen Tode, Karl der Kahle diese Theile Lotharingens wieder beanspruchte, worauf es zwischen ihm und Ludwig dem Jüngeren am 8. October 876 in der Ebene von Andernach zur Schlacht kam, die sich für Ludwig entschied, ihm überreiche Kriegsbeute und durch den in Coblenz gethätigten Theilungs-Vertrag auch den Theil Lotharingens brachte, zu dem Köln gehörte, dessen Besitz ihm am 1. November 878 von Ludwig dem Stammler gewährleistet ward.

Mit stets erneuter Wuth wiederholten sich die Raubzüge der Normannen, die, 882 rheinaufwärts ziehend, Städte und Dörfer, Klöster und Kirchen niederbrannten, auch Köln und Bonn einäscherten, so daß die Geistlichen, Mönche und Nonnen hinauf bis

60) Vgl.: „Geschichte des Ursprungs der Stände für Deutschland." Von Karl Dietr. Hüllmann. Zweite Ausg. S. 639 ff.

nach Mainz flüchteten. Im Jahre 883 sehen wir wieder einen Heerzug der Normannen am Niederrheine. Sie wurden aber vom Erzbischofe Liudbert von Mainz (863—889) geschlagen und zum Rückzuge genöthigt. Man suchte die Stadt Köln aus dem Schutte zu erheben und sie wieder mit Mauerwällen und Thoren zu versehen.

Karl der Dicke besaß die Macht nicht, das Reich gegen die Normannen zu schützen, daher wählten die Großen des deutschen Reiches Arnolf, den Bastard von Kärnthen, zum Könige, der Alles aufbot, dem Reiche den inneren Frieden zu geben, Recht und Gerechtigkeit wieder zur Geltung zu bringen und auch die Normannen aufzuhalten, welche 892 wieder bis Bonn vorgedrungen waren.

Als König Arnolf auf dem Reichstage zu Worms, unterstützt von der hohen Geistlichkeit, der er zu Willen gewesen, es dahin gebracht, daß man das Reich Lothar's II. seinem unehelichen Sohne Zwentebold (895—900) zuerkannte, wurde auch Köln wieder vom deutschen Reiche losgerissen, kam wieder an Lotharingen. Bald sah sich Zwentebold, seiner tyrannischen Willkür wegen, von den Großen seines Reiches verlassen, welche dem Könige Ludwig dem Kinde bei Diedenhofen huldigten. Auf grausame Weise nahm Zwentebold an dem von ihm abgefallenen Lande Rache; fand aber schon am 13. August 900 in einer Schlacht an der Maas gegen Ludwig den Tod.

Köln blieb bis zum Tode Ludwig des Kindes beim deutschen Reiche, doch fielen die Lotharinger ab von demselben, als die Franken und die süddeutschen Stämme Conrad den Franken zum Könige gewählt hatten. Sie unterwarfen sich Karl dem Einfältigen von Frankreich. Conrad's Anstrengungen, diese Provinz dem deutschen Reiche wieder zu gewinnen, blieben fruchtlos. Erst unter Heinrich I., dem nach Conrad's Tode in Fritzlar zum deutschen Könige gewählten Sachsen-Herzoge, kam im Jahre 924 ganz Lotharingen, und somit auch Köln, durch einen Vergleich mit Karl dem Einfältigen wieder an das deutsche Reich, bei dem die Stadt bis zum Jahre 1794 blieb.

Zweifelsohne lebten um diese Zeit Juden in Köln, wissen wir

auch nichts Näheres über ihre inneren und äußeren Schicksale. Auf den Handel angewiesen, war besonders der Geldhandel in ihren Händen, da nach canonischem Rechte den Christen alles Zinsnehmen als Sünde und Wucher (usura pravitas) verboten war. Die Juden besorgten das verächtliche Geschäft der „Campsores", der Geldwechsler und Geldverleiher, und ließen sich des Geldgewinnes wegen alle Demüthigungen, selbst Gewaltthaten gefallen, denen sie bei ihren Schuldnern, meist den vornehmen Ständen angehörend, nicht selten ausgesetzt waren. Aeußerer Luxus in Stoffen, Trachten und Waffen war bei den höheren, sowohl geistlichen als weltlichen Ständen schon allgemein, und machte es bei diesen, um die Kosten für Sammt und Seide, für Goldstoffe, für seltene kostbare Pelzwerke und andere Luxusgegenstände zu bestreiten, nur zu oft zur Nothwendigkeit, Zuflucht zu dem Säckel der Juden zu nehmen, die durch ihre Verbindungen mit der Levante und mit Spanien zudem im Stande waren, den Vornehmen solche Kostbarkeiten zu verschaffen.

Was der Juden Handelsthätigkeit anging, standen sie in Köln unter der Aufsicht des Grafen, welcher besonders darauf zu achten hatte, daß sie, nach einem Capitular Karl's des Großen, nicht mit Wein und Getreide Handel trieben, und daß richtiges Maß und Gewicht im Verkehr gebraucht wurden[61]).

Während der Vernichtungs-Stürme der normannischen See- und Heerkönige verließen die Juden die Stadt Köln, welche, wie Bonn, zu verschiedenen Malen heimgesucht und verheert worden war. Sie suchten wahrscheinlich mit ihrer fahrenden Habe Schutz in Mainz, Worms und Speyer, wo bedeutende Juden-Gemeinden blühten. Noch im Jahre 891 scheinen die Kirchen und Klöster Kölns theilweise in Trümmern gelegen zu haben, wenn auch die Stadt selbst wieder aufgebaut und sich in wohnlichem Zustande befand[62]).

So wie die Stadt Köln ihnen Sicherheit bot, kehrten die

---

61) Dr. Ennen, Geschichte der Stadt Köln. B. I. S. 157.

62) Vgl. Urkunde des Papstes Stephan VI., bei Ennen und Eckertz, Quellen, B. I. S. 456. Urk. 7. — Pertz: Mon. Germ, I., 398.

Juden auch wieder dahin zurück und ließen sich durch die Streitigkeiten zwischen dem deutschen Könige und dem Könige von Frankreich um den Besitz Lotharingens wenig anfechten, wenn auch ihre Existenz unter dem letzten Könige Frankreichs aus karolingischem Hause, dem auch Köln angehörte, nichts weniger als gesichert war, und sie das Schlimmste zu befahren hatten, indem der gegen sie von der Geistlichkeit angefachte Religionshaß auch beim Volke bereits um sich griff und sie in den einzelnen Provinzen rein von der Willkür der Großen abhingen, ohne jede rechtliche Existenz, bloß geduldet waren. Mit oft fabelhaften Summen waren sie genöthigt, diese Duldung zu erkaufen, ohne im mindesten durch Recht und Gesetz sicher gestellt zu sein.

Die Juden in Köln während der Herrschaft der Kaiser aus sächsischem und fränkischem Hause.

Die Kaiser und Könige aus sächsischem Hause stützten ihre Macht auf die Anerkennung der Hierarchie und somit des canonischen Rechtes, wodurch die sociale Stellung der Juden im Reiche eine ganz veränderte wurde. Die Juden waren nach canonischem Rechte und deutschem Privatrechte*) rechtlos. Sie lebten nur geduldet unter dem Schutze der Kaiser, denen sie ein Kopfgeld, den „güldenen Pfennig", und als Kaufleute eine bestimmte Steuer zu entrichten hatten, wie sich dies aus verschiedenen Bestimmungen der Ottonen ergibt[63]). Ihre bürgerliche Existenz war nur auf den Handel beschränkt, und besonders auf den Geldhandel, der allein in ihren Händen war und wodurch sie bald zu einer großen Macht gelangten, denn geistliche und weltliche Große, Bischöfe, Fürsten und Städte waren ihre Schuldner. Nichts ist natürlicher, als daß sie diese Macht in allen Beziehungen ausbeuteten. Sie suchten den möglichsten Nutzen aus diesem Handel zu ziehen, da ihr Eigenthum eben so wenig wie ihr Dasein gesichert und geschützt war. Was sie durch jahrelangen Fleiß, durch die unsäglichsten Bemühungen zusammengescharrt, konnte ihnen der nächste Augenblick rauben.

Im eilften Jahrhundert, als Kölns Handel und Seefahrt bereits sehr blühend, seine Kaufleute schon in England durch König Ethelred II. (987—1016) schützende Privilegien erlangt hatten, und

*) Corpus juris Canon. Tit. De Judaeis, wo die einzelnen Bestimmungen der Kirche gegen die Juden zusammengestellt sind.

63) Dr. Cassel a. a. O. S. 84, wo verschiedene, darauf hindeutende Stellen aus Urkunden angeführt sind.

in Köln bereits eine mächtige Gilde bildeten, welche ihre eigenen Consules, Scabini, Capitularii und Decani hatte, war die kölner Judenschaft auch sehr angesehen und reich, denn mit den Bedürfnissen des immer mehr und mehr emporblühenden Handels wurden auch ihre Geschäfte immer ausgedehnter und bedeutender.

Die Bestimmungen des canonischen Rechtes gegen die Juden hielt man mit der möglichsten Strenge aufrecht, daß sie keine Aemter und Stellen bekleiden durften, daß es ihnen nicht erlaubt, als Zeugen gegen Christen aufzutreten, Heirathen zwischen Christen und Juden waren verboten und wurden als ungültig erklärt. Es müssen also derartige Verbindungen noch vorgekommen sein. — Auch blieb ihnen untersagt, Handel mit Münzen, Wein und Getreide zu treiben, edle Metalle einzuschmelzen unter Strafe des Verlustes der Habe und Freiheit, Kirchengefäße und Geräthe durch Kauf an sich zu bringen oder als Pfänder anzunehmen, was mit der Einziehung des Vermögens und mit dem Abhauen der rechten Hand bestraft wurde. Die Juden waren dennoch allmählich in den Alleinbesitz des Rhein- und Donauhandels gekommen und hatten bereits Zölle und andere Gefälle von geistlichen und weltlichen Fürsten gepachtet, welche ihnen aber auch nicht selten zur Sicherheit, zur Deckung von Geldschulden überwiesen wurden. Die Allmacht des Geldes machte sich gerade im Mittelalter, wo es so selten war, noch entschiedener geltend, als in einer anderen Zeit. Wer kann es den Juden verdenken, daß sie von dieser Macht zu ihrem Nutzen Gebrauch machten? Wer bürgte ihnen für die Sicherheit des Capitals und der Zinsen?

Die Judengemeinde **Kölns** war zu Anfang des eilften Jahrhunderts schon so bedeutend, daß Erzbischof **Heribert**, ein Graf von Rothenburg an der Tauber und der erste Erzkanzler des Reiches für Italien (999—1021), einer der tüchtigsten Kirchenfürsten, welche den erzbischöflichen Stuhl geziert, ihr erlaubte, eine Synagoge, eine so genannte „Judenschule“, zu bauen, und dies sogar in der Mitte der Stadt, in der Pfarre des heiligen Laurentius, an der Stelle der jetzigen Rathscapelle, dem Bürgerhause gegenüber, um welches herum auch die Wohnungen der Juden lagen, in der so genannten Judengasse, dann Oben Marspforten aufwärts, unter Goldschmied, im Portalsgäßchen und um St. Laurenz, in der großen und kleinen Botengasse und der Bürgerstraße, wo sie Grundstücke und Häuser vom erzbischöflichen Kämmerer, vom Domcapitel, von der Abtei zu Siegburg, vom Stifte St. Andreas, vom Stifte St. Maria auf dem Capitol, vom Stifte St. Cunibert und einzelnen Bürgern erworben hatten, wie sich dies aus den Schreinskarten, die noch im Archiv des königlichen Landgerichts aufbewahrt werden, ergibt. Ihre Häuser, Liegenschaften und Vererbungen wurden in einem besonderen Schreinsbuche im Laurenzschreine, im „Liber Judaeorum" eingetragen. Was hier von jüdischer Seite geschreint oder eingetragen wurde, wobei Juden gültige Zeugen, stand unter dem Schutze des Burggrafen oder des Vogtes, welche durch ihre Bestätigung, ihren Bann, allen Kauf-, Uebertrags- und Erbschafts-Acten der Juden gesetzliche Kraft verliehen. Die Töchter der Juden Kölns waren von der Erbschaft an Liegenschaften ausgeschlossen[64]).

Schon im Jahre 1060 kommen Vives, Egebreth, Sollmann, Isaak als ehrenwerthe jüdische Hausbesitzer in dem Kirchsprengel des heiligen Laurentius vor. Vom Stadtvogte Helmo hatten sie die Strecke von seinem Hofe an St. Laurentius bis an die alte Stadtmauer, die Ostseite der Judengasse, käuflich an sich gebracht und dort mehrere Häuser gebaut. Der Jude Egebreth wird sogar als Burmeister (Magister Vicinorum Parochiae Sancti Laurentii) des Pfarrsprengels des heiligen Laurentius angeführt. Ein Beweis, in welchem Ansehen die Juden in Köln standen, da sie auch städtische Aemter bekleiden konnten[65]).

Das Viertel, wo der Juden Wohnungen lagen, wird urkundlich „inter Judaeos" bezeichnet, und noch im Jahre 1149 heißt es von dem damaligen Bürgerhause „inter Judaeos sita"[66]). Es wohnten aber auch Christen in dem Judenviertel, denn noch im Jahre 1096 finden wir einen Maler, der in seiner Wohnung in der Judengasse auf einer Wand ein sogenanntes Golgatha, den

64) Dr. Ennen, Geschichte der Stadt Köln, B. 1. S. 469 und 473.
65) S. Note VIII.
66) Dr. Ennen a. a. O. S. 470.

Heiland am Kreuze nebst Maria und Johannes, gemalt hatte[67]). Das Haus gehörte einem Weber, welcher vor dem Bilde seine Andacht verrichtete. Als später Juden das Haus bezogen, vermaß sich einer derselben, mit dem Messer nach dem Christusbilde zu stechen, und siehe da! das helle Blut sprudelte ihm entgegen. So betroffen war der Jude von dem Wunder, daß er sich sofort zum Christenthum bekannte. Dies berichtet die Legende, die uns der Benedictiner Richam (1215—1250) in seinem Chronicon Senoniense erzählt. Nach derselben Chronik soll dieser Frevel die Ursache einer blutigen Juden-Verfolgung im Jahre 1099 gewesen sein, was sich aber wahrscheinlich auf den Judensturm des Jahres 1096 bezieht. Gewiß war dies nicht der einzige Fall; es haben sicher, wie in Frankfurt am Main[68]), viele Christen im Judenviertel gewohnt. In der Judengasse lag sogar ein Herrenhaus, „Morant vor St. Laurenz", ein stattlicher romanischer Bau, wie auch das Capitelhaus auf der nordwestlichen Ecke der Straße[69]), die aber schon um die Mitte des vierzehnten Jahrhunderts, 1349, nach dem Judensturme umgebaut wurden.

Die Judengemeinde Kölns „Universitas Judaeorum", wie sie in allen deutschen Reichsstädten genannt wird, hatte ihr eigenes Siegel und auch ihre öffentlichen Gebäude: ein Hospital, ein Spiel- oder Tanzhaus, ein Badehaus, welche in der Portalsgasse lagen an der Stelle des heutigen Aichamtes, also neben der Synagoge. Dem Stadthause gegenüber besaßen sie einen eigenen Brunnen. Auf der nordwestlichen Ecke der Judengasse lag das Capitelhaus der Juden, „Capitulum Judaeorum", der Sitz des Juden-Bischofes, „Episcopus Judaeorum", das jetzt niedergerissen ist und in dessen Souterrains man Ketten und Fuß- und Handschellen gefunden haben soll, wie auch mehrere hebräische Grabsteine, woraus sich ergibt, daß sie in der Nähe der Synagoge, als ihre Gemeinde noch nicht zahlreich, ihre Todten begruben. Die Juden besaßen übrigens später eine Begräbnißstätte

---

67) Dr. Ennen, Geschichte der Stadt Köln. B. I. S. 740.
68) Dr. Kriegk a. a. O.
69) Dr. Ennen, Geschichte der Stadt Köln. B. I. S. 678 und 681.

vor dem St. Severinsthor, der Judenbüchel, jetzt an den „todten Juden“ genannt.

Der Propst Engelbert von St. Severin und von St. Peter schenkte im Jahre 1212 den Juden fünf Morgen Land zu ihrem Friedhofe vor dem Severinsthore, welches sie aber schon seit 38 Jahren benutzten, da es ihnen ein Ritter Ortlivus, der das Land vom Stifte St. Severin zu Lehen trug, gegen eine Jahresrente von fünf Denaren überlassen hatte. Da Streitigkeiten wegen besagter fünf Morgen entstanden, schenkte der Propst den Juden dieselben zu ewigen Zeiten*).

Der Vorstand der Gemeinde führte, wie in Mainz und Worms, den Namen Bischof, „Episcopus“, und wurde jährlich von der Gemeinde gewählt. Um das Jahr 1060 hatte der oben angeführte Egebreth die Aufsicht über das Grundeigenthum der Juden, war also wahrscheinlich um jene Zeit der Juden-Bischof. Dem Bischofe zur Seite stand ein Capitel, auch Magistrat genannt, aus sechs der angesehensten Männer der Judenschaft bestehend, welche unter Vorsitz des Bischofes über alle gewöhnlichen Rechtssachen zu entscheiden hatten, so wie über alle Ansprüche, welche Christen gegen Juden „von Schaden, von Schuld, von Kost und von Speise“ erhoben[10]). Stimmenmehrheit des Capitels entschied, und diesem Ausspruche folgte das Urtheil, „wie es nach Judenrecht von Alters hergebracht“. Seit dem Anfange des vierzehnten Jahrhunderts konnte von dem Ausspruche des Juden-Bischofes an den engen Rath der Stadt Berufung eingelegt werden. Diebstahl, Falsum, körperliche Verletzung, Ehebruch, Aufruhr und Aehnliches gehörten nicht vor das Capitel der Juden, sondern vor den Grafen, vor das geistliche oder vor das Official-Gericht. Durch das Gesetz verboten war es, weder die Gemeinde der Juden, noch ein einzelnes Mitglied derselben für Verbrechen oder Vergehen eines Juden verantwortlich zu machen. Wollte sich ein Jude der Entscheidung des jüdischen Capitels nicht unterwerfen, so wurde er

*) S. Urkunde I.

10) Judei quam plures, videlicet episcopus et alii Seniores. Clasen, Schreinspraxis, S. 49.

als „rebellisch“ erklärt, aus der Gemeinde ausgestoßen und ihm damit der Friede und Schutz des Erzbischofes genommen. Der Jude, der sich weigerte, einem von ihm beleidigten Juden die gebührende, zuerkannte Genugthuung zu leisten, wurde mit dem großen Bann der Juden bestraft. Wollte er diesen Bann lösen, mußte er auf einen Sabath, wenn man den „Rodul“ [71]) liest, in der Synagoge in Gegenwart des Bischofes und der ganzen Gemeinde an der Stelle, wo der „Rodul“ abgelesen wird, öffentlich erklären: er habe den großen Bann gebrochen, der da heißt Nibdl, und bitte darum den von ihm Beleidigten, ihm Verzeihung zu gewähren und Genugthuung anzunehmen. Eine solche Genugthuung mußte unter Strafe von 100 Mark für die Stadtcasse binnen acht Tagen geleistet werden. Wurde sie nicht geleistet, mußte der Bischof mit dem Capitel dem Rebellen den Frieden kündigen, der mit Weib und Kind und fahrender Habe die Stadt zu verlassen gezwungen war [72]).

Je mehr sich der Handel Kölns von Jahr zu Jahr hob, um so blühender waren die Geldgeschäfte der Juden, die allenthalben aushelfen mußten, und selbstredend nicht zu ihrem Schaden. Erzbischof Anno (1056 – 1076) war selbst, um die Kosten seiner Bauten und seiner Reisen zu bestreiten, ihr Schuldner und ließ denselben seinen besonderen Schutz angedeihen. Wie bedeutend und mächtig unter seiner Regierung der Handel in Köln war, an dem sich auch der Clerus betheiligte, ergibt sich aus der Nachricht des Lambert von Hersfeld, daß bei dem Aufstande der übermüthigen Kölner des Jahres 1074 gegen Anno nicht weniger als 600 der reichsten Kaufleute die Stadt verlassen hätten, um der Rache des streng Zürnenden zu entgehen.

Unter Anno wird auch bereits eines großen Jahrmarktes, einer Art Messe erwähnt, die um Ostern abgehalten wurde und, glauben wir dem Biographen Anno's, weltberühmt war und sich

71) Von dem lateinischen rotulus, die Rolle; denn bis zu Julius Cäsar hatte man nur Schriftrollen, an beiden Enden mit einem Stabe versehen, die beim Lesen auf- und abgerollt wurden. Er führte die Volumina, eigentliche Bücher in heutiger Form, ein.

72) Dr. Ennen a. a. O. B. I. S. 476 ff.

eines zahlreichen Besuches aus allen Gegenden, selbst von diesseit wie jenseit des Meeres erfreute [73]).

Anno's unerbittliche Strenge war bekannt; hatte er sich doch zum unumschränkten Herrn der Stadt gemacht und gerade durch seine schonungslose Herrschsucht die Kölner gegen sich empört. Kaum wieder Meister der Stadt, sprach er den Bann über alle flüchtigen Kölner aus und forderte die benachbarten Bischöfe auf, den mit dem Bann Belegten keine Freistätte in ihren Sprengeln zu gewähren. Hart war die Stadt getroffen, schwer und blutig die Buße, welche die Empörer heimsuchte. Anno's Biograph schildert den Zustand der Stadt, nachdem der Aufruhr gedämpft, folgender Maßen: „Die früher so volkreiche Stadt, nach Mainz die erste Stadt am Rheine, war fast gänzlich verödet. Faßten bis dahin die Straßen kaum die Menge, welche sie belebten, sah man jetzt selten einen Menschen in denselben. Schaurige Oede und Schweigen herrscht an den Orten früherer Lust und andauernden Jubels."

Auf die Geschicke der Juden hatte der Aufstand nur Einfluß für den Augenblick; denn, mochten auch ihre Geschäfte nach demselben gestockt haben, sie hoben sich aber bald wieder, da sich Anno noch vor seinem Tode, der schon am 4. December 1076 erfolgte, wieder mit der Stadt ausgesöhnt hatte.

Unter dem Schutze der Stadt, die in Geldverlegenheiten auch wohl ihre Zuflucht zu den Geldtruhen der Juden nahm, lebten diese ungestört in ihrem Gewerbe und in ihrer Religion. Waren sie auch von der Menge verachtet und verabscheut als die Mörder des Weltheilandes, wie man sie nannte, so fanden sie durch ihren Handel Mittel, sich einiger Maßen für das, was sie duldeten, zu entschädigen. Haß erzeugt Haß, kann keine Liebe erzeugen. Daraus läßt sich die Haltung der Juden den Christen, ihren Peinigern und Unterdrückern gegenüber während des ganzen Mittelalters erklären. Wenn auch demüthig und geschmeidig in allen Verhältnissen, in Deutschland gleichsam rechtlose Sclaven, war das Gefühl des Unrechts, das auf ihnen lastete, immer lebendig in ihrem

73) Pertz: Monumenta Germaniae, XI., 478.

Innern und ließ die Dulder, bot sich die Gelegenheit, wohl zuweilen zu furchtbaren Rächern werden.

Gegen das Ende des eilften Jahrhunderts beginnen die grausam blutigen, mehr als unmenschlichen Verfolgungen der Juden. Nicht blinder Religionshaß und mißverstandener Bekehrungseifer, nicht die finstere Unduldsamkeit des Mittelalters, die in den widersinnigsten Beschuldigungen, daß die Juden die Verbreiter des Aussatzes, dieser furchtbaren Plage, daß sie den christlichen Namen schmähten, Christenkinder zu religiösen Zwecken schlachteten, daß sie geweihte Hostien durchbohrt und verbrannt, sich kund gaben, waren allein die Haupturſachen dieser schrecklichen, an den Juden verübten Grausamkeiten; in den Augen der leicht fanatisirten Menge war der Besitz ihr Hauptverbrechen.

Wie bekannt, war der Aussatz durch römische Soldaten aus Asien nach Italien verpflanzt worden und nach der Völkerwanderung eine im eigentlichen Gallien, wie es scheint, allgemeine Krankheit, denn der sechste Canon des großen Concils von Lyon aus dem Jahre 583 bestimmt schon, daß jede Stadt eine abgesonderte Wohnung für die Aussätzigen (Leprae, Leprosi) errichten müsse, welche auf Kosten der Kirche genährt und gekleidet wurden. Wäre die Krankheit nicht allgemein gewesen, würde man eine derartige Bestimmung nicht erlassen haben. Die übrigen Beschuldigungen und grundlosen Verleumdungen haben sich durch sich selbst als solche erwiesen, wurden sie auch von jüdischen Proselyten als wahr erhärtet, oder das Geständniß derselben von einzelnen Juden durch die Folter erzwungen. Die rohen Massen, und dazu zählte die Mehrzahl der Bevölkerung im Mittelalter, schenkten den absurdesten Beschuldigungen nur zu gern Gehör, waren aus Raub- und Mordsucht gar leicht fanatisirt, zum Aeußersten getrieben, und dies nicht allein in den finsteren Zeiten des Mittelalters, leider noch bis in das erste Jahrzehend des vorigen Jahrhunderts, so noch in Frankfurt im Jahre 1712, und selbst noch im neunzehnten, in unserem, dem sogenannten Jahrhundert der Aufklärung*).

*) Vgl. über die verschiedenen den Juden gemachten Anschuldigungen und ihre Folgen S. Cassel a. a. O. S. 73—79 ff.

hatten auch die judenfeindlichen Bestimmungen Kaiser Heinrich's II. (1002—1024), der im Jahre 1012 alle Juden, welche die Taufe nicht annahmen, aus Mainz verbannte, die judenfeindlichen Beschlüsse der Concilien wieder neu aufgefrischt, so erfahren wir doch nirgends, daß der kaiserliche Beschluß auch einen Einfluß auf die Judengemeinde in Köln gehabt, die ein paar Jahre vorher ihre Synagoge erbaut hatte. Uebrigens war der Judenhaß ein allgemeiner, der von Jahr zu Jahr immer mehr genährt, von der Habgier, dem Neid über den sich stets mehrenden Reichthum der Juden immer mehr angeschürt wurde. An den meisten Orten wurden die Juden ein Opfer ihres Reichthums. Wer war nicht ihr Schuldner? Zudem hatten sie Zölle und ähnliche Gefälle gepachtet, wodurch die Christen in eine Art Abhängigkeits-Verhältniß zu ihnen traten. Erschlug oder vertrieb man die Juden, so waren die Schulden nebst den Zinsen am sichersten und schnellsten getilgt, hatte man sich der, im Bewußtsein ihrer Geldmacht gewiß oft hochfahrenden, ihren Schuldnern gegenüber übermüthigen Gläubiger am leichtesten entledigt. Es liegt in der Natur des Menschen, daß erzwungene Demuth leicht zum Uebermuth umschlägt, wo sich nur die Gelegenheit darbietet. Die Judenverfolgungen waren dem rohen Pöbel, der mehr als leichtgläubig in Bezug auf die abscheulichsten Anklagen gegen die Juden, durch blinden Religionshaß leicht aufgestachelt, die willkommenste Gelegenheit des Mordens, Sengens und Brennens, Plünderns und Raubens.

Die blutigen Gräuel der Judenverfolgungen nahmen, wie in Frankreich und im Süden Deutschlands, auch am Rheine mit dem ersten Kreuzzuge ihren Anfang, und so ebenfalls in Köln. Die Unbilden, denen die heiligen Stätten in Palästina ausgesetzt waren, sollten von den Juden veranlaßt sein, schreckliches Unheil verkündende Himmels-Erscheinungen sah man in einem Kometen und anderen Meteoren — voller Angst erwartete man den jüngsten der Tage. Nichts war in solcher Stimmung leichter, als die rasch aufgehetzte abergläubische Menge zu bereden, des Himmels Zorn sei allein durch Verfolgung und Mord der Juden zu sühnen, und als das Loosungswort: „Dieu lo vult!“ erklungen, gingen die ersten Kreuzfahrer der nur zu bald fanatisirten Menge in Frankreich, an der Mosel und am Rheine mit dem blutgierigsten, grausamsten Beispiele voran und fanden das Volk im Allgemeinen zu solchen Ausschreitungen gestimmt, denn in Folge einer andauernden Regenzeit, es hatte vom 13. October 1095 bis Anfangs April 1096 anhaltend geregnet, waren verheerende Seuchen und Theuerung entstanden, und man war nur zu sehr geneigt, zu leicht überredet, die Ursache solcher Mißstände und Plagen in der Duldung der Juden zu suchen und zu finden. Das Zeichen des Kreuzes, das die Kreuzzügler als die Streiter Gottes trugen, ward in Deutschland das Feldzeichen der Judenmörder.

Die Scharen des Grafen Emicon von Folkmar und Godeskall's, zum größten Theile aus fahrendem Gesindel beiderlei Geschlechts — folgten doch viele Weiber in männlicher Kleidung und gewaffnet dem Zuge —, aus dem Auswurfe der Menschheit bestehend, bezeichneten ihren Weg rheinabwärts mit Feuer und Blut. Die mehr als blutigen Gräuel dauerten vom Monat April bis Ende Juli 1096. Am 3. Mai wurden die Juden in Speyer von den blutdürstigen Horden der Kreuzfahrer überfallen. Viele starben unter den schrecklichsten Martern, oder gaben sich selber den Tod, da man sie in eine Kirche geschleppt und zur Taufe zwingen wollte. Einzelne Familien hatten Schutz in der Burg des Kaisers und im Palaste des Bischofes Johann von Wolfram, Grafen im Creichgau (1090—?), gefunden. Der Bischof schritt gegen die von einem französischen Ritter Wilhelm, genannt der Zimmermann, geführte Mörder- und Räuberbande ein, ließ einige derselben greifen und hinrichten. Mit dem Muthe der Verzweiflung vertheidigten sich die Juden in der Kaiserburg und in dem bischöflichen Palaste und schlugen alle Angriffe der Kreuzzügler zurück, die sich zuletzt mit der Plünderung der Häuser der Juden begnügten. Ihr Wohlstand war vernichtet, als die Horden abzogen und sich gen Worms wandten.

In Speyer waren die Juden durch den Bischof Rüdiger Huozmann oder Hutzmann (1075—1090) besonders geschützt gewesen und hatten sich unter ihm der liberalsten Privilegien zu erfreuen. Sie besaßen in dem von dem Bischofe zur Stadt gezogenen Weiler Altspeyer ihr eigenes Viertel, genossen die unumschränkteste Handelsfreiheit, waren Eigenthümer von Häusern, Gärten, Aeckern und Weinbergen und hatten ihr eigenes Gericht unter dem Vorsitze eines Synagogen-Vorstehers (Archisynagogus). Gegen die canonischen Beschlüsse war ihnen gestattet, Sclaven zu besitzen und christliche Ammen und Knechte zu miethen, auch geschlachtetes Vieh, dessen Genuß ihnen nach jüdischem Gesetze verboten war, durften sie den Christen verkaufen. Das von ihnen bewohnte Stadtviertel durften sie befestigen, mithin Waffen tragen. Für diese Privilegien mußten sie jährlich $3^1/_2$ Pfund Gold entrichten, wie dies im September 1084 für alle Zeiten verbrieft wurde. Am Schlusse der Urkunde sagt der Bischof selbst, „er habe den Juden ein so günstiges Gesetz verliehen, wie sie sonst in keiner deutschen Stadt genössen“[74]). Kaiser Heinrich IV. bestätigte diese Privilegien, und als sich die Vorsteher der speyerer Gemeinde, Juda ben Colonin, David ben Meschullam, Mose ben Guthiel, mit der Bitte an ihn wandten, die Judengemeinde in seinen Schutz und Frieden zu nehmen, ertheilte er derselben am 19. Februar 1091 ein Privilegium, in welchem es unter Anderem heißt: „Niemandem sei es erlaubt, weder Juden, noch ihre Sclaven zur Taufe zu zwingen, bei Strafe von zwölf Pfund Goldes an den kaiserlichen Fiscus. Wollte sich Jemand aus freien Stücken taufen lassen, so sollten ihm drei Tage Bedenkzeit gegeben werden, damit er den Schritt nicht voreilig thue; es sollte der getaufte Jude seinen Erbschafts-Antheil verlieren. In Processen zwischen Christen und Juden soll nach jüdischem Rechte verfahren und verurtheilt werden. Zu den Gottesgerichten, namentlich zur Feuer- und Wasserprobe, durften die Juden nicht gezwungen werden[75]).

Von Speyer zogen die Räuberbanden rheinabwärts, und noch

74) Würdtwein, Nova subsidia diplom. T. I., p. 127, wo die Urkunde mitgetheilt, sie schließt: „Ad summam concessi illis (Judaeis) legem, quamcunque meliorem habet populus Judaeorum in qualibet urbe teutonici regni.

75) Würdtwein l. c. Dr. Graetz a. a. O. B. VI. S. 93 ff.

furchtbarer waren die Gräuel der Verfolgung am 18. Mai in Worms, Mord, Verwüstung und Plünderung in ihrem Geleite. Schrecken und Verzweiflung verbreitete unter den Juden das Losungswort der Mörderhorden: „Die Juden haben unseren Heiland gekreuzigt, sie müssen sich mithin zu ihm bekehren, oder sterben!" Keiner der Juden ward in Worms seinem Glauben untreu. „Viele", sagt R. Joseph, „hatten sich selbst, mancher seine Brüder, seinen Freund, sein liebes Weib und seine Kinder geschlachtet, ja, selbst erbarmungsvolle Mütter haben ihre Kinder mit Muth und Standhaftigkeit hingeschlachtet und das „Schemah Iisrael!" ausgerufen, als diese ihren Geist an den Herzen der Mütter aushauchten."

Sieben Tage währte das Gemetzel und das Plündern. Selbst diejenigen, welche im Palaste des Bischofes Adalbert, Herzogs von Sachsen (1065—1108), Schutz gesucht hatten, fielen, ein Opfer der fanatisch blinden, mord- und raubsüchtigen Wuth. Als der Bischof denen, die sich in seinen Palast geflüchtet, eröffnet, daß er sie nicht ferner gegen die Wuth der Kreuzfahrer schützen könne, wenn sie sich nicht taufen ließen, baten die Vornehmsten der Gemeinde um eine kurze Frist des Aufschubs. Die Frist war kaum vorüber, als die Kreuzzügler in den Palast stürmten und — die Juden in ihrem Blute schwimmend fanden. Sie hatten sich selbst das Leben genommen. Die noch übrig gebliebenen wurden schonungslos niedergemacht und ihre Leichen durch die Straßen der Stadt geschleift. Ein junger Mann, Simcha Kohen, dem die Kreuzfahrer den Vater und sieben Brüder erschlagen hatten, ließ sich in eine Kirche führen, um die Taufe zu empfangen. Als die Priester sich anschickten, ihm das Sacrament zu spenden, zog er ein Messer aus seinem Oberkleide und erstach den neben ihm stehenden Neffen des Bischofes. Sofort wurde er zerrissen.

Nachdem die Kreuzzügler mit ihrem Raube die Stadt verlassen, schickten sich die wenigen übrig gebliebenen Juden an, ihre Angehörigen zur Erde zu bestatten. Es waren an die achthundert, fast 140 Familien, ermordet, unter denen viele Gelehrte angeführt werden: R. Isaak ben Elialim, beim Lesen des Thalmud erschlagen, Jakob, Samuel, Ascher, Söhne der berühmten

Thalmudisten Isaak Halevi, Isaak ben Meir und Jakob ben Simson. Der sich nach dem blutigen Sturme bald neu bildenden Gemeinde war das Andenken der für ihren Glauben gestorbenen Martyrer oder Heiligen (Kedoschim) ein heiliges; sie blieben, wie das Memorbuch der wormser Gemeinde uns lehrt, stets Gegenstand der Verehrung[78]).

Die Nachricht von diesen entsetzlichen Gräuelthaten drang nach den Moselgegenden und nach dem Niederrheine, allenthalben Furcht, Angst und Verzweiflung unter den Juden verbreitend. In Trier war das Entsetzen, die Angst vor der nahenden, dräuenden Gefahr so groß, daß viele Mitglieder der Gemeinde ihre Kinder erstachen und sich dann selbst den Tod gaben. Frauen und Jungfrauen beschwerten sich mit Steinen und stürzten sich in die Mosel, um nicht zur Taufe gezwungen zu werden, um der Schändung zu entgehen. Unter diesen Martyrinnen wird auch Esther, die Tochter des Archisynagogus Chiskija genannt. Umsonst flehten die Juden den Erzbischof Engelbrecht oder Engelbert, einen gebornen Baier (1079—1101), um Schutz an in der drohenden Gefahr. Nur unter der Bedingung, daß sie sich taufen ließen, wollte der Erzbischof ihnen seinen Schutz und Frieden geben, und — sie ließen sich zum Scheine taufen, um der Gefahr zu entgehen.

Von Worms wandte sich die Blutrotte nach Mainz, wo sich am 27. Mai dasselbe blutige Schauspiel wie in Speyer und in Worms erneuerte, die Juden aber auch mit eben solcher Standhaftigkeit für ihren Glauben zu sterben wußten. Der Juden-Bischof Isaak ben David zündete, nachdem er mit eigener Hand seinen beiden Töchtern den Tod gegeben, sein Haus und dann die Synagoge an, und suchte und fand mit seinem Freunde Uri in den Flammen, welche einen großen Theil der Stadt verzehrten, den Tod.

Ein Vetter des Erzbischofes Ruthard von Mainz (1088 bis 1109), Emicho von Leiningen, war der Anführer der Raubhorden, die sich in Mainz die reichste Beute versprachen und da-

78) Dr. Graetz a. a. O. B. VI. S. 104.

her nur um so blutgieriger wütheten. Der Bischof hatte zwar den größten Theil der Gemeinde, über 1300, in seinen Palast aufgenommen und die Schätze derselben in Verwahr erhalten. In der Frühe des 27. Mai (3. Siwan) stürmte Emicho mit seinen Horden gegen den Palast, dessen Vertheidiger, die Reisigen des Erzbischofes, unter dem Vorwande, nicht gegen Christen kämpfen zu wollen, die Vertheidigung unterließen. Bald war der Palast mit Sturm genommen, und hier wiederholten sich alle die Blutscenen, die ein paar Tage vorher Worms geschändet hatten. Mit dem Einheitsbekenntniß auf den Lippen, fielen Männer, Frauen, Kinder und Greise durch das Schwert ihrer Brüder oder ihrer Feinde. Dreizehnhundert Martyrleichen wurden später aus dem Palaste auf Wagen aus der Stadt geführt. Das Erinnerungsbuch der mainzer Gemeinde hat den Juden die Namen dieser Martyrer aufbewahrt, unter denen auch viele Gelehrte aus R. Gerschon's Schule.

In die reiche mainzer Beute soll sich Emicho und der Erzbischof getheilt haben. Dieser hatte noch sechszig reiche Juden im Dome verborgen gehalten und nach dem Hauptblutbade auf Nebenwegen ins Rheingau bringen lassen. Sie wurden aber auch ergriffen und niedergemetzelt.

Mit welcher Angst mag die Gemeinde der Juden in Köln die Kunde von diesen Gräuelthaten am Oberrheine vernommen, und gehört haben, daß die Mörderhaufen Wilhelm's des Zimmermanns sich in der nächsten Umgebung der noch nicht ganz von festen Mauern geschützten Stadt sammelten. Um den Bering der Römermauer waren einzelne Ansiedlungen, Dörfer, entstanden, so im Süden, dem Rheinufer entlang, Rothhausen, um welches herum sich eine südliche Vorstadt (burgum superius), die Dursburg oder Airsbach, mit eigenem Gerichte bildete, so im Norden eine Vorstadt (burgum inferius), das Niederich, welche auch ihr eigenes Gericht besaß, das von einem Grafen, einem Vogt und zwölf Schöffen gehandhabt wurde. An die Westseite der Römermauer schloß sich die Vorstadt St. Pantaleon mit eigenem Gerichte, dem sogenannten Weiherstraßen-Gericht, dessen Vorsitzer der Schultheiß des Abtes von St. Pantaleon und die aus den Amtleuten des Weiherstraßen-Schreines gewählten Dingleute waren*).

„Diese schreckliche Nachricht kam nach Köln am 5. des Monats Siwan (29. Mai)," so erzählt R. Joseph, „da verbargen sich die Juden in den Häusern ihrer Bekannten. Viele Bürger gewährten den Schutzlosen in ihren Häusern Obdach und Schutz." Bei den Bürgern waren die Juden mithin nicht verhaßt. „Am folgenden Tage", fährt R. Joseph fort, „aber entstand Lärm und Schrecken; es erhoben sich nämlich die Feinde, zerstörten die Häuser, rissen die Thüren ein und machten viele Beute, ohne daß Rettung vor ihnen möglich war. Hierauf brach das Volk in die Synagoge ein, riß die Gesetzrollen heraus, trieb mit denselben Spott und trat auf den Straßen auf ihnen umher am Festtage des Herrn, an welchem einst die Thora gegeben ward, welche nunmehr Frevler zerrissen und zertraten und Uebelthäter schändeten und verbrannten."

Ein Erdbeben, das an diesem Schreckenstage verspürt wurde, stachelte die Wuth der blutdürstigen Menge nur um so mehr auf, die um so wüthender, weil sie die Judenhäuser leer und nirgendwo Juden fanden. Man traf nur einen Juden, Markus Isaak, beim Gebet. Er ließ sich nicht stören und wurde sammt seiner Frau in eine nahegelegene Kirche geschleppt, um getauft zu werden. Als man ihm das Crucifix darreichte, spie er darauf, und wurde sofort nebst seiner Frau niedergemacht.

Bis zum 3. Juni dauerten diese Gräuelscenen; denn auch viele Bewohner der Stadt hatten sich mit den Banden der Kreuzzügler vereinigt und halfen ihnen zerstören und plündern. Glauben wir den Hirsauer Annalen von Tritheim, waren es kölner Bürger, welche das Blutbad begonnen**). Auch nach dem Geschichtschreiber des ersten Kreuzzuges, Albertus Aquensis: „Historia hierosolomitanae expeditionis", waren die Bürger Kölns Veranlassung zu der Verfolgung, die er als sehr blutig schildert, während Eliezer, ein Jude aus Köln und Zeitgenosse des Kreuzzuges, dessen

*) Vgl. Dr. Ennen: Geschichte der Stadt Köln. B. I. S. 589 das Nähere.

**) Tritheim: Annal. Hirsau. I., 311.

Berichte wir noch besitzen, den Bürgern Kölns das Zeugniß gibt, daß sie die Juden geschützt und nur zwei Juden in Köln ermordet worden seien. Er meldet auch nichts von den zweihundert, nach Anderen zwölfhundert, die auf dem Rheine erschlagen worden. Eine Uebertreibung; denn so zahlreich war die Judengemeinde in Köln nie.

Die Synagoge und die Häuser der Juden wurden geschleift, alle Juden, deren die blinde Wuth habhaft werden konnte, erschlagen. Zweihundert Juden, die auf ein Schiff geflüchtet und auf dem Rheine dem Blutbade zu entgehen suchten, wurden ergriffen und schonungslos ermordet[77]).

Erzbischof Hermann III., der Reiche (1089—1099), nahm sich der Juden an, war es dem edlen Manne auch beim besten Willen unmöglich, die an ihnen verübten Gräuel zu verhindern. Heimlich hatte er viele Juden, als die Gefahr im Anzuge und nach den Mordscenen in Köln selbst, in sieben Ortschaften des Stifts, in Neuß, Wevelinghoven, Sinzig, Altenahr, Mörs, Kerpen und Glamicae (Gränzen?) unterbringen lassen, um sie an den kleineren Orten nachdrücklicher schützen zu können. In bangster Erwartung verweilten hier die Flüchtlinge vom 3. bis zum 24. Juni, durch Gebet und Fasten des Himmels Beistand erflehend. Am 24. Juni überfielen die Kreuzzügler Neuß, und schlachteten an demselben Tage alle Juden, nach unverbürgten Nachrichten 200 an der Zahl. Samuel ben Assur wurde nach seinem Tode noch mißhandelt und sammt seinen beiden Söhnen, die auch erschlagen waren, vor seiner Thür aufgehängt. Auf dieselbe Weise fanden die jüdischen Flüchtlinge in Wevelinghoven ihren Untergang. Hier starb auch Levi ben Samuel und seine ganze Familie, wobei Frau Rachel, die Alte, den Anderen das Beispiel des Opfermuthes gegeben hatte. In den umliegenden Sümpfen oder Brüchen, durch das lang andauernde Regenwetter angeschwollen, hatten viele ihrem Leben ein Ende gemacht. Ein Gelehrter, Samuel ben Jechiel, ersach im Wasser seinen Sohn, nachdem er den Segen über ihn gesprochen, wozu dieser das Amen sprach und die Umstehenden das „Höre Israel!" anstimmten, worauf sie

77) S. Note IX.

sich auch in das Wasser stürzten und den Tod fanden. Der Greis, der seinen Sohn geopfert, reichte einem Synagogen-Diener, einem Jünglinge Namens Menahem, das Messer und ließ sich von ihm erstechen.

In dem stark befestigten Mörs hielten sich die Juden für sicher, da ihnen der Befehlshaber der Stadt versprochen, mit seinem Leben für ihre Sicherheit einzustehen. Als aber am Montag den 30. Juni (7. Tamus) die Mörderhaufen vor der Stadt erschienen und die Auslieferung der Juden mit Ungestüm verlangten, erklärte der Befehlshaber denselben, daß er nicht im Stande sei, sie länger zu schützen, daß sie nur im Uebertritte zum Christenthum ein Rettungsmittel finden könnten. Einstimmig erklärten ihm alle Juden, daß sie bereit seien, für ihren Glauben zu sterben. Er ließ sie gefangen nehmen und zwar einzeln in Haft bringen, da er befürchtete, sie würden sich unter einander das Leben nehmen, um der gewaltsamen Taufe zu entgehen. Gefesselt wurden sie den Kreuzzüglern überliefert und theilweise mit Gewalt zur Taufe gezwungen, zum größten Theile aber erschlagen. Erzählt wird, daß zwei Frauen, von denen die eine siech, die andere eine Wöchnerin, ein junges, schönes Mädchen geschlachtet, das neugeborene Kind mit der Wiege von einem Thurme geschleudert und dann sich selbst das Leben genommen hätten.

Auch in Sinzig, so lese ich mit Dr. Graetz für Zonten, wie die Erinnerungsbücher schreiben, fanden ähnliche Gräuel Statt. Spät am Abende eines Sabaths kamen die Kreuzzügler hier an und metzelten alle Juden nieder, die sich nicht selbst das Leben genommen hatten. Es hatte ein Franzose den Juden gezeigt, wie sie sich entleiben und zugleich ein Grab finden könnten. Er grub ein Grab, stellte sich hinein und nahm sich das Leben. Viele folgten seinem Beispiele. Es lebten in Sinzig, der kaiserlichen Pfalz, reiche Juden, wie es spätere Urkunden ergeben.

In Altenahr im Oberstifte hatten wahrscheinlich die Juden aus Bonn eine Schutzstätte gefunden. Ihr Asyl wurde jedoch von den Mördern aufgespürt. Als die Juden die Kunde erhielten, daß die Kreuzzügler im Anzuge, kamen sie dahin überein, sich selbst das Leben zu nehmen. Fünf Männern ward der blutige Auftrag, die Anderen zu schlachten und sich dann selbst zu entleiben. Wie beschlossen, so geschah es in einem Thurme, vielleicht der Hauptwarte der altenahrer Burg. Peter ben Joez war der letzte Ueberlebende. Nachdem er sein Blutwerk vollbracht, stieg er auf die Zinne und stürzte sich in die Tiefe. Von den Juden, die in Altenahr Schutz gesucht hatten, entkamen nur zwei Jünglinge und zwei Kinder, die am Leben blieben, da sie von den empfangenen Wunden genasen. Von Altenahr wandten sich die Mörder nach Sinzig, wo sie am Abende, wie gesagt, ankamen.

Auch in Kerpen wiederholte sich am 1. Juli dasselbe blutige Schauspiel. Alle Juden, die sich standhaft weigerten, die Taufe anzunehmen, wurden niedergemacht, oder entleibten sich selbst. Nicht weniger als zwölftausend Juden sollen in den zwei Monaten, welche der Judensturm währte, in den rheinischen Städten umgekommen sein.

So viel steht übrigens fest, daß nur die Hefe des Volkes sich an diesen Gräuelthaten der Kreuzfahrer betheiligte, welche von weltlichen und geistlichen Fürsten, mit einzelnen Ausnahmen, so Erzbischof Ruthard von Mainz und Engelbert von Trier, und von den Bürgern der Städte aufs tiefste verabscheut wurden, besaßen diese auch nicht die Macht, sich denselben mit Erfolg zu widersetzen.

Die gleichzeitigen Geschichtschreiber des ersten Kreuzzuges schreiben zum Theil das Unglück, welches die Vorhut der Kreuzfahrer traf, den blutigen Freveln zu, mit denen diese die Juden verfolgt hatten. Selbst Albertus Aquensis ist dieser Meinung [78]. Die Geistlichen verabscheuten alle die an den Juden begangenen Grausamkeiten.

Mit Grausen vernahm Heinrich IV. in Italien die in Deutschland an den Juden verübten Gräuel. Schon sein Vater, Heinrich III., war menschlich genug gewesen, eine harte Strafe, die der Blendung

78) Er sagt: „Si manus Domini contra peregrinos esse creditur, qui nimis immunditiis et fornicario concubitu in conspectu ejus peccaverant, et exules Judaeos licet Christo gravi caede mactaverant, cum justus judex sit Dominus et neminem invitum aut coactum ad jugum fidei Catholicae jubeat venire.

und des Verlustes der rechten Hand, auf Tödtung eines Juden zu setzen, eine Bestimmung, die er noch 1090 bestätigte[79]). Kaum, Anfangs des Jahres, 1097 nach Deutschland zurückgekehrt, gestattete Heinrich IV. den zur Taufe gezwungenen Juden, ihren Glauben wieder anzunehmen[80]). Mit begeisterter Freude vernahmen die Juden Deutschlands diese Kunde. Nur Micha, der Synagogen-Vorsteher Triers, soll Christ geblieben sein[81]). Die von seinem Vater erlassenen und von ihm aufrecht gehaltenen Bestimmungen gegen die Judenmörder konnte er nicht in Anwendung bringen, blieb aber standhaft bei seinem Beschlusse, den Juden die Rückkehr zu ihrem Bekenntnisse zu gestatten, trotzdem, daß Papst Clemens III., der von ihm gegen Urban II. gewählte Gegenpapst, ihn deßhalb scharf tadelte und ihm sogar schrieb: „Wir haben vernommen, daß den getauften Juden gestattet worden ist, von der Kirche abzufallen. Es ist dies etwas Unerhörtes und Sündhaftes, und wir fordern Dich und alle unsere Brüder auf, Sorge dafür zu tragen, daß das Sacrament der Kirche nicht an den Juden geschändet werde"[82]). Heinrich IV. ließ sich dadurch nicht anfechten, verordnete vielmehr auf Klagen der Juden von Mainz eine Untersuchung gegen den Erzbischof Rathard und Emerich von Leiningen, da sie beschuldigt, die Schätze, welche die Judengemeinde dem Erzbischofe zum Aufbewahren übergeben, unter sich getheilt zu haben. Ruthard wartete die Untersuchung nicht ab, floh nach Thüringen und residirte in Erfurt unter dem Vorwande, mit einem excommunicirten Könige nicht mehr in Verkehr stehen zu wollen[83]). Heinrich IV. zog im Mai 1098 bei seiner Anwesenheit in Mainz die Einkünfte des Erzbisthums ein. Die Curia Moguntina des Jahres 1103 nimmt in ihrer

---

79) Würdtwein l. c. I., p. 130.

80) Pertz VIII., p. 208—209, wo die zu dem Ende 1097 in Regensburg und 1098 in Mainz erlassenen Urkunden abgedruckt sind.

81) Dr. Graetz a. a. O. B. VI. S. 111.

82) Udalricus Babenbergensis. Codex epistolarum N. 170.

83) Schaab a. a. O. S. 12 ff.

Constitutio pacis auch die Juden in des Kaisers Schutz und Frieden auf[84]).

Erst im Jahre 1105 kehrte Ruthard nach Mainz zurück, nachdem Heinrich V., Heinrich's IV. pflichtvergessener Sohn, ihn wieder in sein Amt eingesetzt hatte. Auf Veranlassung Ruthard's und der päpstlichen Legaten berief Heinrich V. um Weihnachten desselben Jahres eine Versammlung nach Mainz, welche von zweiundfünfzig Großen des Reiches besucht war. Auf dieser Versammlung wurde das Anathem gegen Heinrich IV. erneuert und der unglückliche gefangene Vater und König seiner Würden verlustig erklärt, worauf ihm Heinrich V. die Insignien des Reiches abnöthigte, um sich mit denselben am Dreikönigs-Tage, den 6. Januar 1099, in Aachen krönen zu lassen.

König Heinrich V. schenkte sein ganzes Vertrauen den Großen des Reiches, dem Adel, in dem er die Hauptstütze seiner Macht zu finden wähnte, und trat mit entschiedener Mißachtung gegen die Städte und Bürger auf, welche dadurch nur immer mehr in ihrer Anhänglichkeit an den unglücklichen Kaiser Heinrich IV. bestärkt wurden. Die Bürger Rufachs im Elsaß trieben sogar mit bewaffneter Hand den König sammt seinem Gefolge, das sich mancherlei Frevel gegen Frauen und Jungfrauen der Stadt hatte zu Schulden kommen lassen, aus ihren Mauern.

In Köln fand der König auf seinem Zuge nach Aachen zur Krönung die Thore verschlossen. Die Bürger wehrten ihm den Eintritt. Treu blieben sie dem Kaiser Heinrich IV. und sagten dem Erzbischofe Friedrich I. von Schwarzburg (1099 bis 1131) förmlich den Gehorsam auf, als er sie für Heinrich V. stimmen wollte.

Herzog Heinrich I. von Nieder-Lothringen (1101—1106), ein treuer Anhänger des unglücklichen Kaisers, vernichtete das Heergefolge Heinrich's V., der sich zu einem von ihm ausgeschriebenen Reichstage nach Lüttich begeben wollte. König Heinrich selbst

84) Pertz l. c. 4., pag. 60, wo es heißt: „Juraverunt dico pacem ecclesiis, clericis, monachis, laicis, mercatoribus, mulieribus, ne vi rapiantur Judaeis."

fand nach der Niederlage seines Heeres in Köln wieder verschlossene Thore und wohlbesetzte Wälle. Voller Ingrimm zog er rheinaufwärts nach Worms und berief einen Fürstentag hieher, um einen allgemeinen Heerzug gegen Köln und die Nieder-Lothringer zu beschließen. In Würzburg war der Sammelplatz des Heeres.

Heinrich IV., der zum Osterfeste von Lüttich nach Köln kam, ward hier die freudigste Aufnahme; er fand die höchste Begeisterung für seine Sache bei allen Ständen, die ihm zuschwuren, die Stadt bis aufs Aeußerste gegen jeden seiner Feinde zu vertheidigen. Sofort wurde nach Anleitung des Kaisers zu einer Befestigung der Stadt geschritten, an der sich Alle betheiligten, und zu welcher die Juden auch aus Dankbarkeit für ihren Wohlthäter das Ihrige beitrugen.

Mit dem größten Eifer wurden die neuen Wallmauern, Thürme und Thore gefördert. Der neue Mauerbering erstreckte sich von der Rackelskaul über den Katharinengraben, den Pellergraben bis zum Bachthore an den Weißen Frauen, von der Griechenpforte nach der Schafenpforte über den Benesispfuhl hinter den Gärten von St. Aposteln und St. Apern nach der Wallgasse, dann von der Löwenpforte über den alten Graben, den Entenpfuhl nach dem alten Eigelsteinthore, und von hier über die Straße Unter-Krahnenbäumen bis an den Rhein[85]).

Die Juden erhielten sogar ein Thor am Ippertwald, Eingang zum Niederreich (suburbium inferius) und ein gegenüber an der alten Römermauer gelegenes Wichhaus — propugnaculum Judaeorum — zur Vertheidigung überwiesen, wie alle Thore dieser zweiten Umwallung den verschiedenen Burgenossenschaften oder Pfarrsprengeln zur Vertheidigung anvertraut waren. Die Burgenossen übertrugen später die Thore einzelnen Familien zu Lehen, die für ihre bauliche Instandhaltung zu sorgen hatten, dieselben aber bei Kriegsgefahr der Stadt zur Verfügung stellen mußten. So lag die Vertheidigung des Würfelthores den Officialen von St. Laurenz ob, die des Löwenthores denen von St. Christoph, die der

85) Dr. Ennen a. a. O. B. I. S. 360.

alten Ehrenpforte der Columba-Pfarre, und der von St. Peter die der Griechenpforte.

Es führte das den Juden anvertraute Thor den Namen: „Porta Judaeorum“ — „Judenpforte“ — und lag auf einem Grundstücke der St. Laurenz-Pfarre, in der ebenfalls, wie bereits erzählt, auch das Judenviertel gelegen war. In Bezug auf dieses Thor heißt es in einem späteren städtischen Eidbuche: „Ind en mogen noch en soilen yn (den Juden) nyet don af heischen noch vorderen dan alleyne ofe noit geburde, des nyet syn en muesse, ind wyrs van yn genomen, so soilen sy die portze, die yn van alders beuoilen is, an wachen ind unter anderen hoiden ind beschirmnisse truweligen hueden ind bewaren[86]).“

Man schenkte also städtischerseits den Juden dasselbe Zutrauen, wie den übrigen Burgenossenschaften, indem man ihnen dieses neben dem Hospital zum Ippertwald belegene Thor zum Schutz und zur Vertheidigung überwies[87]). Es geht daraus hervor, daß sie, gleich freien Männern, auch das Recht hatten, Waffen zu tragen und zu führen.

Alle Städte des Erzstiftes rüsteten gegen König Heinrich V., und als er mit einem Heere von 20,000 Mann sengend und plündernd, Aecker und Weinberge verwüstend in die erzstiftischen Lande fiel, fand er aller Orten geschlossene Thore. Köln war aber das Ziel seiner Heerfahrt. Hatte er diese Stadt erobert, war die Macht des Kaisers gebrochen, sank seine Hauptstütze am Niederrheine. Kaum hatte König Heinrich die Stadt mit seinem ganzen Heere umlagert, als er sich auch zum Sturme anschickte, der aber, trotz des Ungestüms der Angreifenden, von allen Seiten mit der größten Entschiedenheit zurückgeschlagen wurde, und zwar mit solchem Verluste auf Seiten Heinrich's, daß er keinen zweiten Sturm mehr wagte und sich entschloß, die so kühn trotzende Stadt durch Belagerung zu zwingen.

Von festen Mauern geschützt, reichlichst mit Lebensmitteln ver-

---

86) Dr. Ennen a. a. O. B. I. S. 650. Anmerk. 5.

87) Die Judenpforte lag am östlichen Ende des heutigen Regierungs-Gebäudes. S. Note X.

sehen und auf das Aeußerste gefaßt, spotteten Kölns Bürger der Belagerer, deren Reihen Entbehrungen aller Art, selbst Hungersnoth, immer mehr lichteten; hatten sie doch in ihrem Uebermuthe die weiten Umgebungen der Stadt in eine Einöde verwandelt, und die Schiffe, die ihnen Lebensmittel zuführen sollten, gingen entweder zu Grunde, oder wurden von den Rhein-Anwohnern des oberen Stiftes weggenommen. Die wiederholten Angriffe der Belagerer waren fruchtlos, wurden mit dem entschlossensten Muthe von den Bürgern zurückgewiesen. Als daher die Kunde ins Lager gelangte, der Kaiser ziehe mit dem Herzoge Heinrich von Niederlothringen mit starker Heeresmacht zum Entsatze Kölns heran, hob König Heinrich die Belagerung auf und wandte sich mit seinem Heere, das von Coblenz aus beträchtlichen Zuzug erhalten, gen Aachen, um einer offenen Feldschlacht den Entscheid zu überlassen. Der plötzliche Tod des Kaisers, er starb am 7. August 1106 in Lüttich, machte dem Kriege jedoch ein Ende. Viele seiner Gegner versöhnten sich mit Heinrich V. Nur Köln hielt seine Thore geschlossen. Durch diesen Widerstand aufs höchste wuthentbrannt, führte der König zum zweiten Male eine noch bedeutendere Heeresmacht gegen die trotzende Stadt, wo er aber dieselbe Tapferkeit der Bürger fand, welche seine stürmenden Angriffe wieder siegreich zurückschlugen.

Die Kölner überzeugten sich jedoch bald, daß sie auf keine Hülfe, keinen Entsatz von außen rechnen konnten, daß ihre Handelsthätigkeit durch die Belagerung völlig gelähmt wurde; sie boten dem Könige daher 6000 Pfund Silber, wenn er die Belagerung aufheben würde. Heinrich wies dies Anerbieten schnöde ab, verstand sich aber doch zur Annahme der Summe, als sich sein Heergefolge unzufrieden, widerspänstig zeigte.

Zweifelsohne mußten die Juden zur Beschaffung dieser bedeutenden Summe der Stadt aushelfen, und ihre Säckel ebenfalls öffnen, als der König, welcher im Anfange des Jahres 1110 Köln besuchte, zu seinem glänzenden Römerzuge rüstete, an dem sich nicht weniger denn 30,000 Ritter betheiligten. Gerade bei solchen Gelegenheiten mußten die Juden die Mittel schaffen. Selbst geistliche und weltliche Fürsten fanden es nicht unter ihrer Würde, bei den verhaßten Söhnen Israels Anleihen zu machen, Schulden zu contrahiren. Wer will es Letzteren verdenken, daß sie solche Zustände zu ihrem Vortheile benutzten? Sie waren einzig auf den Gewinn des Geldhandels angewiesen, und wenn sie den Mächtigen der Erde mit ihren Schätzen zu Willen, durften die Schutz- und Rechtlosen wenigstens auf Schutz bei denselben hoffen, wenn auch nicht rechnen, konnten sie sich wohl mitunter zeitliche Gerechtsame von ihnen verschaffen, und das war ihr Hauptstreben, da sie an keinen gesicherten Rechtszustand denken durften, sie ganz der Willkür der Großen und des leicht fanatisirten Pöbels Preis gegeben waren, wie es die jüngsten Erfahrungen in so blutiger Weise, namentlich auch in Köln und im Niederstifte, bewiesen hatten.

Eine so mächtige, glänzende Heerfahrt, wie die König Heinrich's V., hatte Italien seit Karl dem Großen nicht mehr gesehen. Am 13. April 1111 vollzog Papst Paschal II. (1099–1118) in Rom die Kaiserkrönung mit allem nur denkbaren Pompe, nachdem er sich mit dem Könige, der ihn in der Versammlung des ersten Concils im Lateran am Tage vorher hatte gefangen nehmen lassen, wieder ausgesöhnt hatte. Anfangs Juli kehrte der Kaiser aus Italien zurück, da sich in verschiedenen Theilen des Reiches der kaiserlichen Gewalt drohende Gährungen unter den Großen kund gaben. Es strebten dieselben nach Unabhängigkeit, sie boten Alles auf, um den Lehensverband zu lockern, fanden aber in Heinrich V. einen willenskräftigen Kaiser, der sein Ansehen, seine Rechte zu behaupten wußte und, um sich die Mittel zu seinen Gewaltschritten gegen die Großen des Reiches zu verschaffen, sich jetzt den durch Handel und Gewerbfleiß immer mächtiger werdenden Stadtgemeinden, dem Bürgerthume, zuwandte. Er gab einzelnen Städten mancherlei Freiheiten und Privilegien, so bereits am 14. August der Stadt Speyer das Recht, daß ihre Bürger, ohne dem kaiserlichen Fiscus das Besttheil, oder Besthaupt, zu zahlen, nach ihrem Tode frei über ihre ganze Habe verfügen durften. Auf ewige Zeiten sollte dieses Privilegium in goldenen Buchstaben an der Vorderseite des Domes zu lesen sein. Am 29. August 1113 bestätigte er auch dem Erzbischofe von Speyer,

Bruno (1110—1123), das Recht, den Judenzins dem Domcapitel zu überlassen.

Die Juden standen also hier unter dem Bischofe, waren gleichsam seine Hörigen. Wir wissen nicht, welcher Kaiser den Erzbischof von Worms mit den Juden belehnte.

Der Stadt Köln trug der Kaiser noch immer tiefen Groll nach. Mit neidischer Eifersucht sahen die Bürger die anderen rheinischen Städte vom Kaiser bevorzugt, namentlich Speyer, Worms und Mainz. Da die Bürger Kölns nichts von der Gnade des Kaisers zu erwarten hatten, traten sie schon im Jahre 1112 in eine Vereinigung zusammen — „Conjuratio Coloniae facta est pro libertate" heißt es bei Godefridus Coloniensis —, um mit Gewalt die den anderen Städten gewährleisteten Freiheiten und Privilegien zu ertrotzen. Unterstützung fanden sie bei den Feinden des Kaisers; selbst ihr Erzbischof Friedrich I. schloß sich den Bürgern an, welche dem kaiserlichen Heerbanne gegen die Friesen hatten folgen müssen und vom Kaiser in das Vordertreffen gestellt worden waren. Den Erzbischof an der Spitze, der sich von vielen Großen unterstützt sah, wandten sich die Kölner gegen den, schon auf dem Concil zu Vienne am 16. September 1112 mit dem geistlichen Banne belegten Kaiser.

Heinrich zog gegen die Stadt Köln, die jedoch seinem Angriffe wieder eben so muthig widerstand, als früher. In Deutz schlug er ein befestigtes Lager auf, um den Kölnern die Lebensmittel abzuschneiden und ihren Handel, wie er nur immer konnte, zu schädigen. Die Kölner setzten über den Rhein, griffen das Lager des Kaisers an, und zwar mit so entschiedenem Glücke, daß Heinrich sich gezwungen sah, das Lager aufzuheben und sich zurückzuziehen, nachdem seine Scharen ringsher Alles verwüstet hatten. Auf dem Fuße folgte ihm Erzbischof Friedrich, griff ihn an, wurde aber am Anfange der Schlacht mit Verlust zurückgedrängt, bis die Grafen Friedrich und Heinrich von Arnsberg, die mit frischen Truppen den Kölnern zu Hülfe kamen, dem Treffen eine andere Wendung gaben und den Kaiser zwangen, die Wahlstatt zu verlassen.

Mit starker Heeresmacht kehrte Heinrich im October zurück,

brach verheerend in das Gebiet des Grafen Friedrich von Arnsberg ein, und lagerte dann in der Umgebung von Andernach. Nochmals sollten die Waffen hier entscheiden. Mit dem Herzoge Heinrich von Niederlothringen, dem Grafen Dietrich von Are, dem Grafen Heinrich von Kessel, den Ministerialen des Erzstiftes und einer bedeutenden Schar Kölner verbunden, griff Erzbischof Friedrich das kaiserliche Heer an, und der heldenkühnen Tapferkeit der kölnischen Jugend verdankte er einen vollständigen Sieg. Der Kaiser, der seine tapfersten Führer verloren — selbst Bertholb von Kärnthen, war in der Kölner Gefangenschaft gerathen —, mußte sich mit großem Verluste zurückziehen.

Erzbischof Friedrich war einer der beharrlichsten Feinde des Kaisers. Um bei einem erneuerten Einfalle Heinrich's in das Erzstift eine starke Schutzwehr zu haben, erbaute er auf einer der luftigsten Höhen des Siebengebirges, dicht hinter dem Drachenfels, die Feste „Wolkenburg". Mit seinen auserlesensten Scharen stieß er zu dem Heere der Feinde des Kaisers in Sachsen und nahm 1115 den thätigsten Antheil an der Schlacht am Welfesholze, die unglücklich für den Kaiser ausfiel. Es hatten in der verhängnißvollen Schlacht Deutsche gegen Deutsche gekämpft. — Des Kaisers Heerführer, Graf Hoyer von Mansfeld, war im Zweikampfe mit dem jungen Grafen Wichert von Groitsch gefallen.

Die Großen Sachsens sagten jetzt alle dem Kaiser den Gehorsam auf, da er mit der entschiedensten Beharrlichkeit die Reichsgewalt wieder herstellen, die Reichseinheit wieder festigen wollte, und, herrschsüchtig und kalt, aber zu stolz und zu schroff gegen die Großen auftrat.

Nach der Schlacht am Welfesholze hatte der Bischof Cono von Praeneste, als päpstlicher Legat, am 28. März 1115 die Bannung des Kaisers auf dem Concil zu Rheims erneuert, was er auch am Ostermontage, den 19. April desselben Jahres, auf einem Concil zu Köln wiederholte. Der Cardinal Dietrich, päpstlicher Legat in Baiern, hatte sich nach Sachsen begeben und in Goslar den Kaiser vor einer zahlreichen Versammlung excommunicirt. Als der Legat zu demselben Zwecke nach Köln reisen wollte, wohin auf Weihnachten[88]) 1116 ein großes Concil ausgeschrieben war, überraschte ihn der Tod in Schwelm. Seine Leiche wurde nach Köln gebracht und hier beigesetzt. Feierlichst sagten sich die hier anwesenden Kirchenfürsten von dem Kaiser los. Am 5. März 1116 billigte Papst Paschal auf dem dritten Concil im Lateran das Verfahren der Legaten in Deutschland, wiewohl er selbst den Bann über den Kaiser nicht erneuerte, wohl aber das Anathem auf ewige Zeiten über das Privilegium der Investitur, das der Kaiser aufs entschiedenste beanspruchte.

Heinrich zeigte sich den Fürsten gegenüber in etwa nachgiebiger, aber unversöhnlich war und blieb die Kirche, und das mochte auch der Grund sein, daß keiner der Fürsten Deutschlands den vom Könige ausgeschriebenen Reichstag in Mainz zur Schlichtung der Mißhelligkeiten beschickte. Selbst die von ihm begünstigten Städte wurden wankend in ihrer Anhänglichkeit.

Die Erbschaft der am 24. Juli 1115 gestorbenen Markgräfin Mathilde rief im Hornung 1116 den Kaiser zum zweiten Male nach Italien, wo er auch den Muth zeigte, seine Erbansprüche gegen den Papst zu behaupten. Als er erfuhr, daß die Bischöfe und viele Großen Deutschlands mit dem Gedanken umgingen, ihn, den von der Kirche Gebannten, förmlich seiner Würde zu entsetzen, kehrte er in aller Eile 1118 über die Alpen zurück. Er fand das Reich von den unseligsten Wirren zerrissen, die Beute eines Alles vernichtenden Bürgerkrieges. Gegen ihn stand der ganze Norden Deutschlands; die Hohenstaufen hatten treu zu ihm gehalten und ihm den Süden gerettet. Bannfluch folgte auf Bannfluch, ohne des Kaisers Willen zu beugen, zu brechen. Aller Orten wüthete wieder, Alles verheerend, der Bürgerkrieg, und zwar so wild, daß man selbst den Gottesfrieden, trotz Bann und Acht, nicht mehr achtete. Die unerbittliche Strenge, mit welcher die Kirche gegen Heinrich

88) Im zwölften Jahrhundert fing man das Jahr mit Weihnachten an. Nach kölnischem Styl begann das Jahr bis zu Anfang des 14. Jahrhunderts mit Ostern, bis zum Jahre 1310, wo auf einem Concil zu Köln durch Erzbischof Heinrich von Virnenburg nach Art. 23 bestimmt wird, daß das Kirchenjahr gleich dem römischen mit Weihnachten anfangen soll, das bürgerliche Jahr aber, nach dem Hofstyl, noch immer mit Ostern.

verfuhr, warb ihm jedoch wieder neue Freunde, war seine Entsetzung auch von den Fürsten Deutschlands beschlossen gewesen.

Während der anhaltenden Kriegsdrangsale hatte Köln wesentlich gelitten. Von Tag zu Tag sah es seinen Handel abnehmen, seine Gewerbe immer mehr stocken. Die Kölner, bei denen stets der materielle Vortheil in die Wagschale kam und im Laufe der Geschichte nicht selten über ihre politischen Gesinnungen den Entscheid gab, welche als Kaufleute vor Allem dem Nützlichkeits-Princip huldigten, sahen wohl ein, daß es in solchen unruhigen Zeiten vortheilhafter, unter dem Schutze eines Kaisers zu stehen, als dem Wechsel der Willkür der Großen Preis gegeben zu sein, da zudem Heinrich V. als Gemahl der Prinzessin Mathilde, Tochter König Heinrich's I. von England (1100—1131), ihrem Handelsverkehr mit diesem Lande, der bereits sehr lebhaft, von großem Nutzen sein konnte.

Die Kölner luden den Kaiser ein, und dieser nahm auch keinen Anstand, der Einladung der mächtigen Stadt Folge zu leisten, da er aus Erfahrung wußte, von welchem entschiedenen Vortheile ihm die Freundschaft einer so bedeutenden Stadt, wie Köln, war. Heinrich kam gegen das Ende des Jahres 1119, als Erzbischof Friedrich gerade abwesend, nach Köln, und es ward ihm der glänzendste Empfang. Erzbischof Friedrich belegte sofort die Stadt dafür, daß sie dem mit dem Banne belasteten Kaiser gehuldigt hatte, mit dem Interdict. Nicht von langer Dauer war diese Strafe, denn schon zu Anfang des Jahres 1122 zogen die Kölner mit dem Erzbischofe gegen die kaiserliche Veste zu Kerpen, die nach kurzer Belagerung genommen und geschleift wurde.

Endlich sollte dem deutschen Vaterlande der langersehnte Friede wieder gegeben, die Einigkeit zwischen Kirche und Staat wieder hergestellt werden, das Verderben des unheilvollen Bürgerkrieges ein Ende nehmen. Durch Vermittlung des umsichtsvollen Cardinals Lambert von Ostia, welcher den Past Calixtus II. (1119 bis 1124) vertrat, hatte sich Heinrich der Kirche gegenüber nachgiebiger gezeigt und Worms als Ort der Versammlung vorgeschlagen, wo der Investitur-Streit endlich geschlichtet werden sollte. Am 8. September 1122 begannen hier die Verhandlungen, und am 23. September wurde das berühmte Concordat von Worms abgeschlossen, nach welchem der Kirche die Investitur der Bischöfe mit Ring und Stab verblieb, dem Kaiser aber die Belehnung mit dem Scepter, d. h. mit der weltlichen Gewalt, den Regalien. Die Kirche hatte gesiegt; die weltliche Belehnung war eine bloße Form, denn die Bestätigung der gewählten Bischöfe und Erzbischöfe war und blieb Sache des Papstes.

Mit diesem Friedensschlusse hatte der Gewaltszustand in Deutschland, im Reiche, doch sein Ende nicht erreicht, und zwang Heinrich zur Aufrechthaltung der Reichsgewalt und Reichs-Einheit noch zu mancher Gewaltthat. So nahm er Worms mit stürmender Hand, weil es den von ihm geächteten Bischof Burkhard oder Bucho von Achorn (1115—1151) wieder aufgenommen, und die Bürger die bei der Stadt gelegene kaiserliche Pfalz zerstört hatten.

Nicht gering war die Unzufriedenheit vieler Großen über das wormser Concordat, weil sie in demselben eine Beeinträchtigung der Macht des Reichs-Oberhauptes sahen, und nicht weniger empörte Heinrich's Verfahren gegen Worms die übrigen Reichsstädte.

Neue Gefahren drohten dem Kaiser von allen Seiten, als der Tod seinem rastlosen Leben am 23. Mai 1125 in Utrecht ein Ende machte. Er starb in der Blüte seiner Tage, kaum 44 Jahre alt. In der kaiserlichen Gruft im Dome zu Speyer fand er seine Grabstätte.

Die Juden Kölns unter den Hohenstaufen bis zum Interregnum.

Nach dem Tode Heinrich's V. war der Zustand der Juden in Köln ein erträglicher, denn sie erfreuten sich des besonderen Schutzes des Erzbischofes Friedrich, dem sie bei seiner Prachtliebe, seinen Heerfahrten und seinen Bauten aus mancher Geldverlegenheit mochten geholfen haben.

Die Stadt, nur ihren Vortheil, die Kräftigung ihres Gemeindewesens im Auge haltend, für welches sie in den Hohenstaufen eine Stütze zu finden hoffte, erklärte sich für Conrad den Hohenstaufen, und ihrem Beispiele folgte ebenfalls Erzbischof Friedrich, wenn er auch am 30. August 1125 den Herzog Lothar von Sachsen und dessen Gemahlin Riza oder Richenza in Köln gesalbt und am 13. September in Aachen gekrönt hatte.

Friedrich hielt noch zur hohenstaufischen Partei, als selbst Köln sich 1129, aus welchen Gründen, ist nicht bekannt, wieder für Lothar erklärt hatte, der in diesem Jahre das Fest Mariä Lichtmeß in Köln beging. Noch vor seinem, am 25. October 1131 auf seiner Veste Wolkenburg erfolgten Tode, hatte sich Erzbischof Friedrich mit Lothar ausgesöhnt.

Hatte auch Lothar den Grafen Bruno II. von Berg (1131 bis 1137) zum Nachfolger Friedrich's gewählt, so nahm dieser doch bald nach seiner Wahl die Partei Conrad's des Hohenstaufen, und mit ihm auch die Bürger seiner Metropole. Es kam sogar im Jahre 1133 in Köln zu einem völligen Aufstande gegen Lothar, als dieser hier nach seiner Rückkehr aus Italien, wo ihn Papst Innocenz II. am 4. Juni im Lateran zum Kaiser gekrönt hatte, das Weihnachtsfest gefeiert, so daß er sich gezwungen sah, die Stadt zu verlassen. Bald besannen sich die Kölner eines

Besseren, und baten schon im folgenden Jahre, als Lothar in Aachen Weihnachten beging, den Kaiser um Verzeihung, der ihnen seine Huld wieder zuwandte, wenn sich auch Erzbischof Bruno noch nicht mit ihm ausgesöhnt hatte. Erst als Lothar sich 1136 zu einem zweiten Zuge nach Italien anschickte, versöhnte sich Bruno mit ihm und begleitete den Kaiser als Erzkanzler über die Alpen nach Italien, wo er am 29. Mai 1137 in Bari starb. Mit aller Pracht wurde seine Leiche in der Kirche des heiligen Nikolaus beigesetzt; aber als Roger, König von Sicilien, Bari im Jahre 1139 eroberte, entriß man die Leiche dem Grabe und schleifte sie durch die Straßen der Stadt. Sie soll später nach Deutschland gebracht worden sein.

Kaiser Lothar befand sich, sieggekrönt, auf der Heimfahrt; Roger war besiegt, das Schisma der Kirche beendigt, Innocenz II. ruhiger Besitzer des heiligen Stuhles, als den Kaiser der Tod bei Bretten, in der Nähe von Trient, am 3. December 1137 ereilte.

Die Anhänger des Hauses der Hohenstaufen, unter ihnen die Erzbischöfe Albero von Trier (1131—1152), Arnold I., Graf von Randerode, von Köln (1138—1151), und der Bischof Bucco von Worms wählten am 22. Februar 1138 zu Lützelcoblenz den Herzog Conrad von Schwaben zum Könige, der am 13. März in Aachen durch den päpstlichen Legaten und Cardinal Theodwin unter Beistand der Erzbischöfe Albert II. von Mainz und Arnold I. von Köln gekrönt wurde.

Unter dem größten Jubel der Bürgerschaft empfing der König Anfangs April die Huldigung der Stadt Köln, feierte hier am 3. April das Osterfest, dessen Feier nach einer Bestimmung des Concils zu Constanz auf drei Tage festgesetzt war, da man früher die ganze Woche gefeiert hatte. Bis gegen das Ende des Monats verweilte Conrad III. in Köln, das sich seiner besonderen Gunst erfreute.

Durch die Huld des Königs empfing das Streben der Bürger Kölns nach Unabhängigkeit neue Nahrung. Die Stadt wollte sich von der Oberherrschaft des Erzbischofes befreien, wie sie es schon unter Anno I. versucht hatte. Ein Aufstand gegen den Erzbischof drohte im Jahre 1139 auszubrechen, wurde jedoch durch Arnold's energische Willenskraft unterdrückt, und kam nicht zum Ausbruche. Gebrochen war aber der Unabhängigkeitssinn der Bürger keineswegs, wenn es ihnen auch erst in der zweiten Hälfte des folgenden Jahrhunderts nach heißen und blutigen Kämpfen gelang, sich der unmittelbaren Oberhoheit der Erzbischöfe zu entziehen.

Die Juden Kölns blieben hier, wie allenthalben, wo sie geduldet, auf die Geldgeschäfte, unter welcher Form sie auch gemacht wurden, angewiesen, da sie kein anderes Gewerbe, kein Handwerk treiben durften. Sie waren die von der Kirche selbst geduldeten Zinswucherer, standen als Juden nicht under dem kirchlichen Zinsverbote.

Auch die geringsten Uebertretungen des Zinsverbotes wurden sonst von der Kirche streng geahndet und gestraft; selbst die geistlichen und weltlichen Behörden, welche zu nachsichtig in der Aufrechthaltung und Handhabung des Wucherverbotes, traf harte Strafe. Der Cleriker, der sich des Wuchers schuldig machte, verlor Amt und Pfründen; dem Laien wurden die Gnadenspenden der Sacramente versagt, ihm drohte die Excommunication, seine Weihegaben wurden zurückgewiesen. Alle Zinsen mußten den Schuldnern oder ihren Erben zurückerstattet werden, und wo keine vorhanden, den Armen. Die mit dem Gewinn des Zinswuchers erworbenen Liegenschaften wurden versteigert und der Erlös den Schuldnern überwiesen. Es waren diejenigen, welche sich mit dem Zinswucher befaßten, „manifesti usurarii", gehalten, den Behörden zu jeder Zeit ihre Schuldbücher vorzulegen. Die Kirche versagte selbst das kirchliche Begräbniß dem, welcher gegen das Zinsverbot gesündigt, bis die Zinsen zurückerstattet oder seine Erben sich für die Zurückerstattung verbürgt und seine wucherisch erworbenen Besitzthümer verkauft und den Preis den Schuldnern bezahlt hatten. Ungültig (irrita) waren die Testamente der Wucherer, d. h. der Zinsnehmenden.

Fürsten und Behörden, welche öffentliche Wucherer, „manifesti usurarii", dulden, ihnen erlauben, öffentlich Zins zu nehmen, und wuchernde Ausländer binnen drei Monaten nicht des Landes verweisen, ziehen die Strafe des kirchlichen Fluches, des Interdicts, auf ihr Land. Excommunicirt wird der Gesetzgeber, der einen bestimmten Zinsfuß erlaubt, der Richter, welcher einen Schuldner zur Zahlung mäßiger Zinsen verurtheilt. Diejenigen, welche öffentlichen Wucherern zur Betreibung ihres Geschäftes Häuser vermiethen oder sonst überlassen, trifft gleiche Strafe. Als Ketzer erklärt wird jeder, welcher wiederholt das Zinsfordern erlaubt. Ein Geistlicher, welcher einem verurtheilten Wucherer das kirchliche Begräbniß gestattet oder von einem Wucherer etwas annimmt, verliert sein Amt, als hätte er selbst gewuchert*).

Papst Innocenz III. (1198–1216) forderte sogar um 1200 die weltlichen Behörden auf, die Rückzahlung des Wuchers an schuldende Christen von den Juden zu erzwingen, oder allen Verkehr zwischen Juden und Christen zu untersagen; und doch standen die Juden außerhalb der Christenheit, waren ihres Heiles nicht theilhaft und galten, Nichtjuden gegenüber, als selbst von Gott eingesetzte und geweihte Wucherer**).

Die Kirche hatte den Glaubenssatz aufgestellt: widerrechtlich und sündlich ist es, die Nutzung fremden Capitals zu vergüten. In dem Maße wie die Macht der Kirche zunahm, griffen auch die Satzungen des nach und nach sich ausbildenden Kirchenrechtes in die Bestimmungen der Volksrechte, der allgemeinen deutschen Gewohnheitsrechte, der Landrechte ein. Schon Karl der Große gab in seinen Capitularien dem Zinsverbote der Kirche nach. Die ihm folgenden deutschen Könige und römischen Kaiser hielten fest an dem Gesetze der Päpste, in denen sie das Grund-Element ihrer Macht als römische Weltherrscher fanden. Bereits im zwölften Jahrhundert hatte in Deutschland das canonische Recht den vollständigen Sieg über die Gewohnheitsrechte und Landrechte errungen. Papst Honorius III. (1216–1227) befahl 1219 den Geistlichen, nur canonisches Recht zu treiben, welches in Paris von 1220 bis 1568 bloß gelehrt, und an den ersten deutschen Universitäten besonders von auswärts gebildeten Juristen gepflegt wurde, indem es in Deutschland in die Praxis geistlicher und

*) M. Neumann, Geschichte des Wuchers in Deutschland. S. 22 ff.
**) M. Neumann a. a. O. S. 23.

weltlicher Gerichte allgemein eingedrungen war. Es hatten bereits seit dem eilften Jahrhundert die geistlichen Gerichte eine Menge weltlicher Angelegenheiten, die man als „delicta mixti fori“ bezeichnete, vor ihr Forum gezogen, und vorzüglich alle Streitsachen, die sich auf die Usuraria pravitas bezogen, bei denen sie auch weltliche Strafen verhängten.

In Köln bestanden also selbstredend die Haupt-Geldgeschäfte der Juden in Darlehen auf Pfänder, Waaren, Kleinodien, auf Häuser und sonstige Liegenschaften. Wurde das Darlehen in der bestimmten Frist nicht zurückerstattet, so verfiel das Pfand dem Darleiher als Eigenthum, oder man berechnete an jährlichen Verzugszinsen 25 vom Hundert, d. h. einen Ferto für die Mark. Gewöhnlich wurden bei Anleihen auf Zins „pro usura“ Wochenzins berechnet. Im Jahre 1258 bestimmte der Rath, daß die Juden in einzelnen Fällen wöchentlich drei Denare von der Mark nehmen konnten, mithin jährlich 108¹/₃ vom Hundert. Der Zinsfuß wurde im 14. Jahrhundert als Wochenzins auf einen Pfennig für die Mark, oder 48¹/₃ vom Hundert, als das Maximum vom Rathe festgestellt*).

---

*) Dr. Ennen, Geschichte der Stadt Köln. B. I. S. 470 ff. Es heißt in einer Urkunde vom 29. November 1258: „Si quem vero predictorum terminorum idem Egidius sic non solvendo neglexerit, dampnum, quod iidem milites pro conquirenda huiusmodi pecunia de Iudeis ad usuram, moream tamen pro tribus denariis ad septimanam, quod etiam dampnum si levius facere potuerunt bona fide promiserunt, incurrerint, memoratus Egidius eis refundet infra duos menses cum debito principali.“ Quellen zur Geschichte der Stadt Köln. B. II. S. 403. Urk. 388. — Eine Urkunde vom Jahre 1373 besagt: „Vort so is overdragen, dat vurg. Jueden ind Juedinnen vnsen burgeren die Mark zer wochen zu wochen nit hoire lenen en sulen as umb eynen Penning.“ Vgl. Dr. Ennen a. a. O.

Dr. Ennen findet in diesem Zinswucher die Hauptursache des Hasses der Bürger Kölns gegen die Juden und knüpft daran Betrachtungen, die jedenfalls übertrieben sind, von Voreingenommenheit zeugen. Wir haben gehört, daß bei der ersten Judenverfolgung in Köln die Bürger den Juden Schutz in ihren Häusern gewährten. Zweifelsohne wäre dies nicht der Fall gewesen, wenn die Bürger einen so großen, allgemeinen Haß und Groll gegen die Juden gehegt hätten. Der heilige Bernhard spricht sich schon aufs bestimmteste dahin aus,

In dem Maße der Handel Kölns an Ausdehnung zunahm, stieg auch der Umfang und die Bedeutung der Geldgeschäfte der Juden. Um die Mitte des zwölften Jahrhunderts erhielten sie aber gefährliche Concurrenten in den von den Päpsten geschützten italienischen Geldhändlern, die als berechtigte Pfandleiher und Wucherer, „Usurarii publici“ genannt, in Deutschland, und so auch in Köln, unter den Namen: Kawartschen, Gawertschen, Gewertschin, Kawertschiner, Lamperter, Lampardar und Lombarden vorkommen. In der kölnischen Volkssprache wird noch das Pfandhaus mit Lumbarh oder Lombard bezeichnet, ein Name, der sich auch in Italien und im Frankreich in diesem Sinne seit dem zwölften Jahrhundert erhalten hat[89]).

Vom Oberhaupte der Kirche geschützt, wußten sich die Lombarden diesseit der Alpen in allen Handelsstädten Niederlassungsrecht gegen gewisse Abgaben zu verschaffen, trieben den Wucher aber so arg, daß sie nicht selten aus einzelnen Städten und Reichen vertrieben wurden, sich jedoch durch die Macht des Geldes stets wieder Aufnahme zu verschaffen wußten. Sie bildeten eine weit verzweigte Genossenschaft, deren Hauptsitze in Rom und Florenz, und machten schon damals Assecuranz-Geschäfte, besonders für See- und Land-Transport. Nach den Zeugnissen der Geschichtschreiber des 12. und 13. Jahrhunderts überboten aber die Lombarden im Zinswucher und in Wucherkniffen die Juden, so daß man in einzelnen Städten froh war, wenn sich jüdische Wechsler dort niederließen, um so die christlichen Wucherer nicht mehr nöthig zu

doch die christlichen-Wucherer noch schlimmer, wie die jüdischen. Cf. Epistola CCCXXII.: „Taceo quod sicubi desunt: pejus judaizare dolemus Christianos foeneratores, si tamen Christianos, et non magis baptizatos judaeos convenit appellari.“

89) Hüllmann, Städtewesen des Mittelalters, Thl. II. S. 42 ff. Das Wort Cawertschen im mittelalterlichen Latein: Caversini, Caorsini, Caorsini, Caturcini, Cardurcini hält Hüllmann für eine Verunstaltung des Wortes: Campsores, Wechsler, Geldhändler. Andere leiten das Wort von Cahors, einer der Hauptstädte des Departements du Lot, ab, deren Einwohner gewöhnlich Caorsains oder Cardurciens genannt wurden, was sich jedoch etymologisch nicht rechtfertigen läßt.

haben[90]). In den Jahren 1376 und 1424 wurden die Gawertschin auch aus Zürich vertrieben wegen übertriebenen Zinswuchers, und übertrug in letzterem Jahre die Stadt ihre Geldgeschäfte gegen 2000 Gulden den Juden Salomon und Löw von Rheinfelden und Löw von Constanz. Auch die Gawertschin gehörten, wie die Juden, zu den Regalien des Kaisers, denn Kaiser Friedrich I., der Rothbart, übertrug 1156 dieses Recht an Leopold's IV. Sohn, Heinrich II., den er zum Herzoge von Oesterreich mit den umfassendsten Privilegien erhoben hatte[91]).

Der Zinsfuß des Mittelalters wechselte gar oft nach Zeit, Ort und Umständen. Unter Karl dem Großen wurde ein Geldgeschäft als Wucher bezeichnet, wenn man Hundert vom Hundert nahm. Der gewöhnliche Zinsfuß im eilften und zwölften Jahrhundert hatte nie 20 überstiegen, kommen auch Fälle vor, wo 40, ja, 43 vom Hundert genommen werden. Kaiser Friedrich II. bestimmte für die Juden 10 vom Hundert, und dieser Satz scheint auch in den rheinischen Städten gegolten zu haben. In Frankfurt a. M. finden wir 9 vom Hundert, jedoch auch 11, 13, 18, selbst 45, und einmal sogar 52 vom Hundert. Der Judenzins belief sich in Wien 1308 auf 130 vom Hundert. Im vierzehnten Jahrhundert wurde den Juden in Oesterreich 65 vom Hundert als gewöhnlicher Zins gestattet[92]).

Es ist wohl selbstredend, daß diese Zinsfüße nicht immer streng gehalten wurden, daß die Geldhändler nicht selten die Umstände zu ihrem Vortheile zu benutzen wußten. Geld gegen Zinsen leihen, hieß übrigens „zum Juden nehmen“, und die Zinsen für solches Geld wurden mit dem Worte „Judenschaden“ bezeichnet[93]). Die Juden fanden in Köln Mittel, der gefährlichen Con-

90) Hüllmann a. a. O. S. 56, gibt ein Beispiel aus Lindau am Bodensee.

91) In dem Privilegium heißt es: Et potest Dux Austriae in Terris suis omnibus tenere Judaeos et usurarios publicos quos vulgus vocat Gawertschin sine imperii molestia et offensa.

92) Dr. Kriegk a. a. O. S. 343 und 429. Anmerkung 288.

93) Vgl. Dr. Kriegk, S. 409, in seiner Abhandlung: Geschichte und Lage der Frankfurter Juden im Mittelalter, in seinem Werke: Frankfurter und Bürgerzwiste im Mittelalter.

currenz der Lombarden die Spitze bieten zu können, nach meiner Ueberzeugung, weil sie ehrlicher in ihren Geldgeschäften zu Werke gingen, als die Italiener, daher waren und blieben sie trotz dieser Concurrenz — unentbehrlich.

Aus ihrer Ruhe und Sicherheit wurden die Juden Kölns aber plötzlich durch die Nachricht aufgeschreckt, daß ein Mönch Rudolph, den vom Papste Innocenz II. nach dem Falle Edessa's angeregten Kreuzzug predigend, in den oberrheinischen Städten mit fanatischer Wuth die Christen aufforderte, die Juden zu Gottes Ehre zu erschlagen, zu vertilgen die unversöhnlichen Feinde Christi und des christlichen Glaubens.

Man kann sich das Entsetzen denken, welches diese Kunde in allen niederrheinischen Judengemeinden und auch in Köln verbreitete. Eine Verfolgung, wie die bei Gelegenheit des ersten Kreuzzuges, war zu befürchten. Die Juden kannten ihre Feinde; wo sollten sie Schutz finden? Die Gräuel der ersten Verfolgung, wenn auch bereits ein halbes Jahrhundert vorüber, waren bei ihnen noch in zu frischem Andenken, lebten in den Erinnerungen von Augenzeugen, in den Schilderungen, welche, von Zeitgenossen niedergeschrieben, noch in den Memorienbüchern der Gemeinden aufbewahrt wurden. Sie wußten Alle, welche Schrecknisse sie bedrohten, und sahen sich in der äußersten Verzweiflung nach Schutz und Rettung um. Woher sollten sie kommen?

Da erhob sich eine Stimme für sie von einem Orte, woher sie und Niemand es erwarten konnte. Nach der Versammlung von Vezelay, wo der Kreuzzug beschlossen worden, trat der heilige Bernhard, Abt von Clairvaux, als der Fürsprecher der Juden, als ihr Beschützer auf. Er schrieb an die rheinischen Bischöfe, sie aufs eindringlichste zum Schutze der Juden auffordernd. Er schrieb an den Mönch Rudolph, ihm sein Benehmen vorwerfend, ihn ermahnend, von seinen Predigten abzustehen, zu denen ihm kein Auftrag geworden.

Als Bernhard selbst nach Deutschland kam, begeisterte die Allgewalt seiner Beredsamkeit Tausende, sich dem Kreuzzuge anzuschließen. Wo der heilige Mann auftrat, riß seine Erscheinung, sein Wort, selbst die rohe Menge zu einem unbeschreiblichen Enthusiasmus hin, wenn sie den Heiligen, dem eine Menge Wunder zugeschrieben werden, auch nicht verstand; denn nirgends hören wir, daß Bernhard Deutsch gesprochen, und kaum zu begreifen ist die Annahme Wilken's in seiner Geschichte der Kreuzzüge, daß die Anwohner des Rheines Französisch verstanden hätten. Der heilige Bernhard sprach aber sicher nur Lateinisch und Französisch, denn, wie bekannt, wurde er 1091 auf dem Schlosse zu Fontaines in der Nähe von Dijon in Burgund geboren, wo die langue d'oc, das Südfranzösische, gesprochen wurde. Der Chronist seiner Reise von Frankfurt nach Constanz und von Constanz nach Speyer, Philipp von Clairvaux, läßt den Heiligen provençalisch sprechen[91]).

Mit der ganzen Wucht seiner Beredsamkeit eiferte der heilige Bernhard gegen die Verfolgungen der Juden, und in Mainz besonders gegen den Mönch Rudolph oder Radulf, der sich gerade hier aufhielt. Dieser hatte das Volk aber bereits dergestalt fanatisirt, daß selbst Bernhard Gefahr lief, von dem Pöbel mißhandelt zu werden, hätte ihn nicht der heilige Ruf des Wunderthätigen geschützt. Rudolph ließ sich nach einer Unterredung mit dem heiligen Manne bestimmen, von seinen Reden gegen die Juden abzulassen und in sein Kloster zurückzukehren.

Bernhard, der sich durch eigene Anschauung überzeugt, welche blutigen Früchte die Reden des Fanatikers in Mainz, Speyer, Straßburg und den umliegenden Ortschaften erzielt hatten, ließ nicht ab, gegen die Judenverfolger zu predigen, hob besonders hervor, daß viele Christen, die man getaufte Juden nennen könnte, größeren Zinswucher trieben, als die Juden selbst. In Frankfurt am Main hatten keine Bewegungen gegen die Juden Statt gefunden, weil der Mönch Radulf dort nicht gepredigt hatte, wenigstens wird uns nirgends etwas über eine dort in dieser Zeit Statt gehabte Verfolgung der Juden berichtet.

Eine Hauptbeschuldigung gegen die Juden war also der Zinswucher, ein Uebelstand in der Gesellschaft, der allgemein war, aber von den italienischen öffentlichen Wucherern unter päpstlichem Schutze, den Cawertschen, noch unverschämter gepflegt wurde, als

91) Abbé Ratisbonne a. a. O. B. II. S. 213.

von den Juden. Ein großes Aergerniß nahm man aber, und mit Recht, daran, daß, trotz aller noch so strengen Verbote der Kirche, den Juden selbst von den Kirchenfürsten nicht selten die Heiligthümer, die kostbaren Kirchengeräthe, die prachtvollen Kirchengewänder und Kleinodien verpfändet wurden. Wer war hier strafbarer und tadelnswerther, die Verpfänder, oder die Pfandnehmer? Daran dachte die fanatisirte Menge nicht, welche um so leichter gegen die Juden gereizt, da sie erbittert über die Härte und Strenge war, mit welcher diese wohl mitunter gegen die schlechten Schuldner verfuhren. Der geistlichen und weltlichen Großen dachte man nicht, welche den Juden ihre Capitalien anvertrauten, um Geschäfte mit denselben zu machen, dieselben auf Zinsen auszuleihen, was sie nicht durften, weil es die Kirche verbot; hatte man auch längst schon Mittel gefunden, das Verbot der Kirche zu umgehen, indem man die vorgeschossene Summe als Handlehen oder Rentenkauf bezeichnete, die Zinsen als Vergütung, wie dies in Köln der Fall war[55]).

Die unerbittliche Strenge der Kirche gegen jede Ueberschreitung des Wucherverbotes, mit welcher die weltlichen Behörden übereinstimmten, brachten die Zinsnehmer dahin, auf alle nur erdenklichen Mittel zu sinnen, das Zinsverbot zu umgehen, wenn es auch in Deutschland einzelne gesetzliche Ausnahmen vom canonischen Zinsverbote gab. Im Großhandel wie im Kleinverkehr, und selbst im gewöhnlichen Bürgerleben war das Geldgeschäft eine Noth-

55) Lacomblet, Urkundenbuch. B. II. Urk. 469, 7. Mai 1259, wo es unter Anderem heißt: „Item quod cum auaricia radix sit omnium malorum, que aliquando quorundam ciuium Col. ad captanda beneficia seu remunerationes a dominis terre et magnatibus recipiendas corda taliter inflammauit, quod propter hoc universitatis concordiam et pacis tranquillitatem sepissime conciderunt, nos hanc radicem pestiferam desiderantes eradicari omnino, deliberatione diutina maturoque consilio prehabitis et statuimus cum consensu priorum et fidelium nostrorum ac per sententiam communimus ne quis ciuium Col. ab aliquo terre nostre magnate vel a quoquam obnoxio ecclesie Coloniensi pecuniarum beneficium quod vulgo hantlien dicitur de cetero recipiat aut teneblt exceptis solum nostris officialibus et aliis, qui beneficia teneant a nobis ad se iure hereditario deuoluta et etiam deuoluenda."

wendigkeit, welche in dem Maße, als der Handel sich ausdehnte, die großen und kleinen Geschäfte in den Städten und Gemeinden bedeutender wurden, sich immer dringender, unvermeidlicher gestaltete, und nun wurde die Kirche immer strenger in der Aufrechthaltung des Zinsverbotes. Nicht allein, daß die genommenen Zinsen dem Schuldner wieder erstattet werden mußten, und der Wucherer an Geld gebüßt wurde, ihn selbst bei wiederholter Uebertretung des Verbotes die Excommunication traf, konnte der weltliche Richter ihn vor den Thoren der Kirche scheren und körperlich züchtigen lassen und ihn mit der Acht strafen, nachdem er sechs Wochen und einen Tag im Banne gelebt hatte. Demzufolge wurde der Wucherer aus der Stadt verbannt, sein Vermögen unter seine zinszahlenden Schuldner vertheilt oder fiel der Gemeindecasse und den Richtern zu, und nur ein kleiner Theil seiner Habe blieb der Familie.

Wer Geld auf Zinsen ausgeliehen, mithin gewuchert hatte, war von jedem öffentlichen Amte auf immer ausgeschlossen, wie dies in Köln der Fall war. Wer einen Wucherer schützte, wurde dem Wucherer gleich gestraft. Der Richter, der einen Wucherer nicht verurtheilte, zahlte eine Geldstrafe und mußte auch wohl nach je sechs Monaten schwören, daß er selbst nie auf Zinsen darleihen werde, und daß er die Wucherer verurtheilt habe. Nach dem kölnischen Stadtrechte (1437) war es gesetzlich untersagt, für einen Wucherer zu bitten oder dessen Bittschreiben dem Richter öffentlich vorzulesen.

Im öffentlichen Verkehre wußte man nun diese Verbote durch Pfandverträge, Käufe auf Wiederkauf, Rentenkäufe u. s. w. zu umgehen und erfand zu solchem Zwecke mit größter Schlauheit jede nur mögliche List*). Ist es in unseren Tagen anders, so lange die Gesetze gegen den eigentlichen Wucher, d. h. die Ueberschreitung der vom Gesetze erlaubten Zinsen, noch in Kraft sind?

Das Mittelalter bezeichnete aber jedes zinsbare Darlehen als Wucher, weil es die Kirche so wollte, und sie hielt fest an dem

*) Das Nähere hierüber in dem bereits angeführten gründlichen Werke von Neumann: „Geschichte des Wuchers in Deutschland“.

Buchstaben ihres Gesetzes, selbst als die Macht des allgemeinen Verkehrs sie zu der Erklärung gezwungen: „Wo das Landesgesetz Conventional-Zinsen gestattet, gilt das Landesgesetz für die Kirche als Rechtstitel der Zinsforderung"*). Je strenger die Kirche den Wucherzins verpönte, je härter sie die Wucherer strafte, um so gehässiger wurden Wucher und Wucherer in der Meinung des Volkes, wenn auch die tägliche Erfahrung im Handelsverkehr und in allen Verhältnissen des bürgerlichen Lebens die Menge immer mehr überzeugen mußte und überzeugte, daß diese Geschäfte eine Nothwendigkeit, daß die Gesellschaft ohne dieselben nicht bestehen konnte.

Die Juden standen außerhalb der Gesetze der Kirche, welche sie selbst als Wucherer duldete, wie auch die von ihr privilegirten Cawartschen oder Lombarden, welche im Durchschnitte Adel und Volk mehr aussaugten, als die Juden es je gethan, da gewiß Viele aus religiöser Voreingenommenheit, aus purem Religionshasse sich lieber mit den christlichen Wucherern in Geschäftsverbindungen einließen, als mit den Juden. Diese wurden aber nur zu häufig von ihren christlichen Concurrenten an Härte und Zinsforderungen überboten, weßhalb es auch nicht selten vorkommt, daß einzelne Städte und Gemeinden die christlichen Wucherer, die Cawartschen, verwiesen und Juden aufnahmen. Forderte doch sogar Florenz im Jahre 1420 Juden auf, sich in der Stadt niederzulassen unter der Bedingung, daß sie jährlich nicht über 20 Procent bei einem Darlehen nähmen, und dies wegen des übermäßigen Zinsfußes der christlichen Wechselhäuser**). Aehnliche Beispiele sind in Deutschland nicht selten; verweiset doch Erzbischof Engelbert im Jahre 1260 die christlichen Wucherer, die Cauwercinen, aus Köln, um die Juden in ihrem Geschäfte zu schützen.

Nach unseren Begriffen erscheinen uns die seit dem 13. Jahrhundert von einzelnen Städten und Gemeinden festgestellten Judenzinsen, durchschnittlich auf Wochen und Monate berechnet, außerordentlich hoch und drückend, denn sie ergeben gewöhnlich 60 bis

*) Neumann a. a. O. S. 570.
**) Neumann a. a. O. S. 321.

70 Procent jährlich, und dennoch sind diese Zinssätze nicht zu abnorm hoch, wenn man erwägen will, unter welchen Umständen die Juden ihre Gelder ausliehen, wie sie selbst von den Machthabern ausgesogen wurden durch die willkürlichsten Abgaben, die keine Gränzen hatten, und ihr Besitz ganz der Willkür der Kaiser anheimgegeben war, welche mit demselben nach Gefallen schalten und walten konnten, wie wenig Sicherheit für den eigenen Leib, für Capital und Zinsen ihnen der Kaiser Schutz, und der kleinern Fürsten boten, denen sie zu Lehen gegeben waren. Die Judenverfolgungen beantworten diese Fragen*).

„Fürsten und Privatleute, wie Gemeinden", heißt es bei Neumann, „die Jahre, Jahrzehende lang mit Abzahlung von Capital und Zinsen rückständig sind, hetzen das Volk gegen die Judengläubiger, und mit jedem Tage greifen sie doch zu den Darlehen der Juden zurück; immer neuen Haß säen sie aus. Es gilt, die Wuth gegen die Schutzlosen zu schüren, auf einmal die Qual der Schulden zu löschen und ein für alle Male —" doch wir wollen uns nicht vorgreifen.

Bei dieser Gelegenheit tauchte auch zuerst die absurde Beschuldigung auf, die Juden gebrauchten Christenblut als ein Mittel gegen Blutflüsse, als blutstillend bei der Beschneidung und als Liebestrank. Jährlich, hieß es, müßten sie einen Christen opfern, und das Loos entscheide, welche Judengemeinde den Frevel begehe. Je grasser solche Anschuldigungen, um so leichter fanden sie Eingang und Glauben bei dem urtheilbefangenen, abergläubischen Volke, das zudem in der Vertilgung der Juden, in ihrer Bekehrung, ein gottgefälliges Werk zu thun glaubte.

Hatte der heilige Bernhard auch den Gräueln der Judenverfolgungen nicht ganz zu steuern vermocht, so ließ er doch nicht ab, gegen dieselben zu eifern und besonders die durch Zwang erreichten, sogenannten Bekehrungen der Juden zu mißbilligen. Wir bewundern, wie erhaben der große Mann über den befangenen Ansichten seiner Zeit stand, da er selbst mit der männlichsten Kühnheit ohne allen Hehl den Päpsten die Wahrheit sagte. Die Ge-

*) Neumann a. a. O. S. 319. Höhe der Judenzinsen.

walt seines Wortes wirkte. Nach seinem Auftreten in Deutschland hörten die Judenverfolgungen auf, ihm verdankten die Juden wenigstens für den Augenblick Frieden und Leben[96]).

In Straßburg, Speyer und Worms, wie in Mainz und Bacharach waren einzelne Juden ermordet worden; des heiligen Bernhard Ermahnungen hatten aber bei den Erzbischöfen und Bischöfen und selbst bei einzelnen Fürsten dahin gewirkt, daß sie die Juden unter ihren Schutz nahmen, sie in ihren Palästen und Burgen in Sicherheit brachten, bis der durch Rudolph heraufbeschworene Sturm vorüber.

Auch in Köln fanden die Juden Schutz bei dem Erzbischofe Arnold I. von Geldern (1138—1151), der sich ihrer annahm, und als der Sturm loszubrechen drohte, ihnen die Feste Wolkenburg im Siebengebirge als Wohnsitz anwies. Viele Juden fanden Aufnahme in anderen Burgen und Festen, wo sie verweilten, bis die Gefahr vorüber. Rudolph hatte im August (Elul) 1146 in Köln gepredigt und bei dem Pöbel nur zu williges Gehör gefunden. Ein Rabbi Simeon trat, nichts Böses ahnend, aus [illegible] seinen Heimweg nach Triebers (?) — so nennt Rabbi Joseph ben Mair, der uns die Scene schildert, die Stadt — an, als er auf offener Heerstraße von einer Rotte Gesindel angefallen wurde. Man wollte ihn zur Taufe zwingen. Da sich der Greis weigerte, dem Ansinnen zu willfahren, ermordete man ihn, schnitt ihm den Kopf ab und steckte denselben auf den Giebel eines Daches, den Leichnam ließ man im freien Felde liegen. Erzbischof Arnold, an den sich die Vorsteher der Judengemeinde Kölns wandten, erlaubte, daß man den Erschlagenen begrub.

Arnold hatte, wie bemerkt, den Juden die Feste Wolkenburg als Wohnsitz angewiesen und selbst seine Knechte aus der Burg ziehen lassen, damit kein Fremder unter den Juden wohnte. Sie gaben dem Erzbischofe ihre Häuser in Köln und ihre Gärten zum Pfande. Auf der Wolkenburg waren die Juden sicher vor

96) Vgl: Histoire de Saint Bernard et de son siècle par l'abbé Marie Theodore Ratisbonne. Tom II. pag. 187—209. — H. von Sybel's kleine historische Schriften: Ueber den zweiten Kreuzzug. S. 420 ff.

jedem Angriffe, wie es der Levite Eleasar schildert, der als dreizehnjähriger Knabe mit seinen mütterlichen Verwandten auch auf der Feste Schutz gefunden hatte. Am Fuße der Wolkenburg wohnte ein Jude, Vater von zwei Söhnen, Abraham und Samuel. Diese wagten es eines Tages, nach der Wolkenburg zu gehen, um ihre Freunde zu besuchen. Auf dem Wege begegnete ihnen ein Mann, der sie erschlug. Zwei Jünglinge, die von der Wolkenburg herabkamen, fanden die Leichen und überbrachten dem Vater die Trauerbotschaft. Der trostlose Vater spürte dem Mörder nach und zeigte denselben, als er ihn entdeckte, dem Erzbischofe an. Dieser ließ denselben zur Haft bringen und ihm die Augen ausstechen, eine Strafe, welche schon Heinrich III. auf den Mord eines Juden gesetzt hatte. Nur drei Tage überlebte der Mörder seine Strafe[97].

Diese Strenge Arnold's hatte zur Folge, daß sich die Nachzügler der Kreuzfahrer keine weiteren Unbilden gegen die Juden im Erzstifte Köln erlaubten.

Jedenfalls hatten die Mahnungen des heiligen Bernhard auch den Erzbischof Arnold milder gestimmt. Nach den jüdischen Quellen war es aber vorzüglich das Geld der Juden, das ihnen den Schutz des Erzbischofes sicherte. Sie kannten die Macht des Geldes und mochten schon oft erprobt haben, was Bestechung bei Geistlich und Weltlich, selbst in der Nähe des Königs vermochte.

Anfangs Januar 1147 erschien der heilige Bernhard in Köln und wurde feierlichst vom Erzbischofe Arnold empfangen. Am ersten Sonntage des Monats celebrirte Bernhard unter einem ungeheuren Zusammenflusse von Menschen im Dome zu Köln die heilige Messe. Er nahm sein Absteigequartier im Benedictiner-Kloster zu Brauweiler, in dessen Kirche noch eine in matt-grüner Seide gemusterte Casel aufbewahrt wird, deren sich der Heilige bedient haben soll.

In Brauweiler empfing der heilige Bernhard mit der größten Huld eine Deputation der Juden Kölns, die sich verpflichtet fühlten, dem großen Manne ihren Dank kund zu geben. Ohne

97) S. Note XI.

Geleit konnten und durften die Juden aber Köln nicht verlassen und in dem Gebiete des Erzstiftes reisen. Das Geleitsrecht der Juden lag dem Burggrafen der Stadt Köln ob, wofür ihm die Judengemeinde jährlich um Martini zehn Mark kölnischer Denare und sechs Pfund Pfeffer — im Mittelalter eine gewöhnliche Zollabgabe (Pfefferzölle) — entrichten mußten*). Das Geleit selbst wird als lebendiges bezeichnet, wurde ein wirkliches Geleit gegeben, als todtes bestand dasselbe in einem Geleitschein, in einer Art von Paß nach unserem Begriffe. Ein unvergleiteter Jude auf fremdem Gebiete galt als ein Verbannter und gemein gemachter Aechter, der keine Sicherheit der Person hat**).

Von Köln zog der heilige Bernhard nach Frankfurt a. M., wo Conrad III. eben Hof hielt, den er auch nach Speyer begleitete. Als Conrad III. hier das Kreuz genommen, begab sich Bernhard wieder nach der Heimath. Gegen Ende März kam der König nach Aachen, um hier seinen in Frankfurt a. M. zum Könige gewählten Sohn Heinrich am 30. März 1147 durch den Erzbischof Arnold I. als König von Deutschland krönen zu lassen.

Nachdem die Gefahr beschworen, verließen die Juden ihre Asyle und kehrten nach Köln zurück. Sie bauten ihre von den

*) In den Quellen zur Geschichte der Stadt Köln. B. I. Urk. Nr. 67, ist eine Urkunde des Erzbischofs Philipp von Heinsberg (1167 – 1191) aus dem Monat Mai 1169 mitgetheilt, in welcher, nach einem uralten Weisthume der Stadt, die Rechte des Burggrafen u. s. w. bestimmt angegeben und bestätigt werden. In Bezug auf das Geleitsrecht der Juden wird gesagt: „Item continebatur in eodem privilegio, quod jurisdicti Burgravii et successorum suorum ab ecclesia Coloniensi ex antiquo, conducere Judaeos infra diocesin volentes Coloniam exire vel intrare, de quo conductu universitas judaeorum nostrorum Coloniensium ipsi et successoribus suis singulis annis in festo beati Martini assignare debet imperpetuum X marcas denariorum Coloniensium et VI liberas piperis."

**) „Die Juden im christlichen Abendlande". Preußische Jahrbücher von Haym. B. VIII. Später war das Judengeleit, auch Leibzoll, Judenzoll, Leibmauth, Personal-Judenzoll „für ihren eigenen armen Leib" genannt, bloße Finanzsache, da die Juden in einzelnen Orten selbst Pflastergeld und Brückengeld zahlen mußten, wie Pferde, Ochsen, Kühe u. s. w.

Kreuzzüglern zerstörte Synagoge und ihre niedergerissenen Häuser wieder neu auf. Bei ihrer Mäßigkeit, Sparsamkeit und Unverdrossenheit erholten sie sich bald, denn Fürsten und Rittern, Bischöfen und Aebten, Bürgermeistern und Stadtjunkern waren und blieben sie Freunde in der Noth[98]).

Gewährte der von Conrad III. angetretene Kreuzzug den Juden auch keine reiche Aernte, denn Papst Innocenz III. hatte 1213 geboten, daß alle Zinsen denen, die das Kreuz nähmen, erlassen werden sollten[99]), so gestaltete sich ihre sociale Stellung in Deutschland ebenfalls immer mißlicher. Die canonischen Beschlüsse wurden mit stets größerer Strenge gehandhabt. Die Kirche duldete die Juden nur aus Gnade, wie sich dies aus Erlassen der Päpste Alexander III. (1159—1181), Clemens III. (1187—1191) und Innocenz III. (1198—1216) ergibt[100]). Es betrachtete sie die Kirche den Christen untergeordnet (inferior) und als der Sclaverei verfallen[101]).

Derselben Ansicht waren die deutschen Könige. In ihren Augen waren die Juden Leibeigene, Hörige oder, wie man in der Pfalz sagte, „Wildfänge". Die Könige machten sich zu ihren

98) Hüllmann a. a. O. Theil II. S. 64.

99) Urkunde 42, Quellen zur Geschichte der Stadt Köln. B. II., S. 47, wo es heißt: „Si qui vero proficiscentium illuc ad prestandas usuras juramento teneantur astricti creditores eorum per ecclesiarum prelatos, ut remittant eis prestitum iuramentum et ab usurarum exactione desistant, eadem precipimus compelli. Quod si quis quam creditorum eos ad solutionem coegerit usurarum, eum ad restitutionem earum simili cogi animadversione mandamus. Judeos vero ad remittendum ipsis usuras per secularem compelli precipimus potestatem et donec illas remiserint, ab universis Christi fidelibus tam in mercimoniis quam in aliis per excommunicationis sententiam eis omni modo communio denegetur."

100) Alexander III. sagt bestimmt: „pro sola humanitate", Clemens III.: „ex mera gratia et misericordia", und Innocenz III. schreibt 1205 an die Juden Frankreichs, daß sie nur durch die Gnade der Christen aufgenommen „quos propria culpa submisit perpetuae servituti, quum Dominum crucifixerint, pietas Christiana receptet et sustinet cohabitationem illorum."

101) Wie bei Innocenz III., heißt es auch bei Clemens III.: „Propria culpa eos submisit perpetuae servituti."

Schirmherren, und die Juden mußten diesen Schutz und Schirm schwer bezahlen. So sahen in dem Judenschutz bereits Otto I. und Otto II. ein Regal, in den Juden eine Liegenschaft, ein Fahrgut, mit dem sie nach ihrem Gutdünken schalten und walten konnten. Als dem Fiscus gehörend, wurden die Juden gewöhnlich „Homines fiscalini", „Fiscalini regii", „Villici fiscalini" genannt und treffend als „aerarii publici quasi spongiae" bezeichnet; die Unglücklichen waren für die Machthaber, für den Fiscus wahre Schwämme. Die Könige beanspruchten vollständiges Recht an ihr Hab und Gut und belehnten mit den Juden ihre geistlichen und weltlichen Vasallen, verpfändeten dieselben, gaben auch einzelnen Städten das Aufnahmerecht und den Judenschutz zu Lehen, belehnten sie selbst mit einzelnen Juden und Judenfamilien, was eine Hauptquelle ihrer Einkünfte war. Erst durch die goldene Bulle wurde dieses Recht ein Attribut der Landeshoheit.

Die schrecklichen Unbilden und Verfolgungen, welche die Juden bei Gelegenheit des zweiten Kreuzzuges betroffen und mit der Vernichtung im deutschen Reiche bedroht hatten, mußten das Reichsoberhaupt veranlassen, etwas zu ihrem Schutze zu thun, ihre Existenz zu sichern, wenn dies auch nicht aus Menschlichkeit und Menschengefühl, sondern zu seinem Nutzen geschah; denn mit der Ausrottung der Juden versiegte eine nicht unbedeutende Quelle seines Einkommens, welche die Kaiser im Laufe der Jahrhunderte nur zu oft in der unbilligsten Weise benutzten. Friedrich I., der Rothbart (1152—1190), nahm sie zuerst förmlich in seinen Schutz, in des Königs Frieden unter die Flügel des kaiserlichen Schutzes, weil ihn die Juden um diese Gnade gebeten hatten[102]).

Friedrich I., der Rothbart, gab den Juden des Reiches, mithin auch den in Köln angesiedelten, mancherlei Rechte. Er eximirte sie, nach bestehendem Judenrecht, in gewöhnlichen Klagesachen von allen weltlichen und geistlichen Gerichten, stellte sie in ihren Gemeinden unter die von ihnen selbst gewählten Richter,

102) Otto Freis.: De gestis Friderici, lib. I, cap. 37, wo es heißt: „Ut plurimis ex Judaeis hac tumultuosa seditione necatis multi sub principis Romanorum alas tuitionis causa confugerint."

ihren Bischof und ihren Magistrat. Er nahm ihre Person und ihre Habe unter seinen kaiserlichen Schutz. Alle Angriffe auf ihre persönliche Freiheit und ihr Eigenthum wurden mit Geld gebüßt, Tödtung eines Juden durch Blendung und Abhauen der rechten Hand gestraft. Der gewöhnlichen bürgerlichen Lasten waren sie enthoben, durften unter dem üblichen, von ihnen bezahlten Geleite im ganzen Reiche umherziehen, allenthalben kaufen und verkaufen, überall Geld auf Zinsen ausleihen, Geldhandel treiben, ausgenommen vor dem kölner Münzhause, der Münzstätte, dem Sitze der Münzer Hausgenossen an St. Alban. Sie konnten heidnische Sclaven, selbst christliche Ammen und Dienstboten halten, was ihnen vordem aufs strengste untersagt war.

Für diese Gerechtsamen hatten die Juden dem Kaiser den Judenschutz oder Judenzins zu erlegen, und als unmittelbare Unterthanen, Zinshörige der Könige, mußte jeder Jude, jede Jüdin, sobald sie das zwölfte Jahr zurückgelegt hatten und nicht von Almosen lebten, jährlich um Weihnachten den güldenen Opferpfennig, einen Gulden, an die königliche Rentkammer zahlen. Der güldene Opferpfennig gehörte allein dem Könige oder Kaiser und durfte nie verschenkt werden. Diese Steuer entsprach der Kopfsteuer, welche die Leibeigenen, die Hörigen, zu entrichten hatten.

In demselben Verhältnisse, wie die Leibeigenen zu ihren Herren, standen die Juden zum Könige oder Kaiser. Sie hatten Eigenthums-, Erb- und Eherechte, konnten aber weder Richter über Christen, noch Krieger werden. Kein Christ brauchte mit einem Juden zu kämpfen; aber umgekehrt. Nur was ihren Handelsverkehr, ihre Pfandgeschäfte anging, hatte sich ein eigenes Judenrecht gebildet, standen sie auch sonst mit den rechtlosen Unfreien auf gleicher Stufe.

Der vom Jahre 1215 bis 1236 zusammengestellte „Sachsenspiegel“ leitet die Abhängigkeit der Juden vom Kaiser von Titus her, kennt aber die Bezeichnung: „Servi camerae“, „Kammerknechte“, für die Juden noch nicht. Friedrich II. bediente sich zuerst dieses Ausdruckes und nennt sie: „Servi camerae imperialis, speciales“.

In dem gegen 1276 von einem süddeutschen Geistlichen verfaßten „Schwabenspiegel" sind die Bestimmungen des römischen und des canonischen Rechtes bezüglich der Juden im erweiterten Umfange aufgenommen. Der „Schwabenspiegel" berichtet, wie die Juden der königlichen Kammer eigene Leute geworden, folgender Maßen: „Swaz die juden rehtes unde gnâde habent, daz irwarp in Josephus umbe den Künic Titum. daz geschach dô Jerusalem gewunnen wart: wan do nerte si Josephus, swaz ir dannoch lebete. Der juden wart besezen in Jerusalem dristunt ahtzic tûsent. Der starp ein teil hungers; daz ander teil wart erslagen. Daz dritte teil nerte Josephus. Dô fuorte man die selbe veile, unde gap ir ie drîzic umbe einen boesen phenninc. Dieselben gap der künic Tytus in des römischen küniges kamer ze eigen; unde dâ van sullen si des riches knehte sin, unde der römische Künic sol sie beschermen"[103]).

In dieser Auffassung bekundet sich das Streben des Mittelalters, seine Rechtsgebräuche, wo nur immer möglich, in das Römerthum zurückzuführen, ihnen römischen Ursprung zu geben.

Auf Reinald von Dassel (1157—1167), ein Mann von hohem, schlauem Geiste und kühnem Muthe, ein treuer Rathgeber und erprobter Heerführer des Hohenstaufen Friedrich I. auf seinen italienischen Heerfahrten, folgte als Erzbischof von Köln Philipp von Heinsberg (1167—1191). Reinald, dem Köln den hohen Schatz der Reliquien der heiligen Dreikönige, ein Geschenk Friedrich des Rothbarts, verdankt, war nach der Einnahme von Rom, nach der Kaiserkrönung Friedrich's und seiner Gemahlin Beatrix I., Erbtochter des Grafen Reinald III. von Burgund (1127—1148), am 14. August 1167 der Seuche erlegen, die im kaiserlichen Heere ausgebrochen *).

Als Friedrich I. im März 1162 Mailand erobert hatte, ge-

---

103) „Der Schwabenspiegel", Ausgabe von Wilhelm Wackernagel. Cap. 214. S. 205.

*) Vgl.: Dr. Ficker, Reinald von Dassel u. s. w. Köln, bei H. Lempertz. — Dr. H. J. Floß, Dreikönigenbuch. Die Uebertragung der heiligen Dreikönige von Mailand nach Köln. Köln, 1864, bei M. DuMont-Schauberg.

riethen auch die, früher in der, vor der Stadt gelegenen Kirche des heiligen Eustorgio aufbewahrten und dann in dem festen Kirchthurme der Kirche des heiligen Georg in Mailand beigesetzten Leiber der heiligen Dreikönige in seine Gewalt. Diesen kostbaren Schatz verehrte des Kaisers Dankbarkeit, nach seiner Rückkehr in das theilweise zerstörte Mailand, im Jahre 1164 seinem Erzkanzler und Freunde, dem Erzbischofe Reinald, der sich auch sofort anschickte, persönlich das kaiserliche Geschenk auf Umwegen durch Burgund und Gallien seiner Metropole Köln zu überbringen. Der hohen Bedeutung und Wichtigkeit des Schatzes entsprechend, war sein feierlicher Empfang in Köln, eine Festfeier, wie die Stadt noch keine erlebt hatte, deren Erinnerung die späteren, von Reinald selbst gestifteten Dreikönigen-Feste noch Jahrhunderte lang aufbewahrten.

Waren bis dahin die heiligen Stätten Palästina's, die Apostelgräber in Rom und in St. Jago de Compostella das Ziel der Andacht der Gläubigen der gesammten Christenheit gewesen, so wurde jetzt Köln, seitdem Reinald's Nachfolger, Philipp von Heinsberg (1167—1191) die heiligen Leiber der Dreikönige in den kunstherrlichen Reliquienschrein übertragen hatte, welchen die Munificenz von Königen und Fürsten im Laufe der Jahrhunderte mit den kostbarsten Weihegeschenken schmückte, einer der besuchtesten Wallfahrtsorte der Christenwelt. Mit dem Besitze dieser Heilthümer beginnt eine neue Aera in der inneren Geschichte der Stadt Köln, die jetzt bei einem ungeheuren Fremdenverkehr mit jedem Jahre an Bevölkerung wächst, an Handels- und Gewerbthätigkeit, und mithin an Reichthum zunimmt, so, daß Köln bereits in der ersten Hälfte des 13. Jahrhunderts eine der gewaltigsten Städte des deutschen Reiches, an Bevölkerung und Reichthum eben so mächtig, wie Paris und London, in dieser Beziehung nur überragt von Rom und Konstantinopel *).

Philipp, als Kanzler im Gefolge des Kaisers, ward auf

---

*) Vgl.: O. Abel, Die politische Bedeutung Kölns am Ende des zwölften Jahrhunderts. Allg. Monatsschrift für Wissenschaft und Literatur. Halle 1852 S. 443 ff. Das Nähere bei Floß a. a. O.

dessen Anrathen gewählt und erhielt auch vom Papste Paschal III. die Investitur. Nach seiner Rückkunft aus Italien, wurde Philipp am 29. September 1168 von dem Bischofe von Utrecht in Köln inthronisirt. Er blieb ein treuer Anhänger Friedrich's, den er auf das nachdrücklichste und glücklichste in seinem Kampfe gegen Heinrich den Löwen bis zum Jahre 1186 unterstützte. Der Erzbischof überwarf sich um diese Zeit mit dem Kaiser, weil dieser die Nachlassenschaft verstorbener Bischöfe eingezogen hatte und, trotz aller Vorstellungen, fest auf seinem Beschlusse beharrte, selbst als Papst Clemens III. (1187—1191) ihn ernstlich davon abmahnte. Sofort ließ Friedrich alle Pässe der Alpen besetzen, um den Verkehr mit Italien abzuschneiden. Der Papst ernannte aber den Erzbischof Philipp zu seinem Legaten für Deutschland mit der Vollmacht über alle Angelegenheiten, die sonst vor das Forum des heiligen Stuhles gehörten, endgültig zu entscheiden.

Friedrich, zornentbrannt, drohte dem Erzbischofe mit der ganzen Wucht seiner Macht. Er rüstete.

Gegen den Willen Philipp's hatten die Bürger Kölns bereits 1180 begonnen, um die Vorstädte der Stadt einen Graben und einen Wall zu ziehen und zuletzt, gegen Erlegung von 2000 Mark, auch des Erzbischofes Zustimmung zu diesem Werke erhalten. Als der Kaiser dem Erzstifte drohte, wurden, unter Beistand des Erzbischofes selbst, die Befestigungen beschleunigt und der Wall und Graben mit einzelnen Thorburgen geschützt.

Im Jahre 1171 war in Köln auch wieder ein Volksauflauf gegen die Juden entstanden, als ein Lombarde zwei Juden durch eine Frau anklagen ließ, falsches Geld ausgegeben zu haben. Wie drohend auch die Gefahr für die gesammte Judenschaft, da schon Sturm geläutet und die Bürger sich bereits auf ihren Burhäusern versammelt hatten, so beschwor doch diesmal Geld, womit der Rath gewonnen, den Sturm. Die Anwesenheit des Kaisers in Köln, der vom 18. bis 24. Juni dieses Jahres hier einen glänzenden Hoftag hielt und die Gesandten des griechischen Kaisers Manuel Komnenos (1143—1180) empfing, trug gewiß dazu bei, den Pöbel in Schranken zu halten. Der Kaiser war Schirmherr der Juden, sie lebten unter seinem Frieden.

Durch eine Geldbuße von 500 Gulden an Kaiser Friedrich den Rothbart und 42,000 Gulden an den Erzbischof Philipp, wandten die Juden neun Jahre später, im Jahre 1180, eine neue Verfolgung von ihrer Gemeinde ab. Mehrere kölner Juden, die zu Schiff rheinaufwärts fuhren, waren von den Schiffern eines ihnen folgenden Schiffes angeklagt, bei Boppard ein Christenmädchen ermordet zu haben. Sie wurden ergriffen und ohne weiteren Proceß ertränkt, da sie sich weigerten, die Taufe anzunehmen. Die Kunde dieser Frevelthat der Juden, die, wie gewöhnlich, aus der Luft gegriffen, sollte in Köln Loosung sein zu einer allgemeinen Judenschlächterei. Philipp nahm die Juden aber unter seinen Schutz, den sie ihm theuer, mit 42,000 Gulden, bezahlen mußten, und brachte es auch dahin, daß die Verfolgung nicht zum Ausbruch kam.

Mit schweren Summen mußten sich die Judengemeinden des Erzstifts den Frieden erkaufen; es zahlte die Gemeinde Bonns allein 400 Mark, und so im Verhältnisse die übrigen Gemeinden, um die dem Kaiser und dem Erzstifte zu leistenden Schutzgelder aufzubringen.

Als sich der willensfeste Erzbischof völlig mit dem Hohenstaufen überworfen, ihm kühn Trotz bot, sogar auf zwei Reichstagen nicht erschien, viele Fürsten für sich zu gewinnen, wie auch die Kölner dahin zu bringen wußte, Partei gegen den Kaiser zu nehmen, leisteten diese ihm willigen Beistand, zum Schutze und zur Sicherheit der Stadt auch die noch vor derselben liegenden Stifter St. Severin, St. Gereon, das Kloster und die Villa St. Pantaleon mit Graben und Wall einzuschließen, zur Stadt zu ziehen. Philipp verwandte die von den Juden durch ungesetzliche Schatzung erhaltenen 42,000 Gulden zu diesem Zwecke. Einen Theil der Kosten der Umwallung der Stadt übernahmen die geistlichen Corporationen.

Erzbischof Philipp und die Kölner waren auf das äußerste gefaßt, selbst dem mächtigen Kaiser die Stirn zu bieten, als Friedrich mit einer bedeutenden Heeresmacht im Anzuge. Philipp hatte sogar die Kühnheit, eine vom Kaiser über die Mosel geschlagene Brücke zu zerstören. Auf dem Puncte war es, zwischen dem Kaiser und

Erzbischofe zu blutigem Kampfe zu kommen, als die Kunde von dem Tode des Papstes Urban III. (1185—1187) und der Wahl Gregor's VIII. (1187) die Pläne Philipp's durchkreuzte, und Kaiser Friedrich durch die Nachricht von dem Falle Jerusalems mit jugendlichem Feuer den lang gehegten Gedanken eines Kreuzzuges wieder aufnahm. Philipp hatte auf den päpstlichen Bannfluch gegen den Kaiser gerechnet, aber Gregor VIII. und sein Nachfolger Clemens III. (1187—1191) waren milder gestimmt als Urban III., dachten nur an die Wiedereroberung Jerusalems, boten ihre ganze Macht auf, den Kreuzzug zu Stande zu bringen, und daher Sühne dem mächtigen Hohenstaufen.

Philipp, der unter bewandten Umständen auf Unterstützung des Papstes nicht zählen konnte, reichte dem Kaiser auch die Hand zur Aussöhnung und besuchte zu diesem Zwecke den Reichstag in Nürnberg. Dieser Schritt hatte zunächst zur Folge, daß die lotharingischen Großen dem Könige Heinrich VI., der bereits am 15. August 1169 durch Philipp in Aachen zum Könige gekrönt worden war, jede Hülfe zu einem Kriegszuge gegen Köln verweigerten.

Auf dem großen Hoftage zu Mainz, den Friedrich hier am 27. März 1188 hielt, bei welcher Gelegenheit er selbst das Kreuz nahm, erschien auch Philipp. Er wußte sich bei dem Kaiser wegen seines Ausbleibens auf den zwei Reichstagen zu entschuldigen und sich auch zu verantworten gegen die Anklage, die Juden Kölns in ungesetzlicher Weise, dem Rechte des Kaisers zu nahe tretend, geschatzt zu haben, worauf besonderes Gewicht gelegt wurde. Die Juden Kölns standen also noch unmittelbar unter dem Kaiser als dessen Kammerknechte, waren mithin dem Erzbischofe noch nicht zu Lehen gegeben. Friedrich I. nahm ihn wieder zu Gnaden auf und büßte die Kölner wegen der gegen sein Verbot vorgenommenen Befestigung ihrer Stadt dadurch, daß er sie verpflichtete, das obere Geschoß einer Thorburg abzutragen und den neuen Graben zu 400 Fuß an vier Stellen zu verschütten. Als die Kölner sich anschickten, dem kaiserlichen Befehle nachzukommen, wurde ihnen vom Kaiser gestattet, die Befestigungen der Stadt weiter zu führen.

Bevor Friedrich Barbarossa seinen Kreuzzug antrat, stiftete er einen allgemeinen Landfrieden, in welchen die Juden auch eingeschlossen waren. Mönche und Geistliche forderte der Kaiser dringlichst auf, das Volk nicht gegen die Juden, die ihm bedeutend zur Kreuzfahrt beigesteuert hatten, aufzuwiegeln. Eine solche Mahnung wäre von Seiten des Kaisers nicht ergangen, hätte er nicht befürchtet, daß es während seiner Abwesenheit im Morgenlande im Reiche zu Judenverfolgungen kommen möchte.

Daß des Kaisers Befürchtungen nicht ohne Grund, dazu liefert folgende Begebenheit, wie sie uns Ephraim ben Jakob aus Bonn (1132—1200) in seinem „Martyrologium" schildert, den Beleg.

Am 1. Februar 1194 schnitt in Neuß ein wahnsinniger Jude auf offener Straße im Beisein Vieler einem christlichen Mädchen den Hals ab. Die anwesenden Christen tödteten sofort den Wahnsinnigen und sechs der angesehensten Mitglieder der Judengemeinde, unter denen ein berühmter Tossafist, Samuel ben Natronai. Die Körper der Hingeschlachteten wurden aufs Rad geflochten und vor den Thoren der Stadt ausgestellt. Fünf Tage nachher ließen die Richter der Stadt an einem Sabath Mutter und Schwester und die Oheime des wahnsinnigen Mörders verhaften. Sie boten ihnen das Leben, wenn sie die Taufe annehmen wollten. Die Schwester und ein junges Mädchen ließen sich taufen; die Mutter blieb aber, trotz der gräßlichsten Folterqualen, standhaft bei ihrem Glauben und wurde lebendig begraben. Gerädert wurden ihre Brüder und, aufs Rad geflochten, vor der Stadt ausgestellt.

Der eben als Erzbischof von Köln consecrirte Adolf I., Graf von Altena (1194—1220), fand sich nicht gemüssigt, gegen solche Gewaltthaten einzuschreiten. Er legte den Juden der neußer Gemeinde noch 150 Mark Silber als Strafgelder auf und nahm aus diesem Vorfalle Veranlassung, sämmtliche Juden des Erzstiftes schwer mit Geld zu büßen. Erst nach fünf Wochen ertheilte der Erzbischof den neußer Juden, gegen Erlegung bedeutender Gelder, aus Gnade die Erlaubniß, die Leichen der unschuldigen Martyrer zu beerdigen.

Die Kölner hatten mit solchem Fleiße und solcher Ausdauer

ihre Mauerumwallung vollendet und gestärkt, daß die Stadt im September 1205 der Belagerung König Philipp's von Schwaben schon Trotz bieten konnte. Mit seiner ganzen Heeresmacht lag der König fünf Tage lang vor der Stadt; da aber alle seine Stürme und Anstrengungen, dieselbe zu nehmen, vergebens, an den festen Mauern und an dem Muthe der Bürger scheiterten, zog er rheinabwärts vor Neuß, das sich ihm nach kurzer Belagerung ergab. Kölns Mauerwall, welcher den jetzigen Stadtbering umschloß, muß mithin schon sehr stark und fest gewesen sein, denn Köln trat nur im Drange der Umstände, da es während anderthalb Jahren seinen Handelsverkehr gänzlich gestört sah, alle Zufuhr der Stadt abgeschnitten war und eine hohenstaufische Partei in der Stadt die Oberhand gewonnen hatte, dem Vergleich von Boppard bei, nach welchem König Philipp keine weitere Einsprache gegen die Befestigungen erhob. Dieses Zugeständniß und alle Privilegien und Freiheiten bestätigte König Philipp der Stadt, als er am 22. April 1207 zur Feier des Osterfestes nach Köln kam und neun Tage in der Stadt verweilte, am 30. April[104]).

Die Drangsale und Verheerungen, welche den Niederrhein während des Krieges zwischen Otto IV., dem Welfen, und Philipp dem Hohenstaufen heimsuchten, mußten nothwendig auf die Geschicke der Juden in Köln rückwirken. Hatten sie auch durch die Vorbereitungen zum Kreuzzuge, da die Kölner vier Schiffe mit 1500 Streitern ausgerüstet und auf drei Jahre mit Lebensmitteln versehen hatten, durch die kostspielige Römerfahrt Erzbischofs Philipp, um König Heinrich VI. als Kaiser krönen zu lassen, was am 15. April 1191 in Rom geschah, sicher gute Geschäfte gemacht, da die Großen Geld gebrauchten, so war doch ihre Existenz in den Kriegsjahren selbst hinter den festen Mauern eine höchst unsichere. Es führten die beiden Könige einen wahren Mordbrenner-Krieg mit einander; denn, nach der Sitte der Zeit, waren alle nur

104) Quellen zur Geschichte der Stadt Köln. B. II., Urk. 24. Bezüglich der Befestigung der Stadt heißt es: „Item concedimus ipsis et indulgemus, ut ipsi in muris suis quascunque voluerint municiones de propriis rebus suis construendi liberam habeant facultatem.

denkbaren Gräuel, Mord und Brand, Raub und Plünderung, die nichts, weder den Gottesfrieden achteten, noch selbst das Heiligste schonten, in des Krieges Gefolge. Die Juden standen zwischen beiden Parteien, hatten während der unseligen Zeit zwei Schirmherren, und eben daher um so weniger Schutz, nur um so drückendere Lasten zu tragen.

Persönliche Sicherheit und Aussicht auf Gewinn waren die Ursachen, daß die Juden gerade die festen Städte zu ihren Niederlassungen suchten, was ihnen sogar 1267 auf dem Concil zu Lyon zum Gesetze gemacht wurde, und hier besonders eine Stadt von der hohen Bedeutung, von der Wichtigkeit als Handelsstadt, wie Köln, wo es zudem, als Sitz des Erzbischofes und seiner Ministerialen, vieler Edlen, bei den höheren Ständen der Mittelpunct eines luxuriös üppigen Lebens, an Geldgeschäften nicht fehlen konnte, da die Juden es gewiß verstanden, die Lombarden zu überflügeln.

So hatten sich im Laufe des 12. Jahrhunderts Judenfamilien aus Trier, Coblenz, Andernach, Nideggen, Monheim, Neuß, Duisburg, Arnheim, Würzburg, selbst aus England in Köln niedergelassen, und als König Philipp August im Jahre 1186 die Juden aus Frankreich, um seinen Säckel zu füllen, vertrieb, fanden auch französische Juden in Köln eine neue Heimath. Gegen den gewöhnlichen Judenzins verweigerte man ihnen von Seiten der Stadt und des Erzbischofes die Aufnahme nicht.

Die Judengemeinde Kölns, „Universitas Judaeorum", bestand in der zweiten Hälfte des 12. Jahrhunderts aus 18 bis 20 Familien. Als der reichste der gesammten Judenschaft wird ein Salomon angeführt, der im Besitze vieler Liegenschaften; denn er kaufte ein vom Juden Isaak neben der Judenschule erbautes Haus, ein daneben liegendes Haus, dem Bürgerhause gegenüber, „domus in qua cives conveniunt", und ein drittes von Conrad dem Kämmerer, wie er sich denn auch noch drei andere Häuser käuflich erwarb[105]).

105) Dr. Ennen, Geschichte der Stadt Köln. B. I. S. 470. Vergl.

Die canonischen Bestimmungen in Bezug auf die Juden, die Zinsverbote, hatten bis auf Papst Alexander III. (1160 bis 1181) keine Erweiterungen erlitten. Dieser befahl jedoch, daß die Juden den Zehnten von ihren Liegenschaften an die Kirche zahlen, oder den Besitz aufgeben müßten, daß sie in den Pfarrsprengeln, wo sie angesiedelt waren, den Geistlichen Stolgebühren zu entrichten hätten. Des Zehnten als Abgabe an den Clerus wird zuerst auf dem im Jahre 779 in Düren abgehaltenen Concil Erwähnung gethan.

Die Bestimmung, den Zehnten zu entrichten, ließ sich von den Juden verschmerzen, da sie mit Geld zu erfüllen; weit empfindlicher traf es aber die gesammte Judenheit, als Papst Innocenz III. (1198—1216) im Jahre 1215 durch Artikel 68 des vierten Concils im Lateran bestimmte, daß die Juden ein äußeres Abzeichen tragen müßten, um sich von den Christen zu unterscheiden. Kaiser Friedrich II. wiederholt 1216 dieses Edict — „ut in differentia vestium et gestorum a Christianis discernantur."

Das allgemeine Abzeichen der Männer war ein auf der Brust getragener Ring oder Rad (rota) von Filz oder Tuch, in Deutschland von gelber Farbe, da die gelbe Farbe auch bei den Sarazenen Abzeichen der Juden. Noch härter war das durch Innocenz IV. (1243—1254) verschärfte Edict, das den Juden auch befahl, spitzige Hüte zu tragen und ihnen aufs strengste die breiten Kappen — cappas —, ein Theil der Priester-Kleidung, untersagte. Das Concil von Albi wiederholt dieses Verbot und besteht darauf, daß die Juden Spitzhüte tragen sollen, was auch das 33. Statut des salzburger Concils im Jahre 1248 unter schweren Geldstrafen befiehlt. Die Frauen und Mädchen der Juden mußten nach demselben ein Glöcklein am Gürtel tragen. Was das Tragen der Spitzhüte angeht, hat das wiener Concil, 1267, dieselbe Bestimmung, wie auch das Concil von Vienne im Jahre 1311 das Gebot wieder verschärft[106]).

---

einzelne jüdische Schreins-Noten im II. Bande der Quellen zur Geschichte der Stadt Köln.

106) Es heißt ausdrücklich: „Districte precipimus, ut Judaei, qui

Es bestimmt der „Sachsenspiegel“ schon: „Die Juden sullen gespitzet huti tragen in allen Stettin da si sint, un an damit si ungezaichent von den Christen das man si für Juden halten sol.“ Der „Schwabenspiegel“ sagt in dieser Beziehung ganz bestimmt: „Die Juden söllent Judenhüt tragen in allen Stetten, do sy nur sind.“ Beim Schwur mußten sie den Spitzhut aufgesetzt haben „un eyne blutige Swinshaut in einer Recten gotucht in Lammerblut un eynen spitzen hut uffe“.

Neben den Hüten kommen in einzelnen Städten, so in Nürnberg, „Gugeln“ (capatium quod vulgariter cuclya vocabatur), gleich beutelartigen Capuzen herabhängende Kappen vor, welche die Juden über ihren Mänteln zu tragen verpflichtet waren. Die Farbe der Spitzhüte war gewöhnlich gelb, in Rom und Padua goldgelb, in einigen Ländern auch saffranfarbig, wie in Venedig, und grün, blau, eisengrau; beim Schwur aber grau. Die Frauen trugen, wie auch in Köln, blaugestreifte Schleier. Vom 9. bis ins 14. Jahrhundert waren lange Bärte ein unterscheidendes Kennzeichen der Juden.

Alles boten die Juden auf, sich von der Verpflichtung, Spitzhüte tragen zu müssen, zu befreien, sie wandten sich selbst an den Papst; aber vergebens! In Köln scheinen die Juden sich erst im 15. Jahrhundert durch eine an die erzbischöfliche Rentkammer zu zahlende Abgabe, das sogenannte „Hutgeld“, von der Verpflichtung, Spitzhüte (Schebes) zu tragen, befreit zu haben.

Friedrich II., der sonst so freisinnige Hohenstaufe, befangen in den Ansichten seiner Zeit, sah in den Juden auch nur der

discerni debent in habitu a Christianis; Cornutum Pileum, quem quidem in istis partibus consueverunt deferre, et sua temeritate deponere praesumserunt, resumant, ut a Christianis discerni valeant evidenter.“ Erst unter Pius IV. (1560—1566) wurde es ihnen erlaubt, auf Reisen den Christen gleich schwarze Hüte zu tragen; verweilten sie länger als einen Tag in einer Stadt, mußten sie den Spitzhut tragen. In einigen Städten bestand man mit aller Strenge auf dieser Vorschrift. So schloß noch 1196 der Bischof von Constanz, Hugo von Landenberg, alle Christen, die nicht streng auf diese Verordnung achteten, vom Empfange der Sacramente aus und strafte die damit handelnden Juden mit Ausweisung und Verbannung.

Sclaverei anheimgefallene Menschen. Er sagt in dieser Beziehung: „Cum imperialis auctoritas a priscis temporibus ad perpetuam Judaici sceleris ultionem eisdem Judaeis induxerit perpetuam servitutem." Im Jahre 1236 bestätigte er das von Friedrich I. den Juden gegebene Privilegium, erklärt sie aber zu seinen Kammerknechten, „servi camerae", worüber er sich in einem von *Petrus de Vineis* mitgetheilten Schreiben folgender Maßen ausspricht:

„Wenn auch die Gnade unserer Wohlthätigkeit allen Getreuen, welche unser Reich beherrscht, gemeinschaftlich sein muß, umfassen wir doch jene mit *gnädigerer* Herablassung, die die Lage eines *niedrigeren* Gesetzes bedrängt und die nur in der Milde unseres Schutzes athmen. Durch gegenwärtiges Privilegium also mag Gegenwart und Zukunft anerkennen, daß wir mit Rücksicht auf die *Hülflosigkeit* der jüdischen Nation und darauf, daß alle und jegliche Juden überall in den unseren Gerechtsamen unterworfenen Ländern durch das Vorrecht des christlichen Gesetzes und Reiches, durch welches wir herrschen und leben, *besondere Knechte unserer Kammer*, „Servi camerae imperialis speciales", sind, auf die Bitte unserer Knechte C. und D., sie in unseren und den besonderen Schutz des Reiches zu nehmen."

Die Bezeichnung *Kammerknechte* deutet nur darauf hin, daß die Juden Zinshörige der kaiserlichen Kammer, ein Verhältniß, das schon seit den Ottonen bestand, hat aber gar nichts Gehässiges, denn auch christliche Diener des Kaisers werden, wie *Kriegk* nachgewiesen hat, als *Kammerknechte* bezeichnet[107]). Die irgend ein Hofamt bekleidenden Juden, die Financiers der Könige und Fürsten, werden auch oft als „*Kammergrafen*" aufgeführt.

Einzelne Kaiser erweiterten den Begriff und sahen in den Juden ihr absolutes Eigenthum, mit dem sie nach Belieben schalten und walten konnten. So sagt *Ludwig der Baier* 1343:

„Wenn uns die obgenannt Juden als ander Juden mit ihr Lib und mit ihr gut zugehörent und unser und des Reichs sind. Und

107) Dr. *Kriegk* a. a. O. S. 409 und Anmerk. 226.

mügen mit ihr Lib und mit ihr gut tun handeln und schaffen, was wir wollen und wie uns gut däucht."

Karl IV. sagt:

„Und auch all Juden mit Leib und mit Gut in unser Kammern gehören und in unsere gewalt und handen sein, daz wir von unser mechtickeit damit tun und lassen mügen, was wir wollen."

Albrecht Achill von Brandenburg erläßt 1462 im Namen des Kaisers Friedrich IV. (III.) (1440 — 1493) eine Urkunde, worin es heißt:

„Denn so ein yeder Romischer Konig oder Kayser gekrönt wirdet, mag er den Juden allenthalben Im Reich alle Ir gut nehmen, darzu ir leben und sie tötten bis auf ein anzall, der lutzell sein soll, zu einer gedachtnuss zu enthalten."

Diese Bestimmungen waren aber nur formel, um das Abhängigkeits-Verhältniß, die Rechtlosigkeit der Juden zu bezeichnen. Nur wenn man gewaltsam in ihr Eigenthumsrecht eingriff, ihre Schuldner von ihren Verpflichtungen lossagen, ihnen neue Steuern aufbürden, das Gut Geflüchteter oder Getödteter in Anspruch nehmen wollte, trat man mit diesen Bestimmungen auf, suchte man sie geltend zu machen, um das rechtlose Verfahren wider dieselben zu beschönigen[108]).

Die geistlichen und weltlichen Fürsten, denen die Juden ihrer Gebiete zu Lehen gegeben waren, oder welchen die einzelner Städte verpfändet wurden, nannten, nach kaiserlichem Vorbilde, auch die ihnen unterthänigen Juden schlechtweg: „unserer Kammer Knechte" (servi camerae nostrae) und den Judenschutz einfach tributum oder servitium, betrachteten dieselben und ihr Vermögen, Liegenschaften und fahrende Habe völlig als ihr Eigenthum.

Köln blieb dem Welfen Otto IV. treu, und er lohnte diese Anhänglichkeit, welche sich besonders noch durch Unterstützungen seiner Casse von Seiten der reichen Bürgerschaft thätlich bekundete, dadurch, daß er der Stadt alle ihre Freiheiten bestätigte und ihr zur Vollendung ihrer Mauerwälle am 16. März 1212 erlaubte,

108) Dr. Cassel a. a. O. S. 86.

von jedem Malter Getreide einen Mahl- oder Braupfennig zu erheben.

Im Genusse ungestörten Friedens lebten die Juden in Köln. Als der neue Mauerring in seinen Haupttheilen vollendet, am südlichen Ende sich der Bayenthurm, am nördlichen der Kylethurm, ein paar stolze, baustattliche Schutzwarten erhoben mit ihren Zinnen und Wehrgängen, ihren Wichhäusern und in den Rhein gebauten Durchlaß-Bogen für Nachen, die „Arken", wenn der Rhein gesperrt war, wurde der Judengemeinde, die im alten Beringe das Judenthor am Ipperwald und das Perfusen-Wichhaus zu vertheidigen gehabt hatte, zu derselben Verpflichtung das „Juden-Wichhaus" am nordöstlichen Ende der Stadtmauer, neben der Kaldenhausen- oder Kahlenhausen-Pforte, übergeben. Ein Zeichen großen Vertrauens, dem sie sich auch im Laufe der Begebenheiten der Stadt würdig erwiesen.

Der auf Betreiben Otto's IV. gegen den interdicirten Erzbischof Adolf I. im Jahre 1209 zum Erzbischofe von Köln gewählte Dietrich von Heinsberg (1209—1216) hielt treu zu dem mit dem Banne belegten Könige Otto, wie auch die Bürger Kölns. Als der päpstliche Legat, Erzbischof Sigfrid II. von Mainz (1200—1231), die Excommunication über den Erzbischof verhängt hatte, weil dieser selbst die Geistlichen ohne Unterschied schatzte, von ihren Gütern Abgaben und Zölle heischte und sogar die Capelle des heiligen Michael, ein sehr besuchter Wallfahrtsort auf dem Wodenesberge, dem heutigen Godesberg, brach und an deren Stelle im Jahre 1210 von dem einem Juden oder von den Juden der Erzdiöcese expreßten Gelde ein mächtige Feste baute[109]), beugte Dietrich seinen Sinn nicht, und trieb sein

109) Vgl.: „Godesberg, das Siebengebirge und ihre Umgebungen" von Ernst Weyden. S. 35 ff. — Die kölnische Chronik sagt S. 184a: „Item dieselve Buschoff veinck eynen joden ind brach dem so groissen schatz off, dat he Godesberch dae mit liess buwen ombtrint anno MCCIX. da vur sent Michaels Capelle plach tzo stain also dat men den dairnoe niet so gemeynlichen geeren enkunde as men vur dede. Ouch was geyn Buschoff vur eme so koene, der dairup eyn vestunge endoest setzen." Caes. Heist. Dialog. VII. 40.

Wesen gegen den Papst und den der welfischen Partei feindlich gesinnten Clerus ohne Scheu noch immer weiter, so daß zuletzt auch die Bürger Kölns und alle Anhänger Otto's, geistlich und weltlich, mit dem Banne belegt wurden. Dietrich selbst wurde seiner Würden entsetzt und mußte sich mit einer Rente von 400 Mark begnügen, da alle seine Schritte in Rom, sein Amt wieder zu erlangen, wie die Chronisten melden, aus Mangel an Geldmitteln erfolglos geblieben waren.

Als Friedrich II. aus Italien herüber gekommen und im Süden Deutschlands festen Fuß gefaßt hatte, wurde die Zahl der Anhänger Otto's IV. immer geringer, immer schwächer seine Mittel, da die Kölner ihre Säckel nicht weiter seinen Vergeudungen öffnen, und die Juden und Italiener nicht mehr borgen wollten, weil der König nichts mehr zu verpfänden hatte. Geldmangel war ein Erbfehler der deutschen Könige, indem die Einkünfte des Hausschatzes und des Fiscus sehr häufig nicht im Verhältnisse zu ihren Ausgaben standen, das Reich eben nicht oft freigebig war mit Bewilligungen von Beden oder Bittsteuern. Aus diesem Grunde lassen sich die Bedrückungen, die Willkürlichkeiten von Seiten einzelner Könige gegen die Juden erklären, so wie auch die zeitweiligen Begünstigungen derselben. Die Könige und Fürsten, geistliche und weltliche, wollten diese scheinbar unerschöpflich ergiebige Quelle, gar oft die letzte Zuflucht in Zeiten der Noth, nicht gänzlich versiegen machen, denn Geldmangel und Schulden waren, mit spärlichen Ausnahmen, während des Mittelalters ebenfalls eine Hauptklage bei den Großen des Reiches, weil an einen geregelten Staatshaushalt, an ein eigentliches Besteuerungs-System noch nicht zu denken war.

Im Sommer 1214 drang Friedrich II. mit starker Heeresmacht am Niederrheine vor, nahm die Feste Jülichs, da Graf Wilhelm III. von Jülich (1208—1218) der treueste Anhänger des Welfen, mit stürmender Hand, und brach Otto's letzte Stützen, die sich jetzt für den Hohenstaufen erklärten. Friedrich II. wurde am 25. Juli 1215 durch Erzbischof Sigfried von Mainz in Aachen gekrönt.

König Otto IV. hatte, unter bewandten Umständen, alle Hoffrung verloren. Von Schulden und Gläubigern gedrängt, fand er bei einigen seiner Freunde so viele Unterstützung an Geldmitteln, daß er heimlich Köln verlassen konnte. Die Stadt, die sich darauf für den Ghibellinen erklärt, war bereits am 4. Juli 1215 durch Erzbischof Dietrich II. von Trier (1212—1242) von dem Banne befreit worden, nachdem er dieselbe mit Friedrich II. ausgesöhnt hatte. Otto IV. starb am 19. Januar 1218 auf der Harzburg.

Schon im Jahre 1213 hatten Oliverus, Scholaster in Köln, der Propst Hermann von Bonn, der Scholaster Johann von Xanten, der lütticher Canonicus Johann von Nivelle und ein Priester aus Münster, Namens Arnold, auf Befehl des Papstes Innocenz III. am ganzen Niederrheine und namentlich in Köln das Kreuz gepredigt, und dies mit dem besten Erfolge; denn selbst Friedrich II. nahm dasselbe in Aachen an seinem Krönungstage, sammt vielen Großen des Reiches und einer Reihe von Erzbischöfen und Bischöfen.

Mit Angst und Schrecken sahen die Juden Kölns den allgemeinen Enthusiasmus für die heilige Fahrt, beobachteten sie einzelne Meteore am Himmel, wobei es sicher auch nicht an harten Drohungen gegen sie fehlte; doch schützte sie des Kaisers Nähe, gewährte ihnen den Frieden. Hart traf sie nur ein Erlaß des Papstes, der alle Theilnehmer am Kreuzzuge von den den Juden schuldigen Zinsen entband*), sie aber nicht zwingen konnte, den Theilnehmern am Kreuzzuge weitere Gelder vorzuschießen. Wahrscheinlich hat man sich nach des Papstes Tode, 1216, an diese Bestimmung nicht mehr gestört, wiewohl die Rüstungen zum Zuge noch fortdauerten. Es sollen übrigens die Kölner mit den Friesen nicht weniger als 300 Schiffe zum Kreuzzuge ausgerüstet und sich besonders bei der Belagerung und Eroberung von Damiette, 1218, ausgezeichnet haben[110]).

Mit der Wahl des Grafen Engelbert von Berg (1216 bis

*) S. Urkunde 3.

110) Das Nähere in: Michaud, Bibliothèque des croisades, tom. II., wo die Schilderung der Belagerung von dem Scholaster Olivier aus Köln im Auszuge mitgetheilt wird.

1225) zum Erzbischofe von Köln begann für die Stadt und die kölnischen Lande eine neue Aera. Papst Honorius III. (1216 bis 1227) verweigerte demselben aber das Pallium, weil die durch seine Vorgänger, Adolf, Bruno und Dietrich, für die Bezahlung der Mantelgelder mit römischen Kaufmanns-Genossenschaften contrahirten Schulden, die sich auf 16,000 Mark beliefen, nicht getilgt waren. Die meisten dieser Schulden rührten von Dietrich her und waren bei römischen Geldhändlern gemacht worden[111]). Der judenfeindliche Erzbischof hatte also bei den Juden Kölns keine Anleihen gemacht, dieselben jedoch in ungerechtester Weise geschatzt. Als diese Geldangelegenheiten mit der päpstlichen Curie im Jahre 1218 geregelt, ertheilte der Papst dem gewählten Erzbischofe das Pallium.

Engelbert bewährte sich in seiner zehnjährigen Regierung als einen Mann der größten Umsicht, der entschiedensten Energie und Thatkraft, der geschaffen, im Reiche Ordnung und Sicherheit herzustellen, als ihn Friedrich II. 1220 zum Verweser desselben ernannt und ihm die Erziehung seines Sohnes Heinrich übertragen hatte. Wie Engelbert im Erzstifte mit eiserner Strenge, die keinen Unterschied der Person kannte, Gesetz und Recht wieder zur Geltung brachte, alle Stände ohne Ausnahme besteuerte, den Freiheits-Bestrebungen der Stadt Köln, ein zweiter Anno, entschlossen entgegen trat, unbeugsam in seinem Willen, unumschränkter Herr der Stadt ward, nach seinem Ermessen, jedoch stets billig und gerecht regierte, sich um Privilegien und Herkommen wenig kümmernd, so stellte er auch im Reiche gesetzliche Ordnung wieder her, setzte dem Faustrechte, der Willkür der Mächtigen und Großen Schranken, steuerte mit der größten Energie allen Uebergriffen derselben, ihren zügellosen Wegelagereien, die während der letzten Wirren überhand genommen hatten, machte Flüsse und Straßen sicher, beförderte nach allen Richtungen Handel und Wandel und hob und stärkte zu diesem Zwecke das Ansehen und die Macht der Vehme, deren erster Vorsitzer auf rother Erde er war.

Was äußerer Glanz und äußere Würde anging, bot Engelbert

111) Dr. Ennen a. a. O. B. II. S. 10.

Alles auf, seinen erzbischöflichen Sitz, die Stadt Köln, zu heben. Sein Hof war für ganz Deutschland in Bezug auf Prunk, Pracht und feine Gesittung ein Muster, seiner hohen Stellung entsprechend. Unter seinem liberalen Schutze fanden Wissenschaft und Kunst fördernde Pflege. Faßte er doch zuerst den Gedanken, in seiner Metropole eine der Bedeutung des Erzstiftes würdige Kathedrale in der neuen Bauweise, dem Spitzbogenstyle, zu bauen. In seinem Palaste erklangen die Lieder, Leichen und Reime der Minnesinger, ward den fahrenden Sängern, wie auf den berühmtesten Herrenburgen Deutschlands, freudige, lohnende Aufnahme. Engelbert's Hofburg war ein gepriesener Sitz feiner Sitten und höfischen Anstandes.

Auch bei den Juden ward die holde Kunst des Liedes in dieser sangesreichen Zeit gepflegt. Ist auch nur der Name eines einzigen jüdischen Minnesingers, Süßkind von Trimberg, auf uns gekommen, so läßt sich doch annehmen, daß der anmuthvolle Dichter nicht der einzige seiner Nation. Süßkind lebte um die Zeit, von der wir reden, im ersten Viertel des 13. Jahrhunderts in Würzburg, wahrscheinlich aus Trimberg bei Kissingen geboren. Der Name Süßkind kommt unter den Juden Deutschlands und Kölns häufig vor. Die wenigen Gedichte, die uns von Süßkind von Trimberg erhalten sind, geben seinem Talente ein rühmliches Zeugniß, beweisen, daß er zu den wirklich begabten Dichtern dieser Periode gehört[112]). Wie hart auch der Druck auf den Juden lastete, die Erheiterung, welche namentlich die Kunst des Gesanges bot, wurde in ihren häuslichen Kreisen gepflegt, und ein Zufall hat uns noch aus der ersten Hälfte des 15. Jahrhunderts ein Liederbuch erhalten, das von einem Juden Wolflein von Lochamen (Locheim) gesammelt und geschrieben ist[113]).

Zur Bestreitung seiner Hofhaltung, der Kosten seiner Heerzüge bedurfte Engelbert fortwährend Geld. Da nun sein persönliches

112) S. Note XII.

113) Vgl.: Das Locheimer Liederbuch nebst der Ars organisandi von Conrad Baumann u. s. w. Herausgegeben von H. Bellermann. Abgedruckt aus Chrysander's Jahrbüchern für musicalische Wissenschaft. II.

Vermögen nicht ausreichte, finden wir ihn stets in Geldverlegenheit und in steter Verbindung mit Geldhändlern aus Rom und Bologna, die gewöhnlich aushelfen mußten, um gemachte Schulden zu decken. Zu den Juden seiner Metropole nahm Engelbert, so viel uns bekannt, nie seine Zuflucht, war aber zu gerecht, auf irgend eine Weise, gleich seinen Vorgängern, von ihnen Geld zu erpressen, belegte lieber alle Stände des Erzstiftes mit schweren Steuern und verpfändete seine Einkünfte und alles, was er nur immer verpfänden konnte, an italienische Geldhändler.

Ein Opfer seiner strengen, rücksichtslosen Gerechtigkeitsliebe, fiel Engelbert am 7. November 1225 auf dem Gevelsberge bei Schwelm durch die Mörderhand seines eigenen Vetters, Friedrich von Isenburg und seiner Gesellen unter siebenundvierzig Wunden. Ein Wuthschrei ging durch das ganze Reich ob der verruchten That. Von allen Wohlmeinenden ward der Ermordete beklagt, selbst Walter von der Vogelweide sang ihm seine und des Reiches Trauer nach[114]).

Mit seinem Tode hob auch das Faustrecht aller Orten sein Haupt; verbannt war der Friede des Reiches. Köln selbst athmete wieder frei auf, vernichtete sofort alle Urkunden Engelbert's, durch welche der Gewaltige der Stadt Privilegien und Gerechtsamen geschmälert, beeinträchtigt hatte. Die Geschlechter wie die Zünfte vereinigten sich hierin, denn alle fühlten sich in demselben Maße durch des Erzbischofes Bestimmungen in ihren Rechten gekränkt. Die Richerzeche und das Schöffenamt traten wieder in die Ausübung ihrer früheren Gewalt und Rechte, an die Spitze der Verwaltung des Stadtwesens.

Engelbert's Nachfolger, Heinrich von Molenark (1225 bis 1238), lag es zunächst ob, den Erschlagenen zu rächen. Mit der größten Strenge kam er dieser Pflicht nach. Friedrich von Isenburg starb in Köln auf dem Rade, seine Burg wurde gebrochen. Einen harten Strauß hatte der Erzbischof mit dem Herzoge von Limburg, dem Grafen Heinrich von Berg (1225 bis 1246), zu bestehen, da dieser sich der Wittwe des Isenburgers angenom-

114) Vgl.: Ficker, Engelbert der Heilige. Köln, bei H. Lempertz.

nen. Es entstand ein Alles verheerender Krieg, welcher das Erzstift, das Land der Berge und die umliegenden Gebiete mit allen Gräueln der damaligen Kriegführung heimsuchte und erst durch ein Machtgebot des Kaisers beendigt wurde.

Auch mit dem Domcapitel überwarf sich der Erzbischof und wurde von demselben bei der römischen Curie verklagt, weil er zur Deckung seiner Schulden auch die dem Capitel zustehenden Einkünfte und Güter verpfändet hatte. Ein Spruch des Papstes entschied zu Gunsten des Capitels.

Hatte der Erzbischof der Stadt Köln auch alle Freiheiten gewährleistet, die rastlos nach Selbstständigkeit strebende Bürgerschaft ging in ihren Forderungen immer weiter. Der Erzbischof brachte es aber bei Kaiser Friedrich II. dahin, daß dieser zu Anfang des Jahres 1232 die Autonomie der bischöflichen Städte völlig aufhob*).

Drei Jahre später, auf den 22. Mai 1235, fällt auch der festliche Empfang, welchen die Stadt Köln der englischen Prinzessin Isabella, Schwester König Heinrich's III. (1216—1272), Braut Friedrich's II., bereitete, und von welchem uns die Annalisten und Chronisten Wunder erzählen über den bei dieser Gelegenheit von der Stadt entfalteten Glanz, die fabelhafte Pracht.

Kaiser Friedrich II. hatte in demselben Jahre den Juden das ihnen von Friedrich I. ertheilte Privilegium bestätigt, und mit den für diese Bestätigung von den Juden erzielten Geldern den größten Theil der Kosten der Brautwerbung und des Geleites der Prinzessin bestritten. Auch die Kölner sahen sich für die Ehre, die sie der Braut des Kaisers erwiesen hatten, reichlichst belohnt, als ihnen König Heinrich III. unter dem 28. November 1235 das große Handels-Privilegium für England ertheilte, nach welchem sie von allen Abgaben für ihre, erst vor drei Jahren niedergerissene Gildehalle, den sogenannten „Stealyard“ in London, befreit, und im ganzen Königreiche frei verkaufen und einkaufen durften, ohne irgend einen Zoll zu zahlen[115]).

*) S. Böhmer's Regesten der römischen Könige und Kaiser von Conrad I. bis Heinrich VII. S. 182. Nr. 3379.

115) Dr. Ennen und Dr. Eckertz, Quellen zur Geschichte der Stadt

Die Spannung zwischen dem Erzbischofe Heinrich und der Stadt wuchs jedoch immer mehr, als der Kaiser und der Reichsrath sich auf dem Reichstage zu Speyer im Juni 1237 dahin aussprachen, daß der Erzbischof von Köln inner- und außerhalb der Stadt über die seiner Jurisdiction unterworfenen Leute Gericht halten dürfe. Friedrich II. hatte aber noch im Jahre 1236 den Kölnern in Coblenz alle ihre Privilegien unter goldener Bulle bestätigt.

Von beiden Seiten wurde gerüstet. Der Erzbischof suchte sich Freunde zu gewinnen, unter Anderen den Pfalzgrafen bei Rhein, Otto II. (1227—1253), und den Markgrafen von Baden, Hermann V. (1219—1243), so auch die Stadt. Es kam aber nicht zum Kampfe, da Heinrich von Molenark bereits am 26. März 1238 das Zeitliche segnete.

Man schritt sofort zur Wahl eines neuen Erzbischofes, und diese traf einen mächtigen Dynasten des Erzstiftes, den Dompropst Conrad von Hochstaden (1238—1261), der, vom Kaiser und vom Papste bestätigt, im Jahre 1244 die erzbischöfliche Weihe empfing. Conrad, ein Mann der That, ein energischer Charakter, war eben so willensfest als schlau und gewandt*). Die mächtige reiche Stadt Köln, die bereits ein eigenes Beamtenthum, ein eigenes Finanzwesen, eine eigene Stadtcasse, ein eigenes Besteuerungsrecht und selbstständiges städtisches Eigenthum besaß[116]), suchte der Erzbischof für sich zu gewinnen, indem er nicht allein ihre früheren Privilegien bestätigte, sondern ihr auch neue verlieh. Die Stadt war ihrem Wohlthäter dankbar, unterstützte ihn in der blutigen Fehde mit dem Herzoge von Limburg, Grafen Heinrich von Berg (1225—1246), und dem Herzoge Heinrich II., dem Großmüthigen, von Brabant (1232—1248), welche das Erzstift und die

Köln. B. II. S. 152. Urk. 149. „Gildehalle civium Coloniensium“. — Vgl. Lappenberg, „Urkundliche Geschichte des hansischen Stahlhofes“. Hamburg, 1851.

*) Vgl.: Weidenbach, Die Grafen von Are. Bonn, bei Habicht. — Burckhard, Erzbischof Conrad von Hochstaden.

116) Dr. Ennen a. a. O. B. II. S. 80.

Gebiete der Feinde vom Jahre 1239 bis zum 25. Juli 1240 auf die schrecklichste Weise, weder Kirchen und Klöster, noch geistliches und weltliches Gut schonend, durch alle ihr zu Gebote stehenden Mittel verheerten. Während der Dauer der Fehde hatten die Kölner mit dem Erzbischofe im Felde gelegen, wofür sie sich jedoch durch manche, ihren Handel und den inneren Verkehr der Stadt fördernde Privilegien reichlichst entschädigt sahen.

Der große Parteikampf zwischen Kaiserthum und Papstthum erneuerte sich; ein Seitenstück zum Investitur-Streite. Ganz Deutschland, von der Nordsee bis über die Alpen, stand in zwei Heerlager getheilt. Conrad erklärte sich offen für den Papst, aber treu hielt die Stadt Köln zu den Hohenstaufen, deren Verderben der Erzbischof geschworen. Kaiser Friedrich II. und König Conrad lohnten die Treue der Stadt mit mancherlei Privilegien. Am Niederrheine kam es zum Kampfe zwischen dem Erzbischofe und dem tapfern Grafen Wilhelm IV. von Jülich (1218 – 1278), einem treuen Anhänger der Hohenstaufen. Der Kampf endigte unglücklich für den Erzbischof und mit dessen Gefangenschaft. Ein Lösegeld von 4000 Mark gab dem Erzbischofe die Freiheit wieder. Die mit fünfzehn starken Thürmen geschützte Feste in Deutz wurde von dem Erzbischofe, in Uebereinstimmung mit dem Grafen Heinrich IV. von Berg und Herzog von Limburg, geschleift.

Fehde folgte auf Fehde. Als Papst Innocenz IV. (1243 bis 1254) die Absetzung des excommunicirten Kaisers Friedrich II. im Juli 1245 ausgesprochen, ließ sich Erzbischof Conrad sogleich die Neuwahl eines Kaisers besonders angelegen sein. Auf sein Betreiben wurde am 22. Mai 1240 zu Hochheim Heinrich Raspe von Thüringen zum Kaiser gewählt. Vereint mit diesem, schlug der Erzbischof am 5. August 1246 den König Conrad bei Frankfurt so völlig aufs Haupt, daß dieser sein Heil in der Flucht suchen mußte und nach dem Niederrheine floh, wo ihm die den Hohenstaufen treu gebliebene Stadt Aachen die Thore öffnete und ihm Schutz und Sicherheit bot. Von ihrem Schirmvogte, dem Grafen Wilhelm von Jülich, unterstützt, hielt die Stadt Aachen mit standhafter Treue zu Conrad IV., als nach dem Tode Heinrich Raspe's, der am gebrochenen Herzen den

17. Februar 1247 auf der Wartburg starb, Erzbischof Conrad den jungen Grafen Wilhelm von Holland am 5. October 1247 in Neuß zum Gegenkönige gewählt hatte.

Der junge, neugewählte König wußte die Stadt Köln durch den gewöhnlichen Köder, die Verleihung einer Reihe von Privilegien, für sich zu gewinnen und fand hier einen so festlichen und glänzenden Empfang, daß sogar Papst Innocenz IV. der Stadt, die er die „ruhmreiche, berühmte und einzige" nennt, für diese Aufnahme des Königs in schmeichelhaftester Weise dankt. Es hatte Wilhelm der Stadt nicht allein ihre Freiheiten und Privilegien bestätigt, sondern ihr auch versprochen, nie mit einem Heere in Köln einzuziehen, bloß in Begleitung seiner Leibwache, nie einen Hof dort zu versammeln, die Stadt in keinerlei Weise zu besteuern, keinen Festungsbau zu ihrem Nachtheile zu gestatten, wie auch keine Berufung (evocatio) ihrer Bürger vor ein fremdes Gericht*).

Aachen wird nach harter Belagerung gezwungen, sich zu ergeben, da man das Gerücht ausgestreut, Kaiser Conrad IV. sei gestorben, und die friesischen Hülfstruppen die durch Hungersnoth hartbedrängte Stadt unter Wasser gesetzt hatten. Während der Belagerung Aachens hatte König Wilhelm im Beisein seiner Vasallen und Anhänger am 14. August 1248 in Köln den Grundstein zum neuen Dombaue gelegt. Am 1. November 1248 wird Graf Wilhelm von den drei rheinischen Erzbischöfen im Frauenmünster zu Aachen mit einer nachgemachten Krone als deutscher König gekrönt, da König Conrad noch im Besitze der Reichs-Insignien, die ihm Isengard, die Hausfrau des Philipp von Falkenstein, mit der Burg Trifels, wo dieselben gewöhnlich aufbewahrt wurden, bereits im Jahre 1246 überantwortet hatte[117]).

Gebrochen war die Macht der Hohenstaufen. Erzbischof Conrad hatte seinen Plan durchgeführt, sein Ziel erreicht. Ohnmächtig waren alle Anstrengungen Conrad's IV. gegen König Wilhelm

*) Urkunde im Stadt-Archiv. Lacomblet. B. II. Nr. 318.

117) Dr. Fr. Böhmer, Kaiser-Regesten von Conrad I. bis Heinrich VII. S. 208. Urk. 2881 und S. 210.

und gegen Italien. Am 20. Mai 1254 erreichte ihn schon der Tod. Zwei Jahre später, am 28. Januar 1256, wurde König Wilhelm bei Medemblik von den Friesen erschlagen, aber schon nach einem Jahre hatte der Erzbischof Conrad dem Reiche in Richard von Kornwallis einen neuen König gegeben.

Richard kam am 1. Mai 1257 mit vollen Säckeln nach Deutschland und ward am 17. Mai durch den Erzbischof Gerhard I. von Mainz (1251—1287) in Aachen gekrönt. Da er mit vollen Händen spendete, es an Privilegien nicht fehlen ließ und den einzelnen Städten mit den liberalsten Versprechen entgegen kam, hatte der leutselige König sich bald einen bedeutenden Anhang gewonnen. Unter den rheinischen Städten leistete ihm nur Worms thätlichen Widerstand, so daß er sogar die königlichen Vasallen vom Niederrheine mit ihren Mannen gegen die rebellische Stadt aufbieten mußte.

Im Gefühle seines Ansehens und seiner Macht, war indessen Erzbischof Conrad mit Entschiedenheit gegen die Stadt Köln aufgetreten und wollte mit aller Gewalt die bereits im Jahre 1232 von Friedrich II. decretirte Aufhebung der Autonomie der Stadt durchsetzen. Er wollte unumschränkter Herr der Stadt werden. Um dieses Endziel seiner Wünsche zu erreichen, setzte er alle Mittel, Gewalt und List, in Bewegung und wußte besonders den Burschaften zu schmeicheln, um sie für sich gegen die Geschlechter, in deren Händen das ganze Stadtregiment lag, zu gewinnen. Nichts leichter als dieses, so lange der Erzbischof nicht dem allgemeinen Interesse der Stadt, besonders ihrem Handel, der Seele des Stadtlebens, zu nahe trat. So wie dies durch den Uebermuth des Erzbischofes, welcher neue Rheinzölle errichtete und sich das Münzregal mit der größten Willkürlichkeit aneignete, geschah, waren alle Bürger, die Geschlechter und die Burgenossen oder Zünfte eines Sinnes, schickten sich alle mit der größten Einhelligkeit zur Vertheidigung der Stadt gegen den Erzbischof an. Conrad belagerte die Stadt, schnitt ihr von Deutz aus den Verkehr auf dem Rheine ab. Auch die Juden bezogen den ihnen auf dem neuen Mauerwalle zur Vertheidigung anvertrauten Theil der Mauer, das sogenannte „Juden-Wichhaus“ am nordöstlichen Ende der Stadtmauer[118]). Es nahmen mithin die Bürger nicht den mindesten Anstand, den Juden einen so wichtigen Posten zu übergeben, standen also mit ihnen im besten Einverständniß.

Da Conrad alle Versuche, den an den Werften der Stadt liegenden Schiffen durch Feuer zu schaden und die Stadt selbst durch Wurfgeschosse zu schädigen, mißlingen sah, fand er es für rathsamer, sich zu einer Sühne mit der Stadt einzulassen, welche auch im April 1252 durch Vermittlung Albert's des Großen, des weltberühmten Dominicaners, des großen Gelehrten, den seine Mitwelt schon mit Stolz den Deutschen nannte, und des Cardinal-Legaten Hugo zu Stande kam[119]). Ein völliger Friede wurde mit dem Erzbischofe geschlossen und in denselben auch die Juden aufgenommen, die sich an der Vertheidigung der Stadt betheiligt, und als die Kammerknechte des Erzbischofes nur um so strafwürdiger erschienen[120]).

Während in Köln die Juden mit der Bürgerschaft im besten Einverständnisse lebten, unter dem Schutze des Gesetzes in Frieden ihre Geschäfte betrieben, waren sie an anderen Orten Deutschlands hart verfolgt worden, unglückliche Opfer des fanatischen Judenhasses, so noch 1220 in Erfurt, 1236 in Fulda und 1241 in Frankfurt a. M., wo die erste Judenschlacht Statt fand, bei welcher nicht weniger als 173 oder 180 Juden ums Leben kamen und die Hälfte der Stadt eingeäschert wurde[121]). König Conrad IV. stellte den Bürgern Frankfurts noch im Mai des Jahres 1246 über diesen Vorfall in Rothenburg am Main eine „Sün-

118) Dr. Ennen a. a. O. B. II. S. 106.

119) Dr. Ennen und Dr. Eckertz. Quellen zur Geschichte der Stadt Köln. B. II. Urkunde Nr. 306.

120) In der noch im Stadt-Archiv aufbewahrten Original-Urkunde, die noch die Siegel des Cardinals Hugo, des Bruders Albertus, des Erzbischofs, des Domcapitels, der übrigen Stifter der Stadt und der beiden Klöster St. Pantaleon und St. Martin hat, heißt es: „Ordinamus etiam arbitrando ut omnes tam clerici quam laici sive etiam Judei, qui muros et Civitatem Coloniensem tempore discordiarum custodierunt, in hac compositione fideliter includantur."

121) Kriegk a. a. O. S. 418.

tentiam absolutoriam" aus, in welcher er sie in seinem und seines Vaters Friedrich II. Namen für jeden Schaden und jede Beleidigung lossagt, welche sie ihm durch die Ermordung und Ausrottung (exterminium) der Juden in Frankfurt, Knechte seiner Kammer, mehr aus Nachlässigkeit und Zufall, als aus Vorsatz zugefügt hätten[122]).

Papst Innocenz IV., an den sich die deutschen Juden mit ihren Beschwerden und Klagen gewandt hatten, war human genug, dieselben in seinen besonderen Schutz zu nehmen und sie nachdrücklichst von den wahnsinnigen Anklagen, welche der fanatische Aberglaube gegen sie erhob, loszusprechen, worüber der Papst am 22. October 1246 Urkunde ausstellt*). Am 5. Juli 1247 erließ er an die Erzbischöfe und Bischöfe Deutschlands zum Schutze der Juden ein Schreiben, welches also lautet:

„Indem man uns den beweinenswerthen Zustand der Juden Deutschlands berichtet, erfahren wir, daß einige geistliche und weltliche Fürsten und andere Mächtige unserer Städte und Diöcesen gegen sie ruchlose Rathschläge ersinnen, um ihre Güter zu rauben und nicht bedenken, daß aus ihren Archiven die Zeugnisse des christlichen Glaubens hervorgegangen sind, indem man fälschlich ihnen aufbürdet, sie verzehrten zu ihrer Osterfeier einen ermordeten Knaben, und wenn sich irgendwo ein todter Körper findet, man ihnen die Schuld beimißt. Durch solche und mehrere ähnliche Erfindungen wüthet man gegen sie ohne alle Untersuchung, ohne Beweis; man beraubt sie wider Gott und wider Recht ihrer Güter, wirft sie in Kerker, gibt sie den schrecklichsten Martern anheim, dem grausamsten Tode, so daß sie schlimmer daran sind, als es ihre Väter unter Pharao in Aegypten gewesen, und zwingt sie dadurch, elendiglich ihre Wohnstätte zu verlassen, die ihre Väter von undenklichen Zeiten bewohnt hatten. Indem sie so ihre Ausrottung befürchten, haben sie sich an den apostolischen Stuhl gewandt. Er befehle demnach, daß man sie nicht mehr kränke, und

122) Boehmer, Codex diplomat. Moenofrancorum. I, 76. Das Original.

*) S. Urkunde 4.

alle, die sie noch belästigen, sollen mit den geistlichen Strafen ohne alle Berufung belegt werden."

Der menschenfreundliche, aufgeklärte Papst Innocenz IV. beruft sich auf seine Vorgänger, die Päpste Calixtus, Eugenius, Alexander, Clemens, Cölestin, Innocenz III., Honorius, welche ebenfalls die Juden in ihren besonderen Schutz genommen hatten. Er gewährte ihnen die Gnade, daß Niemand sie dazu zwingen solle, daß sie Christen würden wider ihren Willen. Es solle sie Niemand tödten, noch verwunden, Niemand ihr Gut nehmen sonder Gericht. Auch solle sie Niemand zwingen zu ungewöhnlichen Dienstleistungen, Niemand ihren Gottesdienst stören, Niemand ihre Friedhöfe entweihen, oder todte Juden ausgraben. Und dieses alles unter der Strafe der Excommunication[123]).

Das Beispiel des humanen Papstes blieb nicht ohne Wirkung, denn in allen seit 1247 vollzogenen Städtebündnissen werden die Juden auch in den allgemeinen Frieden und Schutz aufgenommen. So heißt es unter Anderem in dem am 13. Juli 1254 geschlossenen Foedus pacis ausdrücklich: „Verum universi, religiosi, laici et Judaei hac tuitione perfrui se gaudeant, et in tranquillitate sancte pacis valeant permanere"[124]).

Mit dem Beitritte zu dem rheinischen Städtebunde, zu welchem im September 1255 die angesehensten Städte am Rheine und in Westfalen gehörten, verpflichteten sich dieselben also zum Schutze der Juden. So auch Köln, dessen Erzbischof mit den Erzbischöfen von Mainz und Trier an der Spitze des Bundes stand. Die Stadtgemeinde, die bereits 1254 dem Bunde beigetreten und sich verpflichtet hatte, mit den niederrheinischen Städten abwärts von der Mosel 500 wohlgebaute und ausgerüstete Schiffe zum Bundesheere zu stellen und nach Maßgabe ihrer Bevölkerung wohlgeübte und bewaffnete Reiterei und Fußknechte, schützte die Juden. Dem

123) S. Urkunde 5.

124) Pertz: Monumenta Germaniae Historica Leg. Tom. II. pag. 368—370 und 372—380, wo die einzelnen Beschlüsse, so der Conventus civitatum Wormatensis, Foedus pacis, Conventus civitatum Moguntinae, conventus civit. Herpipolensis etc. abgedruckt sind.

Beschlüsse des rheinischen Städtebundes treu, ließ Köln dieselben die inneren Kämpfe zwischen ihr, den edlen Geschlechtern und dem Erzbischofe Conrad keineswegs entgelten. Conrad hatte schon 1254 das Judengeleit in seiner Diöcese nicht allein, sondern auch in seinem Herzogthume, mithin in dem ganzen Gebiete des Grafen von Jülich und in den Theilen, die zur lüttich'schen Diöcese gehörten, beansprucht und sich zugeeignet, trotzdem, daß König Heinrich VII. dasselbe im Jahre 1226 dem Grafen Wilhelm von Jülich verliehen hatte*).

Als es im Jahre 1258 am 28. Juni zwischen der Stadt und dem Erzbischofe zum Vergleiche kam, wird in dem am 28. Juni gethätigten Schiedsspruche von Seiten des Erzbischofes bestimmt ausgesprochen, daß die Juden ihm vom Reiche zu Lehen gegeben und besonders hervorgehoben, daß die Bürger keinen Theil an denselben hätten**): „Item quod nichil ad Ciues Colonienses pertinet de suis Judeis, qualitercumque cum eis ipse agat, tenet enim ipsos Judeos in feodo, ab imperio, et sicut sua interest eorum tributa recipere, ita et delicta corrigere et punire." Hierauf antworteten die städtischen Schiedsrichter: „Item ad hoc quod archiepiscopo fiat iniuria de suis Judeis, dicimus, quod Judei libere spectant ad cameram archiepiscopi, si tamen ipse archiepiscopus aliquid conscripsit Ciuitate et Judeis vel aliquibus de Ciuitate, dicimus quod iustum est quod teneat eis."

Demnach waren die Juden Kölns und des Erzstiftes dem Erzbischofe vom Reiche zu Lehen gegeben, gehörten seiner Kammer. Wann dies geschehen, darüber besitzen wir keine Urkunde. Einige wollen zwar behaupten, daß das Ius recipiendi, tolerandi et condonandi Judaeos bereits dem Erzbischofe Bruno (953—965) von seinem Bruder, dem Kaiser Otto I. (936—973), verliehen worden sei, was sich jedoch urkundlich nicht nachweisen läßt. Wahrscheinlich gab einer der von Conrad gewählten Gegenkönige Wilhelm oder Richard ihm die Juden zu Lehen, denn Conrad IV. befiehlt noch unter dem 15. Januar 1243 von Halle

*) Lacomblet a. a. O. B. II. Urk. 110 und 140.
**) Lacomblet a. a. O. B. II. Urk. 452.

aus dem Castellan von Burg Landskron an der Ahr, Gerhard von Sinzig, Burggrafen der hier gelegenen Königspfalz, von den in Sinzig wohnenden Juden 500 Mark zu erpressen und an den Hof zu senden. Am 9. Juni 1246 erläßt Conrad IV. an denselben Burggrafen den Befehl, sofort von einem gefangen gehaltenen Juden 100 Mark an den Conrad von Bruneck auszuzahlen[125]). Dem gemäß waren die Juden des Erzstiftes dem Erzbischofe noch nicht zu Lehen gegeben, standen noch ganz unter der Willkür des Königs, welcher mit denselben nach Belieben verfuhr, sie als Fahrgut behandelte, nur mit dem Unterschiede, daß er sie nicht verkaufen, wohl aber verpfänden konnte, sich sonst, wie auch manche der späteren Könige, alle nur denkbaren Erpressungen gegen dieselben erlaubte. So verpfändete Conrad IV. noch im August 1251 dem Gottfried von Hohenlohe die Stadt Rotenburg sammt den dort wohnenden Juden, um ihn wegen der Verluste zu entschädigen, welche er durch seine Gefangenschaft nach der Schlacht bei Frankfurt erlitten[126]).

Uebrigens betrachteten schon die ersten Könige aus sächsischem Hause die Juden als Regal, als ihr Eigenthum, mit dem sie nach Gutdünken verfahren konnten; denn Otto I., der Große, übertrug dem Erzbischofe von Magdeburg die dortigen Juden zu Lehen, Otto II. dem Bischofe von Merseburg, Friedrich I. dem Herzoge von Oesterreich und Otto IV. dem Erzbischofe von Mainz. Es unterliegt keinem Zweifel, daß dieses Abhängigkeits-Verhältniß der Juden bis hinauf zu den fränkischen Königen bestanden hat.

Erzbischof Conrad, der voller Umsicht stets auf seinen und des Erzstiftes Vortheil bedacht, hatte bereits 1252 alle in Köln wohnenden Juden und die nach der Stadt übersiedeln wollten, unter seinen besonderen Frieden genommen. Vereinbart wurde zwischen dem Erzbischofe und den Juden, daß sie auf zwei Jahre ein „servitium" oder „tributum" zahlen mußten, nämlich jährlich 25 bis 100 Gulden, die um Johanni oder Weihnachten entrichtet wurden, und außerdem ein Aufnahmegeld von 50 bis 100 Gulden.

---

125) Böhmer, Kaiser-Regesten der Hohenstaufen. Urk. 1818 und 3830.
126) Böhmer a. a. O. Urk. 3848.

Waren die zwei Jahre verflossen, genoß jeder Jude das Recht der Freizügigkeit, ohne daß man ihn an seinem Vermögen schädigen durfte. Bloß bei gewissen schweren Verbrechen, als Diebstahl, Fälschung, Todtschlag, schwere körperliche Verwundung (que bligendalt vulgariter appellatur), Ehebruch eines Juden mit einer Christin, Aufruhr, übte der Erzbischof, wie schon oben berichtet, weltlich Gericht über die Juden, wobei Juden sowohl als Christen Zeugniß ablegen durften. Wer unter den Juden einen anderen eines Verbrechens anklagen wollte, mußte seine Klage in Gegenwart des Angeklagten vor dem Erzbischofe vorbringen und sich zu gleicher Vergeltung verpflichten (ad talionem), sonst war die Klage nicht statthaft. In gewöhnlichen Proceßsachen, bei religiösen Streitigkeiten behielten sie, nach altem Brauch, unter Vorsitz ihres Bischofes ihr eigenes Gericht. Der Juden-Bischof blieb nur auf ein Jahr im Amte, dann wählte die Gemeinde einen anderen, der von dem Erzbischofe bestätigt werden mußte, wofür demselben fünf Mark zu entrichten waren*).

In diese Zeit mag auch die von dem berühmten Rabbi Meir ben Baruch von Rotenburg, der 1293 im Kerker starb, aus Köln erzählte Anekdote fallen. Ein Vorsänger war hier an der Synagoge bestallt worden. Ihm wollte ein Jude, der in hohem Ansehen beim Erzbischofe stand, eine Ehre erweisen, und veranlaßte diesen, den Vorsänger zu bescheiden und demselben zur Bestätigung seines Amtes die Bischofsmütze aufzusetzen mit den Worten: „Hierdurch bist du bestallter Vorsänger!“ Aber der Vorsänger antwortete ihm: „Mein hoher Herr, es ist mir nicht erlaubt, ein gottesdienstliches Amt von Eurer Hand zu empfangen!“ Worauf er sein Amt auch niederlegte, und Jener für seine gute Absicht noch gestraft wurde[127]).

Conrad hatte das Domcapitel vermocht, seinen den Juden ertheilten Privilegien beizustimmen und zu diesen der darüber vollzogenen Urkunde sein Siegel anzuhängen. Noch im Jahre 1259 fordert Conrad die Stadt auf, alle den Juden von ihm bewil-

*) S. Urkunde 6.

127) Dr. Jost, Geschichte der Juden. B. VII. S. 435.

ligten Rechte zu verbriefen, und ermächtigt dieselbe, die bis dahin von den Juden jährlich erhobenen vier Solidi auch ferner zu erheben*).

Die Richerzeche, d. h. die Genossenschaft der Gewalthabenden, die Vornehmsten, die Schöffen und Burmeister verbürgten sich auf Conrad's Ersuchen, das ihrige zur Aufrechthaltung der den Juden vom Erzbischofe bewilligten Freiheiten beizutragen, worauf er denselben die volle Macht ertheilt, ihrerseis alles anzuwenden, was zum Vortheile seiner Juden durch Schutz, Gunst oder Vertheidigung immer geschehen könne, so daß sie in keinerlei Weise zugeben sollten, daß die Juden von irgend Jemandem belästigt und beleidigt würden.

In keiner der von Conrad bezüglich der Freiheiten der Juden erlassenen Bestimmungen geschieht der Gawarischen, Coarsines oder Lombarden Erwähnung, standen dieselben auch, gleich den Juden, unter des Erzbischofes Frieden, wie sich dies aus spätern Urkunden ergibt[128]).

Während des Kampfes der Stadt mit dem Erzbischofe um ihre politische Selbstständigkeit, ihre Unabhängigkeit, finden wir unter den edlen Geschlechtern Kölns in dem Treffen bei Frechen, 1258, einen Ritter, den des Stadtschreibers Gödert Hagen's Reimchronik Daniel Jude nennt. Matthias Overstolz, Daniel Jude, Peter von Leopard und Simon Roisgin verfolgten in der Hitze des Gefechtes die fliehenden Erzbischöflichen

---

*) S. Urkunde 7.

128) Bereits im Jahre 1372 nahm Erzbischof Friedrich III. von Saarwerden, als er die Feste Wolkenburg, das Dorf Königswinter, die Vogtei Villich nebst allen Gefällen und dem Kürweine zu Königswinter dem Johann von Bonn, genannt Pastoir, zu Lehen übertrug, die Juden und Lombarden in Königswinter und die sonst im Amte ansässig waren, aus, hielt sich dieselben vor; sie mußten ihm den herkömmlichen Schoß zahlen. In dem Schöffen-Weisthum der Stadt Ahrweiler vom Jahre 1395 heißt es: „Item werden sy gefraget as vur of Jueden of Lombarder in der Stat of Plegen van Arwylre von weme die Bentedungs Beschirmeniss of Vrede han sullen, des wysten die scheffenen dat Juden ind Lumborder da allewege gewesen hauen van wegen unses gonedigen Heren van Colne zer Tzyt in geyns Heren me." Günther, Cod. dip. III. S. 911.

und drangen vor bis auf die Brücke der frechener Burg. Hier wurden sie umzingelt und gefangen. Man entwaffnete und brachte die Ritter in das Verließ der Feste. Der Erzbischof läßt sich nach dem Treffen die Gefangenen vorstellen und wendet sich an Daniel den Juden mit den Worten: „Die Meinigen mögen sich alle schämen, daß unter diesen da ein einziger Mann, der kaum geübt im Kampfe, das ist der Jude, Herr Daniel, sie alle so schnell durchbrochen hat, wie ein Falke, der auf einen Vogel stößt. Daniel, wenn du auch gefangen bist, so gebe ich dir doch des Streites Preis“ [129]).

Keinem Zweifel unterliegt es, daß die weitverzweigte Patrizier-Familie der Juden oder Jueden, Jübden, jüdischer Abkunft, wenn sich auch die Vermuthung des Dr. Ennen, daß dieselbe von einem Juden Namens Josephus abstammte, der im zwölften Jahrhundert zur christlichen Religion überging und sich als Christ Petrus nannte, auf nichts gründet*). Die von Hagen angeführten Worte des Erzbischofes in Bezug auf Daniel den Juden: „die kome strydes e began“, scheinen mir darauf zu deuten, daß Daniel noch nicht lange Christ und noch nicht lange als Patrizier waffenfähig war.

Im dreizehnten und vierzehnten Jahrhundert kommen Daniel Jude, Peter Jude, Heinrich Jude, Ludwig Jude, Göbel oder Gobelin Jude als Ritter vor, eben so tüchtig auf dem Kampfplatze, als gewandt im Rathe und mächtig durch ihr Vermögen, denn bei allen städtischen Geldangelegenheiten, wo es

129) „Des Meisters Godefrit Reimchronik“. Herausg. von E. von Groote. 1834. V. 112—122:

„Sich mogens alle die myne schamen
dat under desen ein enich man,
Die kome strydes e began,
dat is der Jude her Daniel
hadde sy dur brochen also snel
als ein valcke der eynen vogel sleit.
Daniel, wie du ouch geuangen sijs
des strydes gein ich dir den prijs“ u. s. w.

*) Dr. Ennen, Geschichte der Stadt Köln. B. I. S. 472.

Vorschüsse zu machen galt, Anleihen zu contrahiren, kommen Mitglieder der Familie von Jude, wie sie auch genannt werden, als Vermittler oder Darleiher vor.

Geld machte also bereits im dreizehnten Jahrhundert in der mächtigen Handelsstadt schild- und helmfähig[130]). Die Familie der Juden (Judei) führte einen rothen Schild mit drei silbernen Judenhüten, und als Helmzierde einen bärtigen, ebenfalls mit dem Judenhute bekleideten Mann. Es kann dieses Wappen erst nach 1215 entstanden sein, weil in diesem Jahre die Judenhüte den Juden als Abzeichen zu tragen vorgeschrieben wurde. Das Geschlecht der Juden finden wir seit der demokratischen Umgestaltung der Verfassung der Stadt, 1396, oft im engen Rathe der Stadt, welcher es auch vom Jahre 1425 bis 1632 mehrere Bürgermeister gab, so 1425 Johannes a Judde und 1632 Konstantinus de Judde[131]).

Ich finde in dem Umstande, daß die Familie den Namen ihrer Abkunft beibehielt, sich des Namens „Jude" nicht schämte, den Beweis, daß die Juden damals in Köln nicht verachtet, im Gegentheil, ein gewisses Ansehen genossen, denn wäre dies nicht der Fall gewesen, würde die Familie bei ihrem Uebertritte zur christlichen Religion sicher Alles zu tilgen gesucht haben, was an ihre Abkunft erinnerte, den Namen „Jude" oder „Juedden" nicht beibehalten und keine drei Judenhüte in ihrem Ritterschilde geführt haben. Der Sitz des Geschlechtes der „Jüdden" lag in der Rheingasse, wo viele der edelsten Geschlechter ihre Sitze hatten, östlich neben dem Hause Overstolz zur Rheingasse, jetzt Tempelhaus genannt, der heutigen Börse.

Bereits im Jahre 1269 am 7. Mai hatte Conrad der Stadt

---

130) Die Dienstleute (ministeriales) des Erzbischofes konnten Ritter werden; S. Quellen zur Geschichte der Stadt Köln. B. I. S. 216 u. 217: „Wanne eynich Sent Peters Dyenstman Riter worden is ind tzo Coelne kompt" u. s. w. In der Erzählung: „Der gute Gerhard" von Rudolph von Ems, aus der ersten Hälfte des dreizehnten Jahrhunderts, wird der Sohn des guten Gerhard, eines kölnischen Kaufmannes, auch zum Ritter geschlagen.

131) S. Note XIII.

das Stapelrecht bestätigt*), das sie übrigens seit dem eilften Jahrhundert schon geübt zu haben scheint. Kein Schiff, es mochte zu Berg oder zu Thal kommen, durfte die Bannmeile der Stadt überschreiten. Die die Schiffe begleitenden Kaufleute durften nur sechs Wochen in der Stadt weilen und ihre Waaren zum Verkaufe ausbieten, jedoch Gewürze (muschatas, gariosolos, cardemomum et consimilia) nur mit zehn Pfund verkaufen, nicht geringer; da hingegen wieder andere Waaren (Item nec illas merces, que sachave vulgariter appellantur, utpote thus, alumen et consimilia) nur zu 25 Pfund oder centnerweise. Karl IV. bestätigte 1356 den Kölnern durch die goldene Bulle das Stapelrecht, wie auch Kaiser Friedrich III. (IV.) (1440—1493) bei seiner Anwesenheit in Köln, und Maximilian I. (1493—1519), als er 1505 auf dem Saale des Tanzhauses Gürzenich Reichstag hielt. Als im Jahre 1830 das Stapelrecht aufgehoben wurde und der Staat der Stadt zur Entschädigung unter dem 14. Juni 1831 auf zwei Jahre die Summe von 50,000 Thalern zuschoß, glaubte man allgemein, mit der Aufhebung des Stapelrechtes würde der Handelsverkehr der Stadt den Todesstoß erhalten. Aber gerade das Gegentheil. Mit dem Jahre 1830 beginnt die neue Aera des blühendsten Handelsverkehrs und der industriellen Thätigkeit der Stadt.

Uebrigens war um die Zeit Conrad's der Handelsverkehr Kölns schon sehr bedeutend, umfangreich, blühend, daher die Juden als die Capitalisten und Geldvermittler immer unentbehrlicher.

Conrad, ein durch und durch gewiegter Staats-Oekonom, keineswegs befangen in den beschränkten Ansichten seiner Zeit, wußte, wie wir gehört haben, die Bedeutung der Juden wohl zu würdigen und zu schätzen, er hatte in ihnen die Träger des Handels, die Förderer und Erhalter des persönlichen Credits erkannt**).

Kölns Kaufherren führten ihre Waaren bis hinaus nach Konstantinopel und selbst bis ins azow'sche Meer. Ein stehender Handels-Artikel auf allen Hauptmärkten waren die „kölner Tücher",

*) Quellen zur Geschichte der Stadt Köln. B. II. Urk. 390. S. 418.
**) Vgl.: Neumann, Geschichte des Wuchers in Deutschland. S. 292 ff.

mit denen von Aachen, Burtscheidt und Eupen im levantischen Handel als „lateinische Tücher“ bezeichnet, den flandrischen eine bedeutende Concurrenz bietend. Der „kölner Wein“, die allgemeine Bezeichnung der Rheinweine, ging nach dem Norden Deutschlands, nach Skandinavien und nach England, wo bereits Heinrich II. (1154—1189) den Kölnern beim Antritte seiner Regierung das Privilegium gab, auf allen Märkten mit Wein zu handeln, mit Frankreich zu concurriren. Richard Löwenherz bestätigte dieses Privilegium, und dessen Bruder, Johann ohne Land, dehnte es dahin aus, daß der Kölner Schiffe frei von allen Ein- und Ausfuhrzöllen. Schon seit langer Zeit bildeten die kölner Kaufleute in England eine eigene Hanse, denn als Heinrich III. den Lübeckern (1267) erlaubte, auch eine eigene Hanse zu gründen, heißt es in der Bestätigungs-Urkunde, wie die Kölner eine solche hielten und in vergangenen Zeiten gehabt hätten. Seit 1251 hatten die Kölner dieselben Freiheiten im ganzen gelderer Lande und in Flandern, wohin sie Wolle, Wachs, Werg, Kupfer, Blei, Zinn, Stahl, Eisenwaaren, Korn, Wein, wollene Tücher, Häute aller Art, Hasenfelle, Leder, Schuhe, Pfeile, Schwerter, Schilde, Gummi, Asche, Pech, Theer, Oel, Thran, Quecksilber, Kalk, Holz, Korkholz, Fischangeln, Glasringe, kölnische Kisten mit eisernen Beschlägen, Töpfe, Glocken, Erbsen, Bohnen, Wicken, Salz, Butter, Käse, Gewürze, Feigen, Rosinen, Honig, Bier u. s. w. einführten. Nicht unbedeutender war der Handel Kölns nach Dänemark, Schweden, Norwegen und selbst nach Rußland mit den Erzeugnissen seines Gewerbfleißes, des Landes und des Südens und Ostens, wofür die kölner Kaufherren besonders Fische, Hanf, Leinsamen, Fett und Pelzwaaren aller Gattungen eintauschten.

In England brachten die Kölner es dahin, daß sie sogar in der Hauptstadt ihre eigene Gildehalle (Cologn Guildhall), den vor ein paar Jahren erst niedergerissenen Steal-yard besaßen, wo die in London anwesenden kölnischen Kaufleute unter dem Schutze des eigenen Rechtes und Brauches hausten, sogar eine eigene Trinkstube halten durften. Im Jahre 1282 vereinigten sich alle nach England handelnden Deutschen zu einer gemeinsamen deutschen Hanse, die unter einem eigenen Aldermann stand. Traten die

Kölner auch der allgemeinen Vereinigung bei, so hielten sie doch die kölnische Hanse mit einem eigenen kölnischen Altermann, unter ihren eigenen, auf die kölnischen Verhältnisse berechneten Statuten noch aufrecht, indem sie sich im Besitze ihrer Gildhalle behaupteten, wenn sie auch später die den deutschen Kaufleuten in den Jahren 1303, 1311, 1317, 1338 und namentlich 1346 durch Eduard III. (IV.) (1327—1377) verliehenen Gerechtsamen sich zu Nutzen machten. Eduard III. hatte sogar seine Krone, den Königsschmuck und die Krönungs-Kleinode seiner Gemahlin in Köln versetzt, wo diese Pfänder zuletzt durch die allgemeine Hanse eingelöst werden mußten, da der König die Pfandsumme nicht aufbringen konnte. Der Handel nach England war für die Kölner Kaufherren ein Monopol; nur durch die Vermittlung der Kölner Hanse konnten Geschäfte mit England gemacht werden*).

Erzbischof Conrad hatte mit allen ihm zu Gebote stehenden Mitteln die Macht, das Ansehen der Geschlechter zu brechen gesucht, sie der Stadtämter entsetzt, die seit urdenklichen Zeiten in ihren Händen, und diese Aemter Männern aus dem Bürgerstande übergeben, welche ihm zu Willen waren, im Amte aber bald mit größerer Anmaßung und empfindlicherem Hochmuthe auftraten, als es die Geschlechter je gethan hatten. War auch ein Theil der Geschlechter auf ewige Zeit der Stadt verwiesen, so hatten sie doch noch einen großen Anhang in der Stadt, der jedoch bei einem Aufstande den Gemeinden unterlag, wobei mehrere Häuser der Patrizier geplündert wurden. Der Erzbischof saß über beide Parteien in seinem Saale auf dem Domhofe zu Gericht und verurtheilte die Geschlechter zu schweren Geldbußen und zu schimpflicher Abbitte. Mehrere der Patrizier suchten sich durch die Flucht dieser Schmach zu entziehen. Drei derselben, die Gebrüder Sande und Gerhard Hirzelin wurden aufgegriffen und die beiden erstgenannten sofort enthauptet. Auch der Letztere starb durch Henkershand, obwohl die Deutschordensbrüder sich für ihn bittend ver-

*) Vgl.: Lappenberg, Geschichte der deutschen Hanse. B. II. Lappenberg, Der Stahlhof. — Dr. Ennen, Geschichte der Stadt Köln. B. II. Cap. 28. S. 545 ff.

wandten, und Conrad selbst ihn zu schonen wünschte[132]. Die Gemeinden heischten Blut. Die Geschlechter bestanden auf gerichtlicher Untersuchung gegen die neugewählten Schöffen, die ihnen auch gewährt wurde. Mit arger List bemächtigte sich aber der Erzbischof der „besten und trefflichsten“ der Geschlechter, die sich ohne Arg auf den erzbischöflichen Saal, wo Conrad zu Gericht saß, begeben hatten, da man ihnen sicheres Geleit versprochen. Sie wurden überfallen, gefesselt und nach den Festen Lechenich, Godesberg und Altenahr geschleppt. Als die Angesehensten unter den so hinterlistig gefangenen, nennt Hagen: Gerhard Overstolz, Gottschalk Overstolz und Peter Jude. Bei denselben befanden sich aber auch noch Alexander Jude und Daniel Jude; ein Beweis, wie bedeutend dieses Geschlecht.

Conrad war jetzt Herr der Stadt, ihr Regiment in den Händen seiner Creaturen. Mit aller Strenge trat er gegen die Geschlechter auf, und da diese das Aergste zu gewärtigen hatten, beschlossen sie, die Stadt zu verlassen. Von der Mehrzahl wurde dieser Beschluß ausgeführt. Der Erzbischof, der sich am Ziele seiner Wünsche sah, die Stadt geknechtet zu haben, blieb unerbittlich gegen alles Flehen, die Gefangenen frei zu geben, die Ausgewiesenen und Geflohenen wieder aufzunehmen, und bestimmte noch auf dem Todesbette seinen wahrscheinlichen Nachfolger, den Dompropst Engelbert von Falkenburg, bei dem Beschlusse zu beharren, um mit der Gewährung der Bitte die Frucht des über die Stadt errungenen Sieges nicht aus der Hand zu geben.

Conrad starb am 29. September 1261, wurde noch im alten Dome beigesetzt und fand erst später sein Grab in einer der Capellen der Chorrundung des neuen Domes. Sein aus Erz gegossenes Standbild schmückt die Tumba. Hoher männlicher Ernst und energische Entschlossenheit spricht sich in den sonst nicht schroffen Zügen des edlen Kopfes aus.

Engelbert II. von Falkenburg (1264—1275) wurde auch wirklich gewählt und wußte sich bei Papst Urban IV. zu ent-

132) Dr. Lacomblet: „Archiv für die Geschichte des Niederrheins“. II. Band. 2. Heft. S. 369.

schuldigen, daß er nicht persönlich in Rom die Bestätigung eingeholt, wie auch bei König Richard, daß er nicht in Person die Belehnung mit dem Scepter und die Regalien in London in Empfang genommen habe. Er gab als Grund seines Nichterscheinens an, daß das Erzstift von allen Seiten von Feinden bedroht sei, und seine Abwesenheit dasselbe allen Schrecknissen und Gräueln eines Krieges Preis geben würde. Selbst der Magistrat Kölns hatte sich unterm 16. October 1261 an Papst Urban IV. mit der Bitte gewandt, den zum Erzbischofe gewählten Engelbert bestätigen zu wollen, da derselbe wegen der im Erzstifte obwaltenden Kriegsunruhen verhindert, persönlich in Rom zu erscheinen*). Seine Bitten wurden gewährt, doch erst im Anfange des Jahres 1263 reiste Engelbert nach Rom, um das Pallium in Empfang zu nehmen.

Engelbert II. verfolgte den Plan seines Vorgängers, die Stadt ganz um ihre politische Selbstständigkeit zu bringen, mit dem beharrlichsten Eifer, indem er die Geschlechter mit der Aussicht der Wiederaufnahme zu ködern suchte und die neuen Schöffen mit der Androhung einer strengen Untersuchung ihrer Verwaltung schreckte, während dessen er die Thorburgen und Mauerwälle, und besonders die mächtigen Warten an den äußersten Enden der Rheinseite der Stadt, den Bayenthurm am Süd-Ende und den Kylethurm am Nord-Ende neu festigte und stärkte. Zu diesem Zwecke forderte er von der Stadt 6000 Mark, und beanspruchte ebenfalls alle städtischen Einkünfte von Münze, Mühlen, Accisen oder Ungeld und niederen Zöllen. Da er alle Thürme und Thorburgen besetzt hatte, glaubte er sich Herr der Stadt, und mag nicht wenig verwundert gewesen sein, als eines Tages die Sturmglocken von allen Kirchthürmen die Bürger unter die Waffen riefen. Aller Groll zwischen den Gemeinden und den Geschlechtern war verschwunden, da es sich um die Freiheiten der Stadt handelte. Im Kloster Weiher vor dem Weiherthore hatten sich Patrizier eingefunden, um mit dem Erzbischofe wegen der Wiederaufnahme zu unterhandeln, und auch die Edlen, die so lange in den Verließen

*) Lacomblet. B. II., Nr. 507.

der Feste in Altenahr geschmachtet und auf wunderbare Weise ihrer Haft entkommen waren[133]). Ihnen wurden die Thore geöffnet. Sie stellen sich sofort an die Spitze der Bürger und nehmen mit stürmender Hand alle Thorburgen und zuletzt auch den Bayenthurm. Selbst der Rylethurm ergab sich, als die Bewohner des Niederreichs denselben untergraben hatten. Die Bürger waren wieder Herren ihrer Stadt. Sie erneuerten sogleich die Bündnisse mit ihren alten Schutzgenossen, dem Herzoge von Limburg, dem Grafen Wilhelm von Jülich, schlossen ein neues mit dem Grafen Adolph von Berg VII. (1259—1296), da der Erzbischof auch die Ministerialen des Erzstiftes und seine Freunde zu einem Kriegszuge gegen Köln aufgeboten, um die Scharte auszumerzen, die Stadt wieder zu erobern. Es kam aber nicht zum Kriege, denn am 16. Juni 1263 wurde eine vollständige Sühne zwischen dem Erzbischofe und der Stadt vereinbart. Die Stadt blieb bei ihren alten Freiheiten und zahlte dem Erzbischofe 6000 Mark, erhielt dafür aber bis zur Deckung dieser Summe und der frühern Schulden des Erzbischofes Conrad die ganze Einnahme der Accise oder des Ungeldes. Durch die 6000 Mark hatte Engelbert die Mittel erlangt, das Pallium zu holen, das Mantelgeld in Rom zu zahlen.

An der Spitze des Stadtregimentes standen wieder die alten Geschlechter als Richter, Schöffen und Rath (Judices, scabini, consilium, ceterique cives Colonienses). Kaum von Rom zurückgekehrt, kümmerte sich Engelbert nicht mehr um die mit der Stadt vereinbarte Sühne, sich ohne Scheu alle nur denkbare Eingriffe in ihre Rechte und Freiheiten erlaubend, ihren Handelsverkehr durch neue Zölle schädigend. Er faßte sogar den Entschluß, unterstützt durch seinen Vetter, Dietrich von Falkenburg, die Vornehmsten der Geschlechter zu einer Versammlung auf den erzbischöflichen Saal zu bescheiden, hier gefangen zu nehmen und sich der Stadt durch die Wehrgenossen Dietrich's zu bemächtigen. Der Anschlag wurde verrathen, Dietrich von den Kölnern gefangen. Als Engelbert auf dem Saale der hieher Beschiedenen

---

133) Hagen's Reimchronik und kölnische Chronik. S. 209 a ff.

hatte, erschienen diese bewaffnet vor ihm und zwangen ihn, sich als Gefangener in das Haus „zum Roß“ in der Rheingasse zu begeben, wo man ihn aufs strengste bewachte.

Sobald Papst Urban IV. diesen Schritt der Kölner gegen ihren Erzbischof vernommen hatte, that er die Richter, Schöffen, Consulen und Bürger in den Bann, belegte die Stadt mit dem Interdicte. Durch Vermittlung der Bischöfe Heinrich III. von Lüttich (1247—1274), und Gerhard von Münster, der Grafen Otto III. von Geldern (1229—1271) und Wilhelm von Jülich kam es jedoch am 16. December zur Sühne, nachdem der Erzbischof seiner Haft entlassen. Engelbert versprach der Stadt Alles, verbannte ihre Feinde und machte sich anheischig, den über die Stadt verhängten Bann zu lösen. Er verspricht auch unter Strafe des Bannes die Sühne in allen Theilen gewissenhaft zu halten; sollte dies nicht der Fall sein, den End-Entscheid vier Schiedsrichtern anheim zu stellen.

Kaum auf freiem Fuße, nahm der Erzbischof aber keinerlei Rücksicht auf die Sühne, sein gegebenes Versprechen, und erklärte siebenunddreißig Bürger, die sich an seiner Verhaftung betheiligt, vogelfrei. Die Kölner ihrerseits hielten sich fest an den Bestimmungen des Vergleichs und handelten in ihrem ganzen Verkehre, als wenn das über sie verhängte Interdict gelöst. Engelbert erklärte dieses Verfahren als Eingriff in seine geistlichen Rechte, kümmerte sich nicht weiter um die Vereinbarungen mit der Stadt, selbst, als die Schiedsrichter auf die Aufrechthaltung derselben drangen. Engelbert rüstete, schloß Bündnisse gegen die Stadt, die ihrerseits durch Ertheilung von neuen Edelbürgerbriefen und Gewährung von Geldlehen sich auch den Beistand vieler Edlen des Erzstiftes zu sichern suchte.

Offenen Kampf mit der mächtigen Stadt mochte der Erzbischof scheuen; sein Bemühen ging deßhalb dahin, durch inneren Zwiespalt der Bürgerschaft, der Geschlechter und der Zünfte wieder Herr der Stadt zu werden. Ein Aufstand der Zünfte gegen die Geschlechter scheiterte nach blutigem Kampfe an der Tapferkeit der Letzteren. Durch einen Ueberfall wollte sich Engelbert der Stadt bemächtigen. Es sollte auf dem Thurnmarkte Feuer angelegt werden, und bei der durch die Feuersbrunst entstandenen Verwirrung beabsichtigte der Erzbischof, sich der Stadt zu bemächtigen. Acht Tage lang lag er mit seinen Haufen bei dem Kloster **Weiher**, vergebens des Zeichens harrend. Auch dieser Anschlag scheiterte, da den gedungenen Mordbrennern der Muth zur Ausführung ihrer Frevelthat fehlte. Voller Ingrimm zog sich **Engelbert** nach **Bonn** zurück, das mit der Feste zu **Poppelsdorf** seit dem Jahre 1263 Sitz der Erzbischöfe war und bis zur Säcularisation des Erzstiftes blieb.

Von beiden Seiten wünschte man Frieden, und es kam auch gegen October 1265 zu einem Vergleich zwischen dem Erzbischofe und der Stadt, welche sich, ihre Handelsthätigkeit nie aus den Augen verlierend, manche schimpflichen Bedingungen gefallen ließ. **Engelbert** machte am 11. December dem Papste **Clemens** IV. (1265—1271) die Anzeige dieser Sühne mit der Bitte, das über die Stadt Köln verhängte Interdict wieder aufzuheben.

Der Erzbischof **Werner von Mainz** (1256—1286) hatte in Verbindung mit den Grafen von **Eppenstein**, **Hagenau**, **Willnow** und **Falkenstein** am 6. Mai 1265 mit den **wetterauischen** Städten **Frankfurt**, **Friedberg**, **Wetzlar** und **Gelnhausen** einen Landfrieden geschlossen, in welchen auch die **Juden** aufgenommen wurden, in Bezug derer es heißt:

„Da einige zügellose Menschen in den Städten gegen die Gebote Gottes wider die Juden aufständen, die doch von der heiligen Kirche Gottes zum Gedächtniß seiner Leiden geduldet würden, und indem sie ebenfalls dem Reiche nicht gehorchten, zu dessen Kammerknechten die Juden gehörten, sie zuweilen unmenschlich und elendiglich mordeten, so sei festgestellt, daß, wenn Jemand einen Aufstand und Kränkung gegen sie unternähme, er als öffentlicher Störer des Friedens bestraft werden solle“[134]).

Im Jahre 1266 gab Erzbischof **Engelbert** II., ein eben so kluger Staatswirth wie sein Vorgänger Conrad, den Juden Kölns, und mithin auch des Erzstiftes, das große Privilegium, welches

134) Die Urkunde in: Dr. Fr. **Boehmer**, Codex Moenofrancorum. I., 134.

so wichtig gehalten wurde, daß es in zwei 3 Fuß hohe und 2½ Fuß breite Marmorplatten eingehauen und in der Schatzkammer des Domes eingemauert wurde, wo es sich noch jetzt befindet. Es lautet in der Uebersetzung:

„Wir Engelbertus von Gottes Gnaden Erzbischof der heiligen kölnischen Kirche, thun Allen zu ewigen Tagen kund:

„Weil wir vernommen, daß die Juden der kölnischen Diöcese „auf ungerechte Weise behandelt und verschiedene Unbilden zu er„dulden haben, so befehlen wir, daß denselben ihre vorigen Frei„heiten, die unten näher bezeichnet, und welche denselben mit Gut„heißung und Genehmigung des Capitels und unserer Pröpste, so „wie durch Beirath unserer Getreuen verliehen waren, wieder zu„erkannt werden sollen. Die Freiheiten besagter Juden sind fol„gende: daß ihnen erlaubt, die Leichen der Juden, wo sie auch „gestorben sein mögen, gleichviel von welchem Orte sie auch herge„bracht werden, ohne daß irgend ein Zoll von der Leiche gefor„dert oder in irgend einer Weise abgenöthigt, frei und ungehin„dert auf ihrem außerhalb der Mauern Kölns gelegenen Friedhofe „zu begraben, welch ein Vergehen sie auch im Leben begangen „haben mögen, ausgenommen jener Judenleichen, die im Kirchen„banne der Juden starben, oder welche nach einem gerechten Ur„theilsspruche hingerichtet wurden. Kein Beamter des Erzbischofs „von Köln, noch Richter, wer es auch sei, darf auf bemeldetem „Friedhofe, und eben so wenig in dessen Nachbarschaft, ein Todes„urtheil an dem Körper eines Christen, noch eines Juden voll„ziehen lassen, damit die Juden dadurch nicht in ihrer Ehrfurcht „verletzt werden. Alle Juden, wer sie auch seien und von woher „sie in das Gebiet des Erzbischofes kommen mögen, zahlen Zoll „und Weggeld von sich und ihren Gütern, wie auch die Christen „von ihren Gütern, sind aber zu nichts Anderem verbunden. Auch „keinen Cauwercinen oder Christen, welche öffentlich auf Zinsen „leihen, woraus jenen Nachtheil erwächst, soll es durchaus nicht „erlaubt sein, in der Stadt Köln zu wohnen. Und da die Juden „selbst in den besagten Freiheiten zu schützen sind, haben wir diese „Freiheiten in gegenwärtige Steine aushauen lassen und zum

„ewigen Gedächtnisse zur öffentlichen Schau der Menschen einmauern lassen.

„Also geschehen im Jahre des Herrn 1266" [135]).

Was den Erzbischof veranlaßte, den Juden dieses Privilegium zu geben, dessen Wichtigkeit er selbst dadurch bekundete, daß er dasselbe in Marmortafeln einhauen und im Capitelhause seiner Cathedrale einmauern ließ, hat uns die Geschichte nicht aufbewahrt. Wir wissen nicht, ob in Köln und im Erzstifte um diese Zeit wieder Verfolgungen der Juden Statt gefunden haben, oder ob Engelbert durch dasselbe den Juden, denen er zweifelsohne verpflichtet, da er Schulden bei ihnen gemacht hatte, seine Erkenntlichkeit beweisen wollte. Zur Ausführung seiner Plane gegen die Freiheiten der Stadt hatte er auch noch Geld nöthig, und so mußte er als Staats-Oekonom Bedacht darauf nehmen, die Juden sich willig zu erhalten.

Das reine Menschengefühl hatte aber, nach meiner Ueberzeugung, sicher hauptsächlich den Erzbischof zur Ertheilung dieses Privilegiums veranlaßt, denn auf der am 10. Mai desselben Jahres in Köln abgehaltenen Synode erließ er auch ein Decret in fünfzehn Artikeln gegen die Ungerechtigkeiten und Gewaltthaten, welche man sich an allen Orten seit der Dauer des Interregnums gegen die Juden hatte zu Schulden kommen lassen. Wie düster und wahnbefangen auch die Zeit sein mochte, darf man zur Ehre der Menschheit, der Christenheit annehmen, daß doch einzelne Männer in den Juden ihre Nebenmenschen achteten, aus vollster Ueberzeugung die gegen sie verübten Ungerechtigkeiten und Grausamkeiten mißbilligten und verdammten. Ein solcher Mann war Engelbert II.!

Das 1267 am 10. August von dem Cardinal-Legaten Gui in Wien abgehaltene Concil erneuerte jedoch frühere Bestimmungen gegen die Juden, daß sie nämlich keine christlichen Dienstboten halten, keine christlichen Bäder noch Wirthshäuser besuchen, die Arzneikunst nicht an Christen üben, nur in Städten und festen Orten, nicht auf dem platten Lande wohnen und keine neuen

---

135) S. Urkunde 8.

Synagogen bauen durften. Die canonischen Erlasse einzelner Concilien, wenn es keine General-Concilien, kamen gewöhnlich nur in der Stadt und in dem Lande, wo das Concil gehalten worden, zur Geltung, nie zur allgemeinen Anwendung*).

Um diese Zeit tauchte auch in Köln die Sage von Ahasverus, dem unsterblichen Juden auf, welche kölner Kaufherren wahrscheinlich aus England herüber gebracht hatten, da Matthäus Parisiensis († 1259), der berühmte englische Benedictiner aus dem Cluniacenser-Kloster St. Alban dieselbe zuerst erzählt, und allgemeinen Glauben fand[136]).

In seiner Fehde gegen den Grafen Wilhelm von Jülich, dem auch die Kölner Zuzug geleistet hatten, verwüstete Engelbert das Gebiet seines Gegners mit Feuer und Schwert, wurde jedoch in der Schlacht von Mariawald bei Heimbach, da er selbst an der Spitze seiner Mannen focht, vom Grafen Wilhelm gefangen und auf das Schloß Nideggen an der Roer in Verwahrsam gebracht. Alle Verwendungen von Geistlichen und Weltlichen, den Erzbischof seiner Haft zu entlassen, blieben beim Grafen fruchtlos. Als der päpstliche Nuntius, Magister Bernard von Castanetto, den Bannfluch über den Grafen und seine Freunde, so wie über die Stadt Köln verhängte,

---

*) Man zählte, wie bekannt, vom Anfange des zehnten Jahrhunderts von Benedict IV. (900—903) bis auf Gratian, am Anfange des zwölften Jahrhunderts, nicht weniger als eilf Sammlungen canonischer Rechte, welche zusammen das Corpus Juris canonici bilden. Vgl.: Walter, Kirchenrecht. §. 91. Das Jus Canonicum enthält im Titel: „De Judaeis", alle auf die Juden bezüglichen Bestimmungen der Kirche. Vgl.: Selig Cassel, Geschichte der Juden. S. 70 ff.

136) Matthei Paris, Historia Anglicana, p. 339. Im sechszehnten und siebenzehnten Jahrhundert spukte die Sage in vielen Köpfen, man wollte den unsterblichen, den ewigen Juden an vielen Orten gesehen und gesprochen haben; ein wittenberger Magister, Thilo, schrieb sogar 1668 eine Disputatio „De Judaeo immortali". Er sollte zuerst 1547 in Hamburg von einem Dr. Paulus von Eitzen, später Bischof von Schleswig, gesehen worden sein. Das Märchen setzte im siebenzehnten Jahrhundert die Federn vieler Gelehrten in Bewegung. Die älteste Dissertation über den Gegenstand rührt von einem M. Joan. Seb. Mitternacht her: Dissert. XIX. de quaestionibus: An Joannes Evangelista et Judaeus quidam a tempore passionis Christi in orbe adhuc superstites?

hatten der Graf wie die Stadt nichts Eiligeres zu thun, als gegen den Bann feierlich zu protestiren und sich klagend an den Papst zu wenden. Der Nuntius verschärfte das Interdict und gebot sogar der Geistlichkeit, binnen zwei Monaten die Stadt zu verlassen, sprach dabei über alle, die noch im Handelsverkehr mit Köln standen, den Bannfluch aus. In Köln wurde am 25. September 1270 durch den Stadtschreiber Godefrit Hagen in einer feierlichen zahlreichen Capitelssitzung der Protest und die Berufung der Stadt wiederholt.

Engelbert's Haß dauerte fort. Seine Freunde in Köln wiegelten das Geschlecht der Weisen, denen der Erzbischof gestattet, rothe mit grün ausgeschlagene Gewänder zu tragen, welches bis dahin ein Vorrecht und eine Auszeichnung des Geschlechtes der Overstolzen, gegen die übrigen Geschlechter auf. Ein Theil der Zünfte hatten sich mit den Weisen vereinigt. Es kam zu blutigen Auftritten, bei denen die Weisen aber unterlagen und genöthigt wurden, Schutz in den Immunitäten zu suchen, um der Rache der von ihnen befehdeten Geschlechter zu entgehen. Die Weisen wurden der Stadt verwiesen und begaben sich nach Bonn, um mit den hier weilenden Führern der Volkspartei neue Ränke gegen die Stadt und die Geschlechter zu schmieden. Durch Bestechung brachte man es dahin, daß ein an der Ulrepforte wohnender Schuhflicker und Hausirer, Namens Habenichts, hinter seiner Wohnung ein Loch in die Stadtmauer brach, so geräumig, daß Roß und Mann aus dem Stadtgraben hindurch kommen konnte. Bei nächtlicher Weile sollten die Verschworenen, an deren Spitze der Graf Dietrich VI. von Cleve (1261—1271), der Herzog Walram IV. von Limburg (1246—1279) und des Erzbischofes Vetter Dietrich von Falkenburg, welche die ihnen in Aussicht gestellte Beute verlockt hatte, in die Stadt bringen, die Geschlechter überfallen, ermorden und die Stadt plündern. Auf dem Zuge nach der Stadt sagt sich Graf Dietrich von Cleve von seinen Genossen los, da ihm das Unternehmen unpassend für einen Ritter und Mann von Ehre erschien, und er, wie die Chronik berichtet, durch ein Traumgesicht, das ihm die heilige Ursula mit ihrer Jungfrauen-Schar als Vertheidigerinnen der Mauerwälle der

Stadt zeigte, von dem Unternehmen zurückgeschreckt worden war. Die übrigen drangen in der Nacht vom 14. auf den 15. October 1268 wirklich durch die Maueröffnung in die Stadt und lagerten mit ihren Knechten, die man durch die Ulrepforte eingelassen hatte, ringsher in Ställen, Scheunen und Gärten der Nachbarschaft, um hier das Zeichen zu Mord und Plünderung zu erwarten. Den Overstolzen in der Rheingasse wird der Anschlag durch einen Bürger, Hermann Winkelbart, verrathen. Sofort waffnen sie sich, werfen sich auf ihre Rosse und stürmen nach der Ulrepforte. Ein mörderischer Kampf entspinnt sich, schon sind Matthias Overstolz, Peter Jude, Johann von Frechen und Peter von Are zu Tode verwundet von ihren Rossen gesunken. Die Geschlechter fangen an, der Ueberzahl zu weichen, da stürmt Konstantin Krop mit den Gemeinden, die sein begeistertes Wort für die Sache der Stadt gewonnen hat, heran. Mit frischer Wuth erneuert sich der Kampf. Rings Alles niederschmetternd, fallen die wuchtigen Hiebe der Aexte, Hämmer und Morgensterne auf die Helme und Panzerhemden der sich schon im Besitze des Sieges wähnenden. Ihre namhaftesten Kämpen werden erschlagen, unter ihnen Dietrich von Falkenburg, oder in der Verwirrung der Flucht gefangen, so auch der Herzog Walram von Limburg, der schon durch die Maueröffnung in den Stadtgraben gelangt war. Der Sieg war den Geschlechtern, wenn auch sehr theuer erkauft, denn unter den von ihrer Seite Gefallenen hatten die Kölner den edlen Matthias Overstolz zu beklagen.

Die Geschlechter sind wieder im Besitze des Stadtregiments, das sie mit männlicher Tapferkeit, mit löwenkühnem Muthe errungen hatten. Noch im Laufe des folgenden Jahres werden die meisten Gefangenen, nachdem sie der Stadt Urphede geschworen, entlassen, und so auch der Herzog Walram von Limburg nach viermonatlicher Haft. Engelbert, den Graf Wilhelm noch immer auf Burg Nideggen in Verwahrsam hielt und, glauben wir unserer Reimchronik, in schimpflicher Haft, beugte endlich seinen Starrsinn, gab den friedlichen, versöhnenden Vorstellungen des Dominicaner-Priors Albertus nach. Am 16. April 1271 kam es zwischen ihm und der Stadt zu einer vollständigen

Sühne[137]), welche allen Forderungen der Bürgerschaft genügt, und durch die der Erzbischof auch das auf Köln lastende Interdict völlig aufhebt. Am 20. April 1271 wurde die Sühne in der Stiftskirche Maria ad gradus durch den Stadtschreiber Gadefrit Hagen öffentlich verkündet. König Richard erkannte dieselbe am 20. Mai an und versprach den Kölnern, sie mit allen Mitteln in der Aufrechthaltung der festgestellten Puncte gegen ihren Erzbischof zu schützen.

Versagte auch die römische Curie der Sühne ihre Bestätigung, und ging sie darauf aus, Engelbert aller seiner Versprechen zu entbinden, so wollte dieser, selbst als König Richard am 2. April 1272 gestorben, doch nicht den Streit mit den Kölnern erneuern und war einer der ersten und Einflußreichsten unter den Reichsfürsten, welche am 29. September 1272 dem Grafen Rudolph von Habsburg und Kiburg, Landgrafen zu Elsaß, bei der Königswahl ihre Stimmen gaben, den er auch am 24. October zu Aachen zum Könige krönte. Als der neugekrönte König am 2. November nach Köln kam und hier bis zu Ende des Monats verweilte, bestätigte er der Stadt alle ihre Privilegien und Gerechtsamen. Gegen des Königs Spruch wagte Engelbert nicht, sich aufzulehnen, selbst als die römische Curie ihn zwingen wollte, sich von dem Sühne-Vertrag loszusagen, und das Verfahren des päpstlichen Legaten, Wilhelm von Castanetto gut zu heißen. Noch war das päpstliche Mandat, welches dies auf das Bestimmteste forderte, nicht in Köln eingetroffen, als Engelbert am 20. October 1274 in Bonn, noch immer voller Ingrimm gegen die Stadt Köln, verschied. Auf seinen Wunsch fand er sein Grab in der Stiftskirche in Bonn[138]).

137) Lacomblet, Urkundenbuch. B. II. Urk. 624.

138) Dr. Ennen, Geschichte der Stadt Köln. B. II. S. 272. — Andere, so auch Mörkens, bezeichnen den 15. December 1275 als seinen Sterbetag. Nimmt man an, daß er bald nach seiner Rückkunft vom zweiten Lyoner Concil, das vom 7. Mai bis zum 17. Juli 1274 dauerte, starb, stimmt das angegebene Todesjahr.

Die Juden in Köln nach dem Interregnum, bis zu ihrer Ausweisung, 1425.

Rudolph der Habsburger, in allem seinem Thun entschlossen und willensfest, war der Mann, das so tief gesunkene Ansehen der königlichen Würde wieder zu heben und zu festigen. Entschieden trat er gegen die hohen Lehensträger des Reiches auf, hemmte ihre Uebergriffe in die Rechte des Königs und suchte mit unerbittlicher Strenge dem Faustrechte Schranken zu setzen, indem er die Festen der Wegelagerer brach und die Landfriedensstörer, die Raubritter, welche gegen den Gottesfrieden frevelten, gleich gemeinen Räubern aufknüpfen ließ. Recht und Gesetz kamen wieder zu Ehren, gefestigt ward nach und nach der allgemeine Landfriede, und die öffentliche Sicherheit in Handel und Wandel im ganzen Reiche wieder hergestellt.

Anfangs Mai des Jahres 1282 erhoben sich die Mainzer gegen die Juden, die beschuldigt, einen Christenknaben ermordet zu haben, und richteten unter denselben, trotz dem, daß der Erzbischof Werner von Eppstein (1259—1284) seine Juden in Schutz genommen und die Nichtbegründung der gegen sie erhobenen Anklagen nachgewiesen hatte[139]), ein furchtbares Blutbad an, plünderten ihre sämmtliche Habe und vertrieben sie aus der Stadt. Aehnliche blutige Auftritte kamen auch in Speyer, Worms, Oppenheim und in den Städten der Wetterau vor, denn auch die dort angesiedelten Juden entflohen meist.

---

139) In der von ihm ausgestellten Urkunde heißt es: „Ut nostros Judaeos mogunt. quos habemus ab Imperio pleno jure ab insultibus malignorum fideliter defensarent.“ F. A. Schaab a. a. O. S. 69 ff.

Und doch hatte Papst Gregor X. (1271—1286) am 5. Juli 1273 die Schutzbulle der Juden des Papstes Innocenz IV. bestätigt und alle Juden Deutschlands in seinen besonderen Schutz genommen, sie von allen gegen sie erhobenen Anklagen, besonders von der Beschuldigung des Kindermordes freigesprochen und allen geistlichen und weltlichen Fürsten und Großen zu besonderem Schutze empfohlen. König Rudolph gab im Jahre 1275 auch den von Innocenz IV. den Juden verliehenen Freiheiten seine Bestätigung*).

Auf dem im Juli 1285 in Mainz abgehaltenen Fürstentage stimmt Rudolph aber dem gegen die Juden erlassenen Urtheile bei und befiehlt, unter Androhung der Todesstrafe und der Strafe beleidigter Majestät, alles, was von den Gütern der Juden verbracht worden sei, ohne Verzug in die Hände des königlichen Fiscals abzuliefern. Als dies geschehen, vertheilte er das Ganze unter die Armen, ohne das Mindeste für sich zu beanspruchen oder den Kirchen zu schenken. Als der König hierüber befragt, sprach er: „Wisset Ihr nicht, daß die Güter der Juden durch Wucher (Zinsen) erworben und daher ungerecht sind, die Kirche Gottes aber heilig, und nur mit rechtlich Erworbenem zu ehren ist; denn es steht geschrieben: Deinem Hause, o Herr, geziemt Heiligkeit!“ [140])

Der Erzbischof Heinrich II. von Mainz (1286—1288), Rudolph's Beichtvater, erhob beim Könige Klage gegen die Juden, und dieser beschied am 23. September 1286 den ehemaligen Bischof der Juden in Mainz, Moyses, und ihre Rathmannen, also ihr Capitel, Joel, Joseph genannt Haller, Abraham genannt Witze, und Coppell, und alle Juden, die in Mainz gewohnt hatten, in drei Wochen vor ihm zu erscheinen, um den Klagen des Erzbischofs Heinrich Rede zu stehen. Am 6. December desselben Jahres befiehlt er, von Speyer aus, der Stadt Mainz,

*) S. Urkunde 9.

140) Trithemii Chron. Hirsaug. Tom II., pag. 44 et 45. Die Stelle lautet: „Nescitis, quod bona Judaeorum de usura conquisita sunt et propterea injusta et ecclesia sancta et nonnisi de juste acquisitis honoranda, scriptum est enim: Domum tuam, Domine, decet sanctitudo.“

dem Erzbischofe Heinrich und dem Grafen Eberhard von Katzenellenbogen bei der ihnen aufgetragenen Confiscirung der Güter der über Meer entflohenen Juden in den Städten Speyer, Worms, Mainz, Oppenheim und denen der Wetterau — an die ähnliche Schreiben ergangen — behülflich zu sein[141]). Es hatten sich wirklich viele Juden aus den oberrheinischen Landen nach Syrien begeben, wo ein neuer Messias erschienen sein sollte[142]). Der geflohenen Juden liegende Habe wurde indessen confiscirt, weil der Erzbischof von Mainz dieselbe beanspruchte, da ihm die Juden zu Lehen gegeben seien, weßhalb er beim Könige klagbar geworden war.

Viele der süddeutschen Juden waren in der That nach Palästina geflohen, wo die Juden bereits, sowohl in Jerusalem, als in den anderen Hauptorten der durch die Kreuzzügler gegründeten Fürstenthümer, Aufnahme und Schutz gefunden hatten. Noch heutigen Tages bestehen in Hebron zwei Judengemeinden, eine spanische und eine deutsche, die wahrscheinlich von jenen Flüchtlingen herrühren. In der deutschen Gemeinde hat sich die deutsche Sprache, wenn auch corrumpirt, erhalten, namentlich bei den Frauen, die durchschnittlich deutsch sprechen.

Nicht ohne Schreck und Angst wurden diese Vorfälle von den Juden Kölns vernommen. Wer bürgte ihnen dafür, daß sie nicht Aehnliches zu befahren hatten? Sie wußten aus Erfahrung, daß alle, noch so stark verbrieften Rechte und Privilegien sie nicht schützten, daß es nur der geringfügigsten Veranlassung bedurfte, um den Fanatismus, den stets tauben und blinden religiösen Haß wieder gegen sie zu bewaffnen. Zudem hatte nach Engelbert's II. Tode ein Mann den erzbischöflichen Sitz eingenommen, dessen Lebens-Element Kampf und Fehde, der sich in Panzerhemd und Sporen, umgürtet vom Schlachtschwerte am glücklichsten fühlte — Sigfried von Westerburg (1275—1297). Beim Antritte seiner Regierung zeigte er sich, gleich allen seinen Vorgängern,

141) Boehmer, Kaiser-Regesten. B. II. Urkunde 4575 und 4579. Schaab a. a. O. S. 59.

142) Dr. Graetz a. a. O. B. VII. S. 199 ff. das Nähere.

freundlich gegen die Stadt, wiewohl er derselben im Innern bitteren Groll nachtrug wegen der seinem Vorgänger angethanen Schmach. Sigfried kümmerte sich wenig um den Landfrieden. Unter dem Vorwande, an dem Grafen Wilhelm von Jülich die Gefangenschaft seines Vorgängers zu rächen, schloß er mit den rheinischen Erzbischöfen und einzelnen rheinischen und westfälischen Städten ein Schutz- und Trutzbündniß auf zehn Jahre, während Graf Wilhelm auch nicht müßig zuschaute und neue Bündnisse einging, um auf Alles gefaßt zu sein. Der kriegerische Erzbischof verheerte die Gebiete der einzelnen Bundesgenossen des Grafen von Jülich mit Feuer und Schwert, und er frohlockte, als Graf Wilhelm bei einem Ueberfalle der Stadt Aachen, deren Schirmvogt er war und welche er ganz unter seine Botmäßigkeit bringen wollte, in der Nacht vom 16. auf den 17. März 1278 nebst seinem ältesten Sohne und zwei unehelichen Söhnen von den Bürgern, angeblich von den Metzgern, erschlagen ward. Sigfried, stets gerüstet, fiel sofort mit bedeutender Heeresmacht in das jülicher Land ein, nachdem er mit dem Grafen Adolf VII. von Berg Frieden und ein Schutz- und Trutzbündniß geschlossen hatte. Die Feste zu Jülich wird erobert, Düren und Bedburg eingenommen, das ganze Gebiet des Grafen besetzt und in alle Burgen und Ortschaften kölnische Besatzung gelegt. Sigfried war Herr des Landes, denn nur die Festen Nideggen und Heimbach leisteten seinen Waffen Widerstand. Die Söhne des erschlagenen Grafen ermannten sich jedoch bald von ihrer Ueberraschung, vertrieben die kölnischen Besatzungen und wurden dem Erzbischofe dergestalt gefahrdrohend, daß dieser nach allen Seiten alte Schutzbündnisse erneuerte und neue schloß. Durch Vermittlung des Grafen von Sayn kam jedoch am 14. October 1279 eine Sühne zwischen dem Erzbischofe Sigfried und der verwittweten Gräfin Ricarda von Jülich und ihren Söhnen Walram, Otto und Gerhard zu Stande.

Sigfried konnte endlich sagen, daß er mit allen seinen früheren Gegnern in friedlichen Beziehungen stehe, und hatte jetzt keine höhere Pflicht, als die Wiederherstellung des Landfriedens, die Sicherung der Land- und Wasserstraßen, des inneren Verkehrs, zu welchem Zwecke er mit dem Herzoge Johann I. von Brabant, den Grafen Reinald von Geldern und Dietrich von Cleve einen allgemeinen Landfrieden zwischen Maas und Rhein, wie zwischen Rhein und Dender vereinbarte, den er mit der ganzen, ihm innewohnenden Energie aufrecht zu halten suchte. Auch die unter dem erzstiftlichen Clerus während der Zeit der Wirren locker gewordene Disciplin wußte er wieder zu heben und zu festigen durch Beseitigung mancherlei Mißbräuche, die sich im Laufe der Zeit eingeschlichen hatten.

Köln machte sich diese Frist der Ruhe zu Nutze. Neue Handelsverbindungen wurden angeknüpft und mit den Mächtigen der Nachbarschaft und den Edlen des Erzstiftes alte Lehensverträge erneuert und neue geschlossen, mancher Lehensmann gewonnen durch Verleihung von Manngeldern und durch Ertheilung des Edelbürgerrechtes.

Die Zeit des Friedens unterbrach der Limburger Krieg, welcher durch die in der mittelalterlichen Kriegsgeschichte berühmte Schlacht bei Worringen am 5. Juni 1288 entschieden wurde. Hier kämpften in heißer Feldschlacht die Blüte des brabantischen Adels, an deren Spitze Herzog Johann I. von Brabant (1261—1294)*), die Mannen des Landes der Berge, geführt von dem Grafen Adolf VII. von Berg, und die Kölner, gegen die Tüchtigsten des erzbischöflichen Adels, der niederrheinischen, clevischen und geldrischen Ritterschaft unter dem Banner des Erzbischofes Sigfried, der selbst an der Spitze seiner Scharen focht.

Bis zum Abende wüthete die Schlacht. Mit der tollkühnsten Todesverachtung, mit übermenschlicher Anstrengung wurde von beiden Seiten gefochten, erschlagen viele der Tapfersten. Haufenweise bedeckten die Todten und Verwundeten das Schlachtfeld. Auch Sigfried mußte sich ergeben und fiel in die Gewalt des Grafen von Berg, welcher den Prälaten nach seiner Feste Neuerburg zur Haft brachte und ihm während derselben nicht erlaubte, seine

*) Vgl. J. Stallaert, „Geschedenis van Hertog Jan den Eersten van Braband.

Rüstung ganz abzulegen, damit man nicht sagen könne, er halte einen Geistlichen gefangen[143]).

Glänzend feierte die Stadt Köln den Sieg und übergab dem Herzoge Johann von Brabant, dem Siegreichen, den sogenannten „Brabanter Hof“, dem erzbischöflichen Palaste gegenüber, als freies Eigenthum, da schon Herzog Heinrich von Brabant seit 1235 dieses Haus gegen einen Erbzins von 6 Solidi von dem Kloster Weiher besessen hatte*).

Sigfried mußte endlich nachgeben, und erhielt am 19. Juni 1289 seine Freiheit, nachdem er sich zu schweren Geldopfern verpflichtet und zu einer Aussöhnung mit der Stadt Köln. Papst Nikolaus IV. (1288—1294) entband den Erzbischof aber aller, seinen Feinden und namentlich der Stadt Köln geleisteten Versprechen. Der Papst ordnete ein Zeugenverhör gegen die Stadt an. Sechsundzwanzig Zeugen wurden vernommen, mit wenigen Ausnahmen Geistliche oder Ministerialen des Erzstiftes, welche alle die Beschwerden des Erzbischofes anerkannten, unter denen besonders hervorgehoben wurde, daß die Stadt auch die zur erzbischöflichen Kammer gehörenden Juden mit schweren Steuern belastet habe[144]).

Die Kölner legten kein Gewicht auf diese Anklage, ließen sich in contumaciam verurtheilen, und trotzten selbst dem Interdicte, vermehrten indeß ihre Lehensmannen, als sie dem Landfrieden beigetreten waren, der endlich dem Erzstifte und den Nachbargebieten Ruhe und Frieden sichern sollte.

Der Handelsverkehr blühte wieder lebendig auf und mit ihm auch die Geschäfte der Juden in Köln, welche, natürlich möglichst

---

143) Herm. Leusere, De Sifrido II. Archiep. et principe Coloniensi. — Dr. Weyden, „Die Schlacht bei Worringen“, im Schulprogramm der Realschule I. Ordnung. 1864.

*) S. Note XV.

144) Lacomblet, Urkundenbuch. B. II., Urk. 89. Der dritte Zeuge sagt unter Anderem aus: „Videlicet quia ipsi cives universos redditus archiepiscopi in ipsa civitate Coloniensi constitutos receperunt et levaverunt, et Judaeos qui sunt de speciali camera domini archiepiscopi exactionaverunt ad maximas pecuniarum quantitates, quod facere non poterant nec debebant, de quibus ipsi cives volebant esse liberati ante omnia.“

auf ihre Sicherheit bedacht, beim Rathe die Erlaubniß zu erwirken mußten, auf ihre Kosten das von ihnen bewohnte Viertel mit starken hölzernen Thoren zu schützen. Solche Vorsichtsmaßregeln waren nothwendig, wurden durch die Umstände geboten; denn außer ihren Capitalien bargen die Juden in ihren Häusern die oft reichen Pfänder, auf welche sie Vorschüsse geleistet hatten. Sie mußten Sorge tragen, dieselben möglichst zu sichern. Wer konnte sie vor Ueberfall und Raub schützen? Und solche Gewaltthaten hatten sie stets zu befahren. Dies sah der Rath der Stadt ein, und darum erlaubte er ihnen gern die Absperrung, wenn er durch dieselbe auch seinen Sitz, das Rathhaus, von der Stadt absperrte.

Ein solches Thor war nämlich Oben Marspforten, am Eingange der Judengasse angebracht und mit einem sogenannten Schlupfpförtchen versehen. Unter Goldschmied, am Eingange des Portalsgäßchens, damals die Enge Gasse genannt, Unter Taschenmacher, welche Straße den Namen Unter Kindshütern führte und am Eingange der kleinen Judengasse waren später ähnliche feste Thore mit Schlupfpförtchen aufgeführt. Alle Ausgänge der Judenhäuser auf anstoßende, von Christen bewohnte Straßen waren vermauert.

Von einem Ghetto, einem Judenviertel, gleich denen, die in Venedig, Rom und manchen deutschen Städten später errichtet wurden, kann also hier die Rede nicht sein. Die Absperrung ihres Quartiers geschah in Köln auf den ausdrücklichen Wunsch der Juden, sie bestritten selbst die Kosten der baulichen Einrichtungen*).

Wie es sich aus dem ältesten Eidbuche der Stadt vom Jahre 1321 ergibt, befanden sich die Schlüssel zu den Thoren des Judenviertels in den Händen des zeitweiligen Juden-Bischofes und des Stadtboten, der verpflichtet war, die Thore Abends zu schließen, ausgenommen, wenn die Herren, d. h. Bürgermeister und Rath, sich auf dem Stadthause befanden, und Morgens aufzusperren. Der Juden-Bischof hatte auch noch einen Schlüssel zu der engen Gasse, wahrscheinlich zu der sogenannten Portalsgasse oder vielleicht der Judengasse. Die Juden waren für dieses Absperren und Auf-

*) S. Note XVI.

schließen der Thore zu ihrem Viertel jährlich mit 20 Mark vom Rathe besteuert*).

Gewiß nicht angenehm war es den Juden, als der Rath im Jahre 1295 einer Anzahl Lombarden (Lombardar, Lombardin), italienischen Geldhändlern, auf 25 Jahre das Bürgerrecht ertheilte, um auf diese Weise die Einkünfte der Stadt zu mehren, denn die Lombarden mußten eben so wie die Juden Schutzgelder entrichten. So zahlten die Lombarden bei St. Maria im Capitol jährlich 150, und die im Hause zum „Bock“ 100 Mark.

Mit der Aufnahme der Lombarden sahen sich die Juden in ihrem Geschäfte durch die Concurrenz zwar benachtheiligt, lebten sonst aber unter dem Stadtregimente, seit Wichbold von Holte (1297—1304), ein friedliebender Mann, Erzbischof von Köln, ohne alle Störung, in vollem Frieden. Die Concurrenz war ihrem unermüdlichen Fleiße ein neuer Sporn zu größerer Thätigkeit**).

Wichbold, dem sie 1200 Mark bezahlt hatten, ertheilte am 29. December, dem Unschuldigen-Kinder-Tage 1302, den Juden gegen 600 Mark Schutzgeld, die zur Hälfte um Ostern, die andere Hälfte am Remigius-Tage jährlich entrichtet werden mußten, ein außerordentlich günstiges Privilegium, welches sie auf neun Jahre in seinen Schutz nimmt und gegen jede Bedrückung sichert. Alle während der neun Jahre sich in Köln ansiedelnden Juden sollten denselben Schutz, dasselbe Geleit genießen, unter dem auch jeder nach Köln kommende Jude auf vierzehn Tage stand. Er konnte sich in dieser Frist entscheiden, ob er bleiben oder weiter ziehen wollte. Ueber jedes Vergehen oder Verbrechen, das ein Jude beging, und über welches der Erzbischof nicht zu entscheiden hatte, sollte nach ihrem Rechte von dem Juden-Bischofe und den Aeltesten ihrer Gemeinde entschieden werden. Starb der Erzbischof in der den Juden bewilligten Schutzfrist, war sein Nachfolger gehalten, den Juden die von ihm gegebenen Versprechen zu Recht bestehen

*) S. Urkunde 18.

**) Man vgl. in Stobbe's verdienstvollem Werke: „Die Juden in Deutschland während des Mittelalters“, den Abschnitt: „Der Handel und die Geldgeschäfte der Juden“. S. 103 ff.

zu lassen. Für ihre Person und ihre Leichen hatten die Juden keinen Zoll zu entrichten, von ihrer fahrenden Habe aber nur den, welchen auch die Christen von ihren Gütern zu zahlen hatten. Kein Jude sollte zu einem außergewöhnlichen Eide gezwungen werden. Ihren Friedhof vor der Stadt nahm der Erzbischof in seinen besonderen Schutz, Niemand durfte ihn zerstören, Niemand ihren Begräbnissen hinderlich sein. Wurde im Laufe der neun Jahre ein Jude in Köln aufgenommen, hatte er seinen Antheil an dem Schutzgelde zu zahlen. Zugleich bestätigte der Erzbischof ihnen alle von den Päpsten, von seinen Vorgängern, von den Kaisern verliehenen Privilegien und Gerechtsamen.

Außer dem Dechant und dem Capitel versahen auch als Bürgen für die Aufrechthaltung der in der Urkunde den Juden gegebenen Versprechen die zu den Geschlechtern zählenden Edlen: Konstantin von Lyskirgen, Johann und Bruno, genannt Hardevust, Brüder, Emund Byrkelin, Johann Scherbechin, Johann Katzen, Gerard, Sohn des Burggrafen Gerard, Everhard Gyr, Riolph Menechin, Daniel Jude, Rudger, Sohn des vorgenannten Konstantin, Göbel Hardevust, Burggraf, Johann Overstolz, Sohn, Konstantin Overstolz, Godschalk Overstolz, Franco vom Horn, Schöffen, dieselbe als Bürger Kölns mit ihren Siegeln und verbürgten sich persönlich für die Aufrechthaltung aller der durch die Urkunde den Juden auf neun Jahre verliehenen Gerechtsamen*).

Wichbold's Nachfolger, Heinrich II. von Virnenburg (1304—1332), bestätigte beim Antritte seines Amtes seinen Juden alle die ihnen von diesem verliehenen Freiheiten, scheint aber bald darauf in Zwist mit ihnen gerathen zu sein, denn 1326, am Vorabende des Festes Johannes des Täufers, widerruft er alle seine Erlasse gegen die Juden, gegen die Bäcker, Brauer, Fischer, Fleischer und Federviehhändler**).

Aus dem Schreinsbuche der Juden — Liber Judaeorum — ersehen wir, daß gerade um diese Zeit ein häufiger Wechsel ihrer Liegenschaften in ihrem Viertel Statt fand, daß sie viele Häuser

*) S. Urkunde 19.

**) Urkunde im Stadt-Archiv.

und Bauplätze ankauften, wodurch einzelne Rechtsstreitigkeiten entstanden*). Zwischen Gotschalk dem Juden-Bischof, der die Judengemeinde vertrat, einerseits, und einem Juden Gotschalk Jaigduvel und dessen Neffen Gotschalk andererseits, entstand 1328 ein Rechtsstreit wegen eines Baues, den letzterer nahe bei dem Schulhofe, dem Bürgerhause gegenüber, aufgeführt hatte. Die Judengemeinde machte Einspruch gegen den Bau. Der enge Rath entschied aber zu Gunsten Gotschalk Jaigduvels, erlaubte demselben, den Bau zu vollenden, und versöhnte auch beide Parteien.

Da die Juden Kölns dem Nachfolger Heinrich's, dem Erzbischofe Walram von Jülich (1332—1349), 8000 Mark kölnisch zur Einlösung des Schlosses Aspeln, der Städte Rees, Xanten, Kempen und was dazu gehörte, vorgeschossen hatten, nahm dieser sie 1332 gegen die jährliche Zahlung von 70 Mark kölnisch oder deren Werth, der auch halb um Ostern und halb um Remigius zu entrichten, wieder auf zehn Jahre in seinen Schutz, alle ihre Gerechtsamen bestätigend und den Rath der Stadt durch ein Schreiben auffordernd, denselben auch auf zehn Jahre seinen Schutz und Frieden zu gewähren**), sie gegen alle Unbilden, Gewalt und Mißhandlung, die Jemand gegen sie anwenden möchte, zu vertheidigen. Außer den 70 Mark hatten sie für den Schutz dem Erzbischofe keine anderen Abgaben zu leisten. Alle während der Frist des Schutzes nach Köln kommenden Juden konnten dort bleiben, mußten sich aber mit der erzbischöflichen Kammer wegen der zu zahlenden Abgabe (pensio) und des rattrlichen Antheils an der Summe von 8000 Mark vereinbaren. Während der ersten vierzehn Tage nach ihrer Ankunft standen sie unter dem Schutze des Erzbischofes und hatten so, ohne irgend eine Abgabe, Zeit zu überlegen, ob sie bleiben, oder weiter ziehen wollten. Juden, die nach Köln kamen, um dort zu heirathen und sich häuslich niederzulassen, brauchten keinen Antheil an den 8000 Mark zu zahlen. Sie hatten im Gebiete des Erzbischofes keine Zölle von ihren Leichen, von ihrer fahrenden Habe und ihren Gütern zu entrichten,

*) S. Urkunden 20, 21, 22.

**) Urkunden im Stadt-Archiv.

durften zu keinem ungewöhnlichen Eide als dem, welchen sie von Alters her zu schwören gewohnt, gezwungen werden. Sicherheit für ihre Begräbnißstätte außerhalb der Stadt ward ihnen zugesagt. In einigen deutschen Städten kommt es vor, daß die Begräbnißstätten der Juden völlig befestigt waren.

In gewöhnlichen Klagsachen durften sie vor kein geistliches Gericht geladen werden. Wer an einen Juden etwas zu fordern hatte, mußte sich mit dem Urtheile begnügen, das der Judenbischof mit den Aeltesten in der Judenschule fällten. Belangte ein Jude einen anderen Juden vor den Richter oder Amtmann des Erzbischofes, wurde er als ungehorsam dem Gesetze der Juden, als Rebell erklärt und nach Stimmenmehrheit mit dem Banne gestraft, aus der Gemeinde gestoßen. Die Meister und Vorsteher der Judenschule durften über Gegenstände, die ihre Gesetze, ihren Ritus betrafen, frei verhandeln, disputiren.

Der Erzbischof verspricht ihnen schließlich in der Urkunde, sie bei allen Freiheiten und Privilegien, die sie von Päpsten, römischen Kaisern und Königen und seinen Vorfahren erhalten, ungestört zu lassen und überhaupt in allen ihren guten und alten Gewohnheiten, welche sie von Alters her besessen, zu erhalten. Es stimmt dieses Privilegium mit dem den Juden vom Erzbischofe Wichbold 1302 verliehenen völlig überein.

Das Domcapitel führte gegen diese den Juden vom Erzbischofe bewilligten Privilegien Beschwerde und hob namentlich hervor, daß es unstatthaft, daß den Juden auch ohne Ausnahme das Recht zugestanden worden, daß jeder ihrer Processe nur vor dem Gerichte der Beklagten verhandelt werden sollte. Besonders beschwerten sich die Domherren darüber, daß es mit ihrer Würde unvereinbar, daß die Prälaten in Rechtsstreitigkeiten mit einem Juden in der Synagoge erscheinen mußten. Der Erzbischof stellte nicht in Abrede, daß eine solche Bestimmung von dem Schicklichen, dem Herkömmlichen, der allgemeinen Regel (quamquam hanc clausulam multum a jure et rationis regula exorbitantem) abweiche und versprach, bei späteren Erneuerungen der Juden-Privilegien in dieser Beziehung Ausnahmen zu Gunsten des Domcapitels und der Geistlichkeit überhaupt auszubedingen. Zur Entschuldigung der von ihm den Juden verliehenen Gerechtsamen hob er hervor, daß die Juden ihm in seinen Geldverlegenheiten und bei den Bedrängnissen, in welchen sich das Erzstift befunden, bedeutende Summen vorgeschossen hätten. Das Domcapitel gab nach und untersiegelte das Privilegium*).

Hier wieder ein Beleg, daß die Juden Kölns die ihnen von den Erzbischöfen ertheilten Privilegien gewöhnlich mit schweren Summen erkauften, daß ihre Säckel in Zeiten der Noth die Zuflucht aller Großen, daß ihre Geldmacht ihnen allein ihre bürgerliche Existenz sicherte, wenn sie dieselbe aber leider! auch nur zu oft in Frage stellte. Wer wird es ihnen verdenken, daß sie diese Macht in jedmöglicher Weise zu ihrem Vortheile benutzten? Oder handelt die Macht des Capitals in unseren Tagen vielleicht anders?

Die Stadt hatte die Angelegenheiten der Judengemeinde auch geordnet und ihre Rechte durch das große, ihnen am Donnerstage vor dem Feste der heiligen Agnes verliehene Privilegium festgestellt**). Es durfte kein Rathsmitglied mit den Juden in Unterhandlung treten wegen Verlängerung ihrer Schutzfrist, es sei denn ein halbes Jahr vor Ablauf derselben[145]). Schon im Jahre 1327 bestimmt der enge Rath, daß dem Hermann Scherfgin, Ritter, Schöffen des Grafen und seinem Diener, verboten, einen Juden oder Jüdin, die selbst erbgesessen oder erbgesessene Bürgen stellen können, in seinem Hause oder in seinem Schlosse, oder in einem anderen Schlosse zu Haft zu bringen wegen irgend einer Forderung,

*) Die bezüglichen Urkunden datiren vom 26. Juli 1335 und vom 20. December 1341. In der ersten Urkunde nennt der Erzbischof den Juden-Bischof „pontifex". Es heißt nämlich: „Coram judeorum pontifice comparere et litigare in sua synagoga etc." Ihrer Wichtigkeit wegen sind beide Urkunden mitgetheilt. Vgl. Lacomblet a. a. O. B. III. Nr. 295 und 370. Urkunde Nr. 23 und 24.

**) S. Urkunde 25.

145) Euer haint unse heirren ouerdragen, dat egein rait, de zer zijt sijts mit den juden dedingen sal, in ire jairzale ze lengen, id in sij ein half iair vur der zijt, dat ir jairzalen us gain sulen, inde dat sulen sij dan ouermits alle rede bi irme eide. — Eidbuch vom Jahre 1321. (38.)

die er an den Juden haben mag. Er soll klagen vor dem Capitel der Judenschaft und sich mit dem, nach der Stimmenmehrheit gefällten Urtheile desselben bescheiden. Wer gegen diese Bestimmung handelt, an dessen Leib und Gut soll man sich halten. Derjenige, der einen Juden oder Jüdin besagten Standes einkerkert, soll bei seinem der Stadt geschworenen Eide vier Wochen lang bei Wasser und Brod auf einem der Stadtthürme in Haft bleiben[146]).

Im Jahre 1321 hatte die Stadt Köln bereits sämmtliche dort angesiedelte Juden in ihren Schutz und Frieden als *Sammtbürger* auf zehn Jahre aufgenommen. Wer sie vor einen anderen Richter als ihren eigenen ladet, soll für die Hälfte der Summe, auf die er klagt, gebüßt werden[147]).

Freies Testirrecht hatten die Juden nicht. Als Gesetz war festgestellt, daß kein Rathsmitglied, oder wer es sonst sein mochte, der Juden Gut, es sei Erbe oder fahrende Habe, Gold oder Silber, Kleinodien oder Edelsteine oder anderes Gut, welches der Stadt zusteht, in arglistiger Weise genießen oder sich zueignen soll[148]).

Zur Aufrechthaltung der Gerechtsamen der Juden, Handhabung ihrer Ordnung und zu ihrem Schutze wurden jährlich zwei *Judenmeister* aus dem Rathe gewählt, von denen jedes Jahr *einer* im vorigen Jahre im Rathe gesessen haben mußte, so daß jeder zwei Jahre bei dem Amte als Judenmeister bleibt, während der Zeit er nicht im Rathe sein, noch in denselben gewählt werden durfte. Die Judenmeister mußten schwören, die Freiheiten der Juden treu aufrecht zu halten, sie zu schützen und vor Allem dafür zu sorgen, daß alle Einnahmen der Stadt, von den Juden herkommend, gehörig eingefordert, eingezogen und der Stadt Rent-

146) S. Urkunde 26.

147) S. Urkunde 27.

148) It si kunt, dat der Rait met allen reeden ouerdragen haint eyndreichtligen ind willent, dat irre engheyn die nu sint, noch die her na comen muegen noch nyemant van iren weegen des juden Guets, it si erue of varendehaue, golt of silner, cleynode of gesteynste of eynich ander guet, dat der juden was, dat der Stat zugeburde, ane eyngerleye argelist geniessen noch neemen ensuelen.

kammer ohne alle Argliſt eingeliefert werden. Für dieſe Mühewaltung empfingen die Judenmeiſter jährlich zehn Gulden, nach anderer Lesart zehn Mark jährlich*).

Der Eid der Judenmeiſter lautete:

„In dem yersten solen sij vur sicheren ind na zu den heilgen sweyren, dat sij der Juetschaff sachen vurschr. gemeynligen ind besunder na Eren ind beeste der Steede ind na yren besten synnen truwaligen hantyeren ind vurkeren sollen in der volgen, as sij unthalden synt, of namails untfangen werden solen, sunder dat umb eyncherleye sachen wille zu laissen, die dat yrren of hynderen moechten buyssen wist ind willen unser herren zerzijt vanme Raide ind dat sij alle der Juetschaff bruche truwelichen vaseren ind allen wynkouff, vurgelt, vntfenckniase, vpkomen, allen ervall ind wie man dat anders noemen mach, die van der vurschr. Juetschaff sementligen af sunderlingen geburden zu komen off zu ervallen, van watkunne sachen de weren, mit truwen ind mit gantzem vlysse invorderen ind die gentzligen ind volkoemeligen leueren ind antwerden solen up der steede Rentkameren, sunder des viel off cleyne hynder yn zubehalden of des yet zu yrme of zu yemans anders nutze zu wenden of zu keren, ayn alreleye arglist. (Ind herumb so sal man eyme yecklichme van yn des Jairs gheven X gulden ind nyet me, van der steede welgen.)

„Datum et concordatum Anno Domini MCCCLXXX quarto die VI mensis Julii.“

Wir finden im Laufe des vierzehnten Jahrhunderts Männer aus den edelſten Geſchlechtern im Amte der Judenmeiſter, ſo: Heynrich van der Eren, Juedenmeister, Costijn up dem heumarte, Juedenmeister, und ſelbſt den Stadtgrafen. Bis zur demokratiſchen Umgeſtaltung der Stadtverfaſſung ſtanden auch Mitglieder des engen Rathes, unter dem Namen „Meiſter“, an der Spitze der einzelnen Zünfte, mit der Verwaltung der Angelegenheiten derſelben betraut.

Die Juden lebten im beſten Einvernehmen mit der Stadt,

---

*) S. Urkunde 28.

welche mitunter ebenfalls ihre Zuflucht zu ihrem Säckel nahm. So finden wir sie im Jahre 1321 dem Salman von Basel und dem Joseph von Arweiler, Juden, beide Bürger in Köln, schuldig, und zwar dem Salman 1059 Mark 2 Schilling, dem Joseph von Arweiler 1000 Mark, 700 Mark und 46 Mark kölnisch Pagament, wofür beiden Schuldscheins unter dem Stadtsiegel ausgestellt waren. Zur Deckung dieser Schuld hatte die Stadt beiden den Zoll am Bayen verschrieben, wo sie 3 Turnosen von jedem Fuder Wein, und von anderen Kaufmannsgütern 1½ Turnose erheben durften, und dies so lange, bis diese Schuld der Stadt völlig getilgt war.

Man fand es selbst wichtig genug, in dem Eidbuche zu verzeichnen, daß ein Jude, Anselm von Osnabrück, angesiedelt in Münster, der Stadt beim Baue des Saales des Bürgerhauses erlaubt habe, den Hauptbalken (lisbalken) in seine Mauer zu legen, und wegen dieser, der Stadt erwiesenen Freundschaft gestatten ihm die Herren, seinen Giebel so hoch zu bauen, wie er immer will, und ein Drittel der Straße zum Aufführen der Gerüste einzunehmen, bis der Bau vollendet sei, straßenwärts so viele Thüren und Fenster anzulegen, als ihm beliebt, und hatten unsere Herren die zwei Stadt-Rentmeister beauftragt, darauf zu achten, daß dem Juden kein Ungenüge geschehe, bis der Bau vollendet[149]. Das in Rede stehende Haus lag an der nordöstlichen Ecke der Judengasse an der Stelle des Neubaues neben dem eigentlichen Rathhause, an den sogenannten Hansesaal stoßend.

Die Eingangsgelder der Juden, die von ihnen dem Rathe zu entrichtenden Krongelder, und was sie sonst im Laufe des Jahres noch zu zahlen hatten, konnten, nach dem Eidbuche des Jahres 1341 der Rath und die Bürgermeister behalten. Euer so wat de Juden dame Nuwene Rade geuent zu Ingange inde zu Crongalde inde des gelich durch dat jair as gewoinlich is, dat mach der Rait mit den burgemeystern behalden[150]. Es erhellt aus

149) S. Urkunde 29.

150) Quellen zur Geschichte der Stadt Köln. B. I. Eidbuch vom Jahre 1341. S. 20. Dit is de gulde.

dieser Bestimmung, daß sich die Stadt auch noch neben dem Erzbischofe ein Schutzgeld von den Juden bezahlen ließ und diese Schutzgelder zu ihren stehenden Einkünften zählte. Die Erzbischöfe sahen hierin eine widerrechtliche Anmaßung der Stadt, einen Eingriff in ihre Rechte, da ihnen die Juden vom Reiche zu Lehen gegeben und sie allein die Nutznießung von denselben beanspruchen könnten, wie ihnen auch ausschließlich das Recht zustände, Cawartschen oder Lombarden aufzunehmen.

Die Stadt kümmerte sich um diese Einsprüche der Erzbischöfe nicht; mußte es sich aber auch gefallen lassen, daß dieselben Lombarden Erlaubniß gaben, in Köln ihre Geschäfte zu betreiben. Erzbischof Walram ertheilte im Jahre 1332 gegen eine Jahresrente von 300 kleinen florentiner Gulden einer lombardischen Handels-Gesellschaft das Recht, sich in Köln niederzulassen und Geldgeschäfte zu machen. Die Gesellschaft bestand aus Kaufleuten von Asti: Rophinus Rotarius und Matthias, genannt Cynei, Walram und Gabriel de Monte magno, Leo und Daniel Octini, Richardo und Pirzivallo de Monte magno, Dominicus und Leo, genannt Stoil. Auf eilf Jahre gab ihnen der Erzbischof Schutz und Geleit, erlaubte ihnen in Köln zu wohnen, Grundeigenthum zu erwerben und Häuser zu bauen, getrennt oder gemeinschaftlich Geschäfte zu betreiben, namentlich Geldgeschäfte, und auf Pfänder zu leihen. Streckten sie Geld auf gestohlene Pfänder vor, konnte der Eigenthümer dieselben nur gegen Rückerstattung der Pfandsumme wieder erhalten. Blieb ein Pfand Jahr und Tag, das heißt ein Jahr und sechs Wochen uneingelöst, konnten sie es sofort verkaufen und den Mehrerlös für sich beanspruchen. Ohne ihre Zustimmung durfte sich kein anderer Lombarde in Köln niederlassen, um Geldgeschäfte zu betreiben. Ward der Erzbischof in einen Krieg verwickelt, blieben die Lombarden unter seinem Schutze, behielten sie freies Geleit. Nach Ablauf der eilf Schutzjahre war ihnen zum Ordnen ihrer Geschäfte noch ein Freijahr gestattet[151]).

Erzbischof Walram bewilligte im Jahre 1335, am Tage nach

---

151) Dr. Ennen, „Geschichte der Stadt Köln. B. II. S. 327 ff.

Petri Kettenfeier, den Juden seinen Schutz auf fernere fünf Jahre, da die ihnen von seinem Vorgänger zugestandenen zehn Jahre nicht abgelaufen, und erweiterte diesen Schutz auf weitere sieben Jahre, also bis zum Jahre 1347.

Walram scheint aber auch mit der Judengemeinde Kölns in Zwiespalt gerathen zu sein, aus welcher Ursache wissen wir nicht, denn im Jahre 1338, am Vorabende des Festes der heiligen Katharina, erklärt er urkundlich, daß er keinen Groll mehr gegen die Juden hege, und empfiehlt sie dem Senat, daß er sie in ihren Freiheiten und Privilegien schütze.

Die letzten Jahre waren für die Juden Kölns Jahre der Angst gewesen. Ein furchtbarer Sturm drohte ihnen aus dem Süden Deutschlands. Unter Anführung eines Bauern mit Namen Armleder hatten sich dort seit 1337 Scharen von Landleuten und fahrendem Gesindel zusammengerottet, in hellen Haufen umherziehend, den Juden Tod und Verderben drohend. Wohin diese Mordbrenner, Schlägler oder Judenschläger genannt, kamen, übten sie Raub und Mord an den Juden, verbreiteten sie Schreck und Angst, und gewiß auch unter der Judengemeinde Kölns; denn wer sicherte ihr Schirm und Schutz gegen diese Horden, kamen sie auf ihrem Vertilgungszuge nach dem Niederrheine? Kaiser Ludwig, dem sich die Juden Frankfurts verpflichtet hatten, bot Alles auf, die Juden, seine lieben Kammerknechte, wie er sie in einer Urkunde nannte, zu schützen, forderte die Herren von Eppstein und Hanau und den Erzbischof von Mainz, Heinrich III. (1328—1354), und Bürgermeister, Schöffen und Rath der Stadt Frankfurt dringlichst auf, mit aller Strenge gegen die Judenschläger zu verfahren und die Juden zu schirmen. Für den Niederrhein hatte dieser Sturm keine weiteren Folgen. Armleder büßte seine Frevel durch Henkershand, die unter ihm zusammengescharten Mordbrenner-Haufen verliefen sich[152]).

Am 5. Januar 1342 bekundet Walram urkundlich, daß die kölner Bürgerschaft auf sein Ansuchen die in Köln wohnenden

152) Kriegk a. a. O. S. 416 ff. Die hieher gehörigen Urkunden in Boehmer's Cod. Moenofranc. p. 413, 510, 549.

Juden in Schutz genommen und versprochen hätte, sie mit ihrem Habe und Gut gegen jede Gewaltthat und Anfeindung zu sichern, jedoch mit Bewahrung ihrer Rechte*).

Trotz der Concurrenz der Lombarden, trotzdem, daß sich auch die Geschlechter der Stadt bei Anleihen und ähnlichen Gelegenheiten an Geldgeschäften betheiligten, ungeachtet der Kirchenverbote Zinswucher trieben, wie uns die Geschichte der Stadt lehrt, — so schoß, um nur ein Beispiel anzuführen, der kölner Patrizier Johann von Hirsch (de cervo) dem Herzoge Wilhelm II. von Jülich und Berg einen Theil der 60,000 Mottonen vor, für welche ihm Johann I. von Blankenberg diese Herrschaft an der Sieg verpfändet hatte, unter der Bedingung, daß dieselbe dem Herzoge als Eigenthum zufallen sollte, wenn das Pfand in sechs Jahren nicht eingelöst wäre[168]) —, trotz aller Beschränkungen, waren die Geldgeschäfte der Juden in Köln und im ganzen Erzstifte nicht unbedeutend, außerordentlich gewinnreich, denn Geldnoth war bei den geistlichen und weltlichen Großen ein fortdauerndes Gebrest.

Die Judengemeinde Kölns wurde indeß immer zahlreicher, da die Stadt den Juden Sicherheit, den Genuß ausgedehnter Privilegien bot und die Aussicht auf Gewinn zu verlockend war, so daß der Rath sich schon 1322 veranlaßt gefühlt hatte, weil das städtische Schutzrecht der Juden gleiche Geltung mit dem erzbischöflichen errungen hatte — mit welchem Rechte, wird nirgend erwähnt —, der Judengemeinde zu erlauben, sich ebenfalls in der Gasse um den jetzigen Laurenzplatz, in der großen und kleinen Bolen-, jetzt Budengasse, und in der Bürgerstraße niederzulassen und Liegenschaften zu erwerben. Bei jedem Ankaufe mußten die Juden den vierten Theil der Ankaufs-Summe an die Stadt zahlen. Die Kirche St. Laurenz, in deren Pfarrsprengel auch diese Straßen lagen, beanspruchte ebenfalls, um sich für die Stolgebühren zu entschädigen, welche auch die Juden der Pfarre, in der sie wohnten, entrichten mußten, einen Jahreszins von sechs Schillingen, drei für den Pastor, und drei für die Kirchenfabrik.

---

*) S. Urkunde 22.

168) Weyden, „Das Siegthal". S. 165.

Wir kennen noch die Namen der Juden, die sich zuerst in den ihnen neu eingeräumten Straßen niederließen, nämlich: Simon von Jülich, Samson von Limburg, Süßkind von Frankfurt, Samson von Remagen und Salomon von Straßburg[154]).

Von welcher Bedeutung die Geldgeschäfte der Juden um diese Zeit mitunter waren, mag ein Beispiel beweisen; unser Archiv bewahrt nämlich noch eine Reihe von Quittungen von siegburger Juden auf, aus denen sich ergibt, daß mehr als hundert adliche Herren dem in Siegburg ansässigen Juden Simon schuldeten, unter denen die Grafen von Berg, von Jülich, die Herren von Schleiden, Oeffte, Kemnade, Olpen, Stave, Horst, Roehstock, Schilling, Schönweber u. s. w. mit 22,000 Mark aufgeführt werden, und der Graf von Berg allein mit 20,000 Mark.

Neben den Juden finden wir auch bereits ganz im Anfange des vierzehnten Jahrhunderts in Siegburg Lombarden angesessen; der Handelsverkehr dieser Stadt muß mithin auch schon bedeutend gewesen sein. Im Jahre 1308 treffen wir hier einen Lombarden Namens Ricardus als Bürger (opidanus in Syberg), welcher in diesem Jahre dem Grafen Adolph VIII. von Berg eine Quittung über den Empfang von 3000 Mark ausstellt, die er dessen Vorgänger dem Onkel Adolph's, dem Grafen Wilhelm I. (1296 bis 1308) vorgeschossen hatte[155]).

Außer mit Geldgeschäften, besonders Darleben auf Pfänder, befaßten sich auch einzelne Juden in Köln mit der Arzneiwissenschaft. Die Betreibung eines anderen Geschäftes, oder gar eines Handwerks war ihnen ja streng untersagt, wurde mit Verweisung, Verlust der fahrenden Habe bestraft. Hatten auch verschiedene Concilien-Beschlüsse den Christen verboten, Arznei von Juden zu nehmen, welches selbst noch 1581 vom Papste Gregor XIII. (1572 bis 1583) mit dem Zusatze verschärft wird, daß Christen, welche

---

154) Dr. Ennen, Geschichte der Stadt Köln. B. II. S. 326. Darauf bezügliche Urkunden bewahrt das Stadt-Archiv auf: vom 8. Februar 1322, vom 27. Januar 1324, vom 18. Januar 1324, vom 15. Januar 1325, vom 1. Februar 1325.

155) Weyden, „Das Siegthal". S. 89.

sich von jüdischen Aerzten behandeln lassen, der Empfang der Sacramente und christliches Begräbniß versagt werden soll, und die Juden, welche Christen als Aerzte behandelten, mit den strengsten Strafen bedroht werden, wie dies auch sein Vorgänger, Paul IV. (1555—1559) verordnet hatte, so finden wir doch Juden als Leibärzte von Königen und Kurfürsten, selbst von Päpsten. Der Leibarzt Innocenz' VIII. (1484—1492), als Mensch einer der edelsten und hochherzigsten Päpste, die Petri Stuhl geschmückt, war ein Jude. Die Päpste Alexander II., Julius II., Leo X. und Clemens VII. und viele hohe Kirchenfürsten hatten, trotz aller Concil-Beschlüsse, Juden zu Leibärzten; so waren die Aerzte der Sultane Bajazet, Selim I. und Suleiman's, Kaiser Friedrich's III., König Heinrich's IV. von Frankreich und der Königin Elisabeth von England auch Juden. In Frankfurt a. M. gab es im vierzehnten Jahrhundert sogar jüdische besoldete Stadtärzte, so 1388 der Stadtarzt Isaak Friedrich, 1394 Salman Pleisch und 1398 Isaac[156]). Als im Jahre 1423 die Juden aus Zürich verwiesen wurden, erlaubte der große Rath dem Judenarzte Joseph, wegen seiner Kunst zu bleiben. Ob Aehnliches in Köln vorgekommen, möchte ich bezweifeln, da überhaupt im vierzehnten Jahrhundert dort nur besoldeter Wundärzte Erwähnung geschieht*). In einzelnen Städten gingen die Judenärzte roth gekleidet, was gewiß nicht in Köln der Fall war, da Scharlach zu tragen, ein Vorrecht des Geschlechtes der Overstolzen.

Daß die Judenärzte mehr Zulauf hatten, wie die christlichen, mag seinen guten Grund in ihrer Geschicklichkeit gehabt haben; denn wer quacksalberte und curirte im Mittelalter nicht?[157]). Jn den Judenärzten, die ihrer socialen Stellung wegen in den Augen der Menge, als die Verabscheuten, ein gewisses Geheimniß umgab,

---

156) Kriegk a. a. O. S. 449.

*) Dr. Ennen, Geschichte der Stadt Köln. B. II. S. 531 und 544.

157) In einer mittelalterlichen Satire heißt es:

„Jactant se Medicos quivis Idiota, Sacerdos,
Judaeus, Monachus, Histrio, Rasor, Anus,
Miles, Mercator, Cerdo, Natrix et Arator
Lamia, Decoctor, Pharmacopola Magus."

hatte man mehr Zutrauen; eben das Verbot übte, wie in allen Dingen, auch hier eine magische Anziehungskraft. Das Mittelalter glaubte übrigens alle Rabbiner in der Heilkunde erfahren.

In dem Maße der Reichthum der Juden im Allgemeinen zunahm, stieg auch der Haß gegen dieselben, durch Mißgunst und Neid genährt. Ihre Stellung der Gesellschaft gegenüber änderte sich nicht, wurde vielmehr in ganz Deutschland durch die allgemeinen gesetzlichen Bestimmungen, wie die einzelner Fürsten, alle in der Wahnbefangenheit der Zeit, im religiösen Vorurtheile aller Classen und Stände gegen die Juden erlassen, fort und fort drückender, unerträglicher. Bewundern muß man den hohen Starkmuth, die edle Resignation, welche allein in ihrem felsenfesten Glauben, in ihrem Stolze, mit dem sie, „das auserwählte Volk", auf die Christen herabsahen, in ihrer Hoffnung wurzelten, mit welcher sie diese Lage, diesen Zustand ertrugen. Dem niedrigsten Spott und Hohn, den schimpflichsten Verfolgungen stündlich, ohne die schützende Sicherheit des Gesetzes Preis gegeben, waren und blieben sie die **Parias** der Gesellschaft, für die Kaiser und Großen nur ein Geldobject. Kaiser Karl IV. verpfändete noch 1349 die Juden Frankfurts a. M. der Stadt für die Summe von 15,200 Pfund Heller, und ließ diese Verpfändung durch die Kurfürsten bestätigen. Einige Jahre später, 1372, gab er der Stadt das Recht, Juden aufzunehmen und verkaufte die Hälfte der ihm zukommenden Aufnahmsgelder der Stadt um 6000 Gulden[158]). Erzbischof **Heinrich** III. von Mainz ging sogar im Jahre 1335 so weit, aus erzbischöflicher Machtvollkommenheit, Alle, die den Juden schuldeten, ihrer deßhalb geschworenen Eide zu entbinden, die Schuldner zu absolviren[159]).

Keine nähere Kunde ist uns geworden über die innere Geschichte der Judengemeinde in Köln. Sie waren den Herrschenden auch hier eine nie versiegende Geldquelle, aus der man so viel denn immer möglich zu schöpfen suchte, nach vorgeblichem Rechte,

158) **Kriegk** a. a. O. S. 419 ff. Er berechnet die 15,200 Pfund Heller nach dem heutigen Geldwerthe auf 900,000 bis eine Million Gulden.

159) **Schaab** a. a. O. S. 77.

nicht selten mit der rohesten Gewalt der Willkür, die den Juden gegenüber schrankenlos. Zu dem doppelten Schutzgelde an den Erzbischof und die Stadt, dem Grundzins, Heirathsgeldern, Zungengeld für das geschlachtete Vieh, Gewerbesteuer, dem zehnten Theil ihres Gewinnstes, kamen noch die Huldigungsgebühren, welche die Juden zu zahlen hatten, wenn sich der König oder Kaiser in Köln oder in dessen Nähe aufhielt, kamen noch Bettsteuer, Kücheusteuer und Pergamentsteuer. Sie mußten nämlich die Betten für die Hofbeamten, die Kessel für die kaiserliche Küche und das Pergament für die kaiserliche Kanzlei beschaffen, und jedem unmittelbaren Beamten, nach einer späteren Bestimmung Karl's IV., „dem Hoffmeister, Marschalle, Kammermeister, innersten Kammerer, Kuchinmeister, Schenker und Sposer jeglichem fünf Pfund" zahlen, was jedoch nur einmal im Jahre gefordert werden durfte. Außerdem hatten sie noch die Kron- oder Krönungssteuer zu entrichten.

Die Mehrzahl der im dreizehnten und vierzehnten Jahrhundert von den Königen und einzelnen Fürsten des Reiches für die Juden erlassenen gesetzlichen Bestimmungen, von denen auch sicher viele, haben wir auch keine gewisse historische Kunde darüber, die Judengemeinde Kölns trafen, waren vexatorisch, dienten nur dazu, die Kluft zwischen Christen und Juden immer weiter zu machen, den Haß gegen sie zu nähren, sie der ungestraften Willkür der rohen Menge Preis zu geben.

König Rudolph der Habsburger bestätigt zwar die die Juden schützenden Bullen der Päpste Innocenz' IV. und Gregor's X., welche sie namentlich, wie wir gehört haben, von der absurden Anklage, daß die Juden an ihrem Passah-Feste von dem Herzen eines von ihnen geschlachteten Christenkindes zehrten, freisprachen, so auch die Privilegien einzelner Judengemeinden, der kölnischen und regensburger. Er zieht 1287 gegen Bern, weil die Stadt die Juden vertrieben und viele hingerichtet hatte, und so straft er 1290 die Nördlinger, weil sie alle Juden ihres Bezirkes ermordet und ihre sämmtliche Habe eingezogen hatten. Man glaube aber ja nicht, daß Rudolph dies aus menschlichem Mitgefühl für die Unglücklichen gethan habe; es geschah nur, weil die Einkünfte des kaiserlichen Fiscus durch die Vertreibung der Juden geschmälert, seine Einnahmen beeinträchtigt wurden. So erneuert er auch auf Anrathen des Bischofs Heinrich II. von Mainz, Grafen von Romeck (1277—1296), den Befehl, die Bestimmung des Schwabenspiegels aufrecht zu halten, daß die Juden während der christlichen Osterzeit in ihren Häusern bleiben, sich „zur Schmach des christlichen Glaubens" auf Wegen und Straßen nicht blicken lassen, Thüren und Fenster verschlossen halten sollten[160]). Diese Bestimmung war nicht neu, kommt bereits in älteren Concilien-Beschlüssen und als Gesetz im Kirchenrechte vor[161]). Daß dieselbe in Köln zur Anwendung kam, liegt keinem Zweifel unterworfen, wie auch in anderen Städten, so in Zürich, Frankfurt u. s. w. Gewiß ist es, daß sich die Juden um diese heilige Zeit der Christen in ihre Viertel zurückzogen, Thüren und Fenster verschlossen hielten, um kein Aergerniß, der Menge keinen Anlaß zu Verfolgungen zu geben. Um solches zu verhindern, waren die Juden Köln's auch von dem Besuche der Jahresmesse ausgeschlossen, wie frei und ungehindert von dem lästigen Zunftzwange der Verkehr auch sonst von dem Augenblicke an war, daß die Messe in Groß-St.-Martin eingeläutet, bis sie wieder ausgeläutet wurde. Auch von der Vehme waren die Juden ausgeschlossen, „darumb sie des Gerichts nicht würdig sein". Für Mainz wurde auf der vom Erzbischofe Petrus Aichspalt (1306—1321) im Jahre 1310 gehaltenen Synode dieser Befehl wiederholt unter Strafe einer Mark Silber gegen die Zuwiderhandelnden.

Die Gelderpressungen des Königs Adolf (1292—1298), der nie Geld hatte und dessen viel gebrauchte, Juden und Städte nach toller Willkür verpfändete; die Bedrückungen der Könige Albrecht (1298—1308), Heinrich VII. (1308—1309) und Ludwig IV., des Baiern (1314—1347), welche die Juden als reines Fahrgut

160) Dr. Graetz a. a. O. B. VII. S. 179 ff.

161) Conc. Aurel. III., c. 29, heißt es: „Judaei a die Coenae domini usque in secundam Sabbathi in Pascha h. e. ipso quatriduo procedere inter Christianos, nec catholicis populis se ullo loco vel quacunque occasione miscere praesumant. Das Kirchenrecht hat diese Bestimmungen auch aufgenommen: De Judaeis, cap. 16.

betrachteten, sich gegen sie alle nur denkbaren Erpressungen erlaubten und sie nach Belieben als Pfänder versetzten, waren sie selbst anderen Fürsten zu Lehen gegeben, alle diese Unbilden hatten keinen Einfluß auf die kölner Judenschaft, um so peinlicher aber auf die der oberrheinischen Städte, namentlich in Mainz, Frankfurt am Main und Straßburg[162]).

König Ludwig übertrug am 14. Juni 1329 seinem Erzkanzler, dem Erzbischofe von Mainz, Heinrich von Wunnenberg (1328 bis 1354), die Vollmacht, von sämmtlichen Juden des Reiches, seinen Kammerknechten, alle ihm rückständigen Steuern und fälligen Abgaben in seinem Namen zu fordern und einzutreiben, darüber zu quittiren und nach seinem Gutdünken neue Verträge mit den Juden abzuschließen[163]). Dieses Amt ward von späteren Königen selbst Juden übertragen; so bestallte Kaiser Wenzel im Jahre 1389 am 3. Januar die Juden: Hanko von Weikersdorf, Aaron von Berchtoldsdorf, Joseph Walch von Wien, Schallam Lem von Krems und Slomlein Heinpus von Wien als Empfänger der Judensteuer in ganz Oesterreich*), wie dies später auch wieder von König Sigismund geschah, der einen Rabbi zum Judenmeister ernannte, und von Karl V., welcher den Grafen Felix von Werdenberg beauftragt, zum Eintreiben des „güldenen Pfennings" einen „General-Rabbi" oder „All-Rabbi" für die ganze Judenheit des Reiches zu kiesen, um in des Kaisers Namen diese Steuern einzutreiben. Nicht selten kam es auch vor, daß einzelnen Städten und Districten alle Judenschulden erlassen wurden. Als König Ludwig IV. dem Grafen von Würtemberg die Judenschulden erließ, bewaffneten sich die Juden, fielen in das würtembergische Gebiet ein und schafften sich Selbsthülfe.

Im vierzehnten Jahrhundert wurden auch für Köln die alten Satzungen der Concilien gegen die Juden wieder verschärft erneuert, daß die Juden keine öffentlichen Aemter bekleiden durften, keine christlichen Ammen halten, keinen von Christen veranstalteten Gaste-

162) Kriegk a. a. O. S. 413 ff. Schaab a. a. O. S. 70 ff.
163) Schaab a. a. O. S. 71, wo auch die Urkunde abgedruckt.
*) Wiener, Regesten. S. 235. Nr. 135.

nien beiwohnen, keine Christen zur Hochzeit laden, keine Christen-Badehäuser und Weinschenken besuchen und mit keinem Christen zusammen wohnen durften[164]). Das altherkömmliche Judenrecht, nach welchem der Jude in Civil-Processen nur von seinem Gerichte verurtheilt, und er auch nur vor dasselbe belangt werden durfte, blieb jedoch in Köln, wie auch in Mainz, zu Recht bestehen[165]). Die Juden hatten sogar das Recht, selbst ungestraft auf gestohlene Pfänder Geld vorzuschießen, und mußte ihnen das darauf gemachte Darlehen wieder erstattet werden, wenn sie den Nachweis liefern konnten, daß sie das Pfand nicht heimlich, sondern „bei schönem Tag und vor ihrer Thür und auf offener Straße“ empfangen hatten. Diese Bestimmung wurmt den Verfasser des „Schwabenspiegels“, denn er sagt mit klaren Worten: „Nun habent sy besser Recht erkauft, das habent ihr die Künig geben wider Recht, dass sy leihent auf diebig und uf raubig Gut“[166]). Nahm ein Jude Kirchengeräthschaften, die gestohlen waren, zu Pfand, mußte er dieselben, wenn er auch nachweisen konnte, daß er nicht gewußt, daß sie von einem Diebstahl herrührten, ohne Rückerstattung der Pfandsumme wiedergeben; suchte er dieselben aber zu verheimlichen, und fand man sie bei ihm, wurde er gehenkt. Nach dem Schwabenspiegel wurde der Jude, der, getauft, das Christenthum verläugnete, als Ketzer verbrannt. War er zur Taufe gezwungen worden, mußte er dennoch beim Christenglauben bleiben (so solden si doch staete sin an kristlichen gelouben). Der Schwabenspiegel enthält auch das Gebot, daß sich die Juden in der Char- und Osterwoche in ihren Häusern halten müssen, nicht auf der Straße sehen lassen dürfen[167]).

In strafrechtlicher Beziehung wurden in Köln jüdische Verbrecher den christlichen gleich geachtet und gestraft. Wir finden

164) Vgl. Schwabenspiegel. Cap. 214. Ausgabe von Wackernagel. S. 206 ff.

165) Schaab a. a. O. S. 70.

166) Schwabenspiegel a. a. O. S. 207.

167) An dem antlóztage nâch mittem tage so sullen ir türe unde ir venster zuo getân sin; si sullen ouch an die strâze niht gan. daz sol um der heilige tac vür kumet.

nirgend, daß Juden höhere Strafgelder zahlen mußten, wie die Christen, daß Leibes- und Lebensstrafen an ihnen auf eine schimpflichere und entehrendere Weise vollzogen wurden, wie dies in manchen Städten, so in Nürnberg, in Brünn u. s. w. der Fall war, wo der zum Strange verurtheilte Jude zwischen wüthenden Hunden, den Kopf nach unten, aufgeknüpft und ihm ein mit brennendem Pech beschmierter Judenhut aufgesetzt wurde*).

Eine besondere Strafe war auch in Köln, wie wir oben gehört haben, der von dem Juden-Bischofe vor der ganzen Gemeinde ausgesprochene jüdische Bann, welcher von den Kaisern und Landesherren gebilligt und anerkannt, ja selbst zuweilen über einzelne Juden verhängt wurde. So sprach Kaiser Sigismund 1420 über den geächteten Juden Friedel aus Erfurt den Bann aus, „daß Niemand „eine Gemeinschaft mit ihm unterhalten solle, und er keine Ge„meinschaft in der Judenschule oder im Judenkirchhofe mit ande„ren Juden haben solle; er soll keinen Frieden und kein Geleit „an keiner Stelle haben, weder zu Wasser noch zu Lande; man „solle ihn nicht hegen, noch hausen, noch atzen noch schauren, „noch speisen, noch tränken, weder von ihm kaufen, noch an ihn „verkaufen".

Der Rath Kölns leistete der Judenschaft starke Hand zur Aufrechthaltung des von ihr ausgesprochenen Bannes. War die Klage vor den Erzbischof gebracht, und hatte dieser den Bann bestätigt, dann durfte weder der Kaiser, noch der Juden-Bischof denselben ohne des Klägers Wissen und Wollen aufheben**).

*) O. Stobbe a. a. O., S. 160.

**) Dr. Graetz sagt B. V., S. 152 ff. a. a. O. über den Bann: „Der einfache Bann (Niduj) traf denjenigen, welcher sich den religiösen oder behördlichen Anordnungen nicht fügte. Er war milde in der Form, indem nicht Jedermann gehalten war, sich von dem Gebannten zu entfernen, und noch weniger seine eigenen Familienglieder. Wer aber innerhalb der Frist von dreißig Tagen nicht Reue zeigte und um Aufhebung des Bannes antrug, verfiel in den schweren Bann (Cherûn Peticha). (Dieselbe Bestimmung in Köln.) Dieser Bann verscheuchte seine engsten Freunde von ihm, vereinsamte ihn inmitten der Gesellschaft, behandelte ihn, wie einen vom Judenthume Ausgestoßenen. Niemand durfte mit ihm geselligen Umgang pflegen, wenn er nicht derselben Strafe verfallen wollte. Die Kinder des Gebannten sollten aus der Schule und seine

Wie Christen, Städte und Provinzen nicht selten mit der kaiserlichen Acht belegt wurden, so auch einzelne Juden und Judengemeinden, und dies besonders, wenn sie mit der Zahlung ihres dem Kaiser zu leistenden Schosses oder ihrer Steuer im Rückstande blieben. So wie ein Jude geächtet, durfte Niemand Umgang mit ihm pflegen; geschah dies von Juden, so verfielen sie mit Leib und Gut dem Reiche*).

Mehr als barbarisch waren in einzelnen Ländern die gesetzlichen strafrechtlichen Bestimmungen gegen geschlechtlichen Umgang zwischen Christen und Juden. Belegt das wiener Concil 1267 ein solches Vergehen mit einer Geldstrafe von 10 Mark Silber, so werden die Strafbestimmungen aber später in einzelnen Städten und Landschaften immer härter und grausamer. Die „Abscissio genitalium" wird bereits in früheren Strafgesetzen für dieses Vergehen bestimmt. In der Bestimmung der Rechte des mainzer Walpoten heißt es: „Wenn ein Waltpode einen Juden bei einer Christen Frauwen oder Mayde funde, Unkeischheit mit ihr zu treiben; die mag er beide halten. Da soll man dem Juden sein Ding abesniden und ein Aug ustechen; und sie mit Ruthen zjagen; oder sie mogen umb eine Summe darumb dingen"[168]). Andere Städte verbrannten diejenigen, die sich in dieser Weise vergingen; so besagt das augsburger Stadtrecht: „Lit eyn Jud bey einer Christin, findet man sie bei einander an der Handgethat, so soll man sie beyde verbrennen." Mit derselben Strafe belegten die Gesetze Englands, Frankreichs, die lübecker, die rüger und die pommerer Statuten den Beischlaf zwischen Juden und Christen. Das iglauer Stadtrecht bestrafte dieses Vergehen sogar mit dem Lebendigbegraben[169]). Man staunt, wie noch am

---

Frau aus der Synagoge gewiesen werden. Man durfte seine Todten nicht bestatten, und nicht einmal seinen neugeborenen Sohn in den Abramsbund aufnehmen. Jedes Abzeichen des Judenthums sollte ihm entrissen, und er als ein von Gott Verfluchter gebrandmarkt werden. Die Bekanntmachung des Bannes wurde an das Gerichtsgebäude angeheftet und an die Gemeinde mitgetheilt."

*) Vgl. Otto Stobbe a. a. O. S. 159 ff. Strafrechtliches.

168) Gudenus, Cod. dipl. II., 499.

169) Vgl.: Döpler, „Schauplatz der Leib- und Lebensstrafe". I, 1022,

Anfange des vorigen Jahrhunderts ein Kaiser Joseph I. (1706 bis 1711) in seiner neuen peinlichen Halsgerichts-Ordnung ausdrücklich sagt: „Und gleichwie von denen, die sich mit dem Teufel vermischen, schon oben gesagt ist, so sollen auch diejenigen, so sich mit einem Juden, oder der, so sich mit einer Jüdin vermischt, dem großen Aergerniß halber, wenigstens mit Ruthen ausgestrichen und auf ewig des Landes verwiesen werden[170]).

In der ersten Hälfte des vierzehnten Jahrhunderts bestand in Köln noch die alte Formel des Juden-Eides, wie sie von den römischen Kaisern vorgeschrieben und seit den ältesten Zeiten im gesammten deutschen Lande gebräuchlich, zu Recht. Es mußte dieser Reinigungs-Eid in Beisein des Richters und des Eid-Fordernden in der Synagoge barfuß, die rechte Hand auf das Buch der Leviten gelegt, geschworen werden. Der Clericus, welcher den Eid abnahm, erhielt für seine Mühewaltung ein „talentum piperis" oder den Preis von einem Pfunde quod dicitur „hollesmoich"[171]). Die im „Schwabenspiegel" angegebene Eidesformel ist von der kölnischen im Wortlaute verschieden. Auch kommt in Köln die Bestimmung des Schwabenrechtes nicht vor, daß der Schwörende auf einer Sauhaut stehen müsse[172]).

Richter, Schöffen und Rath nehmen im Jahre 1331 im Einverständniß mit der Bürgerschaft die in Köln angesiedelten Juden, auf besondere Bitte des Erzbischofes Heinrich, als „Sammtbürger" auf und ertheilen denselben am Tage vor St. Agneten-Tag ein ausführliches Privilegium, durch das alle ihre Rechte aufs genaueste bestimmt, ihre Person und sämmtliche Habe in den Frieden, Schutz und Schirm der Stadt genommen werden. Dasselbe Privilegium erneuerte die Stadt den Juden im Jahre 1342,

---

und Beck, De juribus Judaeor. Cap. 13. In den Monument. hist. Bohemiae von Dobner heißt es von Iglau wörtlich: „Si aliquis Judaeorum cum xpiana muliere adulteratus fuerit captus et duobus viris convictus ambo vivi sepeliantur. Simile fiat, si xpianus cum Judaea commisceatur et captus convincatur uno Christiano et duobus Judeis."

170) Schaab a. a. O. S. 104 ff.

171) Ich weiß das Wort „Hollesmolch" nicht etymologisch zu erklären.

172) S. Note XVI. Der Juden-Eid.

am Tage nach Pauli Bekehrung, auf 13 Jahre gegen eine Abgabe von 1800 Mark kölnisch*).

Der enge Rath hatte unter seinen Gefällen auch den zehnten Pfennig von allen Brüchtegeldern und anderen Reichnissen, die ihm von Christen und Juden erfielen, zu beanspruchen, welche die Mitglieder desselben unter sich theilten. Im Jahre 1343 wurde eine Untersuchung gegen den Juden Abraham eingeleitet, eines Verbrechens wegen, das aber nicht näher angegeben wird. Als Mitglieder des die Untersuchung leitenden Rathes werden angeführt:

Her Johan Quattermart, von des herzogs huis ritter; herman Scherfgin, Ritter, Scheffen; Johan van Veyhen; Johan Overstolz im Vilzengraven, Ritter, Scheffen; Johan van me hirze; heidenreich hardevust, Ritter; Everard der Gir, Scheffen, Rentmeister der Steede; Kone van me horne; Lodewich van me Spegile; Bruyn van me Kusine; Costin van Lysinkirgen, Scheffen; heinrich Birkelin; Dederich van me hirze der junghe, Scheffen; Richolf Overstolz; Dederich Grin; her Wilhelm der Gir, Scheffin; heinrich Quattermart in Straisburgassen; Dederich van me hirze der alde, Scheffin; heinrich Quattermart, Ritter eyns greve was; Johan Overstolz op der Bach, Scheffin; Luffart van Troien; Werner van me Spegile, Scheffen; Mathis van me horne; Gerard hardevust, Ritter in Scheffen; Johan van Lysinkirgen der junghe; Johan Overstolz van der windecgin; Werner van der Aduicht; hilger van Berghusen. Ferner noch: Mathis van me Spegile, Ritter in Scheffen; Philip van me Spegile, Scheffin; Gerard van me Spegile, Scheffin; Gotschalk Overstolz in Vilzgraven, rentmeister Scheffin; Franke van me horne, ritter; Johan van me horne, ritter in Scheffen; Johan van Lysinkirgen der alde; Johan Overstolz van sante Maurilins, ritter, Scheffin; Johan van me Spegil an der marporzen; Everard hardevust in Ringassin; Gobil van me Kusine.

Der Jude Abraham wurde seiner Missethat überführt und auf ewige Zeiten der Stadt verwiesen. In dem Erkenntniß des

*) S. Urkunde 25.

Rathes heißt es: „Dat de vurgemeynde Abraham in der Stede huede noch in der steede schirme vortme nit sin en sal noch nummerme darin kommen sal." Dieselbe Strafe ward über Christen und Juden verhängt, die demselben in irgend einer Weise beistanden oder Vorschub leisteten. Machte sich ein Mitglied des Rathes dieses Vergehens schuldig, mußte dasselbe 100 Mark kölnisch zahlen und war auf immer aus dem Rathe geschlossen: „ind sal oych nimmerme vort in den rait kommen", lautet der Beschluß des Rathes.

Erzbischof Wichbold von Holte (1297—1304) versprach übrigens schon im Jahre 1302 den Juden Kölns, die ihm 1200 Mark gezahlt und jährlich 60 Mark Schutzgeld entrichteten, wie wir oben berichtet haben, sie zu keinen ungewöhnlichen Eidesformeln zu zwingen, ihnen dieselben zu erlassen. Sie sollten den Eid einfach leisten, wie sie es von Alters her gewohnt waren. Die den Juden ausgestellte Urkunde sagt ausdrücklich: „Item volumus, quod dicti judei nostri non cogantur ad inconsueta juramenta, sed juramenta prestent et faciant prout ab antiquo prestare, facere et jurare consueverunt."

Wie in der ganzen europäischen Christenwelt, ausgenommen dem Kirchenstaate, wurden auch in Köln die Juden gegen die Mitte des vierzehnten Jahrhunderts auf eine furchtbare, in ihren Gräueln alle Vorstellungen überbietende Weise aus ihrem Frieden aufgeschreckt, die Judengemeinde Kölns völlig vertilgt.

Zu Anfang des Jahres 1348 brach im Süden Frankreichs eine pestartige Seuche aus, von den Chronisten der „schwarze Tod" genannt, welche sich über ganz Europa verbreitete und viele Hunderttausende Opfer aus allen Ständen hinwegraffte[178]). Im

178) Man zählte nicht weniger als 124,000 Franciscaner, 124,434 Barfüßer, welche der Seuche erlagen. In Basel starben 14,000 Menschen an derselben, so wurden in den größeren Städten täglich 60 Todesfälle angenommen. Tschudi berichtet in seiner Helvetischen Chronik, S. 377: „Anno 1348 und 1349 was ein merklicher, unerhörter, grausamer Sterbend in ganzer Christenheit also, daß vil Statt, Flecken, Clöster, Landschaften und Inseln schier ganz uß sterbend; dieses Siechthum was also giftig, daß wann ein gesunder Mensch dem Siechen nachkam, daß er sein Atem oder Dunst empfand, oder sein Ge-

südlichen Frankreich wurden die Juden durch den Fanatismus des Volkes als die Ursache der furchtbaren Plage bezeichnet; sie sollten sämmtliche Brunnen, aus Rache gegen die Christen vergiftet, und dadurch die Seuche erzeugt haben. Eine solche Beschuldigung genügte, die schauderhaftesten Judenschlächtereien sowohl im Süden Frankreichs, als in Catalonien und Arragonien zu veranlassen, denn der blinde Wahn ließ bei der fanatisirten Menge den Gedanken nicht zur Geltung kommen, daß die Juden sich ebenfalls des Brunnenwassers bedienten, sich also selbst vergiftet haben würden. Es kann uns dies nicht wundern, haben wir doch im neunzehnten Jahrhundert zu Zeiten der Cholera in Italien und im südlichen Frankreich ähnliche Beschuldigungen der Brunnenvergiftungen erlebt.

Suchten auch die Großen an den meisten Orten die Juden in ihren Schutz zu nehmen, hatte auch Papst Clemens VI. (1342 bis 1352) Anfangs Juli 1348 eine Bulle erlassen, welche den Christen unter der Strafe des Kirchenbannes verbot, Juden zu erschlagen, ohne richterliches Urtheil zu tödten, sie zur Taufe zu zwingen oder sich ihrer Habe zu bemächtigen, so war der einmal aufgeregten, durch die Aussicht auf Beute gesteigerten Volkswuth keine Schranken mehr zu setzen. Der vernichtende Judenhaß griff in dem Maße des Zunehmens der fortwährend mehr Opfer heischenden Seuche immer mehr um sich, zündete zuerst in der Schweiz am Genfer-See die Scheiterhaufen an, denn die Folter hatte hier einzelnen Juden die übertriebensten Geständnisse ihrer Schuld an den Brunnenvergiftungen erpreßt und die wahnsinnigsten Beschuldigungen gegen die Juden wieder in Aufnahme gebracht.

Karl IV. erließ Decrete über Decrete zum Schutze seiner Juden, weil ihr Hinschlachten seine Einkünfte schmälerte, keineswegs aus Menschenliebe. Vergebens boten menschlich und christlich

wand berürt, der mußt sterben. Dies geschach in allen Landen, welches zuvor von Anfang der Welt nie erhört worden, daß zu einer Zeit in gantzem Europa an allen Orten jemal ein sölige Plag gewesen sig. Es fieng erstmals an ennet dem Meer, kam plötzlich in ganz Welschland und schnell darauf in alles Tütschland, und wärei eine lange Zit u. s. w."

gesinnte Priester alle Mittel der Kirche auf, den Wahnsinn, der von der Schweiz aus nach Deutschland vorgedrungen, zu zügeln. Umsonst; der Wuthrausch des Fanatismus war nicht mehr zu hemmen, hatte alle Dämme gesprengt, fand immer neue Nahrung in allen schon früher den Juden zur Last gelegten Verbrechen, wie Kindermord, Schändung der geweihten Hostien u. s. w., und wurde aber noch besonders gesteigert durch das Erscheinen der Flagellanten oder Geißelbrüder, fahrendes Gesindel, Vaganten, Diebe und Räuber, welche durch ihre öffentlichen Bußübungen des Himmels Zorn sühnen wollten[174]).

Neben dem schwarzen Tode wütheten im Sommer 1349 auch der Blutfluß, eine heftige Dysentrie, und das heilige Feuer, welches, glauben wir den Chronisten, nicht nur die Lebendigen, sondern sogar die Todten verzehrte. Und die Endursache dieser furchtbaren Plagen schrieb man einzig den Vergiftungen der Brunnen und Flüsse, der Wiesen und Baumgärten durch die Juden zu. Die zum Wahnsinn gesteigerte Verblendung ließ übersehen, daß auch viele Juden der Seuche erlagen!! Der straßburger Chronist Königshoven bemerkt richtig: „Ihr baares Geld war die Vergiftung, welche die Juden tödtete“. Aller Orten, außer im Kirchenstaate, ras'te die grausamste Mordgier gegen die Unglücklichen. In ganz Deutschland wurden sie durch Folter, mit Rad und Feuer und Schwert verfolgt und vertilgt. Es gibt hier keine Stadt, welche nicht einige Gräuelthaten gegen die Juden in ihren Annalen der Jahre 1348 und 1349 verzeichnet habe[175]).

---

174) Die fanatische Secte der Geißler, Flagellanti, trat zuerst 1260 in Perugia auf und wurde durch das Erscheinen des schwarzen Todes 1349 wieder neu ins Leben gerufen. Vgl. Boileau: „Histoire des Flagellants“. Siehe Note XVII.

175) Was die Einzelheiten dieser Verfolgungen betrifft, verweise ich auf des Albertus Argentinensis Chronicon (Albert von Straßburg) und auf das interessante Werk von Joh. Caspar Ulrich, Pfarrer zu Frauen-Münster in Zürich, „Sammlung jüdischer Geschichten, welche sich mit diesem Volke im XIII. und folgenden Jahrhunderten bis auf MDCCLX in der Schweiz von Zeit zu Zeit zugetragen“. Zur Betrachtung der allgemeinen Historie dieser Nation herausgegeben. Basel, 1768. — Dr. Graetz a. a. O. B. VII. Sechstes Capitel. S. 881 ff.

Die bedeutendsten Judengemeinden am Oberrheine, wie Speyer, Worms, Mainz, wenn auch hier nach dem muthigsten Widerstande, und durch freiwilligen Feuertod, selbst die frankfurter waren vertilgt. Von der Lage der Juden in Köln kann man sich unter bewandten Umständen leicht eine Vorstellung machen. Von Tag zu Tag hatten die Unglücklichen ihren Untergang zu erwarten. Bis dahin waren sie vom Rathe geschützt, welcher den Geißlern den Eingang verwehrt, den Pöbel in Schranken zu halten gewußt hatte. Der Rath wandte sich an den Rath von Straßburg mit der Erklärung: „er werde sich in Betreff der Juden Straßburg zum Muster nehmen, denn er sei überzeugt, die Pest sei nur als eine Strafe Gottes zu betrachten. Er werde daher nicht zugeben, die Juden der grundlosen Gerüchte wegen zu verfolgen, sondern werde dieselben, wie seine Vorfahren es gethan, aufs kräftigste schützen." Auch an den Bürgermeister Lanze von Winterthur richtet der Rath von Köln ein Schreiben, denselben auffordernd, sich, wie bisher, standhaft der Juden anzunehmen, sie zu schützen und das Verlangen der Judenfeinde abzuweisen. Dieses Auftreten des Rathes von Köln ist um so ehrenvoller, wenn man erwägt, daß die Consuln von Bern demselben die officielle Anzeige gemacht hatten, daß die Juden vollständig von dem Verbrechen der Giftmischerei überführt, nämlich nach Geständnissen, die durch die Folter erpreßt waren, und sogar, wie nach Basel, Freiburg, Straßburg, auch nach Köln einen der Giftmischerei angeklagten Juden in Fesseln gesandt hatten, auf daß sich jeder von deren teuflischen Planen der Vergiftung und der Verbreitung des Giftes überzeugen könne. Unsere Archive haben nichts über die letztere Thatsache aufbewahrt[176].

Nicht klein, nicht leicht war die Aufgabe des Rathes, die Juden gegen des Pöbels Wuth zu schirmen, welche mit jeder Kunde von einer neuen Verfolgung, von neuen Mordscenen in den Nachbarstädten wuchs, natürlich mit jedem Tage ungestümer wurde. An Flucht der Juden war auch nicht zu denken; denn wohin sollten

176) Die auf Köln bezüglichen Stellen befinden sich in den Noten Schilter's zu Königshoven's Chronik von Straßburg und bei Dr. Graetz a. a. O.

die Unglücklichen fliehen? Wohin sie sich auch wenden mochten, mahnten sie das Blut, die Leichen ihrer Glaubensgenossen, leergebrannte Wohnstätten an die Gräuel, deren Opfer diese geworden, harrten ihrer nur blut- und raubgierige Henkerschaaren, Mörder, die längst jeglichem Menschengefühle entsagt, demselben, nach ihrem Wahne zum Preise ihrer Religion Hohn sprachen, weder kirchliches noch weltliches Gesetz mehr anerkannten.

Nur auf Selbsterhaltung bedacht, waren bei den Meisten, als die grausenhaften Verheerungen der Seuche fortwährend zunahmen, nach und nach alle edleren Menschengefühle erstorben, die heiligsten Bande der Nächstenliebe zerrissen, vernichtet die Gewalt, das Ansehen der Gesetze; mit wilder Lust gab sich die rohe, zügellose Masse der Befriedigung ihrer viehischen Leidenschaften hin. Man braucht nur die Schilderungen jener gräuelvollen Zeit von Zeitgenossen zu lesen. Und der blinde Wahn wälzte die Schuld dieser Schrecken auf die unglücklichen, bei der Menge aus manchfachen Gründen verhaßten Juden, in denen man die nächste Ursache des unsäglichen Elendes zu finden glaubte.

Von Tag zu Tag, von Stunde zu Stunde wächst die Noth, die Angst der Judengemeinde Kölns, und wird zur Verzweiflung, als sie die Schicksale ihrer Brüder in den einzelnen rheinischen Städten vernommen, als ihnen die Kunde geworden, daß selbst der bis dahin so standhafte Rath Straßburgs der Wuth des Pöbels weichen, die Juden aufgeben gemußt hatte, daß dort an Zweitausend von der rasenden Menge dem Feuertode Preis gegeben worden. Es wird ihnen bald die Ueberzeugung, daß es dem Rathe unmöglich, ihre Gemeinde länger zu schützen. Die wuthschnaubenden Rotten des Pöbels umlagern die Eingänge zum Judenviertel, ihr Blutruf, ihr Rachegeheul dringt zu den Ohren der in der furchtbarsten Todesangst schwebenden Juden, verkündet ihnen die unmenschlichsten Qualen, den grausamsten, unvermeidlichen Tod. An Rettung ist nicht mehr zu denken. Die vornehmsten und reichsten der Gemeinde, ihrem Glauben treu, beschließen endlich unter sich, ihrem Leben selbst ein Ende zu machen. Am Abende des St. Bartholomäus-Tages, also am 24. August 1349, legen sie Feuer an ihre Häuser und weihen sich, ihre Weiber und ihre Kinder dem Feuertode, verbrennen sich sammt ihrer ganzen Habe.

So berichten die Chroniken. Die kleine kölnische Chronik in Trier sagt: „Tzo hantz darna op sente bartholomeus dach bleven die goeden die sych seluer verbrannten". In den Annal. Agripp. bei Pertz heißt es: „Statim post hoc in nocte Bartholomei Judei combusti per ignem in Colonia." Graf Wilhelm von Jülich sagt in einer Urkunde des Jahres 1356, in welcher er sich mit der Stadt wegen der Hinterlassenschaft der Juden einigt: „In deme geschichte dat in der stat (van Coelne) geschach, do sich die Juden allda gemeynlichen verbrannten."

In den städtischen und erzbischöflichen Urkunden, welche über den Vorfall handeln, wird übrigens mit keinem Worte dieser Selbstverbrennung der Juden erwähnt; man spricht nur von einem „Auflauf, darin die Juden mit Ungeschichte erschlagen worden", oder von einem „geloufle der gemeinde sonder vurraid und upsatz", darin die Juden mit Ungeschichte todt geblieben, oder von einem „geloufle", darin des Nachts sowohl diejenigen, die außerhalb der Stadt ansässig waren, wie diejenigen, welche nichts zu verlieren hatten, erschlagen und todt geblieben sind, und ihr Gut und ihre Habe bei all solchem „geloufle" und mit „ungeschichte" ohne Willen und Zuthun des Rathes und der guten Leute unserer Bürger von Köln, verbrannt, verwüstet und genommen ist.

Ganz richtig bemerkt Dr. Ennen, hätte eine Selbstverbrennung von Seiten der Juden Statt gefunden, so würde dies gewiß in den Urkunden des Sequestrations-Processes wegen der Judengüter hervorgehoben worden sein[177]). Mit keiner Silbe geschieht hier aber der That Erwähnung. Wäre die That historisch erwiesen, so würde sie auch in den Memoren-Büchern der Judengemeinden am Rheine verzeichnet sein. Auch R. Joseph, welcher die Leiden der Juden so ausführlich schildert, berichtet nichts über diese Selbstverbrennung seiner Glaubensgenossen in Köln im Jahre 1349.

177) Dr. Ennen, Geschichte der Stadt Köln. B. II. S. 331 ff.

Am Abende des 24. August 1349 stürmte der gemeine Pöbel das Judenviertel, da ihm der Rath keinen Widerstand mehr zu leisten vermochte, und verübte an Leib und Leben, an Gut und Habe der überfallenen Juden alle Gräuel der fanatischen Rohheit und Wuth. Noch am folgenden Tage währt die grausamste Metzelei, hallt das Judenviertel wieder von dem Weheruf, dem Angstgeschrei der Verfolgten, der Ermordeten, von dem Wuthgebrüll ihrer erbarmungslosen Mörder. Tage lang währt das Rauben und Plündern, das Sengen und Brennen. Nichts ist natürlicher, als daß bei solchem zügellosen Treiben auch mehrere Judenhäuser in Flammen aufgingen, denn fanatisirte Volkswuth kennt kein Mitleid, keine Schonung; Zerstörung ist ihre Wollust, und dies gewiß um so mehr in einer so unmenschlich rohen Zeit, als die, von der wir reden. Die Chronisten machten nun aus den einzelnen Feuersbrünsten eine Selbstverbrennung, wie sie am Rheine bei früheren Judenverfolgungen, so in Mainz auch bei diesem Judensturme vorgekommen waren.

Für einen Brand in der Judengasse um diese Zeit spricht übrigens die Geschichte unseres Rathhauses, in dessen südlichen Fundamenten man vor ein paar Jahren bei dem Neubaue die Spuren einer ungeheuern Feuersbrunst gefunden, welche 1349 Statt hatte. Eine Nachricht aus dem Anfange des Jahres 1350 belehrt uns nämlich, daß das Buch, in welches die zu Gunsten der Brüder Gryn ausgestellten Zollprivilegien eingetragen waren, verbrannt sei. Die Freiheiten und Privilegien der Stadt, die nicht im Gewölbe des Hofes zur Steffen, der ehemaligen Edelvogtei an St. Laurenz, dem eigentlichen städtischen Archiv, aufbewahrt wurden, lagen „in dem Schaaff binnen der kleinen Kammer bei unserer Herren Kammer". Urkundlich steht demnach fest, daß kurz vor dem 20. Februar 1350 wenigstens die Kanzlei des Stadthauses, die neben dem großen Rathssaale lag, ein Raub des Feuers geworden, denn wir wissen auch, daß der Rath wegen dieses Brandes bis zum Wiederaufbau des Bürgerhauses seine Sitzungen in einem anderen Gebäude, im Gebür- oder Gerichtshause Airsbach auf dem Bach halten mußte. Erst nach Verlauf von fünfzehn Jahren, nämlich im Jahre 1365 finden wir den Rath wieder auf dem Bürgerhause (in domo et supra domum consulum)*).

Nur wenige Juden entgingen dem Blutbade, entkamen durch Flucht oder hatten das Glück, sich vor den Mordbrennern zu verbergen und so zu retten. Alle die Uebriggebliebenen wurden der Stadt verwiesen, ihre liegende Habe, Häuser und Plätze eingezogen. Was den Rath zu der Verweisung der Juden veranlaßte, darüber ward uns keine Kunde. War es das Vorbild mehrerer Städte, die nach dem blutigen, vernichtenden Judensturme auch die Juden verbannt, wollte er der Wuth der aufgeregten Menge genügen, oder war es die Aussicht auf den durch die Verbannung zu erzielenden Nutzen[178]? Antheil an dem Schicksale der Unglücklichen, die man heimathlos ausgestoßen, nahm weder der Rath, noch das während der Sedisvacanz regierende Domcapitel. Sie beklagten sich bloß darüber, daß Räuberhände sich des Gutes der Juden bemächtigt hätten, welches dem Fiscus verfallen sei. Unter Androhung der schwersten kirchlichen und weltlichen Strafen wurde Allen, welche im Besitze des den Juden Geraubten, die gewissenhafte Rücklieferung des Gestohlenen geboten und alle, die böswillige Diebe oder Hehler kannten, verpflichtet, dieselben zur Anzeige zu bringen. In diesem Erlaß lag die Anerkennung, daß die Stadt Köln ein gleiches Recht auf die hinterlassenen Judengüter habe, wie auch der Erzbischof[179]. Urkundlich konnte das Recht dieser Ansprüche der Stadt nicht nachgewiesen werden. Wir wissen nur, daß Erzbischof Conrad von Hochstaden der Stadt durch Urkunde vom Jahre 1259 zugestand, daß sie jährlich von den in Köln angesiedelten Juden vier Solidi erheben konnte, wie dies bis dahin geschehen war.

Auch in dem benachbarten Bonn hatte in Folge des schwarzen

*) Vgl.: „Das kölner Rathhaus und seine Restaurationen", von Dr. Ennen, in Nr. 253 der Kölnischen Zeitung, 1861, 11. September.

178) Das Nähere über diese Judenverfolgung in Mainz, Speyer und Worms bei Schaab a. a. O. S. 86–102. — Otto Stobbe a. a. O. S. 181 ff., bei Neumann a. a. O. und Dr. Graetz a. a. O. B. VII. und VIII.

179) Dr. Ennen, Geschichte der Stadt Köln. B. II. S. 333.

Todes eine Judenverfolgung Statt gefunden, wobei viele Juden erschlagen wurden, welches aus einem Privilegium des Erzbischofs Wilhelm von Gennep (1349—1363) hervorgeht, wodurch er der Stadt Bonn ihre Freiheiten und Gerechtsamen bestätigt, derselben zugleich Verzeihung angedeihen läßt wegen des an seinen Juden begangenen Mordes. Die Juden wurden auch aus Bonn verwiesen und natürlich ihre Güter und Liegenschaften eingezogen und veräußert zu Gunsten des Erzbischofes, denn es ist kein Grund anzunehmen, daß sich die Bürgerschaft mit dem Erzbischofe, wie wir gleich aus Köln erfahren werden, in den Erlös des Verkaufs getheilt habe. Die Stadt Bonn hatte keinen Antheil an den Juden des Erzbischofes, den Knechten seiner Kammer. Aehnliche Auftritte, wie in Köln und Bonn, ereigneten sich in allen Städten des Erzstiftes, wo sich Juden niedergelassen hatten, überall floß unschuldiges Blut, überall traf die Juden Verbannung, welche aber, wie auch in Köln, nur bis zur Zeit des vierten Nachfolgers Wilhelm's von Gennep, Friedrich III. von Saarwerden (1370—1410), dauerte, da dieser Erzbischof bereits 1372, mithin nach 23 Jahren, die Juden wieder im ganzen Erzstifte, und auch in Köln, aufnahm.

Als Wilhelm von Gennep 1350 als Erzbischof anerkannt war, der Stadt alle ihre Privilegien bestätigt und mit ihr ein Freundschaftsbündniß geschlossen hatte, wodurch beiden Parteien alle ihre Rechte, Freiheiten und gute Gewohnheiten zuerkannt, gegenseitige Unterstützung in Kriegsfällen verbürgt und bestimmt wurde, daß alle späteren Mißhelligkeiten durch sechs Schiedsrichter, drei von erzbischöflicher und drei von städtischer Seite geschlichtet werden sollten, dachte er auch sofort an die Einziehung der ihm verfallenen Habe und Liegenschaften der ermordeten und verwiesenen Juden. Als Schiedsmänner des Erzbischofes wurden in dieser Angelegenheit Johann von Saffenburg, Heinrich von Sinzig und Adolf, genannt Roever von Wevelinghoven ernannt, während die Stadt dieses Amt dem Ritter Göbel Jude, dem Schöffen Costin von Lyskirchen und Everhard Hardevust in der Rheingasse übertrug.

Kaiser Karl IV. war dem Erzbischofe besonders gewogen.

Schon im Jahre 1353 gestattete er ihm, hundert öffentliche Notare zu ernennen und eben so viele unehelich Geborene zu legitimiren*), wie er ihm im darauffolgenden Jahre auf fünf Jahre die Falken schenkte, welche Lübeck dem Kaiser jährlich liefern mußte**). Ein Beweis, daß der Erzbischof ein Freund des edlen Federspiels, da er auch nicht unerfahren im Waffenwerke, indem der Kaiser ihn am 14. Februar 1354 ermächtigte, das Reichsbanner im Kampfe gegen die Landfriedensstörer, die Feinde des Reiches in Unter-Allemannien zu führen***).

Der neue Erzbischof fand die financiellen Verhältnisse des Erzstiftes äußerst zerrüttet. Alles, was nur zu verpfänden, selbst die Tafelgüter, war in fremden Händen, war schwer belastet, und Wilhelm mußte alle Mittel aufbieten, selbst neue Schulden machen, das Letzte verpfänden, um die alten Pfandschaften zu lösen, alte drängende Verpflichtungen zu decken. In solcher Lage mußte es ihm sehr willkommen sein, durch die Vertreibung der Juden wenigstens die Hälfte der Nachlassenschaft derselben, wenn nicht das Ganze beanspruchen zu können, indem es durchaus nicht urkundlich feststand, daß die Stadt auch Ansprüche auf die Habe der Juden hatte. Da der Erzbischof sowohl als die Stadt einsahen, daß es dieser Angelegenheit wegen zu mancherlei Verwicklungen kommen mußte, schlossen sie am 23. September 1350 einen Vertrag, sich gegenseitig in der Aufrechthaltung ihrer Ansprüche und gegen alle daraus entstehenden Anfeindungen zu unterstützen, wobei der Erzbischof urkundlich gelobte, daß er „nach guter Vorberathung und mit Zustimmung seiner Freunde in guter Treue, das Judengut, es sei Erbe oder fahrende Habe, Schuld oder gereytes Gut, es sei bereits bekannt oder unbekannt, freiwillig und ohne allen Widerspruch der Stadt und den Bürgern von Köln zur Hälfte geben und folgen lassen wolle“.

Der am Donnerstag nach St. Matthäi 1350 gethätigte Ver-

*) Lacomblet a. a. O. B. III. Urk. 527.
**) Lacomblet a. a. O. B. III. S. 430. Anm. 1.
***) Lacomblet a. a. O. B. III. Urk. 530.

gleich zwischen dem Erzbischofe Wilhelm von Gennep und der Stadt Köln, daß das von den Juden hinterlassene Vermögen zu gleichen Theilen zwischen dem Erzbischofe und der Stadt getheilt werden sollte, sagt in der Einleitung:

„Want in der zeit unser Vorfahren wyl. Herrn Wullravens Erzbischoffs zu Cölne, deme Gott genedig sei, allumb ind umb in deme Lande als mehr, als in allen Staetten ind Dörperen die Juden, sovil Sy gesessen waehren, von geloufe der Gemeinden erschlagen, ind todt bleiben seint, ind ihr Gut, ind ihr Have ungenohmen ind gewoest also, als datt all umb in deme Lande scheinbar ind Landkundig ist, ind wart dergleich auch in der zeit dat unse vorschr. Vurfahre verscheiden was, ind uns von deme Erzbischthomb van Coellne versiene were die Juden, die zu Coellne gesessen ind wohnende weren, aldar bei nachts geleuffe beider der ghienre de baussen Coellne gesessen wehren, und der ghienre, die nit zu verliesen hatten, erschlagen ind todt blieven sein, ir gut ind ihre have mit allsolchem geleuffe ind mit ungeschichte baussen willen ind zuthuen des Raths ind der guten Leuthe unser Burgeren van Coellne, die dat op die zeit nit woll gekehren en kundten, verbrand gewoest“ u. s. w.

Von den nicht in Köln Eingesessenen, die sich an der Ermordung der Juden betheiligten und ihnen ihr Gut geraubt hatten, heißt es:

„Vort were sache, dat yemandt en baussen der Statt van Collen gesessen, die derselben Statt Ingesessene Burger nit en were in missdain hette ahn der schlacht der Juden van Collen Burgeren, off ahn irem Gude, dat hei genohmen hette, dat mugen wir alleine forderen ahn denselben ussgesessen Leuden, ind so wat nutz ind besserungen wir dair ahne erkriegen mügen, das sollen wir uns alleine behaldten, ind dess en sall die Statt ind unsere Burgere van Collen nit zu schaffen hain, noch sy en sollen sich dos yeht underminnen.“

Aus dieser Urkunde ist ersichtlich, daß sich auch Fremde in Köln an dieser Judenschlacht betheiligt hatten. Es fehlte nie an fahrendem Gesindel, adlich und bürgerlich, dem solche Gelegenheiten zum Rauben und Plündern stets willkommen waren, dem

Raub war zudem ein privilegirtes Geschäft der adlichen Schnapphähne, die vom Sattel und Stegreif lebten und hier, nach ihrem Dafürhalten, zu Gottes Ehre gemordet und geplündert hatten.

Nach dieser Erklärung war die Angelegenheit geschlichtet. Der Erzbischof ließ es aber noch auf einen Ausspruch des erzstiftlichen Manngerichtes ankommen, der zu seinen Gunsten ausfallen mußte. Auf des Erzbischofes Einladung versammelte sich das Manngericht am 16. November 1351 „zu rechter Tageszeit, wie es recht und gebräuchlich ist", auf dem erzbischöflichen Saale zu Bonn, um hier unter Beirath der Schöffen von Bonn und Andernach und anderer nicht namhaft angeführter Ministerialen das Urtheil zu fällen. Es bestand das Manngericht aus den erzbischöflichen Lehensmännern, den Edelleuten: Ruprecht von Virnenburg, Johann von Nassau, Reinhard von Westerburg, Ludwig von Randerath, Joh. von Reifferscheid, Conrad von Dick, Joh. von Virnenburg, Propst zu Xanten, Heinrich von Rennenberg, Unterdechant des Domstiftes, Ernst von Oltgenbach, Propst zu Mainz, Joh. von Saffenberg, Conrad von Saffenberg, Rorich von Rennenberg, Joh. von Rennenberg, Canonich im Domstifte, Joh. von Neuenahr, Ludw. Walpode von der Nurburg, Arnold von Bachem, Kämmerer des Erzstiftes, Heinrich von Gymnich, Johann von Gymnich, Daniel von Buschhoven, Dietrich von Hadamar, Hermann von Roisdorp, Emmerich von Lahnstein, Goswin von Rocheim, Rolman von Sinzig, Johann Sinzig, Johann Schönhals, Werner Schönhals, Adolf Rover von Wevelinghoven, Johann und Werner von Ludesdorp. Das Amt des erzbischöflichen Dingherren bekleidete der Ritter Heinrich von Sinzig, Herr zu Arenthal.

Das gefällte Urtheil lautete:

„Sintemal, daß die Juden, die allüberall in der Stadt Köln sowohl wie in dem Stifte von Köln gesessen waren mit Ungeschichte erschlagen und ablebig geworden sind, und dieselben Juden dem Stifte von Köln als ein seit unvordenklichen Zeiten vom römischen Reich herrührendes Erblehen zugehören und allewege zugehört haben, und es sich fragt, wem das von den Juden nachgelassene Gut rechtmäßig zugehöre, weisen wir nach bestem Dünken und Sinnen für ein Recht, daß sämmtliches Gut, was die genannten Juden hinterlassen haben, innerhalb und außerhalb der Stadt Köln, allüberall in dem Erzstifte Niemanden anders als dem Erzbischofe und dem Stifte von Köln zugehört, und daß der Erzbischof und das Stift von Köln und Niemand anders die wahren Rechtsnachfolger der Juden sind."

Nach diesem Entscheide hatte also nicht allein in Köln, sondern im ganzen Erzstifte in Städten und Dörfern um dieselbe Zeit eine von Raub und Mord begleitete Verfolgung der Juden Statt gefunden.

Dem Urtheile traten am folgenden Tage die Grafen Sigfried von Wittgenstein, Wilhelm von Neuenahr und Friedrich von Mörs bei.

Die Frau Themis scheint aber im vierzehnten Jahrhundert auch bereits den deutschen Rechtsschneckengang gekannt zu haben, denn am 24. Februar 1352 kam die Sache nochmal vor einem auf den Saal nach Köln berufenen Manngerichte zur Verhandlung, wo obiges Urtheil bestätigt wurde*). Der Erzbischof gab das Versprechen, daß das über die Juden abgehaltene Geding die alten Freiheiten und Rechte der Stadt in keinerlei Weise behelligen sollte. Die Stadt bestand aber darauf, daß die alten Freiheiten und alten Gewohnheiten gerade der Stadt das Miteigenthumsrecht an dem Nachlasse der Juden einschlösse. Um die Mitte des Jahres 1352 kam es endlich zwischen dem Erzbischofe Wilhelm und der Stadt Köln zu einem gütlichen Vergleiche, nach welchem bestimmt wurde, daß der Erzbischof die eine Hälfte der Judengüter haben, und die andere der Stadt zufallen sollte[180]).

*) S. Urkunde 24.

180) Die betreffende Urkunde im Stadt-Archiv und zwar in deutscher und lateinischer Sprache. Urkunde 25.

Nach dieser Vereinbarung wurden der Ritter und Schöffe Johann von Horne und Edmund Birklin zu Bayen vom Erzbischof und von der Stadt beauftragt, sämmtliche Liegenschaften der Juden besten Fleißes zu veräußern und zu verkaufen und die eine Halbscheid des Erlöses der erzbischöflichen Kammer, und die andere Halbscheid der städtischen Rentkammer zukommen zu lassen*).

Nur der Kämmerer Arnold und dessen Sohn Werner erhoben Einspruch gegen den Vergleich, da sie befürchteten, einen Grundzins zu verlieren, der auf verschiedenen Judenhäusern in Köln haftete. Erst am Tage des Evangelisten Johannes 1353 verständigten sich die Stadt und der Kämmerer, welcher mit seinem Sohne auf alle mit dem Judengeleite zusammenhangenden Forderungen und Ansprüche verzichteten, mit Vorbehalt eines, von Häusern in der Judengasse ihnen zustehenden Hofzinses von 18 Schilling, zwei Pfund Pfeffer und zwei Pfund Zimmt und anderer Rechte, die ihnen gebühren, so oft Juden in die Stadt kommen. Die Ankäufer der von den Juden herrührenden Häuser und Hofstätten mußten sich verpflichten, den auf denselben haftenden Grundzins dem Kämmerer zu entrichten**).

Die Ansprüche des Grafen Wilhelm von Jülich auf die Güter, welche von aus dem jülicher Lande nach Köln übergesiedelten Juden herrührten, wurden nicht berücksichtigt, war dem Grafen auch früher vom Kaiser die Oberaufsicht über die im Erzstifte wohnenden Juden übertragen worden. Erst im Jahre 1356 nahm der Graf „in Anbetracht der Freundschaft, in welcher er und seine Vorfahren stets zur Stadt Köln gestanden“, von seinen Ansprüchen Abstand***).

Jetzt schritten die Bevollmächtigten, Johann von Horne und Edmund Birklin, zum Verkaufe der Liegenschaften der erschlagenen und ausgewiesenen Juden. An baarem Gelde wurden 399 Mark vorgefunden, von Pfandbriefen und Schuldscheinen

*) S. Urkunde 27, 29.

**) S. Urkunde 30.

***) S. Urkunde 31.

ist nirgend die Rede. Es wurden bis zum Jahre 1359 in der Judengasse, in der Portalegasse, Unter Goldschmied, in der Budengasse und in der Bürgerstraße 29 Häuser und 28 Hofstätten oder Hausplätze veräußert, die an Capital einen Werth von 40,000 Mark aufbrachten und an Erbzins 1600 Mark. Nach dem noch vorhandenen Verkaufs-Protocolle führten die bedeutendsten Häuser folgende Namen: Beyenburg, Heukeshofen, groß und klein Mailand, Himmelgeist, Altenwalern, Russia, zum Holz, zur Kemnate, zur Eren, Freudenberg, Rosenberg, Drachenau, Beck, Michelberg, Erenfels, Calcheim, Winkelhausen, Sülphen, Roedstock, zum Horn, zur Bysen, Stamheim, Riel, Leuchlingen, Würzburg, Strahlen, Dalenberg, Mülhelm, Josheim, Hiengenau, Seland, Eppendorf, zum Thurm[181]).

Bei der Theilung der von den Juden hinterlassenen Liegenschaften fielen der Stadt die nördlich und südlich neben dem Rathhause gelegenen Hausplätze zu. Auf den nördlichen erbaute die Stadt am Anfange des fünfzehnten Jahrhunderts den hauprächtigen Rathhausthurm, die Stadtwarte, den Bergfried; die südlichen nimmt jetzt das städtische Steueramt ein.

Bis zum Jahre 1372 blieben die Juden aus Köln verbannt. Der Erzbischof sowohl als die Stadt mochten aber nach der Unterdrückung des Weber-Aufstandes, der anmaßenden demokratischen Partei, durch die Geschlechter[182]) bald eingesehen haben, wie bedeutend der Ausfall in ihren Einkünften durch die Verweisung der Juden, wie störend ihre Abwesenheit für den allgemeinen Handelsverkehr, da die Lombarden, in deren Händen sich jetzt die gesammten Geldgeschäfte befanden, noch ärgere, härtere Wucherer, als die Juden je gewesen. Die Zerrüttung der Finanzen des Erz-

181) Dr. Ennen a. a. O. B. II. 15. Cap. S. 334—341. — Siehe Note XVIII. Die Verkaufs-Protocolle.

182) Genoß auch das kölnische Tuch europäischen Ruf, so wird doch die Macht und der Reichthum der Weber gewöhnlich übertrieben. Will man übrigens in Spanien noch einen reichen Mann bezeichnen, sagt man: „Esta rico como un pañero de Colonia!“ Vgl. Dr. Ennen a. a. O. B. II S. 677 ff.

stiftes hatte seit der Regierung Walram's von Jülich, unter Wilhelm von Gennep, Adolf II. von der Mark (1362 bis 1364), Engelbert III. von der Mark (1364—1367), Cuno von Saarwerden (1367—1370) und Friedrich III. von Saarwerden (1370—1410) immer zugenommen. Im Jahre 1354 war zwar der Landfrieden zwischen dem Erzbischofe Wilhelm von Köln und den Erzbischöfen Boemund von Trier (1354—1362) und Gerlach von Mainz (1354—1371) von Mainz bis Rheinberg auf vier Meilen zu beiden Seiten des Rheines erneuert worden, aber schon in den letzten Regierungsjahren Karl's IV. und unter seinem Sohne und Nachfolger Wenzel (1378—1400) hatte das zügelloseste Faustrecht wieder Ueberhand genommen. Fluß und Straßen waren unsicher, Handel und Verkehr völlig gelähmt, Städte und Zölle, Festen und Schlösser des Erzstiftes waren nach und nach verpfändet, und es erheischte jetzt der größten Opfer und Anstrengungen, um einzelne Plätze wieder zu gewinnen, einzulösen, die verschiedenen, neu geschlossenen Landfriedens-Bündnisse möglichst aufrecht zu erhalten, die unverschämtesten Wegelagerer zu befehden, ihrem Unwesen zu steuern, ihre Raubnester zu brechen. Alle diese Unternehmen forderten — Geld.

Was konnte dem Erzbischofe daher willkommener sein, als die Wiederaufnahme der Juden, da zudem Karl IV. im neunten Titel der goldenen Bulle allen geistlichen und weltlichen Kurfürsten das Recht bestätigt hatte, Juden zu haben[183]). Die Juden waren, unter bewandten Umständen, eine höchst willkommene, nicht zu verschmähende Finanzquelle.

Erzbischof Friedrich III. von Saarwerden (1370—1410) ertheilte ihnen am 3. October 1372 ein neues Privilegium auf zehn Jahre, das in seinen Hauptbestimmungen mit den früheren Privilegien übereinstimmte. Die Juden mußten jährlich 70 Mark an den Erzbischof entrichten, waren dafür aber von allen anderen

---

183) A. B. Tit. IX. De auri, argenti aliorumque generum mineris et salinis: de Judaeorum incolatu etc. Joh. P. Ludewig's, Vollständige Erläuterung der goldenen Bulle. Erster Theil. S. 845—866.

Abgaben und Leistungen befreit, erhielten Schutz für ihre Person und Habe und für ihren außerhalb der Stadt gelegenen Friedhof. Sie durften ihre Synagoge oder Judenschule in Köln wieder aufbauen, bei derselben einen eigenen Rabbi oder Meister sammt seinen Schülern halten — es war also mit der Synagoge eine thalmudische Schule verbunden —, sie konnten einen eigenen Hüter der Judenschule anstellen, ihren eigenen Metzger, denen aber allen nicht erlaubt, Handelsgeschäfte zu betreiben.

Um Remigius 1372 vereinbarte sich die Stadt mit dem Erzbischofe über die Aufnahme der Juden, und stellten Richter, Schöffen, Rath und andere Bürger am Thomas-Tage 1373 hierüber eine förmliche Urkunde aus*). Aufgenommen wurden fünfzehn Juden, meist mit Familien, welche der Stadt als die ihr zustehende Hälfte 1650 Gulden Aufnahmegeld und jährlich 625 Gulden Schutzgeld entrichteten.

Aufgenommen wurden:

1) Schaeff und Vivus, die zusammen 500 Gulden Aufnahmegeld und 100 Gulden Schutzgeld zahlten.

2) Vivus von Xanten und David, sein Sohn, mit 200 Gulden Aufnahmegeld und 100 Gulden Schutzgeld.

3) Vivelyn, Isaac's Bruder von Brühl, und Levirmann, Isaac's Eidam, 200 Gulden Aufnahme- und 100 Gulden Schutzgeld.

4) Abraham, soll zwei Jahre frei sein und dann jährlich 50 Gulden zahlen.

5) Symon zahlte 300 Gulden Aufnahmegeld und 50 Gulden Schutzgeld.

6) Guderat von Limburg, eine Wittwe, zahlte jährlich 25 Gulden Schutzgeld.

7) Salomon von Kempen und Johann, sein Eidam, zahlten 200 Gulden Aufnahmegeld und 100 Gulden jährlich Schutzgeld.

8) Jakob von Brubach und Bruce, seine Frau, ohne Aufnahmegeld und 25 Gulden Schutzgeld.

*) S. Urkunde 32.

9) Isaac von Brühl 200 Gulden Aufnahmegeld und 50 Gulden jährlich Schutzgeld.

10) Manus von Speyer und Frau, ohne Aufnahmegeld und 25 Gulden Schutzgeld.

11) Vivus von Geilenhausen, ohne Aufnahmegeld, 30 Gulden Schutzgeld.

12) Moises Koiffman, Sohn, von Dülken, ohne Aufnahmegeld, jährlich 35 Gulden Schutzgeld.

13) Ansem von Lahnstein, 35 Gulden Schutzgeld.

14) Anselm, Isaac's Bruder, 50 Gulden Schutzgeld, und

15) Nathan von Berle und Lieverman, sein Bruder, 50 Gulden Aufnahmegeld und 70 Gulden Schutzgeld.

Im Eingange besagt die von städtischer Seite vollzogene Urkunde, daß man mit gutem Vorbedacht und in Ansehung des Nutzens und Vortheils der Stadt und auch auf besondere Bitte des Erzbischofes Friedrich zu Köln, die Juden von Köln in hiesige Stadt mit Leib und Gut sämmtlich in Schutz und Hut zu Sammtbürgern auf zehn Jahre nach einander, vom Remigius-Tage 1372 an, aufgenommen habe*). Es wird ihnen gelobt, sie während dieses Zeitraumes gegen alles Unrecht, Gewalt, gleich anderen Bürgern sammt und sonders zu schirmen und zu schützen. Niemand sollte sie wegen Schaden, Kosten oder wegen anderer Schulden vor irgend ein anderes Gericht laden, als vor ihren Bischof in ihrer Schule, wie dies von Alters hergebracht. Würden aber dem ungeachtet fremde Personen sie vor anderen Gerichten ansprechen, dann sollte der Rath diese mit guten Worten vermögen, davon abzulassen und Recht zu suchen in ihrer Schule vor dem Bischofe. Im Weigerungsfalle sollte der Rath sich durch seine Geistlichen dagegen verwahren, wie die Noth es erheischt.

*) Wirkliche Bürger konnten die Juden nicht werden, denn nach deutschem Privatrechte konnte kein Ehrloser (vgl. Beneke, „Von unehrlichen Leuten". Hamburg, 1863), kein Geächteter, kein Jude, kein Leibeigener, kein Wachszinsiger das Bürgerrecht erhalten.

Es versprach der Rath den Juden, sie gegen die Sammtbürger oder fremde Personen, die ihnen Gut oder Geld abdrohen wollten, zu schützen. Pfänder, die in Jahr und Tag, nach üblicher Aufkündigung, nicht eingelöst wurden, konnten sie verkaufen. In Kriegszeiten, wo die Stadt gezwungen, bewaffnete Leute auszusenden, blieben sie von allen dadurch entstandenen Kosten befreit, sie sollten bloß das ihnen von Alters her anvertraute Thor (Porta Judaeorum am Ipperwald, oder jetzt das Propugnaculum Judaeorum, der Juden Wichhaus an Kaldenhausen) bewachen und bewahren.

Juden, welche künftig nach Köln kämen, sollten dieselben Privilegien und Freiheiten genießen. Alles, was die Juden während der zehn Jahre des ihnen in Köln verliehenen Aufenthaltes an Geld oder Geldeswerth zahlen würden, fiel zur Hälfte dem Erzbischofe, zur Hälfte der Stadt zu, hiervon sei aber ausgenommen, was sie dem Erzbischofe an Geld — 70 Mark — zu geben pflegten. Diese 70 Mark mußten sie dem Erzbischofe zahlen, ohne sie von dem, was sie der Stadt zu entrichten hatten, in Abzug bringen zu dürfen. Verweigerte einer der Juden seinen Geldbeitrag, oder war er sonst ungehorsam, sollte er dazu vom Rath angehalten werden. Der Rath machte sich anheischig, keinem Juden in Köln Freiheiten zu geben, der nicht zu der Gemeinde der Judenschaft gehörte. Sollte einer der Juden den auf ihn fallenden Antheil des Schatzgeldes gar nicht zahlen wollen, so konnten sie denselben nach Urtheil der Mehrheit ihres Capitels, wie es ihnen gut dünkt, vertreiben.

Entständen Zwistigkeiten, Entzweiungen, Aufruhr oder andere große und kleine Mißhelligkeiten zwischen Christen und Juden, oder zwischen Juden unter sich, so soll deßhalb weder die Judengemeinde, noch ein Jude, der daran unschuldig ist, angesprochen werden, und es soll in keinerlei Weise gestattet sein, ihr Geld und Gut deßhalb zu nehmen; man soll sich an denjenigen halten, die an der Sache Theil genommen haben. Der Rath verspricht, die Judengemeinde und die unschuldigen Juden bei solchen Vorfällen zu schützen und sie gegen alles Ungemach zu bewahren. Freitags sollten die Christen gehalten sein, den Juden Speise und Trank zu verkaufen gleich den Christen.

Es wurde ferner den Juden versprochen, sie zu bewahren in allen den Rechten alter Gewohnheiten und Freiheiten, die ihnen von Päpsten, römischen Kaisern, Königen, von Erzbischöfen von Köln und von der Stadt von Alters her gegeben und verlehnt worden, und deßhalb sollten die Juden, die bereits aufgenommen waren und noch aufgenommen würden, alle Jahre an dem bestimmten Termine die Schutzgelder nach Uebereinkunft entrichten. Die aufgenommenen und noch aufzunehmenden Juden sollten frei sein von allen Ansprüchen, welche man noch an die Juden, die ehemals in Köln gewohnt hätten, machen könnte.

Statteten die Juden ihre Kinder aus, und trennten sich diese von ihnen, um ein besonderes Geschäft zu betreiben, mußten sich Letztere für eine Summe Geldes, nach Uebereinkunft, in die Judenschaft aufnehmen lassen.

Die Juden durften endlich den Bürgern von Köln die Mark nicht höher leihen, als um einen Pfennig die Woche. Auf nasse, blutige Pfänder, auf Kirchen-Kleinodien zu leihen, war ihnen aufs strengste untersagt*).

*) Vgl. C. W. Spiker a. a. O., Beilage F., wo verschiedene Wuchertafeln mitgetheilt sind. Die Bestimmungen gegen den Wucher der Reichs-Polizei-Verbesserung 1555, der Polizei-Ordnung zu Frankfurt 1577, der Reichs-Recesse von 1600 und 1651 nehmen 5 Procent als gesetzlich an, was die Kaiser Ferdinand I. (1566), Maximilian II. (1573) und Rudolf II. (1601) bestätigten mit der Clausel, daß ein Jude, der mehr als 5 Procent nehme, als ehrlos und ehrlos erklärt werden solle, der Contract aufgehoben, den vierten

Durch diese Bestimmungen hatten die Juden in Köln einen Rechtszustand erlangt, der sie wenigstens vor jeder Gewaltthat schützte. Sie lebten ohne alle äußeren Anfechtungen ruhig ihren Geschäften.

Zwei Mitglieder der Judengemeinde, David und Simon, hatten 1375 die Gnade des Erzbischofes verwirkt. Wodurch? Darüber geben uns die Quellen keine Kunde. Der Erzbischof forderte Bestrafung der Schuldigen. Der Rath, festhaltend an dem Frieden, welchen er den Juden gewährt und verbrieft, sicherte den Bestraften seinen Schutz und Straflosigkeit. Auf des Erzbischofes Geheiß ließ der Graf des hohen Gerichtes, Rembold Scherffgin, beide greifen und zur Haft bringen. Kaum war dies geschehen, als der Rath sich bei nächtlicher Weile versammelte. Bald war einstimmig ein Beschluß gefaßt, der Graf verhaftet und zu Thurm gebracht, gezwungen, den gefangenen Juden die Freiheit wieder zu geben. Sogleich wurden auch sämmtliche Stadtthore geschlossen. Als der Erzbischof Friedrich, der zufällig in Köln anwesend, diesen Schritt des Rathes vernommen, verließ er, für seine persönliche Sicherheit fürchtend, die Stadt. Unter dem 10. Januar 1376 schrieb er von Poppelsdorf an alle Fürsten, Grafen, Landesherren, Freien, Ritter, Knechte, Städte und alle guten Leute, daß der Rath, nachdem er gegen Eid, Ehre und Recht seinen Grafen gefangen genommen, sofort alle Pforten, die seine Vorfahren und das Stift mit großer Arbeit und vielen Kosten gemacht, geschlossen, und so lange geschlossen gehalten habe, bis sie vernommen hätten, daß er heimlich aus der Stadt entkommen.

Der Erzbischof nahm die Schöffen des hohen Gerichtes, die sich für den Grafen erklärt hatten, in seinen Schutz und befahl denselben, die Rechtspflege so lange einzustellen, bis der Rath ihm für diesen Eingriff in die erzbischöflichen Rechte und Gewalt völlige

---

Theil seiner Schuldforderung verlieren und von seiner Obrigkeit mit einer außerordentlichen Strafe zu belegen sei. — Neumann a. a. O. S. 315 ff. und Otto Stobbe a. a. O. Handel und Geldgeschäfte der Juden. S. 403 ff.

Genugthuung gegeben habe. Der Rath hielt seinen Beschluß aufrecht, drängte die Schöffen, dem Erzbischofe Trotz zu bieten und unter sich, als Vorsitzer des hohen Gerichtes, einen neuen Grafen zu wählen. Bei der aufgeregten Stimmung der Stadt hatten die Schöffen Alles für Leib und Gut zu befürchten. Sie baten den Erzbischof, um größeres Unheil zu vermeiden, ihnen das Gericht wieder zu geben. An Nachgeben von Seiten des Rathes war nicht zu denken. Nicht minder starrsinnig war der Erzbischof, der alle Mittel aufbot, bei dem westfälischen Vehmgerichte eine Verfehmung des Rathes und der Stadt zu erwirken[184]). Der Rath erklärte standhaft, daß die Stadt unter keinem Freigerichte stehe und jede Vorladung derselben zurückweisen werde.

Noch weiter ging der Rath, als der Erzbischof nach Prag reiste. Er machte die Schöffen für Alles verantwortlich, was aus diesem Schritte des Erzbischofes von Seiten des Kaisers gegen die Stadt und ihre Rechte beschlossen werden könnte. Zur Wahrung der Rechte der Stadt wählte der enge Rath aus seiner Mitte und aus dem weiten Rathe zwölf Männer: Costin vom Horne, Gottschalk Birklin, den Stadt-Grafen Costin von Lyskirchen, Nicholf Grin von Wichterich, Heinrich von der Eren, Heinrich von Stave, Hermann von Lyskirchen, Ludolf Grin, Johann von Starkenberg, Werner von der Vettenhenne, Costin Bloch und Johann Stoilgin, welche in dieser Angelegenheit beim Kaiser die Rechte der Stadt zu vertreten hatten.

Wir begegnen bei manchen Angelegenheiten den Zwölfern, bei wichtigen Beschlußnahmen des Rathes als die Vertreter der Gemeinde gewählt mit entscheidender Stimme. So noch 1395 und 1396 bei der Umgestaltung der Stadtverfassung.

Die Zwölfer forderten die Schöffen sofort auf, ihre Briefe und Privilegien dem Rathe einzuhändigen, um aus denselben zu ersehen, was bei einem solchen Falle des Rechtsstillstandes zu thun sei. Erst, als ihnen mit Gefängniß gedroht wurde, schickten sich

184) Weyden, „Das Siegthal" u. s. w. S. 363 ff. Eine gedrängte Uebersicht der Geschichte der Vehme.

die Schöffen an, dem Begehr des Rathes zu willfahren. Die Schöffen begaben sich hierauf sofort mit dem Grafen zum Erzbischofe nach Bonn und wußten dessen Ingrimm gegen die Stadt Köln immer mehr zu entflammen, indem sie ihm vorspiegelten, wie die Stadt die Erzbischöfe nach und nach um ihre Hoheitsrechte über die Stadt, gegen alle Gewohnheit und Recht, gebracht habe. Leicht und gern ließ sich der Erzbischof bereden, denn der alte Groll über den Verlust der Hoheitsrechte war bei den Erzbischöfen nichts weniger als verschmerzt. Hier bot sich eine günstige Gelegenheit, dieselben wieder zu erringen. Der Erzbischof befahl dem Grafen, den Richterboten ihre Stäbe zu nehmen. Die Schöffen legten ihr Amt nieder, verließen zum größten Theile die Stadt und zogen nach Bonn, wo sie ein neues Weisthum entwarfen, demzufolge dem Erzbischofe wieder die Hauptpuncte seiner Hoheitsrechte über die Stadt zuerkannt wurden[185]).

Kaiser Karl IV. hatte bereits am 6. Mai 1375 den Erzbischof, welcher die Stadt vor das Hofgericht hatte laden lassen, in so fern in seinen Schutz genommen, als er unter demselben Datum 89 Bürger Kölns zur Verantwortung vor sein Hofgericht laden ließ. Dieselben wurden unter dem 10. September 1375 verurtheilt, ihre Güter dem Erzbischofe zugesprochen, und der Erzbischof Cuno von Trier, die Bischöfe Florenz von Münster, Johann von Lüttich, dann Wenzel von Böhmen, Herzog von Limburg, Luxemburg und Brabant, der Herzog Wilhelm von Jülich, die Grafen Wilhelm von Berg, Engelbert zu der Mark, Adolf zu Cleve u. s. w., die Städte Aachen, Düren, Sinzig, Dortmund, alle Mitglieder des am 30. März 1375 geschlossenen Landfriedens zwischen Rhein und Maas, mit der Einsetzung des Erzbischofes in die ihm zuerkannten Güter beauftragt. Denselben Befehl erhielten die Ministerialen des Erzstiftes. Die Ritter und geborenen Dienstmänner des Reiches, Bawin von Neuenkirchen, Heinrich von Holzheim, erklären

185) Dr. Ennen, Geschichte der Stadt Köln. B. II. S. 702 ff. — Lacomblet a. a. O. B. III. Urk. 768. S. 667 ff., und Urk. 769, 770, 771, 773, 774, 775 und 779.

unter demselben Datum, daß sie mit Ritter Johann von Buschvelt, Abgeordneter des Erzbischofes, denselben in den Besitz der Güter eingesetzt, dem zur Urkunde einen Span aus einem Stadtthore Kölns geschnitten und dem Erzbischofe durch Johann von Buschvelt übersandt hätten[186]).

Die Abgesandten Kölns mußten unverrichteter Sache Prag verlassen, und Karl IV. bestätigte am 14. October, den Kölnern gleichsam zum Hohne, das von den Schöffen in Bonn am 12. Juli 1375 entworfene Weisthum.

Es schien zum offenen Kampfe kommen zu wollen, da die ausgewanderten Schöffen ihr Möglichstes thaten, den Erzbischof zum Kriege zu stimmen, und Karl IV. am 20. October 1375 der Stadt das Jus evocando urkundlich absprach[187]). In löblichster Einhelligkeit hielten aber Geschlechter und Zünfte in Köln zusammen, Blut und Gut für die Aufrechthaltung ihrer Gerechtsamen und Privilegien, für ihre Freiheit zu wagen.

Aus der augenscheinlichsten Kriegsnoth wurde die Stadt jedoch dadurch befreit, daß Papst Gregor XI. (1370—1378) den Erzbischof mit Interdict, Suspension und Excommunication bestrafte, weil er trotz aller Mahnungen der päpstlichen Kammer seine rückständigen Mantelgelder, 120,000 Gulden, nicht bezahlt hatte. Da Friedrich kein Gewicht auf diese Verurtheilung legte, ganz ungestört, als wenn nichts vorgefallen, seine priesterlichen Functionen verrichtete, wurde das päpstliche Urtheil durch den apostolischen Nuntius, Thomas von Amarant, verschärft, die Stadt Köln aller ihrer Verpflichtungen gegen den Erzbischof entbunden, und ihr vom Papste alle von Päpsten, Kaisern, Königen, Erzbischöfen und Fürsten erlangten Privilegien aufs Neue bestätigt.

Zu verlockend war die Erlangung der Hoheitsrechte über eine Stadt, wie Köln, für den Erzbischof, als daß er von seinem Plane abgestanden. Es wurde durch zwei Geistliche, den Domkeppler Gotfried von Weveling hoven und den erzbischöflichen Rentmeister Johann von Kelze der Plan entworfen, die Stadt bei

186) Lacomblet a. a. O. B. III., S. 672 Anmerkung.
187) Lacomblet a. a. O. B. III. Urk. 775.

nächtlicher Weile zu überfallen, und durch Geldverheißungen auch bald in den Gebrüdern Heinrich und Engelbert von Deffte ein paar Waghälse gewonnen, die sich stark machten, mit einer Schar adlicher Schnapphähne, denen jede Beute willkommen, das Wagniß auszuführen.

Unter der Bürgerschaft hatte man das alte Mittel, Zwietungen zu stiften, sie gegen Rath und Geschlechter aufzuwiegeln, angewandt; aber, wie laut und stürmisch es auch auf den Zunfthäusern herging, als die Gebrüder Deffte durch das Ehrenthor in die Stadt gedrungen, die Sturmglocken ertönten, vom Bürgerhause das Stadtbanner wehte, da hielten die Zünfte treu zum Rathe, — es galt die Freiheit der Stadt. Nach kurzem Kampfe entschied sich der Sieg für den Rath, die Zünfte. Der Feind suchte sein Heil in der Flucht. Viele seiner Führer wurden gefangen, erhielten aber ihre Freiheit, nachdem sie Urfehde geschworen hatten. Nur drei Zunftgenossen, die zu den Feinden der Stadt gehalten, starben durch Henkershand. Die beiden Geistlichen, von denen der Anschlag gegen die Stadt ausgegangen, waren auch in die Gewalt des Raths gefallen, wurden in strenger Haft gehalten und der Haft selbst nicht entlassen, als der Erzbischof Interdict und Excommunication über die Stadt verhängte, der Kaiser sogar des Reiches Bann, die kaiserliche Acht über die Stadt aussprach mit der Drohung, ihr alle ihre Privilegien und Gerechtsamen zu nehmen, falls sie Jahr und Tag in ihrem Frevel verharren würde.

Weder Acht noch Bann konnten die Stadt einschüchtern. Der Rath blieb standhaft, fest entschlossen, Alles an die Aufrechthaltung der Freiheiten der Stadt zu setzen, und fand die freudwilligste Unterstützung bei der gesammten Bürgerschaft. Das Schlimmste war zu erwarten. Die Thorburgen, Thürme und Mauerwälle wurden neu gefestigt und gestärkt, mit Wurfgeschützen versehen*), die Zunft-

*) Bei der letzten Verbannung der Juden aus Köln fanden sich auf dem Juden-Wichhaus an Kalenhausen nach dem Stadt-Inventarium von 1446: Eyne kupferne bosse (Kanone mit neun Kammern), I Voegeler (Kanone), I loit hoeme, III Armburste, 2 Stoele pyle (stählerne Pfeile) und 3 Gurdele.

genossen in den Waffen geübt, alle Lehensleute der Stadt entboten und dem Grafen Engelbert von der Mark der Oberbefehl der städtischen Streitkräfte übertragen. Noch ehe der Erzbischof vollkommen gerüstet, hatten die Kölner die benachbarten Orte des Erzstifts mit Feuer und Schwert heimgesucht. Ihre meist glücklichen Streifzüge machten die mit ihren Gebieten an das Erzstift gränzenden Dynasten um die eigene Sicherheit besorgt, und demzufolge schlossen die Fürsten des Landfriedens zwischen Rhein und Maas ein Bündniß mit dem Erzbischofe.

Die Kölner ließen sich nicht entmuthigen. Sie drangen bis nach Bonn vor und verheerten alle Dörfer und Ortschaften längs des Vorgebirges. Als der Erzbischof mit seinen Heerhaufen zwischen Rodenkirchen und der Stadt lagerte, kam es zu mehreren blutigen Treffen, aus denen die Kölner siegreich hervorgingen. Gegen die Befestigungen, welche der Erzbischof in Deutz hatte anlegen lassen, um Köln zu schädigen, zogen die Kölner, zerstörten dieselben, äscherten den Ort zum größten Theile ein, plünderten das Heriberts-Münster und führten sogar den kostbaren Reliquienschrein des heiligen Heribert nach Köln*). Im August 1376 überfielen sie Deutz noch einmal, brannten die Stifts- und Pfarrkirche nieder und zerstörten das Kloster, mit reicher Beute heimkehrend.

Am 4. December vollzog Kaiser Karl IV. seine Drohung. Er erklärte die Stadt aller ihrer Privilegien verlustig und ertheilte Jedem die Erlaubniß, die kölner Bürger auf jegliche Weise an Leib und Gut zu kümmern und zu schädigen[188]).

Der Kriegszustand lastete schwer auf der Stadt, deren Handelsverkehr völlig gestört und die nach dem kaiserlichen Entscheid

*) Einer der prachtvollsten und kunstreichsten Reliquienschreine des zwölften Jahrhunderts (1147), welche die Erzdiöcese Köln besitzt. Die reiche Tumba, ein Meisterwerk der Silberschmiedekunst und der Schmelzmalerei, wurde wahrscheinlich in der Benedictiner-Abtei St. Pantaleon in Köln, oder in der Abtei desselben Ordens in Deutz, die St. Heribert († 1021) gründete, von den kunsterfahrenen Mönchen vollendet, und wird noch in der Pfarrkirche in Deutz aufbewahrt. Eine ausführliche Beschreibung des Kunstwerkes im Organ für christliche Kunst. Jahrg. V. Nr. 19 und 20.

188) Lacomblet a. a. O. III. Urk. 789. S. 691.

das Schlimmste zu befahren hatte. Die Stadt machte sich deßhalb anheischig, die beiden gefangenen Geistlichen auszuliefern, um sie vor einen parteilosen Richter zu stellen. Papst Gregor XI. hob nach diesem Versprechen, Ende December 1376, das Interdict auf. Dieser Beschluß wurde zur Ausführung gebracht, als am 16. Februar 1377 eine Sühne zwischen dem Erzbischofe und der Stadt zu Stande gekommen und diese Sühne auf dem Bürgerhause feierlich verkündet worden war.

Leicht erklärlich ist es, daß unter bewandten Umständen die Finanzen der Stadt oft zu kurz kamen, der Rath zu außergewöhnlichen Steuerumlagen, die man Schoß nannte, oder zu Anleihen seine Zuflucht nehmen mußte, um die sich immer mehrenden Ausgaben zu bestreiten, die vorkommenden Deficits zu decken. Wie es die Stadtrechnungen nachweisen, kümmerten sich bei solchen Gelegenheiten die Geschlechter nicht um das kirchliche Zinsverbot, galt es, der Stadt ein Darlehen zu machen. Zudem konnten die Juden immer aushelfen. Im Jahre 1370 nahm die Stadt bei dem Juden David, wahrscheinlich demselben, der Ursache des heftigen Streites zwischen der Stadt und dem Erzbischofe, ein Darlehen von 3000 Mark auf und im Jahre 1377 ein Darlehen von 3083 Mark bei dem Juden Abraham Schalff*).

Ob die Juden von der Stadt auch zu außergewöhnlichen Steuerumlagen herangezogen wurden, darüber verlautet nichts in den Urkunden. Nach ihrem Privilegium hatten sie bloß ihr Aufnahmegeld und ihr Schutzgeld zu entrichten, in Kriegsläuften das ihnen anvertraute Wichhaus an der Kahlenhausenpforte zu vertheidigen, brauchten aber keinem Kriegsaufgebot nach außen Folge zu leisten. Nirgend finden wir auch eine Andeutung, daß sie, wie jeder Bürger, verpflichtet, einen Harnisch zu halten, daß ihnen ein bestimmter Sammelplatz unter einem gewissen Banner angewiesen war, wenn alle Bürger bei Kriegsgefahr unter die Waffen gerufen wurden.

Keinem Zweifel unterliegt es, geben uns die Urkunden darüber

*) Vgl. Dr. Ennen, Geschichte der Stadt Köln. II. Cap. 25. Städtisches Eigenthum, städtische Finanzen. S. 524 ff.

auch keine bestimmte Auskunft, daß man ebenfalls der Juden Säckel in Anspruch nahm, sah sich der Rath veranlaßt, bei außergewöhnlichen Gelegenheiten, namentlich den Kaisern und Königen, den Erzbischöfen kostbare Kleinodien zu verehren. Als der Rath im Jahre 1372 dem Kaiser Karl IV. Kleinode im Werthe von 742 Mark und seiner Gemahlin Elisabeth ähnliche im Werthe von 832 Mark, wie seinem Sohne Wenzel, König von Böhmen, im Werthe von 371 Mark verehrte, bei welcher Gelegenheit der Erzbischof Friedrich ebenfalls neun silberne Pocale und Köpfe im Werthe von 1146 Mark von der Stadt erhielt, mußten die Juden sicher zur Bestreitung der Kosten beisteuern, wie dies auch der Fall war, als die Stadt der Herzogin von Jülich, Maria, Gemahlin Wilhelm's VI., Tochter des ersten Herzogs von Geldern, Reinald II., 1375 Kleinode im Werthe von 394 Mark verehrte, dem Erzbischofe 1376 vier silberne Gefäße im Werthe von 438 Mark, und dem Könige Wenzel im Jahre 1390 Kleinode im Werthe von 700 Mark, und seinen Räthen ein ähnliches Geschenk, 193 Mark an Werth. Alle die hier genannten Kleinode gingen aus der Werkstätte des kölnischen Goldschmiedes, Meister Gerhard Langen, hervor*).

Erzbischof Friedrich übertrug am Mariä-Himmelfahrts-Tage 1378 seinem Secretär Hermann von Goch, Canonicus in Werden, einem wahren Finanz-Genie, die Juden in Köln und deren Handlungen und Alles, was auf seine Kirche Bezug hat, mit allen und einzelnen Rechten, Attinentien und Pertinentien, jährlichem Einkommen, Gefällen und Emolumenten. Zugleich gibt der Erzbischof dem Hermann von Goch und seinen Unterbeamten für ihre Person und Sachen auf vier Jahre freies Geleit[189]). Im Jahre 1383 verpachtete er demselben den erzbischöflichen Saal auf dem Domhofe, mit allen zu dem Saale gehörigen Nebenbauten.

Im Juni 1378 wurde das Interdict und die über die kölner

*) Dr. Ennen a. a. O. S. 513.

189) Urkunde im Stadt-Archiv. Das Nähere über Hermann von Goch im Dr. Ennen, Geschichte der Stadt Köln. B. II. S. 762 ff.

Bürger verhängte Kirchenstrafe durch den Abt von Erbach und den Propst von Maria ad gradus, welche der päpstliche Groß-pönitentiar damit beauftragt hatte, förmlich aufgehoben, aber erst im Herbste 1380 dem Stadtgrafen Konstantin von Lyskirchen, welcher die Stadt vertrat, im Auftrage des Papstes Urban VI. (1378—1389) von dem Cardinalpriester Pillus die Absolution von dem Interdicte und den Kirchenstrafen ertheilt.

Die Stadt machte dem Erzbischofe ein Darlehen von 20,000 Gulden, für welche Summe sich die Städte Bonn, Neuß, Linz und Ahrweiler verbürgten, und Köln den vierten Theil des bönn'schen Zolles als Pfand erhielt. Bedeutend waren die Kriegs-Entschädigungen, welche die Stadt zu zahlen hatte. Wegen der Zerstörung der Stiftskirche und des Klosters in Deutz wurde nochmals die Excommunication über Rath und Bürgerschaft ausgesprochen und das Interdict über die Stadt verhängt. Erzbischof Friedrich, der seine Schulden in Rom getilgt hatte und wieder in die Gemeinschaft der Kirche aufgenommen war, erhielt vom Papste die Vollmacht, die Excommunication und das Interdict aufzuheben, wenn die Stadt sich mit der Abtei verständigt hätte. Der Erzbischof entschied die Angelegenheit dahin, daß die Stadt Köln Heriberts-Münster, die Abtei und die Pfarrkirche in fünf Jahren wieder herstellen und neu aufbauen, der Abtei einen Schadenersatz von 10,000 Gulden leisten und alle bei der Zerstörung geraubten Sachen zurückschaffen sollte. Im Herbste des Jahres 1389 war die Wiederherstellung der beiden Kirchen und der Abteigebäude vollendet, die Entschädigungs-Summe von der Stadt gezahlt. Heinrich von der Eren hatte der Stadt die nöthigen Geldmittel, 26,000 Gulden, vorgeschossen. Wieder ein Beweis, daß schon im vierzehnten Jahrhundert auch Christen Geldgeschäfte machten, denn zweifelsohne nahm der Patrizier Zinsen von dem der Stadt gemachten Darlehen.

Waren auch ein paar Juden die Veranlassung zu dem verheerenden Kriege gewesen, der in seinen nächsten Folgen den Umsturz der aristokratischen Verfassung der Stadt anbahnte, so hatte derselbe doch keinen Einfluß auf die äußeren Verhältnisse der Judengemeinde Kölns. Im Frieden der Stadt lebten sie in der fehdereichen Zeit unangefochten, und es darf uns nicht wundern, daß, als Erzbischof Friedrich und die Stadt 1384 ihnen auf weitere zehn Jahre das Aufenthaltsrecht, Schutz und Frieden erneuerten, sich wieder eine Reihe reichbegüterter Juden in Köln niederließen, so:

1) Moises, der der Stadt die Hälfte seines Aufnahmegeldes mit 500 Gulden zahlte und jährlich 50 Gulden Schutzgeld.

2) Ansem, Moises' Schwager, 200 Gulden Aufnahme- und 40 Gulden jährlich Schutzgeld.

3) Julle van Berle, 200 Gulden Aufnahme- und 12 Gulden jährlich Schutzgeld.

4) Schaiff Weib, 500 Gulden Aufnahme- und 50 Gulden Schutzgeld.

5) Vivus, Schaiff's Eidam, 150 Gulden Aufnahme- und 25 Gulden Schutzgeld.

6) Mannus der Artzeler, ohne Aufnahmegeld mit 50 Gulden Schutzgeld. Man suchte den Heilkundigen — Artzeler — zu gewinnen.

7) Abraham, 125 Gulden Aufnahmegeld und 50 Gulden Schutzgeld.

8) Juda, die Witwe, 50 Gulden Aufnahme- und 25 Gulden Schutzgeld.

9) Godschalck von Jülich, 75 Gulden Aufnahmegeld und 17 Gulden Schutzgeld.

Daß die Juden in Köln besonderen Schutz und ihre Rechnung fanden, geht daraus hervor, daß sich von 1385 bis 1401 weitere 47 Familien hier niederließen*).

König Wenzel (1378—1400), einem gemeinen Wollüstling, beschränkten Despoten, der in allen Dingen mit leidenschaftlicher Willkür zu Werke ging, fiel es 1383 ein, von allen fürstlichen und städtischen Juden am Rheine den Zehnten ihrer Abgaben erheben zu wollen. Sofort beschickte der rheinische Städtebund alle Städte mit der Aufforderung, sich auf ein solches Ansinnen des Königs nicht einzulassen. Es sollten auf einem demnächst zu haltenden Städtetage gemeinschaftliche Maßregeln dagegen getroffen

*) S. Note XIX.

werden[190]). Des Königs Beschluß scheint nicht zur Ausführung gekommen zu sein.

Hart wurden aber sämmtliche Juden des Reiches, und also auch die Köln's getroffen, als Wenzel am 16. September 1390 ein Decret erließ, dem gemäß „alle Schulden, die Fürsten, Grafen, Herren, Dienstleute, Klöster, Pfaffen, Ritter, Knechte, Bürger der Städte und Bauern bis zum Tage des Erlasses bei den im Lande Franken ansässigen oder ansässig gewesenen Juden gemacht hätten, sammt den rückständigen Zinsen aufgehoben wären, und daß jeder Widerspruch dagegen unwirksam, alle dawider streitenden Privilegien oder Gerichts-Verfügungen aufgehoben sein sollten". Konnte es für die Juden einen vernichtenderen Schlag geben, und für die Mehrzahl der ihnen Schuldenden ein willkommeneres Gesetz? Den Juden gegenüber mochten sich nur Wenige an das himmelschreiende Unrecht einer solchen Verfügung stoßen. Welch eine Zeit, in der eine solche königliche Verfügung zu Recht bestehend denkbar! Als Veranlassung des königlichen Erlasses wird angegeben, daß die Fürsten, Herren, Ritter und Knechte erklärt hätten, sie könnten wegen des harten Druckes der Judenschulden, wegen der unerschwinglichen Zinsen ihren Reichspflichten nicht nachkommen, sie wären geradezu gezwungen, landesflüchtig zu werden. Nach anderen Quellen soll der eigentliche Grund dieser königlichen Verfügung aber darin bestanden haben, daß sich die Juden geweigert, dem Könige den güldenen Pfennig zu entrichten, und er sie wegen dieser Weigerung, dieses Ungehorsams habe strafen wollen[191]).

190) Boehmer, Codex Moenofrancorum, p. 761 ff.

191) Dr. Kriegk a. a. O. S. 492. — Diese kategorische Tilgung der Judenschulden durch König Wenzel steht nicht vereinzelt. Könige und Fürsten machten sich aus solchen Gewaltstreichen kein Gewissen. Ludwig der Baier sprach 1341 die Aufhebung der Judenschulden für das Kloster Waldsassen aus, 1343 für die Burggrafen von Nürnberg, wie Karl IV. 1347 für letztere, und 1349 für den Markgrafen von Baden, 1354 für die Herren von Scharfenstein, 1360 für zwei böhmische Edelleute; wie Herzog Heinrich von Baiern 1338 für die Bürger von Straubing, und König Ruprecht für die Bürger von Nürn-

Nicht zu läugnen ist es, daß der Druck der Zinsen, welche die Juden von den von ihnen vorgeschossenen Geldern heischten, außerordentlich hart war, den Wohlstand besonders der höheren Stände längst untergraben hatte, denn es mochten nur wenige Fürsten und Herren geben, welche den Juden nicht schuldeten. Wie kann man hierin aber einen Vorwurf gegen die Juden finden? Natürlich ist es, daß die Juden mit unerbittlicher Strenge die ihnen gesetzlich zu Gebote stehenden Mittel, ihr Capital zu sichern, ihre Zinsen einzutreiben, in Anwendung brachten, da sie jeden Augenblick der Gefahr ausgesetzt waren, durch irgend eine Gewaltthätigkeit, einen Gewaltstreich, wie eben Wenzel's Decret, Alles zu verlieren. Besitz und Gewinn war der Lebens-Endzweck der meisten Juden, daher läßt sich auch mit Gewißheit annehmen, daß sie oft genug Schliche und Wege fanden, ihre Verpflichtungen gegen König und Reich, gegen die Fürsten und Städte, denen sie zu Lehen gegeben waren, zu umgehen. Schon Rabbi *Meir von Rothenburg* († 1298) erklärte alle Ausnahms-Privilegien, welche sich einzelne Juden in Betreff der Abgaben des auf ihrer Person lastenden Zolles zu verschaffen wußten, für ungültig. Daß die Juden alle nur erdenklichen Mittel suchten und fanden, sich der auf ihnen lastenden Erpressungen zu entziehen, die Abgaben zu umgehen, ist leicht denkbar, und da war aller Orten bei Groß und Klein das wirksamste — die *Bestechung*.

Wenzel hatte mit Aufhebung der Judenschulden sich den Beistand der Fürsten und Herren gegen den immer mächtiger werdenden Städtebund sichern wollen, da dieser Bund von Tag zu Tag mit größerer Entschiedenheit auftrat, dem Königthume mit immer kühnerem Bürgertrotze die Stirn bot. In wie weit *Wenzel's* Maßregel die Juden Kölns und des Niederrheines traf, davon ward uns keine Kunde, oder ob sich dieselbe nur auf Franken beschränkte? Wir wissen nur, daß die Maßregel in Ausführung kam, und daß *Wenzel* unter dem 10. März 1392 der Stadt

---

berg. Vgl. Dr. M. *Wiener*, Regesten zur Geschichte der Juden in Deutschland während des Mittelalters. Erster Theil. Hannover 1862. Urkunden 113, 23, 117 u. s. w.

Frankfurt a. M. die Erklärung gab, daß sein Erlaß sich nur auf die vor demselben gemachten Schulden beziehe; die nach Verkündigung des Erlasses mit Juden contrahirten Schulden müßten denselben bezahlt werden. Es waren dortige Juden bereit gewesen, auch nach der Veröffentlichung der königlichen Verfügung hochstehenden Personen Gelder vorzuschießen, und diese hatten sich später geweigert, sich auf das Schuldentilgungs-Gesetz berufend, ihre Schulden und Zinsen zu bezahlen.

Unter Wenzel hatte die Zerfahrenheit des deutschen Reiches ihren Höhepunct erreicht, denn er „bleiff gemeinlich liggen in Behem as eyn swijn in sime stalle", sagt unsere Chronik in ihrer Entrüstung, und kümmerte sich nicht um die Angelegenheiten des Reiches. Der Verfall Deutschlands und der Reichseinheit war angebahnt. An Handhabung der Gesetze, an Rechtsschutz war nicht zu denken, und immer frecher und empörender wurden die Anmaßungen des Adels. Die Macht der städtischen Eidgenossenschaft war bereits gebrochen durch den Sieg der Herren bei Döffingen am 20. August 1388, durchschnitten der Lebensnerv des deutschen Bürgerthums.

Bei einer solchen Lage der Dinge lassen sich die Parteiungen erklären, welche um diese Zeit den inneren Frieden der Stadt Köln störten. Wie die italienischen Stadtgemeinden in Ghibellinen und Welfen getheilt, so die Gemeinde der Stadt Köln in „Freunde", die Schöffen und Anhänger der regierenden Geschlechter, und in „Gryphen", Bürger, welche ein neues Stadtregiment, ein autokratisches wollten.

Hilger von der Stessen, Hauptführer der „Gryphen", eben so geldmächtig und ehrgeizig, als thatkräftig, ging mit dem Plane um, sich das Regiment der Stadt anzueignen, und hatte es bei Kaiser Wenzel dahin gebracht, daß er ihm erlaubte, auf dem Osterwerth, einer Insel zwischen Deutz und Poll, einen Freistuhl (Sitz eines Vehmgerichtes) zu errichten, dessen Grafenamt ihm und seinen Erben erblich übertragen wurde, wofür er dem Kaiser versprochen, in Deutz eine neue Zollstätte zu gründen, deren Ertrag zur Hälfte der kaiserlichen Kammer zufließen sollte. Heinrich von Stave, Hilger's Oheim, der zu wiederholten Malen bal-

Amt eines Bürgermeisters in Köln bekleidet und jetzt mit an der Spitze der Partei der „Gryphen“ stand, spiegelte dem Rathe vor, Erzbischof Friedrich rüste wieder gegen die Stadt, welche ihrerseits sofort mit bedeutenden Geldopfern alle möglichen Vorsichtsmaßregeln traf, den Rhein sperrte, ihre alten Schutzbündnisse erneuerte und sich auch bestimmen ließ, die auf Kosten der Stadt 1389 wiederhergestellte Abtei, Stifts- und Pfarrkirche zu Deutz in aller Eile in einen weiten Festungsbau zu verwandeln, dessen Hut man dem Lufard von Schiderich und Johann Vogt von Merheim als Burggrafen gegen einen Jahressold von 1400 Gulden übertrug.

Hilger von der Stessen und Johann vom Horne, zur Zeit Bürgermeister, einigten sich im Namen der Stadt wegen der Befestigungen von Deutz mit dem Erzbischofe, indem man sich gegenseitig versprach, dieselben nicht zum Nachtheile des Anderen zu benutzen. Der Erzbischof gab auch das Versprechen, sich beim Papste dahin zu verwenden, daß das Interdict, die Excommunication, mit denen die Stadt des deutzer Baues wegen wieder belegt, aufgehoben werde, sobald die Abtei in Deutz und die beiden Kirchen in ihrem früheren Zustande hergestellt seien.

Die Partei der „Freunde“ war unterdessen am kaiserlichen Hofe in Prag nicht müßig gewesen und hatte den Kaiser Wenzel auch vermocht, am 22. September 1394 eine Verfügung zu erlassen, wodurch er die Gründung einer Freigrafschaft auf dem Osterwerth widerrief und auch die Belehnung des Hilger von der Stessen und seiner Erben zurücknahm. Gegen 4000 kleine gute Gulden entsagte der Kaiser auch allen Ansprüchen an die Stadt, welche er auf Grund des mit Hilger von der Stessen abgeschlossenen Uebereinkommens zu machen berechtigt war. Erzbischof Friedrich reinigte sich ebenfalls von dem Verdachte, als habe er etwas gegen die Stadt beabsichtigt, wodurch diese zur Befestigung von Deutz und zur Rheinsperre veranlaßt worden.

Der Rath kam jetzt zu der Ueberzeugung, daß Heinrich vom Stave ihn getäuscht hatte. Man hieß denselben zu Thurm gehen. Er entfloh. Hilger von der Stessen war nicht der Mann, von seinem einmal gefaßten Plane abzustehen. Da er aber wohl einsah, daß seine Partei zu schwach, es mit der Gegenpartei, den „Freunden“, in offenem Kampfe aufzunehmen, suchte er den Erzbischof zu gewinnen, und fand auch ein williges Ohr bei demselben, weil er ihn mit der Aussicht auf die Erlangung der Hoheitsrechte über die Stadt zu ködern verstand. Friedrich versprach den „Gryphen“, zum Sturze des bestehenden Stadtregimentes Zuzug zu leisten. Die „Freunde“ hielten jedoch treu und fest zusammen, als die Stunde der Entscheidung kam. Sie standen fest gewappnet und hatten auch die Freude, zu sehen, daß sich die Zunftgenossen, trotz aller Versprechen der steffen'schen Partei, nicht verführen ließen. Bald waren die „Freunde“ Herren des Bürgerhauses, nahmen einen Theil der hier versammelten Rathsherren, die zur feindlichen Partei gehörten, gefangen.

Hilger von der Steffen konnte es jetzt bei der Schwäche seiner Partei nicht auf die Entscheidung der Waffen ankommen lassen, er floh am 4. Januar 1396 mit Lufard von Schiderich über die Stadtmauer und erreichte das Gebiet des Grafen von Nassau. Lufard ertrank, als er über den Rhein setzte. Sämmtliche Anhänger Hilger's mußten zu Thurm gehen, und schon am 7. Januar wurde ein schweres Urtheil über sie gefällt, alle zu längeren oder kürzeren Freiheitsstrafen verurtheilt, und die am härtesten Bezichtigten, auf lebenslängliche Haft in Stein und Stock in den Verließen des Bayenthurmes und des Thurmes von St. Cuniberti. Nur Heinrich vom Stave, der sich in die Stadt gewagt, und Heilgin vom Kessel wurden zum Tode verurtheilt. Sie starben am 12. Januar auf dem Heumarkte durch das Schwert des Henkers.

Dieser Sieg stärkte die Anmaßung der Geschlechter, der aber die Zunftgenossen jetzt um so entschiedener entgegen traten. Auf das Aeußerste waren die Geschlechter gefaßt. Die Zünfte, durch verschiedene hochfahrende Aeußerungen des Rathes — war man doch so weit gegangen, aus dem Eidbuche die Stellen heraus zu schneiden, welche von den Vorrechten der Gemeinden handelten — beleidigt und Schlimmeres befürchtend, hielten regelmäßige Versammlungen auf ihren Zunfthäusern, entschlossen, ihre Rechte mit Waffengewalt gegen die Geschlechter zu vertheidigen und zu behäupten. Die Zünfte kamen zuletzt, da sie sich von den Geschlechtern mit Geringschätzung, mit Hohn behandelt sahen, zu dem Entschlusse, das Ansehen, die Macht der Geschlechter zu brechen, zu stürzen. Ein geringfügiger Umstand brachte den Entschluß zur That.

Am Abende des Sonntags nach St. Johann, 1390, waren die Vornehmsten der Geschlechter bewaffnet auf der Airsburg versammelt. Es wurde ihnen hinterbracht, daß es auf den Zunfthäusern hoch herginge, die dort versammelten Bürger lärmten und tobten. Da warf sich der Bürgermeister, Costin von Lyskirchen aufs Pferd, ritt vor die einzelnen Zunfthäuser und gebot in hochfahrender Weise den Bürgern Feierabend. Allenthalben empfing man ihn mit Hohn, sich um sein Gebot nicht kümmernd. Zuletzt kam es zu Thätlichkeiten. Eine bewaffnete Schar riß den Bürgermeister vom Pferde und nöthigte ihm den Schwur ab, sich mit Leib und Gut der gerichtlichen Untersuchung nicht entziehen, die Stadt nicht verlassen zu wollen. Costin entfloh aber noch in derselben Nacht. Immer zahlreicher wurden die Haufen der bewaffneten Bürger, die von allen Zunfthäusern herbeieilten, mit wildem Lärm nach des Bürgermeisters Wohnung auf dem Heumarkte zogen, in dieselbe drangen und sich hier des Stadtbanners bemächtigten. Jetzt wälzte sich die zu einer bedeutenden Streitmacht herangewachsene Masse nach der Airsburg. Das Haus wird sofort umstellt, erstürmt und die hier versammelten Häupter der Geschlechter gefangen, wie es scheint, ohne Kampf, da die Ritter wohl einsehen mochten, daß Widerstand hier vergebens[192]). Die Gefangenen mußten zu Thurm gehen. Noch in derselben Nacht befreiten die Zunftgenossen die im Bayen- und Cunibertsthurme und auf anderen Stadtthürmen in Haft liegenden Mitglieder der von Stefslischen Partei.

192) Das Nähere in Dr. Ennen's Geschichte der Stadt Köln. B. II. S. [illegible] ff. Dr. Ennen ist der Ansicht, daß hier durchaus kein Kampf Statt gefunden, indem die Urkunden nichts davon erwähnen. Nach der gewöhnlichen Erzählung, auch nach der Chronik, werden die Geschlechter erst nach heftigem Widerstande, nach blutigem Kampfe von den Bürgern überwältigt.

Die Zünfte hatten gesiegt, waren Herren des Stadtregiments. Sie benutzten aber mit Mäßigung ihren Sieg, indem sie einzelne Gefangene nur mit schweren Schatzungen belegten, die sich beim ersten Rundgange auf den Thürmen auf 26,590 Mark beliefen, und bei einem zweiten noch um 5937 Gulden erhöht wurden. Darauf wurden die Vornehmsten auf zehn, sechs, fünf, drei und ein Jahr der Stadt verwiesen, ihnen bestimmte Gränzen angegeben, auf die sie sich der Stadt nur nähern durften[193]).

„Als die Gemeinden die Herren von den alten Geschlechtern, die das Regiment der Stadt von Anbeginn der Stadt bis dahin geführt hatten, überwunden, verjagt und abgesetzt hatten, da nahmen sie die Stadt in ihre Hand und die Schlüssel der Stadt“[194]). Aus einem aristokratischen, war das Stadtregiment ein demokratisches geworden. Fünfundzwanzig Mitgliedern der Zünfte wurde zuerst die Regierung der Stadt übertragen, denen eine zweite Commission aus dreizehn Mitgliedern, die zu keiner Zunft gehörten, zur Seite stand. Man wählte aber einen aus neunundvierzig beerbten Bürgern der Stadt bestehenden Rath, von denen sechsunddreißig den Aemtern oder Gaffeln, den Zünften angehörten, und dreizehn, die sogenannten „Gebrechsherren“, von diesen in den Rath berufen wurden. Aus dem Rathe wurden jährlich zwei Bürgermeister (Consules) gewählt. Zur Entscheidung von wichtigen, das Interesse der Stadt betreffenden Angelegenheiten waren noch aus jeder der zweiundzwanzig Zünfte zwei Mitglieder, die Vierundvierziger, erkoren, welche dann die entscheidende Stimme hatten. Ihr Veto entschied. Sie waren die Volkstribunen.

Dieses neue Stadtgrundgesetz, die Magna Charta der Stadt, der „Verbundbrief“, welcher, mit dem Stadtsiegel und den Siegeln der zweiundzwanzig Zünfte versehen, sich in einer eigenen hölzernen Lade wohlverschlossen auf jeder Zunft befand, wurde von allen Bürgern beschworen und jährlich den Zunftgenossen verlesen. Der „Verbundbrief“ bestand zu Recht bis zum Jahre 1515,

193) Dr. Ennen, Geschichte der Stadt Köln. B. II. S. 811 ff.
194) Dr. Ennen a. a. O. S. 812.

wo derselbe nach einer blutigen Bürger-Empörung, bei welcher drei Bürgermeister und mehrere Rathsherren auf dem Heumarkte durch das Schwert des Henkers starben, in den „Transfix“ erweitert wurde.

Diese Umgestaltung des Stadtregimentes im Jahre 1396 hatte auf das Schicksal der Judengemeinde keinen weiteren Einfluß. Sie stand nicht mehr unter der Aufsicht eines aus den Geschlechtern gewählten Judenmeisters. Ihre Mitglieder standen als Sammtbürger unter dem Rathe, an dessen' Wahl sie natürlich keinen Antheil hatten, und waren immer mehr auf kleine Geldgeschäfte und Darlehen auf Pfänder beschränkt, da die Christen sich auch nicht mehr um das kirchliche Zinsverbot kümmerten, auch Geldgeschäfte machten. Streng wurde darauf geachtet, daß die Juden das ihnen angewiesene Viertel nicht überschritten, bei den ihnen zugestandenen Befugnissen blieben.

Wer Köln vor fünfzig Jahren gekannt hat, konnte sich in etwa eine Vorstellung von dem düsteren Charakter des Judenviertels machen, wie derselbe am Anfange des fünfzehnten Jahrhunderts, vor vierhundert Jahren, in die äußere Erscheinung trat. In den Hauptstraßen des Viertels, Oben-Marspforten, Unter-Goldschmied, in der Steffen, d. h. in der großen und kleinen Botengasse, Unter-Taschenmachern, ursprünglich Unter-Rindshütern, hatte die Alles umgestaltende Hand der Zeit allerdings manches geändert, auf den Höfen und Gärten einzelne neue Häuser entstehen lassen, die wir Kölner als Prachtbauten bestaunten. Im Ganzen boten die engen Straßen des Judenviertels mit ihren düsteren Höfen, hohen Steingiebeln, die kerkerähnlich, gleich den meisten Häusern selbst in den Hauptstraßen der Stadt, eng vergitterte und vergatterte Fenster zur Schau trugen, einen traurig düstern, abschreckenden Anblick. Nur in kurzen Fristen wagte die Sonne verstohlen in dieses Häuserlabyrinth zu lugen, trostlos öde, gar unheimlich im ungewissen Lichte des Mondscheines.

Die grauen, von großen Moosflächen grüngelb überzogenen Tuffsteinmauern, mit braunrothem Ziegelwerk ausgeflickt und stellenweise wieder von allem Bewurfe entblößt, hatten zwar viel des Anziehenden für den Freund des Malerischen, jeder Giebel in seinem trostlosen Verfalle dem Maler eine unübertrefflich reiche, phantasieanregende Studie, machten aber einen schauerlichen Eindruck, erzählten uns die Schrecken und Gräuel der verschiedenen Epochen der so düsteren mittelalterlichen Geschichte der Juden Kölns.

Im Mittelpuncte der Römerstadt, unter dem Schutze des römischen Prätoriums hatten sich die Juden schon in der Römerzeit angesiedelt. Ihre Wohnstätten bildeten im späteren christlichen Köln gleichsam den Mittelpunct eines der vier ältesten Pfarrsprengel der Stadt, der Pfarrkirche des heiligen Laurentius, deren Gründung man dem um das Jahr 570 lebenden Bischofe Charentinus zuschreibt*). Wie wir berichtet haben, bekleidete im eilften Jahrhundert, zur Zeit des Erzbischofes Anno II. (1056—1075), der selbst in dieser Pfarre wohnte, sogar ein Jude, Egebreth, das Amt eines Burmeisters (magister vicinorum) der Burschaft der Pfarre des heiligen Laurentius. Einen schlagenderen Beweis der Hochachtung und des Vertrauens konnte die Bürgerschaft dem Juden nicht geben, als ihn mit einem solchen Amte zu betrauen.

Das Viertel, in welchem die Stadt, als die kleineren Gemeinden, die Burschaften in eine Sammtgemeinde vereinigt, ihr allgemeines Bürgerhaus (domus civium) errichtete, wird in den ältesten Urkunden mit dem Ausdrucke „inter judaeos“ bezeichnet, woraus hervorgeht, daß die Judengemeinde damals nicht unbedeutend, die rings umher ihre Ansiedel hatte.

Ihre Synagoge, die sogenannte Judenschule, bildete den Mittelpunct ihrer Gemeinde. An der Südseite der Synagoge lagen nach Erbauung derselben ihre Begräbnißstätten, ehe sie gegen das Ende des zwölften Jahrhunderts einen Friedhof vor dem Severinsthore erwarben. Bei den Neubauten am Südende des Rathhausplatzes hat man eine Reihe jüdischer Leichensteine gefunden, welche

---

*) Als die ältesten Pfarrkirchen der Stadt werden genannt: St. Columba, Klein Martin (niedergerissen), St. Laurentius (niedergerissen) und St. Alban. Außer diesen lagen noch vier Pfarrkirchen im Bezirke der Römerstadt und zwölf außerhalb derselben.

das Gesagte bestätigen und jetzt in unserem Museum aufbewahrt werden.

Ein mächtiger Tuffsteinbau, das ehemalige Capitelhaus der Juden, Capitulum Judaeorum, der jetzt niedergerissen, in dessen Thürpfosten nach der Judengasse wir noch die Vertiefung zur Aufbewahrung der Mesusah, der Zehn-Gebote, gesehen, nahm die Südseite des Rathhausplatzes ein, welchen der Kölner nach dem Vorbilde der italienischen Freistädte, wie auch das Rathhaus selbst, den „Platz“ (la piazza) nannte und noch nennt. An diesen Bau stieß auf der Westseite des Platzes die Judenschule, die Synagoge, und die an dieselben gränzenden öffentlichen Gebäude der Judengemeinde, das Frauenbad, das Hospital, das Spielhaus in der engen Gasse, der jetzigen Portalsgasse, wo jetzt das Eichamt. Schauerlich düster war die Umgebung der St. Laurenz-Kirche, welche mit dem an dieselbe stoßenden Friedhofe selbst bei hellem Tage einen unheimlichen Eindruck machte, wo die Juden, namentlich „in der Stesse“, der jetzigen großen Budengasse, seit 1322 ihre Ansiedel hatten, Liegenschaften erwerben konnten*).

*) Der Name „In der Stesse“ rührt von dem an der Westseite der ehemaligen St. Laurenzkirche gelegenen Hofes zu der Stessen, der Edelvogtei, dem jetzigen Comptoir des Bankhauses Stein auf dem St. Laurenzplatze. Ehe dieser Hof 1260 durch Erbschaft an die Familie von der Stessen, aus dem mächtigen Geschlechte der Quattermart, gelangte, war er der Sitz des edlen Vogtes der Stadt, ein fester Burgbau, in welchem das vogteiliche Archiv, das Banner des Vogtes aufbewahrt wurden. Das Hauptarchiv der Stadt verblieb aber noch in dem Hofe, als derselbe Eigenthum der Familie von der Stessen geworden, wofür die Stadt derselben jährlich eine Recognition von vier Mark für Fische zahlte. Das Archiv, die städtischen Freiheiten und Briefe, war durch drei Schlösser verschlossen, zu denen ein Mitglied des engen Rathes, ein Mitglied des weiten Rathes und ein zum Rathe gehörender Schöffe die Schlüssel hatten, „also daß die drei nicht aufschließen noch hingehen sollen, um ein Actenstück zu lesen oder herauszunehmen, sie seien denn alle drei zusammen“. (S. Dr. Ennen, Geschichte der Stadt Köln. B. II. S. 520.) Der Sage nach, wurde der heilige Bruno, der Gründer des Carthäuser-Ordens († 1101) in dem Sitze des Edelvogtes geboren. Man bezeichnete eine Kemnate über dem an der Südseite des Baues gelegenen Hauptthore als seine Stube, der Vorplatz des Thores als Immunität. Der Missethäter, dem es

Die Ostseite der Judengasse fußte, wie der Rathhausbau selbst, an den sich die Judenhäuser zu beiden Seiten dicht lehnten, auf altrömischen Substructionen. Das Bürgerhaus soll muthmaßlich die Stelle des Prätoriums der Römerstadt einnehmen. Beim Umbau des Rathhauses in den Fundamenten gefundene römische Baureste und Mosaiken sprechen für diese Annahme. Unter dem Fundamente des südlich an das eigentliche Rathhaus stoßenden Hauses, dessen Eigenthümer noch im Jahre 1828 der Jude Anselm von Osnabrück, fand man beim jüngsten Umbau die Anlage eines altrömischen Heizapparates, welches zu der irrigen Ansicht führte, daß hier die Stelle des alten Judenbades.

So schaurlich ernst das Aeußere der Judenwohnungen, eben so düster ihr Inneres. War auch das ganze Judenviertel mit festen hölzernen Thoren abgesperrt, so brachte man gewiß im Innern der Häuser alle nur denkbaren Vorsichts-Maßregeln zum Schutze und zur Sicherheit an. Schwere Schlösser und Riegel, feste Balken, wie wir es noch an den alten Bürgerhäusern gekannt haben, schützten die Thüren und Eingänge, denn hier bargen die Juden die ihnen in Versatz gegebenen Pfänder, ihre Capitalien. Lebten sie auch unter dem Schutze der Erzbischöfe und der Stadt, mußten sie stets auf das Schlimmste gefaßt sein. Wer gewährte ihnen vollkommene Sicherheit für ihre Person und ihr Eigenthum? So viel immer möglich, wurde daher von ihnen aller äußere Schein des Reichthums, selbst der Wohlhäbigkeit vermieden, um die Gelüste ihrer Feinde nicht rege zu machen.

Und dennoch waren diese düsteren Judenhäuser der Sitz häuslichen Glückes, der Zufriedenheit, das in einem musterhaften Familienleben begründet, denn, wo fand man ein so inniges Verhältniß zwischen Eltern und Kindern? Wo die Liebe und Ehrfurcht der letzteren zu Vater und Mutter, der höchste Tugendschmuck der Juden, die treu ihrem Gesetze? Und das waren sie damals noch alle, weil den Strenggläubigen in jenen Zeiten der Bedrückung

gelang, sich in diesen Bezirk zu flüchten, war dem Banne des Grafengerichtes entzogen, konnte von den späteren Gewaltrichtern und ihren Häschern nicht verhaftet werden. Vgl. Fuchs, Der St. Laurenzplatz in Köln. 1828.

und Noth das starre Festhalten an ihrem Gesetze stets Trost, Stärke und Ausdauer verlieh.

Eine strenge, mehr als gewissenhafte Heilighaltung ihrer Nationalfeste — ihrer Gedenktage — hielt bei ihnen selbst nach dem Untergange ihres Reiches, nach der Zerstörung Jerusalems, in den Zeiten ihrer größten Erniedrigung und Schmach die Erinnerungen an ihre große Vergangenheit wach und lebendig. In diesen Erinnerungen fand ihr unerschütterlicher Glaube stets neue Nahrung und Festigung, blieb ein lebendiger unter dem härtesten Drucke, in den Jahrhunderten der ärgsten Schmach, die auf ihnen lastete, gab ihnen Starkmuth, auch das Schlimmste zu ertragen, Trost in ihren unsäglichen Leiden, denn in ihrem felsenfesten Glauben wurzelte ihre Hoffnung. Felsenfest war ihr Glaube, daß das Volk Gottes nie untergehen könne; das sagten ihnen die Verheißungen. Unerschütterlich war ihre Hoffnung, daß die schwere Zeit der Prüfungen nicht ewig dauern, die Zeit der Erlösung sie einst beglücken werde.

Ist ihr Glaube, ihre Hoffnung nicht zur Wahrheit geworden?

Auf sich selbst, auf ihre Familie beschränkt, da die Kirchengesetze den Christen sogar jeden näheren Verkehr mit den Juden untersagten und diese durch äußere Abzeichen kennzeichneten, führten sie in ihren Familienkreisen ein patriarchalisches Leben. Der Familienvater war der Priester unter den Seinigen. Sobald am Vorabende des Sabath die Sabath-Lampe angezündet und sich die Familie zum Gebete versammelt, so besonders in den Seder-Nächten, sprach der Familienvater den Weihespruch über Brod und Wein, welches er unter die Seinigen vertheilte, ein Liebesmahl.

An den einzelnen Festtagen schmückte reiches Silbergeschirr, Kleinodien der Gold- und Silberschmiedekunst, die Tafeln der Begüterten, erfreuten sie sich des äußeren Luxus. Beim Mazzothfeste ertönten in allen Judenhäusern die alten Osterlieder, die in Köln selbst unter den Christen die vierhundert Jahre überdauert hatten, seitdem die Juden aus der Stadt vertrieben waren.

Die religiösen Ceremonieen, so die Beschneidung, wurden in den einzelnen Häusern verrichtet. Die Judenschule oder Synagoge diente zur Vereinigung der Gemeinde an den großen Festtagen und zur Abnahme der Eide. Hier wurden auch die Ceremonien der Trauungen vollzogen. Die Hochzeiten selbst wurden in dem in der engen Gasse, der jetzigen Portalsgasse, gelegenen Spiel- oder Tanzhause gehalten, wo sich auch wohl bei anderen Gelegenheiten die Jugend dem Tanzvergnügen hingab. Es unterliegt keinem Zweifel, daß alsdann das schöne Geschlecht die möglichste Pracht des Kleiderputzes entfaltete, hierin gewiß die Christinnen überbot, weil es den Frauen und Mädchen sonst nicht gestattet, sie nicht in der Oeffentlichkeit ohne den mit zwei blauen Streifen kennbar gemachten Schleier erscheinen durften. Und wer kennt Eva's Töchter, die nicht eitel?

Ob die Juden in ihrem Viertel auch noch ein Wein- und Wirthshaus besessen, wie in Frankfurt am Main, wo es der Juden Heckhaus genannt wurde*), finden wir nirgend angeführt, ist aber wahrscheinlich, ja, gewiß, da die handelsthätige Stadt Köln häufig von fremden Juden besucht wurde, übten die Juden auch unter sich die schöne morgenländische Sitte der Gastfreundschaft.

Hatte die Judengemeinde Kölns auch vor dem Schreckensjahre 1349 manchen Gelehrten, manchen berühmten Thalmudisten aufzuweisen gehabt, deren Stimme Gewicht hatte, so verfiel aber das Thalmud-Studium, nachdem sich in Köln, wie in den anderen rheinischen Städten wieder neue Judengemeinden angesammelt hatten, diesseit und jenseit des Rheines immer mehr und mehr. Selbst die alten Erinnerungen waren dergestalt in Vergessen gerathen, daß die rheinischen Rabbinen sich veranlaßt sahen, im Jahre 1381 in Mainz, dessen erzbischöflichen Sitz der judenfreundliche Adolf I. von Nassau (1379—1390) einnahm, eine Synode zu berufen, welche am 15. Ab (5. August) dieses Jahres eröffnet, und auf welcher die alten Verordnungen wieder erneuert wurden. Keiner der hier versammelten Rabbinen hat, wie Dr. Graetz sagt, einen Namen von Klang hinterlassen**).

*) Vgl. Kriegk a. a. O. S. 445.

**) Dr. Graetz a. a. O. B. VIII., S. 15.

Wenzel war durch die Rheinischen Kurfürsten und den Pfalzgrafen Ruprecht bei Rhein seiner Würde als Kaiser entsetzt, und statt seiner Ruprecht von der Pfalz, im Jahre 1400, gewählt worden. Da die Krönungsstadt dem neugewählten Könige ihre Thore verschlossen hielt, weil viele Städte und Fürsten sich mit der neuen Wahl nicht einverstanden erklärten, fand am 6. Januar 1401, am Tage der heiligen Dreikönige, die Krönung des Königs im Dome zu Köln durch den Erzbischof Friedrich von Saarwerden Statt. Nach altem Brauche sang der König das Evangelium der Krönungsmesse und erklärte die Stadt zum Freihofe während seiner Anwesenheit, nachdem er auf dem erzbischöflichen Saale auf dem Domhofe die Huldigung empfangen, den Großen des Reiches ihre Lehen ertheilt und bestätigt hatte.

Feste folgten auf Feste, und stolz war die Stadt, sich bei dieser Gelegenheit in ihrem vollen Glanze zeigen zu können. In ihrer ganzen Pracht und Herrlichkeit erschienen die kölner Frauen und Jungfrauen bei den öffentlichen Gastereien und Tanzfesten, da für die Dauer des Freihofes die gewöhnlichen Luxusgesetze außer Kraft traten, wie auch die starre Strenge des gewöhnlichen Zunftzwanges. Sogar die Juden waren theilhaft der Freiheiten, welche die Stadt für die Dauer des Freihofes verliehen.

Die Stadt Aachen und ihre Anhänger traf die kaiserliche Acht, welche bis zum Jahre 1406 auf derselben lastete, da sie sich erst mit vielen Städten und Fürsten für Ruprecht erklärte, als Papst Bonifaz IX. (1389—1404) den König Ruprecht anerkannt und seinen Gegner Wenzel, kraft seiner apostolischen Gewalt, des Reiches entsetzt hatte.

Bei seiner Anwesenheit in Köln ertheilte König Ruprecht am 6. Januar 1401, mithin an seinem Krönungstage, den Bürgern Nürnbergs das Recht, die dort schon angesiedelten Juden zu beschirmen und noch andere aufzunehmen, mit der Bestimmung, daß der „güldene Pfennig“ der königlichen Kammer zufließen solle, der sonstige Judenzins aber nur zur Hälfte, und zur Hälfte der Stadt. Der Juden Erb- und Eigenthum wurde in gleichen Theilen der königlichen Kammer und der Stadt zuerkannt, wenn die Juden ihren Schutz in Nürnberg auf irgend eine Weise verwirkten. Unter demselben Datum bestätigt der König den Nürnbergern und den Städten Rotenburg, Schweinfurt, Winsheim und Weißenburg einen Brief des Königs Wenzel vom 16. September 1390, wodurch dieser diese Städte von allen Judenschulden und namentlich von denen des Jeklein von Ulm, Mähalm und Jüdlein, den Juden, Söhnen der Psaltin, freispricht und alle von den Juden zurückgehaltenen Schuld-Urkunden für unkräftig erklärt, mit der Bestimmung, daß es als Raub angesehen werden sollte, wenn Jemand den Juden zu ihrer Schuld zu verhelfen suchen sollte[195]).

Und solche Bestimmungen konnte ein König treffen, den die Juden selbst als den Fürsten preisen, unter welchem sie ihre glücklichsten Tage während des Mittelalters in Deutschland verlebten[196]). Wie drückend, wie beklagenswerth muß ihre Lage gewesen sein!

Am Tage vor seiner Abreise aus Köln, am 9. Januar 1401, gab König Ruprecht den Juden Kölns einen Freiheitsbrief, wie auch denen von Mainz. Nach Martene waren die Juden im Jahre 1399 wieder aus Köln verwiesen worden, was übrigens nicht damit übereinstimmt, daß ihnen König Ruprecht schon Anfangs 1401 einen Freibrief ausstellt; es mußte mithin noch eine Judengemeinde dort bestehen. Einen ähnlichen Freiheitsbrief erhielten die Juden von Frankfurt am Main, von Worms, Speyer und Landau unter dem 10. Januar desselben Jahres von Bonn aus[197]).

Der Freiheitsbrief führt unter den verschiedenen, den Juden erwiesenen Gnaden folgende Bestimmungen auf:

„Zum ersten wollen wir derselben Juden libe und gut schirmen und schuren in dörffern, weldern, strassen und wassern, und alle strassen sollint yn offen sin, und darzu sollent

195) Dr. Wiener, Regesten zur Geschichte der Juden in Deutschland während des Mittelalters. Erster Theil. S. 53 ff. Urk. Nr. 4, 5.

196) Dr. Wiener a. a. O. S. 73.

197) Dr. Wiener a. a. O. S. 54. Urk. 6, 7, 8. und 9. Vgl. Beilage II. S. 69.

und mogent sie der fryheide, lantfriede und aller ander gnade, den edle und unedle lude nyssen und gebruchen, auch nyssen und gebruchen[198]). Auch soll man die egenannten Juden mit keinerley schaden an zollen, wassern oder uff lande besweren, ir personen uzgenomen worfel als das von alter her gewonheit gewest und herkomen ist, ane geverde."

In den deutschen Landen mußten die Juden beiderlei Geschlechts von ihrer Person Weg- und Brückenzoll zahlen, und außerdem bei allen Zöllen, auf Verlangen, noch den Würfelzoll entrichten, das heißt, dem Zollaufseher oder Zollknechte einen Pasch Würfel, drei Würfel, überreichen. Sie waren daher genöthigt, auf ihren Reisen immer mehrere Pasche Würfel mit sich zu führen. Es war dieser Würfelzoll eine der vielen vexatorischen Quälereien, denen die Juden in den einzelnen Städten und Landschaften Deutschlands ausgesetzt waren, daher ihre Bemühungen, die Verpflichtung des Tragens der Judenhüte und des Juden-Abzeichens zu umgehen, und daher auch die verschärften Erlasse während des fünfzehnten, sechszehnten, siebenzehnten und achtzehnten Jahrhunderts in Bezug auf diese Abzeichen.

Der Kurfürst und Erzbischof von Mainz, Adolf I., Graf von Nassau (1379—1390), war der erste deutsche Fürst, der im Jahre 1384 seinen Juden im Erzstifte den Würfelzoll, zuerst auf drei Jahre, und unter dem 18. October desselben Jahres auf immer erließ. Er befahl seinen Zöllnern „uff Rine oder uff Meyne, daz sie alle Juden, Man und Vyb in fürbasser keine Wurffeln zu begehren haben"[199]).

Wie wir gehört, bestand König Ruprecht auf der Beibehaltung des Würfelzolles, und hebt dies noch besonders hervor in den Freiheitsbriefen, welche er den Juden in Köln, in Mainz, in

198) Kriegk a. a. O. liest irrthümlich mit Schaab a. a. O., S. 109, edle und unedle jude, statt lude, und folgert daraus, daß König Ruprecht einem Theile der Juden den Titel „edel" beigelegt habe, den sonst nur der Adel führte. Dr. Wiener hat S. 69 a. a. O. diesen Irrthum berichtigt.

199) Schaab a. a. O. S. 107. Kurfürst Adolf gab den Juden seines Erzstiftes in dem Rabbinen Isaac von Wibauwe auch einen ständigen Richter, Judenmeister, befreite sie vom Zwange der geistlichen Gerichtsbarkeit.

Frankfurt a. M., in Worms, Speyer und anderen Städten des Reiches erhellt.

Ein deutlicher Beweis, wie befangen auch selbst die höchstgestellten Personen den Juden gegenüber waren. Der Würfelzoll brachte dem Fiscus nichts ein, war ein nichtssagender Spott.

König Ruprecht verspricht in seinen Freiheitsbriefen auch den Juden, vom Tage der Ausstellung derselben in drei Jahren keinen Erlaß zu geben, dem gleich seines Vorgängers Wenzel, wodurch alle Juden-Schuld getilgt. Den Eid „More judaico“ hebt er auf, es sollen die Juden nur schwören auf dem Buch Moises „mit solchen worten, als ym got helffe by der ee, die got gabe uf dem berge Synay, und alz an yglichen gerichten gewonheit und recht ist ann geverde“. Nach des Königs Bestimmung, durfte kein Jude gezwungen werden, Christ zu werden wider seinen Willen. Der „güldene Pfennig“ mußte jährlich am Christtage, nach altem Herkommen, von jedem Juden, über dreizehn Jahre alt, der nicht von Almosen lebte, entrichtet werden. Alle gegen die königlichen Freiheitsbriefe zu Gunsten der Juden Handelnden sollten mit 50 Mark Gold, die in des Königs Kammer flossen, gebüßt werden.

Bereits im Jahre 1403 übertrug der Kaiser zweien Juden, Elyas von Winheim und Isaac von Oppenheim die Erhebung des güldenen Pfennigs und der gesammten Judensteuer im ganzen Reiche. Er ernennt 1407 den Juden Israhel zum obersten Hochmeister aller Juden im Reiche und übergibt 1408 seiner Schwester Anna, Herzogin von Bayern und Berg, die Erhebung des güldenen Pfennigs im Erzstifte Köln, so wie in Geldern, Jülich, Stadt und Stift Osnabrück. Die Belehnung mit solchen Aemtern geschah höchst selten auf Lebenszeit.

Der den Juden Kölns vom Könige Ruprecht ertheilte Freiheitsbrief veranlaßte viele fremde Juden, sich in der Rhein-Metropole nieder zu lassen, und zwar vom Jahre 1404 bis 1411 nicht weniger als 47 Familien. Die Beschränkungen, welche die Juden des Erzstiftes Mainz am 1. December des Jahres 1405 durch den Kurfürsten Johann II. von Nassau (1397—1419) erfahren hatten, mochte manche Juden aus dem Oberlande bestimmt haben, nach Köln überzusiedeln. Kurfürst Johann erließ den an Juden Schuldenden den fünften Theil der Schuld an Capital und Zinsen, und für die Wiedererstattung des übrigen wurden vier Fristen, und diese ohne Zinsen, festgestellt[200]).

Sehr bedeutend muß um diese Zeit, wo die Stadt anfing, durch öffentliche Prachtbauten ihre Macht zu bekunden, der Handelsverkehr in Köln noch gewesen sein, denn vom Jahre 1414 bis zur Verweisung der Juden aus Köln im Jahre 1424 war die Gemeinde wieder um 41 Familien gewachsen[201]). Man muß aber ja nicht glauben, daß die Juden Kölns um diese Zeit nur große Geldgeschäfte gemacht hätten, diese waren zum Theil in den Händen von christlichen Geldhändlern, da das Kirchengebot gegen den sogenannten Wucher nicht mit aller Strenge aufrecht gehalten wurde und auch nicht aufrecht gehalten werden konnte, weil sich selbst Geistliche kein Gewissen daraus machten, Geldgeschäfte zu betreiben. Waren auch einzelne geldmächtige Juden unter den als Sammtbürger in Köln aufgenommenen, so beschränkte sich doch die Mehrzahl auf kleine Geschäfte, sie schossen Gelder auf Pfänder und halfen mit ihren Mitteln im Kleinverkehr aus. In regsamem Verkehr standen sie mit den rheinischen Judengemeinden, wohin sie nach Bedürfniß übersiedelten. So finden wir, um nur Einige anzuführen, im Jahre 1398 einen Vyf oder Vief von Köln in Frankfurt a. M., bis 1402 einen Vief, Süßkind's Sohn, wie 1328 einen Isaac von Köln, Vetter Liebman's von Citera, 1399 bis 1401 Israel von Köln, Vief's Eidam, 1387 Salman von Köln[202]), und in den oberrheinischen Städten Juden aus Bonn, Coblenz, Ahrweiler, Jülich, Neuß, Wesel u. s. w. Sehr häufig fanden solche Uebersiedlungen sicher nicht Statt, weil die Juden an jeder neuen Wohnstätte Einzugsgelder zahlen mußten, die gewöhnlich nicht unbedeutend waren, so wie auch die Leibmauth auf jedem Territorium, das sie auf ihren Wanderungen berührten.

200) Schaab a. a. O. S. 111.
201) S. Note XIX.
202) Kriegk a. a. O. S. 548. Anmerk. 239.

Der Erzbischof Dietrich II. von Mörs (1414—1463) hatte im Jahre 1414 Sigismund (1411—1437) und dessen Gemahlin Maria, Erbtochter des Königs Ludwig des Großen von Ungarn und Polen, in Aachen gekrönt. Nach der Krönung besuchte Sigismund Köln, wurde aufs festlichste empfangen und ließ sich auf dem erzbischöflichen Saale in herkömmlicher Weise huldigen, nachdem er der Stadt die Herrlichkeit ihrer Freiheiten bestätigt hatte. Der König nahm bei dieser Gelegenheit auch den neuen Rathhausbau in Augenschein und weidete sich an der herrlichen Aussicht, welche die Galerie des eben vollendeten Rathhausthurmes, das Belvrede der Stadt, bot*).

Am ersten Mittwoch vor St. Cunibertstag 1414 ertheilte Sigismund in Köln den Juden Kölns und des Reiches, weil sie ihn freiwillig mit Geld unterstützt hatten, das große Privilegium. Dasselbe bestätigt ihre früher schon angeführten Freiheiten, besonders die Freizügigkeit, da sie des Kaisers und des Reiches Kammerknechte, erneut das Verbot, daß Niemand die Juden und ihre Weiber und Kinder zur Taufe zwingen dürfe, daß sie Niemand vor ein anderes Gericht, als das weltliche Gericht zu Köln laden dürfe, vor dem sie allein Recht zu geben und zu nehmen hatten. Die Mitglieder der Judengemeinde Kölns waren nicht verbunden, vor einem anderen jüdischen Meister, den sie ihren Rabbi oder Hochmeister nannten, auf eine Klage zu antworten, als vor dem, welcher zu Köln seinen Sitz hatte, oder, in Ermangelung eines solchen, vor demjenigen, der in der zunächst gelegenen Reichsstadt wohnte. Die bisher übliche Form des Juden-Eides wurde aufgehoben, der Jude sollte nur schwören auf das Buch Moises mit den Worten:

„Als ym Gott helf by der Ee die got gab uf dem Berg Synai",

und nicht anders.

Die Bestimmungen bezüglich des goldenen Opferpfennigs blie-

*) S. Note XX.

den bestehen. Der Jude, welcher denselben nicht zur bestimmten Frist entrichtete, konnte keiner der Judenheit verliehenen Privilegien theilhaftig werden.

Der Kaiser gebot endlich unter Strafe von 10 Mark löthigen Goldes allen Landrichtern, Richtern, Schultheißen, Schöffen und Räthen und allen Urtheilsprechern, die Juden bei diesen ihnen bewilligten Gnaden und Freiheiten nicht zu stören, sie außerhalb der Stadt Köln nicht zu laden oder Urtheil gegen sie zu sprechen.

Sigismund verpfändete gegen 1000 Gulden sämmtliche von den Juden zu beziehende Abgaben seinem Protonotar Johann Kirchen und seinen Erben. Nachdem er dies der kölner Judenschaft angezeigt, fordert er den Rath der Stadt Köln auf, dem Johann Kirchen bei Einziehung des Opferpfennigs hülfreiche Hand zu leisten. Kirchen war übrigens schon unter Kaiser Ruprecht mit der halben Judensteuer Nürnbergs belehnt gewesen.

Es geschah um diese Zeit, daß vier Gesellen bei einem reichen, in der Judengasse wohnenden Juden Namens Meyer einsprachen unter dem Vorgeben, etwas verpfänden zu wollen. Kaum war Meyer in sein Comptoir eingetreten, überfielen ihn die vier Burschen und versuchten, ihm ein eisernes Halsband umzuwerfen. Meyer setzte sich zur Wehre, rief sein Gesinde zu Hülfe. Sie wurden der Burschen Meister, welche die Flucht ergriffen. Die Juden setzten denselben nach. Einer entkam zu Schiffe, einen zweiten, der verwundet, holten sie auf dem Mariengraden-Kloster ein und erschlugen ihn. Den dritten nahmen sie gefangen und brachten ihn mit der Leiche des Erschlagenen vor Gericht. Sofort zum Tode verurtheilt, wurde der Gefangene mit dem Leichnam aufs Rad geflochten. Auch des Hauptmanns der Rotte, mit Namen Hermann von dem heiligen Geist, wurde man in Dortmund habhaft. Nach kurzem Proceß knüpfte man denselben auf[203]). Ein Beweis, daß die Juden den vollen Schutz der Gesetze genossen.

Erzbischof Dietrich bestätigte 1416 den Juden Kölns und des ganzen Erzstiftes ihre Freiheiten und Privilegien auf zehn Jahre.

203) C. Chronik S. 290 b.

In der Bestätigung heißt es ausdrücklich: „Angesien mancherlei truwe gunste und vruntschafte, de uns unse Juden in unser Stat Colen getan haint."

Von Aachen aus bestätigte König Sigismund im Jahre 1416, am Dinstage nach St. Lucia, „in Ansehung, daß die gemeine Judenschaft der Stadt Köln, seine und des Reiches Kammerknechte, ihm und dem Reiche zu der Zeit großen Wohlgefallen und Billigkeit bewiesen und treffliche Dienste geleistet hatten", der Judengemeinde Kölns alle ihre Gnaden, Privilegien, Rechte und Gewohnheiten, die sie vom Erzbischofe Diederich, seinen Vorfahren, dem Capitel und der Stadt Köln erhalten hatten. Aus besonderer Gnade bewilligte er denselben, daß sie Niemand von des Kaisers und des Reiches wegen mit keinerlei Forderung oder Schatzung um Geld und Gut oder sonst anderen Dingen in den nächsten zehn Jahren ansprechen und beschweren soll in keinerlei Weise; es sei denn, daß der König während dieses Zeitraumes die kaiserliche Krönung empfangen werde.

Bei Gelegenheit der Kaiserkrönung lasteten, außer der Kron- und Krönungssteuer, auf den Juden des Reiches die verschiedenartigsten Abgaben außer den freiwilligen Liebesgaben, die sie dem Kaiser spendeten. Bekanntlich empfing Sigismund erst am 31. Mai 1433 die Kaiserkrönung in Rom aus den Händen des Papstes Eugen IV. (1431—1447).

So wird vom Kaiser Maximilian I. erzählt, er habe die Juden, welche ihm zu seiner Krönung in Aachen am 9. April 1493 einen goldenen Korb mit goldenen Eiern verehrt hatten, in Verwahrsam nehmen, aber wohl halten lassen. Als diese darob erschraken und nach der Ursache ihrer Haft fragten, ließ der Kaiser ihnen den Bescheid geben: Hühner, die so kostbare Eier legten, müsse man nicht sogleich fliegen lassen, sage doch das Sprüchwort: „Fleißige Hennen soll man einhalten und wohl halten." Der Kaiser gab den Geängstigten aber bald die Freiheit*).

*) Mayer, Aachen'sche Geschichten. S. 415.

Die Juden verehrten Conrad III. bei seiner Krönung am 13. März 1138 eine goldene, mit Perlen und Edelsteinen verzierte Krone. Die Kronensteuer bestand bis in die letzten Zeiten des Reiches in 400 Gulden, doch kommen auch noch andere Ehrengeschenke vor; so erhielt Karl VI. am Tage vor der Krönung, den 21. Februar 1711, von den Juden einen 24 Mark schweren silbernen, reich vergoldeten Pocal, in dem sich ein Beutel mit 400 Goldgulden befand. Die Juden der Stadt Frankfurt entrichteten bei jeder Kaiserkrönung 750 Gulden Service-Gelder und jährlich 100 Thaler für den güldenen Opferpfennig. Dem Fürsten Primas mußten die frankfurter Juden noch 1807 statt der früheren Krönungssteuer 1000 Gulden zahlen.

Erfreuten sich die Juden Kölns auch unter dem Schutze der königlichen, erzbischöflichen Privilegien und der Privilegien der Stadt eines bis dahin ungestörten Friedens, der Ruhe des Besitzes, während sie in den Erzstiften Trier und Mainz mancherlei Unbilden ausgesetzt waren, namentlich durch theilweise Aufhebung der Judenschulden, wurde die Judenschaft Kölns doch durch einen schweren Schlag bedroht. Es handelte sich um ihre Existenz.

Wohl wußten die Juden, was auf kaiserliches Wort und Brief zu halten, und dies namentlich bei Sigismund, denn keiner seiner Vorgänger verstand es besser, denn er, den Juden des Reiches Geld abzuzwacken. Ueberreich war er an Erfindungen, seine despotische Willkür in der Erhebung neuer Steuern von ihnen zu beschönigen, ihre schutzlose Lage für seinen Säckel auszubeuten. Für den von ihm, außer dem goldenen Pfennige geforderten dritten Pfennig, „das die gemein Jüdischhait“, heißt es in dem Erlasse, „Im Raych Tewtscher land mit dem dritten teil Ir's guts hinfür einem yeglichen Kayser zu geben verpennt sind“, zahlten die Juden Kölns allein 12,000 Gulden, und er verlangte 1418 nicht weniger denn 84,000 Gulden von ihnen als außerordentliche Steuer, den zehnten Pfennig von ihren Liegenschaften, und doch hatte er ihnen ein paar Jahre vorher, 1416 von Aachen aus urkundlich versprochen, sie in den folgenden zehn Jahren in keinerlei Weise um Geld und Gut zu beschweren.

Sein Erzkämmerer, Conrad von Weinsberg, dem vier

Juden zur Einschätzung des Vermögens ihrer Glaubensgenossen beigesellt waren, hatte vom Kaiser den Auftrag, diese Steuer im ganzen Reiche einzutreiben. Conrad wußte, wo die reichen Juden saßen, denn als der Erzbischof von Köln, Dietrich, keinen seiner Juden nach dem Reichstage von Nürnberg entsandt, um dort der Reichssteuer der Juden wegen zu unterhandeln, beklagt sich Conrad darüber und schreibt in seinem Ausgabe- und Einnahmebuche*): „item mir wart gesagt von Jüden, daz min herre von Coln ein Juden nit zü dem tag gen Nürenberg lassen wolt; were daz also so geschehe kein eynykeit under die Jüdiesheit, wan er die Meisten und die richsten Juden hete.“ Der Erzbischof wird daher sofort nochmal aufgefordert, den Reichstag mit seinen Juden zu beschicken.

Der Reichskämmerer Conrad war überhaupt ein strenger Fiscal-Beamter. Seine Boten drangen in die Judenhäuser, um der Juden Nahrung und Gut, es sei an Schuld oder Geldeswerth, zu verzeichnen. Unersättlich war Sigismund's Habgier, welche in Nürnberg auf drei Jahre von jedem Juden und jeder Jüdin den zehnten Theil ihres Mobiliar-Vermögens verlangte, Kleider, Leibschmuck und Hausrath ausgenommen.

Mit den Hussitenkriegen steigerten sich namentlich Sigismund's Bedürfnisse und auch seine Anforderungen an seine Juden. Es kommt vor, daß er von einzelnen Judengemeinden die Hälfte ihres Vermögens beansprucht. Den Juden, die seinen Wünschen willfahrten, schmeichelte er als seinen lieben Kammerknechten, war er freigebig an allen nur denkbaren Privilegien, die aber längst bei ihnen außer Cours gekommen, denn die Erfahrung hatte sie belehrt, was sie von solchen Versprechen zu halten hatten.

Die weltlichen und geistlichen Fürsten, welche Juden besaßen, zu Lehen erhalten, ahmten, wo es galt, den Geldbeutel derselben zu schröpfen, das Beispiel des Reichsoberhauptes nach. Kann man es nun den Juden verdenken, wenn sie sich für die an ihnen verübten Willkürlichkeiten, so weit es ihnen das Gesetz erlaubte, auf

*) Bibliothek des Litterarischen Vereins zu Stuttgart. Band XVIII, Seite 57.

jedmögliche Weise zu entschädigen suchten? Würden unsere heutigen Kaufleute wohl anders handeln?

Der Erzbischof von Trier, Otto, Graf von Ziegenhain (1418 bis 1430), hatte gleich nach dem Antritte seines Amtes, 1419, sämmtliche Juden aus seinem Erzstifte verwiesen und alle ihre fahrende Habe und Liegenschaften in Beschlag genommen. Jeder Jude erhielt dreißig Pfennige Entschädigung, gleichsam zum Hohn als Erinnerung an die dreißig Silberlinge, für die der Heiland verkauft worden. Alle bei den Juden vorgefundenen Pfänder wurden den Eigenthümern zurück gegeben; diese mußten dem Erzbischofe aber die darauf von den Juden vorgeschossene Pfandsumme auszahlen. Ein bequemes Mittel, sich Geld zu verschaffen. Otto rüstete zum Hussitenkriege. Nach den Ansichten der Zeit war es leicht, einen beschönigenden Grund für solche Ungerechtigkeit zu finden. Man kümmerte sich nicht um die vom Kaiser Sigismund und selbst vom Papste Martin V. (1417—1431) den Juden bestätigten Gnaden und Freiheiten. Hatte doch Sigismund sogar versucht, von der gesammten Judenschaft des Reiches eine feste Steuer zu erheben, was ihm jedoch die Reichsstände aufs Entschiedenste verweigerten[204]).

Mit der täglich sich mehrenden Geldnoth der Großen des Reiches, mehren sich auch in den einzelnen Provinzen die Bedrückungen der Juden. Man scheute kein Mittel, Geld von denselben zu erpressen. So befahl am 23. Mai 1420 Herzog Albrecht von Oesterreich, alle Juden des Herzogthums gefänglich einzuziehen, und erließ am 12. März 1421 den Befehl, die Juden in seinem Lande allenthalben zu verbrennen, weil sie das von der Meßnerin zu Ems empfangene Sacrament geschändet[205]). Zur Ausführung kam der Befehl nicht, denn wir finden unter Albrecht noch Juden in Oesterreich, wenn auch viele das Land verlassen, da der Herzog einzelne Judenschulen und Häuser, die im Besitze von Juden gewesen, veräußert[206]). Die gewesene Meßnerin von Ems

204) Dr. Wiener, Regesten. S. 181. Nr. 516.

205) Dr. Wiener, Regesten. S. 239. Urk. 163 und 165.

206) Dr. Wiener a. a. O. S. 240. Urk. 168, 171, 172, 178 u. s. w.

wurde im April oder August des Jahres 1421 als Helferin der Juden hingerichtet[207]).

Auch die Juden Kölns sollte bald ein harter Schlag treffen. Die Stadt stand bereits seit dem Jahre 1416 mit dem Erzbischofe Dietrich, welcher derselben im Allgemeinen nicht hold war, der Juden wegen auf gespanntem Fuße. Er hatte die in Köln ansässigen Juden vor sein Kammergericht in Poppelsdorf laden lassen. Sofort erhob der Rath der Stadt gegen diesen Schritt des Erzbischofes Einspruch, sich auf sein Recht stützend, daß, nach den der Stadt von Kaisern und Königen verliehenen Freiheiten und Privilegien, kein in Köln gesessener Bürger außerhalb der Stadt Köln vor ein Gericht geladen werden dürfe, in so fern dem Kläger das Recht nicht versagt worden.

Die in Köln wohnenden Juden seien auf eine Anzahl Jahre als Sammtbürger der Stadt aufgenommen und könnten mithin auch dieses Privilegium beanspruchen, um so mehr, da ihnen Kaiser Sigismund dasselbe noch besonders auf sieben Jahre bestätigt, und der Erzbischof der Judenschaft Kölns ebenfalls urkundlich versprochen habe, sie in den von Königen und Kaisern verliehenen Gerechtsamen und Freiheiten zu schützen und zu halten, wie er dies auch der Stadt gelobet. Die Stadt habe den Juden auch feierlichst versprochen, sie bei ihren Gewohnheiten und Freiheiten zu halten und gegen Gewalt und Unrecht zu verantworten.

Dem zuwider habe nun der Erzbischof die Juden Kölns vor sein Kammergericht außerhalb Köln nach Poppelsdorf heischen und laden lassen, obgleich die Stadt ihm angeboten habe, hätte er einige Klage und Ansprache zu der Judenschaft in Köln insgesammt oder insbesondere, daß er sie in Köln vor dem weltlichen Gerichte anspräche, und was ihm dort mit Recht gewiesen würde, darin wolle ihn die Stadt nicht hindern, wolle ihm dazu förderlich und behülflich sein. Da er dem ungeachtet vor seinem Kammergerichte gegen die Judenschaft zu rechten fortfahren wollte, sandte die Stadt ihm ihre Botschaft und Boten nach Poppelsdorf und ermahnte ihn, die Judenschaft in ihren Privilegien und Freiheiten zu belassen. Er

207) Dr. Wiener a. a. O. S. 240. Urk. 170.

legten dem Kammerrichter, Werner von Collenforst, im Namen der Stadt ihre Privilegien und die Freiheiten vor, auf welche sich dieselbe berief. Aber weder der Richter, noch der Erzbischof kehrten sich an diese Einsprüche der Stadt. Es wurden vom erzbischöflichen Kammergerichte mehrere Urtheile gefällt, gegen welche die Stadt aber sofort beim Reiche und beim Könige Berufung einlegte mit der Bitte, sie in ihrem Rechte zu schützen und die Urtheile des Kammergerichts zu cassiren.

Dietrich nährte indeß die Unzufriedenheit der Juden Kölns gegen den Rath, und schon 1423 veranlaßte er dieselben, der Stadt förmlich die Schirmgelder zu kündigen, zu verweigern; denn schon längst war unter ihnen die Klage laut geworden und erzbischöflicherseits unterstützt worden, daß sie nicht allein vom Erzbischofe, sondern auch von der Stadt, mithin doppelt geschatzt würden. Nachdem der Erzbischof sie dazu aufgefordert hatte, weigerten sich die Juden Kölns selbstredend, der Stadt die sogenannte Pensio zu zahlen. Um so dringender bestand natürlich der Rath auf Zahlung der Schutzgelder und ließ sich, wie es scheint, mancherlei Bedrückungen gegen die jüdischen Sammtbürger zu Schulden kommen.

Klagend wandte sich der Erzbischof an Kaiser Sigismund, welcher am Vorabende des Dreikönigen-Festes 1424 von Ofen aus die Bürgermeister und den gesammten Rath der Stadt Köln bescheidet, vierzig Tage nach Empfang der kaiserlichen Aufforderung vor ihm zu erscheinen und sich zu verantworten. „Quemet ihr aber nit und wurdet solchen rechten Tag vor uns versaumen," heißt es am Schlusse des Briefes, „so wolten wir dem obgenandten unserem lieven Neuen recht gegen Euch lassen geben als recht ist[208]).

Die Stadt Köln kümmerte sich wenig um des Kaisers Drohung, gab derselben gar keine Folge. Rasch hatte der Rath seinen Entschluß gefaßt, künftig keine Juden mehr in den Ringmauern Kölns aufzunehmen und die bisher gegen Aufnahme- und Schirmgelder in der Stadt geduldeten jüdischen Familien sammt

208) S. Urkunden 35, 36.

und sonders zu verweisen. Den zweiundzwanzig Zünften, Aemtern oder Gaffeln wurde dieser Beschluß vorgelegt, und die vierundvierzig Gaffelfreunde gaben, als Vertreter der Zünfte, am Tage des heiligen Bartholomäus 1423, aus wichtigen Beweggründen, die aber nirgend speciel angegeben sind, ihre Zustimmung dazu, sämmtliche Juden der Stadt auf ewige Zeiten zu verweisen.

Das hierüber aufgenommene Protocoll lautet:

„Unsere Herren vom Rath haben diese nachbenannte ihre Freunde geschickt bey der Sache von der Unthaltnisse off Scheidingen. Ind hant verdragen, dat man niemand me zo den hrn schicken noch die Gerandorwerve sall und dat myns hrn vrunden van Coelne darup buyssen dese hrn herzo geschickt geine antword geven en sall.

„H. Johan vam hirtze, der pastolr van sent Martin. h. Johan van Hoimbach, burgermeister, h. Johan Hussehoff, h. Johan Lewensley, h. Johan Jnede, h. Joh. van Dauwe, Alff Bruwer, Werener van dem Birboum und Johan Elner.

„Concordatum an. dmni 1423 crastino festi assumpt. Mariae. herna volgt der Brief van unse herren vam Raide yren versg. geschickten vrunden gegeven hant. Sy van desen Sachen schadlos zo halden.

„Wir Burgermeister und Rath der Statt van Coelne dois kunt allen Luden also as wir mit allen Raeden und den vierundvierzigen eindrechtigen verdragen syn, der Judschaft binnen unse Statt gesessen achter yrre de Stedicheit die sy noch van uns besegelt haint und uss gain sall sent Remeys misse neest komende over eyn Jair nyet langer zo unthalden durch groisser treflicher sachen willen de uns darzo beweigent. Ind wir op sulchen verdrach etzliche unse Reede und Vrunde herna geschreven mit namen (wie sie in dem Eingange angegeben sind) van unser Steide weigen gebeeden und geschickt hain dem vurs unsem verdrage na zo gain und zo volgen und dem in dem besten vort zo Endeschaff zo helpen na yrme vermoge. Ind synt das dieselve unsre Vrunde um unser beden und

Schikonge willen uns zo lieve und zo gehorsamheit sich des angenommen haint.

„So bekennen wir Burgemeister und Rait der Stat van Coelne vurs overmitz desen brieff vur uns und unse nakoemlinge off id also geviele dat umh unse vurs gemeine verdrag die Juede niet langer zo.unthalden und dem na zo volgen as vurs is, off van der sachen weigen overmitz eynichs hren gedrenknis off unwillen off anders we datt zo queme, unse Stat Burge off Ingesessen zo laste off beswerniss quemen, wilch arten dat ouch were, dat wir dem dese vursg. unse Vrunde der Ursachen alwilchs Lasten und Beswerniss unbezegen und gerryet sagen soilen ind sagen eigentliche mit diesem Brieve. Ind were Sachen dat darin jedt anders veele, so dat wy des eynche spraiche, vordt off Schaden lydende wurden, do Got vur sy, davan soilen und willen wir und unse nakoemlinge sy und ire erven verantworden, untheyven und schadlos halden op unser reide cost und arbeit, wa des noit gebuurt. Sunder arglist in Urkund mit unser Steide Ingesegels mit unser reichter wist und Willen an des gehangen, datum anno dmni 1423 ipso die Sti. Bartholomei apli"[209]).

Wir finden auch sonst nicht die mindeste Andeutung über den Grund, die Ursache der Verweisung der Juden aus Köln. Vorstehendes Protocoll deutet an, daß Bürgermeister und Rath die Wichtigkeit des Beschlusses wohl erkannten, und daher auf alle Folgen gefaßt sein mußten. Unsere Chronik berichtet einfach:

„Anno dmi MCCCCXXIII."

„In dem vurss jair, do wart den Joeden hynnen Coellen yren schyrm un vurwart up gesacht und wurden uyssgewist tzo den ewigen dagen. doch lyess men sij dat jair uyss tzo Coellen wonen. Vnn moysten hynnen dem jair niet uyss lenen. und ouch dat yederman syne pende loeste. Dat quam alsus tzo. Eyn sume geltz gaven Sij der Statt Coelne alle jair umh der Stat schyrme. Ind dem byschoff moisten Sij ouch vil geven umb syn schyrm durch syn lant. Zom lesten do Sij dem

209) Im Stadt-Archiv.

byssohoff syn gelt brachten, do claigten Sij dem Byssohoff, Sij moisten der Stat Coellen so vill geven umb dat alleyn, dat Sij van dem Rade bynnen Coelne beschyrmpt wurden, as eme, der Sij durch alle syn lant beschyrmde, und hedden dat gerne af-gestalt gehat, begerende van eme, dat he Sij vortme vry mechte van der Stat. Der bischoff schreyff idt d' Stadt ind sachte, die paffen ind die Joeden die bynnen Coellen woinden ind saissen, die weren under syme gebiede. Dat gelt dat die Joeden geuen der Stadt, dat gehoerte eme tzo ind were syn, und woulde idt ouch vortan hauen. Darumb wurden van der Stat vurwenden verwyset uyss Coelne tzo ewigen dagen. Die Joeden soichten groisse hulpe an dem keyser ind an dem Bys-schoff. Die Stadt verquam Sij alle ind sij moysten rumen. Der Byschoff lachte sich tzo maill sere darweder. Idt enhalp alles niet. Sij schreven tzo dem keyser, as vurss. Mer als dem keyser der Stat privilegien vurgehalden wurden, so enmocht he mit gheyne recht die Stat dair tzo tzwingen. Ouch schreyff die Stat an den Pays ind wijsde yrre privilegie, und wurden van dem Pays bestediget. Ind dairumb enkeirde sich die Stat an des keysers noch bysschoffs brieff niet. Novit dns si bonum fecit coitati. Alsus schreyfft eyme in d' Chronicken van den Byschoffen van Coellen"[210].

Der Zwist zwischen dem Erzbischofe und der Stadt der Juden wegen währte bis zum Jahre 1423, wo die regierenden Bürgermeister, Johannes von Helmbach und Heinrich von Hardevust, Ritter, und der Rath den Beschluß faßten, die Juden auf ewige Tage der Stadt zu verweisen. Alle Schritte des Erzbischofs und der kölner Judenschaft beim Kaiser, die Stadt zu bewegen, das Verweisungs-Edict aufzuheben, blieben ohne Erfolg. Der Magistrat kümmerte sich eben so wenig um die vom Kaiser erlassenen Decrete, als um seine Drohbriefe — es blieb bei dem einmal gefaßten Beschlusse. Die Juden waren keine Nothwendigkeit mehr im großen Handelsverkehr und im Kleinverkehr der Stadt, weil die Zeit und die Bedürfnisse längst schon die Strenge

210) Kölnische Chronik. S. 298a.

der canonistischen Bestimmungen des Zinsverbots gemildert und gelockert hatten, blieben sie auch noch zu Recht bestehen.

Selbst die strengsten Kirchenstrafen waren nach und nach abgestumpft in ihren Wirkungen, weil sie zu häufig vorkamen, mitunter der geringfügigsten Ursachen wegen angewandt wurden. Wie oft hatte Köln dem Interdicte Jahre lang getrotzt? Aus Frankfurt an der Oder wird sogar berichtet, daß einmal 28 Jahre lang das Interdict über die Stadt und ihre Bürger verhängt gewesen, sie demnach für die Dauer dieser Frist aller kirchlichen Handlungen, aller Gnadenmittel der Kirche entbehrt hatten, so daß sie aus Unwissenheit die Priester, welche zuerst nach der Aufhebung des Interdicts wieder Messe lasen, verlachten und verspotteten.

Am St. Bartholomäus-Tage, den 24. August 1424, wurde der Beschluß des Rathes von der oben angeführten Commission in Vollzug gesetzt, die Juden sämmtlich der Stadt verwiesen, und, wie es scheint, mit unerbittlicher Strenge, denn nirgend finden wir einer Entschädigung erwähnt, welche die Stadt den Juden für ihre Verluste gewährte, wie dieses in anderen Städten der Fall war, wo die Juden fast um dieselbe Zeit ausgewiesen wurden*). Alle ihre Liegenschaften hatten sie in dem ihnen gestatteten Jahre verwerthen können; war dies nicht geschehen, mußten sie dieselben als herrenloses Gut zurücklassen.

Zwischen dem Erzbischofe Dietrich II., dem Domcapitel, den regierenden Bürgermeistern Matthias von Walrave und Wimmar von Birbaum, Rath und Bürgern der Stadt Köln kam es durch Vermittlung des Herzogs Adolph von Jülich und Berg (1423--1437) schon am 12. December 1424, am Vorabende des Festes der heiligen Lucia, zu einem gütlichen Vergleiche, nach welchem die Juden mit beiderseitiger Uebereinkunft aus Köln verwiesen und der Erzbischof wie die Stadt geloben, zehn Jahre nach

*) Ausgewiesen wurden die Juden 1424 aus Freiburg im Breisgau und aus Zürich, 1432 aus Sachsen, 1435 aus Speyer und wieder aus Zürich, 1438 und 1471 aus Mainz, 1439 aus Augsburg, 1450 aus Würzburg, 1453 aus Breslau, nachdem man dort 41 Juden verbrannt hatte, 1454 aus Brünn und aus Olmütz u. s. w., u. s. w.

dem Tode des Erzbischofes keine Juden in Köln aufzunehmen. Die im Archive der Stadt aufbewahrte Urkunde ist mit dem Siegel des Erzbischofes, dem des Domcapitels und mit dem großen, dem meisten Siegel der Stadt versehen*). Der von den Juden hinterlassenen Liegenschaften geschieht in der Urkunde keine Erwähnung.

Der Rath ließ im folgenden Jahre die auf der Westseite des Rathhausplatzes gelegene Judenschule, die Synagoge, niederreißen und an ihrer Stelle, was auch in anderen Städten des Reiches geschah**), eine Capelle erbauen, welche schon am Tage Mariä-Geburt, den 8. September 1426, zu Ehren Unser Lieben Frauen eingeweiht wurde.

„Ind wort die Kapelle genoempt," sagt die Chronik, „zo Jherusalem. Up den vurss dach heilt men mit groissen eren in derselven Capellen homisse ind wort gesongen mit discant. Dese Joedenschole hadde gestanden in der Joeden hand C. C. C. C. ind XIII juir. alias C. C. C. LXXXVI."

Die letzte Zahl bezieht sich auf die Synagoge, welche nach der grausamen Juden-Verfolgung des Jahres 1096, bei welcher die Judenschlächter die Synagoge und einen Theil des Judenviertels zerstörten, erbaut worden. In der Judenschlacht des Jahres 1349, durch welche viele Judenhäuser der Flammen Raub wurden, blieb die Synagoge verschont.

Die an der Stelle der Synagoge von 1425—1426 erbaute Capelle wurde im gewöhnlichen Leben „Rathscapelle" genannt, weil der Rath vor Eröffnung seiner Sitzungen in derselben dem Gottesdienste beiwohnte, eine Messe hörte, wie vordem in der St. Michaels-Capelle an der Marktpforte, an südwestlicher Seite

*) S. Urkunde 37. In der Abschrift der Urkunde im Liber Copiarum F. ist irrthümlich bei den angehängten Siegeln auch das Siegel des Juden-Bischofes angegeben, aber wieder durchstrichen.

**) Als die Juden im Jahre 1471 durch Erzbischof Adolf II. am St. Michaels-Tage aus Mainz verwiesen wurden, verwandelte man ihre dortige Synagoge ebenfalls in eine Capelle zu Ehren Aller-Heiligen, die jetzt in eine Bierschenke umgeschaffen ist. Vgl. K. A. Schaab a. a. O. S. 130, wo die darauf bezügliche Urkunde mitgetheilt wird.

des Einganges zur Judengasse*). Den Erinnerungstag der Kirchweihe, den 8. September, den Tag Mariä-Geburt, begingen Bürgermeister und Rath in der Capelle mit einem feierlichen Hochamte, dem ein glänzendes Festmahl folgte.

Bis zur Invasion der Franzosen, am 6. October 1794, wurde in der Rathscapelle das kostbare, in Oel gemalte Flügelbild, die Stadt-Patrone darstellend, das jetzt sogenannte Dombild als Altarschmuck aufbewahrt. Dieses unschätzbare Kleinod der niederdeutschen Malerschule des 15. Jahrhunderts, dem, was seine Kunstvollendung angeht, ganz Deutschland nichts Aehnliches aufzuweisen hat, wurde Anfangs 1810, auf Wallraf's Veranlassung, von der Stadt dem Dome zur Aufbewahrung überwiesen und in einer der sieben Capellen der Chor-Rundung aufgestellt. Als die Stadt nach Vollendung ihres neuen Museums ihr Eigenthumsrecht auf das herrliche Bild geltend machen wollte und deßhalb einen Proceß gegen das Domcapitel anstrengte, wurde das Bild von den Gerichten dem Dome als Eigenthum zuerkannt**).

Hatte sich Erzbischof Dietrich II. auch mit der Stadt wegen der Ausweisung der Juden verständigt, so beanspruchte er doch, nachdem dieselbe vollzogen, einen Theil ihrer hinterlassenen Liegenschaften als herrenloses Gut, da ihm die Juden zu Lehen gegeben waren. Seine Forderung, Einsprache und Klage fanden jedoch bei Bürgermeistern und Rath kein Gehör. Sie setzten sich sofort in den Besitz der Judenschule. Der Erzbischof beauftragte seinen Grafen, Birckelmann, wie sich dies aus dem Scheffenschrein im Libro Judaeorum ergibt, die hinterlassenen Güter der Juden einzuziehen und den Scheffen zu überweisen. Es kümmerte sich die Stadt um diesen Befehl des Erzbischofes nicht und berief sich, was ihre Besitznahme der Judenschule anging, auf einen geistlichen Consens, welchen der damalige Dompropst, Gerhard vom

*) Vgl.: Gelenius, De admiranda etc. p. 631. Sacellum B. M. V. in Hierusalem. — Erb. Winheim: Sacrarium Agrippinae p. 306.

**) Vgl.: J. J. Merlo, Nachrichten von dem Leben und den Werken kölnischer Künstler, S. 437 ff., und dessen Werk: Die Meister der altkölnischen Malerschule, S. 108 ff., den Artikel: Stephan Löthener oder Lochner, wo das Nähere über das Bild und seinen angeblichen Meister.

Berg, als Archidiakon der Stadt 1426 ertheilt hatte, als Heinrich von Hardevust, Ritter, und Johannes von Heimbach zweiter regierende Bürgermeister waren, die Synagoge in eine Capelle zu verwandeln. In der Einleitung dieses Consenses heißt es:

„Wir Gerhard, als die Ehrsame Weise Burgermeister und Rath der Stadt Coellen, vnse liuen Frunde, dem almechtigen Gode ind Marien seiner lieuen Moder zu Ehren ind auch umb viele andere redliche Sachen willen sich der Juden entledigt vyeer der Heil. Stadt Coellen hant doin ind laseen fahren" u. s. w.

Der Erzbischof sprach dem Dompropste das Recht ab, einen solchen Consens zu ertheilen. Es kümmerte sich die Stadt um diesen Einspruch des Erzbischofes nicht und behauptete sich im Besitze der von den Juden eingezogenen Güter und Liegenschaften*).

Eine solche widerrechtliche Gewaltthat gegen die Juden und ihr Eigenthum war nichts Unerhörtes, kommt im fünfzehnten und sechszehnten Jahrhunderte in vielen Städten Deutschlands vor. Die Hinterlassenschaft der ausgewiesenen Juden, besonders ihr Grundbesitz, wurde gewöhnlich als herrenloses Gut betrachtet und als solches von den Gemeinden eingezogen. Man gestattete ihnen auch mitunter, sobald das Ausweisungs-Decret erlassen war, ihre Häuser innerhalb eines halben Jahres zu verkaufen. In einzelnen Städten, so in Würzburg, waren die Juden übrigens gehalten, die von ihnen durch Kauf erworbenen Häuser an Kirchen zu übertragen und von denselben als Zinsgut zurück zu nehmen. In Nürnberg war es Sitte, daß die Juden beim Ankaufe von Häusern sogenannte Salleute, Uebertragungs-Personen, zuzogen, welche das erworbene Gut nach außen hin zu vertreten hatten, wenn sie auch keinen Besitztitel desselben besaßen. Auch in Köln kommen bei den von den Juden besessenen und nach der Judenschlacht 1349 zum Vortheil des Erzbischofes und der Stadt verkauften Grundstücken Salstetten vor, Liegenschaften, die beim Ankauf einem Andern übertragen worden. Häufig finden wir

*) Vgl.: Bossart, Securis ad radicem posita u. s. w., cap. III, p. 136 ff.

in kölnischen Urkunden die Ausdrücke „Salluide", „Salburger", nämlich Personen, die sich mit ihrem Grundeigenthum für andere verbürgten, die Ankäufer von Liegenschaften vor Gericht vertraten.

In unseren Archiven finden wir nicht die mindeste Andeutung über den Verbleib der von den ausgewiesenen Juden besessenen Häuser und Liegenschaften. Wahrscheinlich nahm die Stadt dieselben, ohne sich um die Ansprüche des Erzbischofes zu kümmern, als herrenloses Gut in Besitz, wie sie die Judenschule in Besitz genommen und in eine Capelle verwandelt hatte, oder die Juden hatten ihre Häuser verkauft, ehe sie 1424 die Stadt verließen. Nur die Synagoge und der um dieselbe bis an das sogenannte Jerusalems-Gäßchen liegende Häuser-Complex, auf dem sich die öffentlichen Gebäude der Judengemeinde befanden, nahm die Stadt an sich. Hätte der Erzbischof einen Theil dieser Liegenschaften der Juden beansprucht, so würde sich darüber irgend eine Urkunde vorfinden, was aber nicht der Fall ist.

Auffallend ist es, daß von dem Jahre 1390 an bis zu dem ersten Viertel des sechszehnten Jahrhunderts keine städtischen Rentbücher oder Rechnungen mehr vorhanden sind. Ich weiß mir diesen Umstand nicht zu erklären. Möglich ist es, daß man die Rechnungen vom Jahre 1390 an bei der Umgestaltung der Verfassung der Stadt, 1396, zerstörte, oder daß dieselben bei den von den Zünften veranstalteten Untersuchungen der Stadt-Rechnungen, welche der blutigen Katastrophe von 1513—1515 vorangingen, abhanden gekommen sind*), denn es unterliegt keinem Zweifel, daß im fünfzehnten Jahrhundert die Rechnungen der Stadt wie immer

*) Vgl.: Der Aufstand der Steinmetzen in Köln, nach einem Manuscripte. Beiblatt der Kölnischen Zeitung, 1831, Nr. 1. — Dies ist auch der Grund, daß wir nicht die geringste bestimmte Kunde besitzen über den Maler und die Kosten des prachtvollen Flügelbildes, welches die Stadt für den Altar der Rathscapelle malen ließ, und das jetzt, wie wir oben berichtet, eine Haupt-Kunstzierde unseres Domes ist. Zweifelsohne befanden sich die Rechnungen über ein so bedeutendes Werk im Archive. Sie hätten uns Aufschluß über den Namen des großen Meisters gegeben, der jetzt, trotz aller Hypothesen, noch immer ein Räthsel.

aufs pünktlichste geführt worden waren. Wir wissen, daß im Jahre 1497 der Rath noch drei Wucherer mit schweren Geldbußen strafte, weil sie ihr Geschäft zu unverschämt getrieben hatten. Mit diesen Strafgeldern wurde die jetzt niedergelegte Stadtmauer vom Bayen bis zur Rheingasse erbaut und die übrigen Stadtmauern eingedeckt. Die Juden waren aber schon seit 1424 der Stadt verwiesen!

Von der Vertreibung der Juden aus Köln im Jahre 1424, bis auf die Gegenwart.

Die aus Köln verwiesenen Juden fanden in Deutz, Neuß, Bonn, Linz, Remagen, Ahrweiler und an anderen Orten des Erzstiftes eine neue Heimstätte unter dem Schutze des Erzbischofes, dem sie das herkömmliche Schutzgeld entrichten mußten. Zahlreich und wohlhabend waren die Judengemeinden des Erzstiftes noch, denn, wie wir oben gehört haben, bezeichnet im Jahre 1438 der Erzkämmerer des Kaisers die Juden des Erzstiftes Köln als die zahlreichsten und die reichsten.

Die Kaiser fuhren fort, die Juden mit der größten Willkür zu schatzen, zu besteuern, den Judenschoß zu erheben. Wurde ein Reichsstand mit den Juden seines Gebietes von den Kaisern belehnt, behielten diese sich immer die Hälfte der Judensteuer, die „halbe Judensteuer" vor. Durch die Reichs-Constitution des Jahres 1495 (Tit. V.) wurde festgesetzt, daß jeder Jude alle vier Jahre einen rheinischen Gulden zu zahlen hatte.

Außer dieser Kopfsteuer, mußten die Juden in den einzelnen Staaten Deutschlands noch bis zum Anfange unseres Jahrhunderts eine schimpfliche Steuer, den sogenannten Leibzoll, die Leibmauth oder Schutzgeld für den eigenen Leib entrichten, und zwar auf jedem Territorium, das sie bei ihren Reisen berührten[211]). Um so drückender, da die Juden in Deutschland nur noch wenige

211) Vgl.: Scheppler, F. J. K., Aufhebung des Juden-Leibzolls nebst Geschichte der Juden, ihrer Schicksale und staatsbürgerlichen Verhältnisse in Deutschland. Hanau, Scharneck, 1605.

feste Heimstätten hatten, zu elenden Wanderjuden herabgekommen waren.

Ob sich die Juden, nachdem die zehn Jahre ihrer Verbannung aus Köln vorüber, um die Wiederaufnahme bemüht haben, davon schweigt die Geschichte. Geschah es, dann ohne Erfolg, denn sie blieben nach dem Beschlusse des Jahres 1423 auf ewige Tage der Stadt verwiesen.

Nach der Verweisung aus Köln durften die Juden nur mit besonderer Erlaubniß des Rathes die Stadt betreten, jedoch allein bei Tage. Sie waren stets im Innern der Stadt von einem Stadtsöldner begleitet, wofür sie eine bestimmte Schutzsteuer zu entrichten hatten. Ueber Nacht durfte aber kein Jude in Köln verweilen. Die Bürgermeister allein waren nicht befugt, aus eigener Machtvollkommenheit den Juden Geleit in der Stadt zu bewilligen, es bedurfte dazu eines förmlichen Rathsbeschlusses. Dies Gesetz bestand bis zur Ankunft der Franzosen und wurde erst 1797 aufgehoben, als die alte Verfassung am 17. September völlig gestürzt, die Stadt der französischen Republik einverleibt war.

Auf dem am 3. März 1452 unter dem Erzbischofe Dietrich II. von Mörs (1414—1463) von dem Cardinal Nikolaus von Cusa in Köln abgehaltenen Provincial-Concil wurden mehrere frühere Bestimmungen gegen die Juden verschärft, und besonders das Gebot, daß dieselben das Abzeichen zu tragen gezwungen. Von Spitzhüten ist aber nicht mehr die Rede. Schwere Strafen wurden über die dem Gebote Zuwiderhandelnden verhängt*).

Dietrich nahm die Juden des Erzstiftes in seinen besonderen Schutz, bestätigte alle ihre früheren Gerechtsamen, da er ihnen in

*) Item statuimus, quod Judaei intra 10 menses, et ab eo tempore in antea per totam Provinciam Coloniensem deferant signum, videlicet circulum de filis croceis in veste extrinseca ante pectoralia; et hoc quoad masculos; quodque foeminae deferant duas rigas blavii coloris in peplio earundem ad instar judaeorum in urbe Romana. Et quod nihilominus servetur Decretalis. Post miserabilem, extra de usuris ad quae omnino compellantur, tam per ecclesiasticam quam secularem potestatem. — Concilium provinciale anno 1452 apud Hartzheim. T. V pag. 419.

seinen Geldgeschäften bedurfte, weil er zu den verschiedenen Kriegen, in die er während seiner Regierung verwickelt war, immer geldbedürftig. Sechs Jahre lang führte er Krieg gegen die Stadt Köln, unternahm einen Kreuzzug gegen die Hussiten, der unglücklich für ihn auslief, worauf er mit Zustimmung seines Capitels 1423, im Jahre der Vertreibung der Juden aus Köln, die sogenannte Gottestracht in Köln stiftete, eine feierliche Procession um das Weichbild der Stadt, an der das Capitel, der gesammte Clerus, Bürgermeister und Magistrat, die Universität, alle höheren und niederen Schulen und die weltlichen und geistlichen Corporationen der Bürgerschaft Theil nahmen, und welche seitdem stets am zweiten Freitage nach Ostern Statt fand. Viele Kosten erheischten Dietrich's Kriege gegen die Städte Soest und Münster, die so schwer auf dem Erzstifte lasteten, daß nach seinem Tode das Metropolitan-Capitel ein Decret erließ, nach welchem kein Erzbischof Kölns in der Folge einen Krieg oder irgend eine Fehde gegen einen Einzelnen ohne Zustimmung des Capitels unternehmen durfte. Gleich nach ihrer Wahl mußten die späteren Erzbischöfe die Aufrechthaltung dieses Decrets beschwören.

Außerdem war die Hofhaltung Dietrich's äußerst glänzend. Seine Prachtliebe kannte keine Gränzen, und eben so wenig seine Freigebigkeit, so daß sein Hof an äußerem Glanz und Pracht selbst den des Kaisers überbot, der Zusammenfluß des hohen und höchsten Adels des Erzstiftes und des Reiches. Es war daher gar nicht zu verwundern, daß Dietrich das Erzstift in tiefen Schulden zurück ließ, als er am 13. Februar 1463 auf seiner Burg zu Zons starb. „Episcopatum quem divitem adiit, pauperem reliquit," sagt einer seiner Biographen*).

Das sechszehnte Jahrhundert sollte nun für die Juden Deutschlands der Anfang einer Zeit der tiefsten Schmach, der beispiellosesten Erniedrigung werden, wie sie selbst die düsterste Zeit des Mittelalters nicht gekannt hatte. So wie Köln 1424 seine jüdi-

*) Vgl. Archiv für die Geschichte und Statistik des Vaterlandes. I. Bd. Bonn, 1785, 4., welches von S. 178—285 ein Einnahmen- und Ausgaben-Register des Erzbischofes Dietrich II. von Mörs mittheilt.

schen Sammtbürger nach einem willkürlichen, auf keinem Grunde fußenden Beschlusse des Rathes vertrieben, ihre Liegenschaften als herrenloses Gut eingezogen hatte, verwiesen auch im Laufe des fünfzehnten und am Anfange des sechszehnten Jahrhunderts die bedeutendsten Städte des Reiches, so Mainz, Nürnberg, Ulm, Nördlingen, Colmar, Magdeburg die Juden, so daß nach der ersten Hälfte des Jahrhunderts ganz Deutschland nur noch drei große Judengemeinden besaß, in Worms, Frankfurt a. M. und Regensburg.

Die auf die grausamste Weise, mit der unmenschlichsten Rohheit aus Spanien vertriebenen Juden, die so angesehen, so reich, mächtig und hochgebildet waren, litten, heimatlos umherirrend, das bitterste Elend, wurden zu Tausenden des größten Mangels, ansteckender Seuchen und selbst des Meeres Opfer, ehe sie in Aegypten, in der Berberei und selbst in Jerusalem[212]), wie in Litthauen und Polen eine bleibende Heimstätte fanden[213]). Viele der aus Deutschland Vertriebenen hatten sich auch nach Litthauen, Polen und Rußland gewandt, wo man ihnen, zwar unter mancherlei Beschränkungen, erlaubte, sich seßhaft niederzulassen; daher namentlich unter den polnischen Juden noch so viele Deutschredenden.

Seitdem die Juden im ganzen deutschen Reiche unter dem unmittelbaren Schutze der Landesherren, und nicht mehr unter dem Kaiser standen, mehrte sich von Jahr zu Jahr durch die Launen, die Willkür der Landesfürsten der auf ihnen lastende schmachvolle Druck. Bis ins 17. Jahrhundert wanderten daher noch einzelne deutsche Juden-Familien freiwillig nach Litthauen und Polen aus, und im letzten Decennium des achtzehnten Jahrhunderts nach dem neu gegründeten Freistaate Nordamerica's, der keine Staats-Religion kannte, vollständige Gewissensfreiheit als erstes Grund-

212) Dr. Graetz a. a. O. B. VIII. Cap. 13, S. 330 ff. und B. IX. Cap. 1 und 2, S. 1 ff. Von 1495 bis 1521 war die Zahl der Juden allein in Jerusalem schon von zweihundert auf fünfzehnhundert gestiegen, und dies in zehn Jahren.

213) Dr. Graetz a. a. O. B. IX. Cap. 12.

princip seiner Verfassung aufstellte. In der **Union** vertreten die Juden jetzt einen tüchtigen, gebildeten Handwerkerstand, da hier alle Handwerke von ihnen betrieben werden. Nur in den Südstaaten, wie auch in Südamerica, finden wir sie mehr auf den Handel angewiesen.

Seit dem ersten Viertel des fünfzehnten Jahrhunderts waren die Geldgeschäfte nicht mehr ausschließlich in den Händen der Juden, die natürlich stets außer dem canonischen Zinsverbote gestanden hatten, und der privilegirten öffentlichen Wucherer. Jeder konnte sich an denselben betheiligen, was denn auch von Laien und Clerikern im weitesten Umfange geschah, wie dies aus der Errichtung von Wechsel- und Darlehens-Banken, städtischen Banken und Pfandhäusern (Montes pietatis, Berge der Mildigkeit), hervorgeht. Es wurden jetzt die Klagen gegen den Wucher erst allgemein, immer lauter, und einzelne Territorien, wie Städte, boten Alles auf, den sogenannten Wucher-Geschäften zu steuern. So sagt die am 17. October 1446 erlassene Morgensprache der Stadt Köln:

„Dat van nu vortan geyn burger, burgersse noch ingesessene noch uyswendigen, geistlichen off werentlichen personen, geynreleye fynancien, vurkouff, upslach, schadenkouff noch geynreleye ander hantieronge, die man **woecher** off also arch noymen mach, dryven off sich damit behelpen en sall, noch ouch geyne gesellschaff mit nymen zo haven inwendigen off uysswendigen einich gelt off guet uyss zo leenen off enwech zo borgen, id sy up gelauben mit burgen off ain burgen, up pende, up erve, gewysheit, brieve up sich selver off yeman anders sprechende off ain brieve, wie man dat ouch uysseren mochte, dat sych ynme grunde ervunde, dat woecherliche hantieronge antreffende were"*).

*) **Max Neumann** theilt in seinem Werke: „Geschichte des Wuchers in Deutschland bis zur Begründung der heutigen Zinsgesetze" (1865), S. 59, die Stelle aus der Morgensprache von wucherlichen Contracten und Unterkäufen mit und schließt: „das niemands einig Kauffmanschaft handthiere oder treibe", wonach also der ganze Verkehr untersagt. Dr. **Ennen** hat zur Be-

Die späteren Reichsabschiede von 1500, 1530, 1582 erklärten alle mit Juden abgeschlossenen Zins-Contracte für nichtig; es durfte kein Richter über dieselben erkennen, noch das Erkenntniß vollstrecken, die kleineren Fürsten, welche Juden in ihren Gebieten hielten, wurden veranlaßt, dieselben zu ehrenhaftem Gewerbe überzuleiten*).

Karl V. bestimmte jedoch noch 1544 in einem Juden-Privileg: daß sie ihre Baarschaften und Zins sonst zu ihrem Nuzzen und Nothdurft um so viel, desto höher und etwas weiter und mehreres, dann den Christen zugelassen ist, anlegen und verwenden.

Hatte man schon 1530 den Zinsfuß für den Rentenkauf auf 5 Procent festgesetzt, so bestimmten die Reichsabschiede von 1548 und 1577, daß die Juden auch den Zinsfuß von 5 Procent, „damit sie ihre Leibesnahrung haben mögen, nicht mehr, denn fünf vom Hundert zum Wucher zu nehmen“, nicht überschreiten durften, und bezeichnete jetzt besonders jede Ueberschreitung desselben als Wucher. Wie man früher Mittel und Wege gefunden hatte, das canonische Zinsverbot zu umgehen, so fehlte es auch jetzt nicht an Kniffen und Mitteln, die Bestimmungen der Reichsabschiede unbeachtet zu lassen**), und dies sowohl bei Juden als bei Christen. Die natürlichste Folge aller gesetzlichen Bestimmungen gegen den sogenannten Wucher, was uns die Geschichte aller Völker Europa's lehrt.

Namentlich in Deutschland nahm die Bevormundung, die Beschränkung der Juden kein Ende. Von Maximilian, Karl V. bis zum letzten Kaiser des deutschen Reiches hörte das Erfinden neuer Maßregeln gegen die Juden nicht auf. Der im Jahre 1643 in Frankfurt a. M. abgehaltene Reichs-Deputations-Tag

richtigung dieses falschen Textes im 17. Hefte der Annalen des historischen Vereins für den Niederrhein, S. 280, die bezügliche Stelle nach der Originalfassung, wie wir dieselbe gegeben haben, mitgetheilt.

*) Max Neumann a. a. O. S. 314 ff.

**) Das Nähere in dem mit deutschem Fleiße bearbeiteten Werke: „Geschichte des Wuchers in Deutschland“, von Max Neumann. Halle, 1865. Abschn. IX. S. 539 ff.

bewilligte dem Kaiser noch die Erhebung der Kronensteuer und den güldenen Opferpfennig, wovon aber Kaiser Ferdinand III. keinen Gebrauch machte. Spätere Versuche der Kaiser Karl VI. (1711—1742) und Karl VII. (1742—1745), diese Abgaben von den Juden zu erheben, blieben ohne Erfolg. So viele Fürsten es im heiligen Reiche deutscher Nation gab, so viele Juden-Tyrannen gab es auch, mit höchst seltenen Ausnahmen, und es kann uns gar nicht wundern, daß von den fünfhundert in Europa bis zum Anfange des 19. Jahrhunderts zu Recht bestehenden Juden-Ordnungen bei Weitem die Mehrzahl auf Deutschland kommt. Je lockerer der Reichsverband allmählich wurde, zuletzt nur noch eine in sich längst verrottete, morsche Scheinform, um so blühender wurde die Vielregiererei im sogenannten Reiche, denn jeder der Duodez-Tyrannen, der großen und kleinen Autokraten, gefiel sich darin, auf seine Faust Gesetze zu geben, seine Unterthanen zu schinden, und dies mit der größten Willkür, da sie noch in den letzten Decennien des vorigen Jahrhunderts von einzelnen deutschen Fürsten wie das Vieh verkauft und verschachert wurden, um mit dem Blutgelde die Privatschätze der Menschenhändler zu füllen, welche sogar in ihren Contracten einen Preis für jeden Soldaten, der in den fremden Kriegen umkam, nach den Ranglisten festgesetzt hatten.

Auch der Kurfürst von Köln, Ernst von Baiern (1583 bis 1612), erließ am 1. September 1599 eine neue Juden-Ordnung für das Erzstift, nach welcher sich Juden im ganzen Erzstifte niederlassen und Geldgeschäfte treiben durften, wobei ihnen jedoch verboten, auf Immobilien Geld vorzuschießen, aber wohl auf Mobilien. Der Ankauf von Liegenschaften war ihnen streng untersagt, wie auch die Betreibung der Kaufmannschaft und der Handwerke, mit Ausnahme des Glaserhandwerks. Alle von ihnen früher erworbenen Liegenschaften mußten sie in zwei bis drei Jahren zum gebührlichen Werthe wieder verkaufen. Uebrigens bestand im Kurfürstenthume Köln, seitdem durch die goldene Bulle die Juden den Kurfürsten gegeben waren, zu Recht, daß von jedem neuen Kurfürsten bei den Juden des Erzstiftes eine unverzins'te, nie zu kündigende Anleihe gemacht werden durfte, von welchem Rechte die Kurfürsten der letzten Jahrhunderte: Friedrich IV. von Wied

(1562—1567), Salentin (1567—1577), Gebhard II. Truchseß (1577—1583), Ernst von Bayern (1583—1612), Ferdinand von Baiern (1612—1650), Maximilian Heinrich (1650—1688), Joseph Clemens (1688—1723), Clemens August (1723—1761), Maximilian Friedrich (1761 bis 1784) und Maximilian Franz (1784) keinen Gebrauch mehr machten.

Daß das Benehmen der Juden den Christen gegenüber die eigentliche Veranlassung zu der Juden-Ordnung des Kurfürsten Ernst von Bayern, geht aus §. 3 derselben hervor, welcher lautet:

„Und demnach Uns vor diesen Clägten einkommen, als solten sich etliche Juden und jr Gesind, in nachbawrlichen Beiwohnungen mit den Christen und jrren Gesind fast übel und zänkisch verhalten, sonderlich aber den Christen an jrem Kirchengang und Gottesdienst ärgerlich und hinderlich erzeigt, deßwegen verspottet und verachtet, auch durch jre Unflätigkeit, so sie zu gemeinen Pützen tragen, dieselben verunreynet haben, so sollen sie sampt jrem Gesindl an denen Orthen, da die christlichen Kirchen liegen, oder der Christen gewöhnliche Prozessiones gehalten, und Gottesdienst verrichtet werden, nicht wohnen, sondern sollen sich anderstwo, und an denen Orthen auch, da sie jre Wohnung angestellt (deßwegen sie den jrer Gelegenheit nach mit den Christen in billigmäßige Weg dessen Haußzinß halb zu vergleichen, und in deme jhnen kein Maß und Ziel fürgesetzt würd) sich friedfertig, eingezogen und unsträfflich verhalten. Deren geclagten vor angedeuteten Zänkeurn, auch verächtlicher, hönischer und spöttlicher Erzeigung gegen die Christen, deßgleichen deren Pütz und Bronnen Verwüstung, und aller anderer ungebürlichen Sachen gäntzlich müssigen, zu dem die Juden und Jüdinnen auch bey denen vier Hochzeitlichen und denen fürnehmsten hohen Festen, Prozession und Feyer-Tagen auff der Straßen sich nicht finden lassen, sondern inheimisch in jren Häusern, alles bey Vermeidung Leibstraff verhalten.

„Dabey gleichwol diß verordnet wirdt, daß kein Jud oder Jüdin mit den Christen unter einem Dach und Hauß wohnen, den vielmehr sie, die Juden, auf Sonn- und Feyertagen, gleich die Christen jre Laden zuhalten, auf solche Zeit auch deß Schuldt Einmahnens, zu mässigen, wie gleichfalß deß Schauren und Waschens ausserhalb jren Häußern verbleiben zu lassen."

Im Jahre 1614 wurde die Juden-Ordnung durch Kurfürst Ferdinand von Baiern erneuert und 1700 durch den Kurfürsten Joseph Clemens (1688 – 1723). Es heißt in des Letzteren Ernenung:

„Die Juden sollen ihre Wohnungen nicht zu nahe bei den Kirchen, sondern wenigstens vier Häuser davon, die Synagoge aber, damit der katholische Gottesdienst nicht behindert werde, noch weiter davon haben. Auch sollen sie bei keinem Christen unter einem Dache wohnen"[214]).

Diese Juden-Ordnungen galten für das ganze Erzstift. Bonn hatte schon Anfangs des siebenzehnten Jahrhunderts seine Judengasse, die an beiden Enden mit Thoren verschlossen werden konnte, was selbst am Tage bei Processionen geschah —, ein vollständiges Ghetto[215]). Die sogenannten Ghetti oder Judenquartiere wurden aber in Italien nach deutschem Vorbilde zuerst in Venedig im März 1516 eingeführt, und darauf in anderen italienischen Städten, wo sich Juden niedergelassen hatten, nachgeahmt.

Waren die Juden auch auf ewige Zeiten aus Köln verbannt, so drohte ihnen aber eben aus Köln gleich am Anfange des sechszehnten Jahrhunderts ein furchtbarer Sturm mit völliger Vernichtung und Ausrottung. In Köln ließ sich nämlich im Jahre 1503 ein Jude aus Mähren, Joseph Pfefferkorn, nieder, der, um den Händen der Justiz zu entgehen, aus seinem Vaterlande geflohen, sich, bereits 36 Jahre alt, nebst seinem Weibe und acht Kindern taufen ließ und in der Taufe den Namen Joseph annahm. Convertiten sind gewöhnlich Fanatiker, und um so mehr, wenn sie mit ihrem Religionswechsel irdische Zwecke verfolgen. So war auch Pfefferkorn in Wort und Schrift der unduldsamste, wüthendste Juden-Verfolger. Er fand Unterstützung und

214) Gesetz-Sammlung des Erzstifts Köln. Köln, 1772. B. I. S. 216 bis 221 und S. 221 bis 244, dann S. 702 ff.

215) K. A. Müller, Geschichte der Stadt Bonn. S. 148 ff.

Billigung seines mehr als blinden Fanatismus bei mehreren Doctoren der kölner Hochschule, dem berüchtigten Ketzerrichter Dr. Jakob Hochstraten, bei Arnold Tungerius, Ortwinus Gratius und einem anderen jüdischen Convertiten, Victor von Karben, der in seinem fünfzigsten Jahre zum Christenthum übergetreten war. Ortwinus Gratius war äußerst thätig mit der Feder gegen die Juden, und gab der kölner Presse zuerst in seinen Werken: „De vita et moribus Judaeorum" (Editio 1504, 1509) und „Spiegel zur Ermahnung" Beschäftigung, woraus die Flut von Streitschriften hervorging, als Reuchlin sich des Thalmuds angenommen und mit starkem Muthe, fester Entschlossenheit gegen Pfefferkorn und die Dominicaner auftrat[216]).

Die Scholastiker, Pfefferkorn an der Spitze, verlangten, daß alle hebräischen und rabbinischen Bücher, die Bibel ausgenommen, verbrannt würden, da dieselben, nach ihrer Behauptung, nur Gotteslästerungen, zauberische und ähnliche schädliche Sachen enthielten. Kaiser Maximilian erließ in dieser Angelegenheit auch mehrere Mandate, und 1510 ein Edict, welches verordnete, die jüdischen Schriften alle zu untersuchen und dieselben zu verbrennen, wenn sich die gegen dieselben erhobenen Beschuldigungen als wahr ergäben.

Mit stets größerer Entschiedenheit nahm Johann Reuchlin Partei gegen Pfefferkorn und seine Genossen, die Dominicaner, wies nach, daß die jüdischen Schriften theils historischen, theils medicinischen, theils thalmudischen Inhalts, aber durchaus fremd der Beschuldigung der Pfefferkorn'schen Partei waren. Bekannt ist das gegen Reuchlin's Bericht von Pfefferkorn verfaßte „Manuale speculum", dem Reuchlin mit seinem „Speculum oculare" entgegen trat. Reuchlin's „Speculum oculare" wurde in Köln durch Henkershand öffentlich verbrannt, was die Veranlas-

216) Vgl. Dr. Graetz a. a. O. B. IX. S. 78—128, wo der Streit der Scholastiker und Humanisten in seinem Entwicklungsgange klar dargestellt ist, und wo Note 2 desselben Bandes, S. VII. ff., die Hauptwerke der aus diesem gewaltigen Federkriege hervorgegangenen Schriften beider Parteien kritisch nach ihrem Inhalte erläutert sind. — B. IV., S. 106 ff., der Allgemeinen Encyklopädie von Ersch und Gruber.

jung zu der berühmten „Epistolae virorum obscurorum“ gegen die kölner Universität, an deren Abfassung Ulrich von Hutten jedenfalls Theil hatte, wenn er auch nicht allein der Verfasser derselben ist.

Der damals die Gemüther im ganzen Reiche und selbst über dessen Gränzen fanatisch aufregende Reuchlin'sche Streit, an welchem die bedeutendsten Hochschulen Europa's und alle aufgeklärten Männer für und wider Theil nahmen, wurde zuletzt vom päpstlichen Hofe zu Reuchlin's Gunsten entschieden.

Pfefferkorn's Partei fuhr jedoch mit allen ihr zu Gebote stehenden Mitteln der Unduldsamkeit, des finstersten Fanatismus fort, gegen die Juden zu wühlen, vor keinem, auch dem niedrigsten Mittel zurückschreckend, galt es der Erreichung ihres Zweckes. Das nächste Ziel ihrer Wühlereien war die Vertreibung der Juden aus Regensburg, welche Ende Februar 1519 mit der unmenschlichsten Härte ausgeführt wurde. Auch hier riß man die, schon ein Jahr vorher von den Christen in Besitz genommene baumächtige Synagoge nieder und erbaute an ihrer Stelle eine Kirche, „Maria die Schöne“. Den Juden wurde für ihren Verlust an liegender Habe eine geringe, in Raten zahlbare Entschädigung geboten. Trotz aller Bemühungen der Juden, die Wiederaufnahme in Regensburg zu erlangen, entschied Karl V. auf dem Reichstage zu Worms 1521, daß die Stadt auf ewige Zeiten nicht gezwungen werden könnte, wieder Juden aufzunehmen. Diesen Triumph feierte Pfefferkorn; aber alle seine Schritte und Ränke, den jungen Kaiser, der nichts weniger als judenfreundlich gesinnt war, zu vermögen, auch die Vertreibung der Juden aus Worms und Frankfurt am Main zu befehlen, waren ohne Erfolg, wenn auch Karl V. zu einem solchen Schritte keineswegs abgeneigt sein mochte[217]).

217) Dr. Graetz a. a. O. B. IX. S. 214 ff. Ueber Pfefferkorn's Ende haben wir keine genauere Kunde, häufig wird er aber mit dem Pfaff Rapp, einem getauften Juden, der auch unter dem Namen Pfefferkorn als Gegner der Juden auftrat und 1514 auf der St. Marizlenaburg bei Halle verbrannt wurde, verwechselt. Das Nähere bei Dr. Graetz, B. IX., S. 160 ff.

Die mit jedem Tage mehr um sich greifenden Fortschritte der Reformation nahmen alle Geister dergestalt in Anspruch, daß die Menge an andere Dinge zu denken hatte, als an Juden-Verfolgungen, daß durch die Trennung in der Kirche die Fanatiker völlig von der Juden-Verfolgungssucht abgelenkt wurden, indem sie jetzt ihre Waffen gegen die Anhänger der neuen Lehre, die Ketzer, wandten und natürlich mit derselben Wuth, derselben fanatischen Unduldsamkeit, mit der sie noch in den ersten Jahrzehenden des Jahrhunderts gegen die Juden gewüthet hatten.

In Köln waren seit dem Jahre 1481 mancherlei Unruhen gegen das bestehende Stadtregiment ausgebrochen, die 1513 zu einer blutigen Empörung ausarteten und 1515 der Verfassung der Stadt eine noch breitere demokratische Grundlage gaben.

Die Volkspartei übte blutige Rache an den Vorstehern der Gemeinde, welche beschuldigt und durch die auf der Folterbank erpreßten Geständnisse überführt waren, an dem Eigenthume der Stadt gefrevelt zu haben. Am 11. Januar 1512 fiel das Haupt des 1502 gewählten Bürgermeisters Johann von Berchem auf dem zu diesem Zwecke auf dem Heumarkte, der Fleischhalle gegenüber, errichteten Blutgerüste durch die Hand des Bischofs-Henkers. Die Bürgermeister Johann von Reidt und Johann von Oldendorff wurden ebenfalls schon am 14. Januar auf dem Heumarkte durch das Schwert hingerichtet, wobei ausdrücklich bemerkt wird, aus besonderer Gnade sei ihnen das Haupt nicht von Henkersknechten, sondern von denjenigen, welche das Stadtschwert zu tragen verpflichtet, abgeschlagen worden. Dasselbe Schicksal traf die Rathsherren Peter Rode, Weinmeister, Franz von der Linden und Bernard Eys, beide Gewaltrichter; ihr Haupt fiel ebenfalls am 17. Januar auf dem Heumarkte. Die Schuldgenossen der verurtheilten Bürgermeister und Rathsherren, Adam von Nurrenberg, der Bubenkönig*), ein städtisches Amt, Tillmann Odenkirchen und Everhardt Hundt, wurden auch des Todes schuldig befunden, aber auf dem Junkherren-Kirchhofe, am jetzigen Elend — so genannt, weil dort eine Her-

*) S. Note XXI.

berge für Pilger lag, die man die Elenden oder Elendigen nannte —, durch den gewöhnlichen Scharfrichter hingerichtet. Heinrich Bernard, ein sehr alter Mann, und der Schatzmeister der städtischen Bank, Heinrich Beutadt, wurden zum Staupenschlag verurtheilt und der Stadt verwiesen, außerdem mehrere der gefänglich Eingezogenen mit schweren Geldstrafen gebüßt.

Erst nach Jahresfrist, im Februar 1515 — man hatte das Blutgerüst auf dem Heumarkte nach einem halben Jahre abgebrochen —, vereinigte sich der Rath auf dem Quattermarkte mit dem Rathe auf dem Rathhause. Feierlich und eidlich wurde hier bethätigt, daß die alte Ordnung wieder ganz in Kraft treten sollte, und dies von den Bürgermeistern Conrad von Schurenfelz und Adolph von Rink, den regierenden, dem Rathe und den Gemeinden in dem sogenannten Transfix-Briefe, einer Erweiterung des 1396 gegebenen Verbundbriefes, beschworen. Die jetzt beschworene Verfassung — der Transfix und Verbund — blieb zu Recht bestehen bis zum Jahre 1797, zur Auflösung der reichsstädtischen Verfassung[218]).

Die allgemeine geistige Bewegung in Deutschland, die Kirchen-Trennung, konnte an der so volkreichen, freisinnigen Stadt, wie Köln, nicht spurlos vorübergehen, bot auch der Rath Alles auf, der neuen Lehre mit Macht entgegen zu wirken, und setzten die Dominicaner, die Ketzerrichter, auch Alles in Bewegung, selbst Feuer und Schwert, die Bürgerschaft beim alten Glauben zu erhalten. Luther's Schriften wurden 1520 in Köln durch den Henker öffentlich verbrannt, das erste Auto da fe.

Mit der größten Entschiedenheit trat der Erzbischof Hermann von Wied (1515—1547) gegen die neue Lehre auf, deren Anhänger sogar gezwungen, das Erzstift zu räumen, nachdem 1529 zwei Anhänger derselben, A. Clarenbach und Fleisteden, in Köln als Ketzer ihr Leben auf dem Scheiterhaufen geendet hatten*). Welch einen gewaltigen Eindruck in ganz Deutsch-

218) Vgl.: Ernst Weyden, „Köln am Rhein vor fünfzig Jahren". S. 160 ff.

*) Vgl. Ad. Clarenbach's und P. Fleisteden's Martyrthum, wie dieselben am 28. September 1529 zu Köln verbrannt sind. Schwelm, 1829.

land muß es daher gemacht haben, als Hermann von Wied im Jahre 1540 den bis dahin als Ketzer Verfolgten freie Religions-Uebung im Erzstifte zugestand und sich selbst für die neue Lehre erklärte. Von Papst Paul III. (1534—1555) am 16. April 1546 seiner Würden entsetzt, entband er am 25. Februar 1547 seine Unterthanen ihres Eides und legte sein Amt nieder. Er starb, 80 Jahre alt, am 15. August 1552 in Bivern.

Vierunddreißig Jahre nach der Entsagung Hermann's von Wied brach wieder ein gewaltiger Sturm über das Erzstift herein, als der Kurfürst Gebhard Truchseß von Walburg (1577 bis 1583) im Jahre 1583 am 2. Februar Agnes von Mansfeld, die er heimlich schon 1581 geehlicht hatte, öffentlich als seine Gemahlin erklärte und zur neuen Lehre überging, nachdem er den Protestanten freie Religions-Uebung im Erzstifte und in Westfalen zugestanden hatte. Die nächste Folge dieses Schrittes war ein allgemeiner Bürgerkrieg. Am 1. April 1583 sprach Papst Gregor XIII. (1572—1585) die Excommunication über den Kurfürsten aus und entsetzte ihn seiner Würden. Die Provincialstände billigten den Bannfluch des Papstes, und Kaiser Rudolf II. (1576—1612) belegte Gebhard mit der kaiserlichen Reichsacht, da dieser mit dem Gedanken umging, das Erzbisthum zu säcularisiren. Ernst von Baiern, Bischof von Lüttich, trat an die Spitze der katholischen Partei und wurde auch gegen den Chorbischof von Köln, den Propst Friedrich von Sachsen-Lauenburg, zum Erzbischofe von Köln gewählt. Schon am 28. Januar des Jahres 1584 nahmen die Baiern Bonn, auch Godesberg wurde von ihnen mit stürmender Hand genommen*), wie alle festen Plätze, in denen sich die Partei Gebhard's bis dahin noch behauptet hatte. Von seinen Anhängern aufgegeben, floh Gebhard mit seiner Gemahlin nach Delft zum Prinzen von Oranien. Er mochte sich in Delft nicht sicher glauben, denn, nachdem er eine Zeit lang ohne feste Heimath umher geirrt, ließ er sich in Straßburg nieder, wo er am 5. Mai 1601 starb und beerdigt wurde**).

*) S. Ernst Weyden, „Godesberg und das Siebengebirge". (2. Aufl.) S. 85 ff.

**) Vgl. Leonard Ennen, Geschichte der Reformation im Bereiche der

Mit der neuen Lehre kam für die Juden anfänglich eine Zeit der Ruhe, denn alle Stände waren geistig zu sehr in Anspruch genommen, um sich um das Schicksal der Juden kümmern zu können; sie hatten keine Zeit zu Juden-Verfolgungen.

Luther selbst trat im Beginne seiner reformatorischen Thätigkeit mit der ganzen Energie seines Wesens, mit der ganzen Kraft seines Ansehens für die Juden in die Schranken, er verlieh den Bemühungen der Humanisten für das unglückliche Volk Bedeutung. Das rein Menschliche hatte einen großen, glänzenden Sieg über die Jahrhunderte lang gepflegten Vorurtheile und die im äußersten Aberglauben befangene Unduldsamkeit gegen die Juden davongetragen. Dem Zeitgeiste mußten sich Alle, wenn auch gewiß oft wider Willen, beugen. „Es galt“, sagt Dr. Graetz, „überhaupt nicht mehr für zeitgemäß, auch in katholischen Kreisen nicht, nach dem göttlichen Strafgerichte die Juden todt zu schlagen oder zu verfolgen“[219]).

Viele Fanatiker unter den Juden sahen in den Bestrebungen der Reformation das Herannahen einer messianischen Periode, das Vorspiel einer Messiaszeit. Nichts war natürlicher, als daß die unter den Christen immer mehr zunehmende Pflege der hebräischen Sprache, die Verbreitung der hebräischen Bibel und das Studium ihrer Schriften die jüdischen Fanatiker in ihren illusorischen Hoffnungen immer mehr bestärken mußten.

Einzelne Stimmen von Christen traten ebenfalls auf gegen die Vorurtheile, welche man im Allgemeinen noch gegen die Juden hegte, so Osiander in seinem „Judenbüchlein“ gegen die Beschuldigung des Kindermordes und des Gebrauches von Christenblut, welche leider nur zu oft die Ursache der blutigsten Gräuel gewesen und noch bis in unser Jahrhundert blieb[220]). Gegen

alten Erzdiöcese Köln. 1840. — M. Decker, Hermann von Wied, Erzbischof und Kurfürst von Köln. Köln, 1840. 8.

219) Dr. Graetz a. a. O. B. IX. S. 222.

220) Binterim, Ueber den Gebrauch des Christenblutes bei den Juden. Düsseldorf, 1834. — Wiedenfeld, Von der Behauptung, daß die Juden Christenblut genießen. Elberfeld, 1834. In beiden Schriftchen ist diese Be-

das „Judenbüchlein" schrieb Dr. Johann Eck sein Werkchen: „Des Judenbüchleins Verlegung", in welchem alle von je her gegen die Juden erhobenen Anklagen und Beschuldigungen mit der Uebertreibung des Fanatismus, der sich selbst der crassesten Lügen nicht schämt, zusammengehäuft sind.

Pfefferkorn's und Eck's Gehässigkeiten gegen die Juden überbot aber Luther's Schrift: „Von den Juden und ihren Lügen", die 1542 geschrieben und 1543 in Wittenberg erschien. Ein Beweis, daß Luther in vielen Dingen noch arg befangen in den Vorurtheilen seiner Zeit. Er war 50 Jahre alt, als er seine Schrift gegen die Juden verfaßte. Auffallend, ja, unbegreiflich ist es, wie er hierin, wie in Manchem, mit dem Alter seine Ansichten gänzlich änderte und immer schroffer auftrat in der Bekämpfung von Ideen, denen er früher voll warmer Menschenliebe das Wort geredet hatte. In den Jahren 1519 und 1523 war er für die Juden aufgetreten, und noch im Jahre 1523 schrieb er: „Es wäre meine Bitte und mein Rath, daß man säuberlich mit den Juden umginge und aus der Schrift sie unterrichtete; so möchten mehr etliche herbeikommen. Aber nun wir sie mit Gewalt treiben und gehen mit Lügentscheidungen um, geben ihnen Schuld, sie müßten Christen Blut haben, daß sie nicht stinken, und was des Narrenwerks noch mehr ist, daß man sie gleich den Hunden hält, daß man ihnen verbeut zu arbeiten und zu hantiren und andere menschliche Gemeinschaft zu haben, da man sie zu wuchern treibt, wie soll sie das bessern? Will man ihnen (den Juden) helfen, so muß man nicht des Papstes, sondern der christlichen Liebe Gesetz an ihnen üben und sie freundlich annehmen, mit lassen werben und arbeiten, damit sie Ursache und Raum gewinnen, bei uns und um uns zu sein, unsere christliche Lehre und Leben zu hören und zu se-

schuldigung aufs Schlagendste wiederlegt. Binterim war katholischer Pfarrer in Bilk bei Düsseldorf.

den. Ob etliche halsstarrig sind, was liegt daran? Sind wir doch auch nicht alle gute Christen"[721]).

Mit welcher Freude, mit welchem Jubel mögen die Juden Deutschlands diese Worte Luther's begrüßt haben, wenn auch nicht selten zu heißblutig in ihren Hoffnungen, die mit einem Schlage vernichtet werden sollten, als Luther, der Judenfreund, was ihm sogar von vielen seiner Gegner zum bitteren Vorwurfe gemacht worden, im Jahre 1543 seine Schrift gegen die Juden herausgab*).

In protestantischen Ländern wucherte fortan der Judenhaß, die fanatische Bedrückung und Verfolgung der Unglücklichen eben so schrecklich, ja, noch schrecklicher, als in katholischen, wozu die Schriften lutherischer Prediger, wie Antonius Margarita: „Der jüdische Glaube", Nigrinus: „Judenfeind", Johann Schmidt: „Feuriges Drachengift", Serpelius: „Judeus conversus et perversus", Schwabe: „Jüdischer Deckmantel", Brentze: „Jüdischer abgestreifter Schlangenbalg", die Beweise liefern.

Der Judenhaß fand in protestantischen Ländern eben so viele Nahrung, so lebendige Pflege, wie später auch die blutigen Gräuel der Hexenprocesse, dieses Schandmal in der Geschichte der europäischen Menschheit des fünfzehnten, sechzehnten, siebenzehnten und selbst noch des achtzehnten Jahrhunderts — in Glarus wurde noch 1780 ein unglückliches Weib als Hexe hingerichtet —. Luther war ja der starre, eigensinnige Vertreter des absoluten Teufels-Glaubens; er gab dem bösen Feinde gleichsam Fleisch und Bein und Gewalt über den Menschen. So fand in seiner Anschauung das Hexenwesen eine neue Begründung, diese Ausgeburt des finstersten Aberglaubens, gegen welche zuerst Johannes Weyer oder Wier, 1558 als Leibarzt des Herzogs Wilhelm von Cleve (1539—1592) gestorben, aufzutreten wagte, und nach ihm 1631 der kölner Jesuit Friedrich von Spee (1591—1635) mit

721) Luther's gesammelte Schriften (1841), polemische Schriften. B. III.

*) Vgl.: Spiker a. a. O. S. 89 ff. Bestimmungen gegen die Juden und ihre Schicksale in einzelnen deutschen Staaten vom Anfange des 16. Jahrhunderts.

seiner Cautio Criminalis[222]), welche wenigstens einzelne Obrigkeiten zu größerer Umsicht und Vorsicht in dem gerichtlichen Verfahren gegen die sogenannten Hexen veranlaßte, und den Erzbischof von Mainz, Anselm Casimir (1620—1647), bestimmte, die Hexenprocesse in seinem Kurfürstenthume gänzlich abzuschaffen. Seinem edlen, menschenfreundlichen Beispiele folgten der Herzog von Braunschweig und mehrere andere Fürsten.

Mit welchem blutigen Fanatismus, blindem Aberglauben und unersättlicher Habgier im ganzen Erzstifte und in Westfalen gegen die der Anklage der Hexerei Verfallenen gewüthet, ergibt sich aus Hunderten Protocollen und Processen, die uns noch aufbewahrt sind. In jeder Stadt, in jedem Städtchen und größeren Dorfe, wo eine Gerichtsstätte, loderten die Scheiterhaufen, mähte das Richtschwert, besonders in der düsteren Zeit des dreißigjährigen Krieges. Zu Hunderten wurden die Unglücklichen hingeopfert, denn selbst die Juristen-Facultäten, an die man zuletzt die Urtheile zur Begutachtung überwies, waren noch vom finstersten Aberglauben befangen. Hatte der berüchtigte Hexenhammer — Malleus maleficarum — Innocenz' VIII. (1484—1492), ein sonst milder und menschenfreundlicher Papst, schon bei dessen Regierungs-Antritte, 1484, ein Proceßverfahren gegen die Hexen oder Unholden vorgeschrieben, so wurde der Hexenproceß im sechszehnten und siebenzehnten Jahrhundert ein beliebtes Thema der gelehrten, schreibseligen Juristen, über welches Gott weiß wie viele dickleibige Bände geschrieben worden sind *).

Der Verfasser der Materialien zur geistlichen und weltlichen Statistik des niederrheinischen und westfälischen Kreises (Erlangen 1781. B. I. Stück 6. S. 448—492), schließt seine Abhandlung über das Hexenwesen in diesen Kreisen mit den Worten:

„Die Güter der Verbrannten wurden confiscirt und Richter und Beichtväter erhielten nicht nur ihre Zah-

222) Der vollständige Titel der Schrift heißt: „Cautio criminalis seu de processibus contra Sagas liber, ad Magistratus Germaniae hoc tempore necessarius“ etc. MDCXXXI.

*) S. Note XXII.

lung vom Kopf, den sie verbrannten und zum Tode bereiteten, sondern schlossen jede Execution mit einem herrlichen Schmause aus des Verdammten — Blute: wundert man sich noch, daß es so viele Mühe kostete, die Scheiterhaufen auszulöschen? Am ersten fingen die Jesuiten an, gegen das Unwesen aufzustehen. Der Name Tannerus, den unser ehrlicher Pater Spee nie ohne einen Lobspruch nennt, bleibe hier aufbewahrt! Er schrieb etwas frei über diese Materie, und ein paar Inquisitoren eines großen Fürsten schwuren ihm Folter und Flammen."

Auffallend ist es mir gewesen, bei meinen Studien über das Hexenwesen, denen ich Jahre widmete, und zu welchem Zwecke ich viele Hunderte von Protocollen und Proceßverhandlungen lesen mußte, im Erzstifte Köln keine Juden und Jüdinnen als Maleficanten der Zauberei, des leiblichen Verkehrs mit dem bösen Feinde angeklagt zu finden, wenn es auch selbst bis zu Anfang des achtzehnten Jahrhunderts nicht an Legenden und Sagen fehlt, die Juden Sacrilegien andichten und gewöhnlich mit der Bekehrung der Juden endigen. Wozu hielt die rohe Masse noch in den Zeiten, wo das Hexenwesen in vollster Blüthe, die Juden nicht fähig? Welcher Frevel wurden sie nicht beschuldigt? Mit den peinlichen Anklagen der Zauberei blieben sie im Erzstifte Köln verschont, und doch waren viele vermögend, nach damaligen Begriffen vielleicht reich, und das war für die Hexenrichter ein Hauptgrund zur Anklage, wie sich dies aus so vielen Hexenprocessen nachweisen läßt.

Rechtlos, fortwährend der Gegenstand der schmählichsten Bedrückung, der willkürlichsten, unter mehr als sechszig Namen ihnen auferlegten Abgaben, in steter Schwebe der Ungewißheit ihres socialen und materiellen Daseins führten die Juden in Deutschland als privilegirte, tolerirte, unvergleitete Hof-, Schutz-, Stamm-, Gränz-, Schacherjuden während des sechszehnten, siebenzehnten und achtzehnten Jahrhunderts ein jämmerliches Leben und mußten, von aller Gewerbthätigkeit, selbst von vielen Handelszweigen ausgeschlossen, auf den niedrigsten Wucher, Klein- und Hausirhandel angewiesen, nach und nach immer tiefer und tiefer sinken. Sie waren und blieben die elendesten Paria der Gesellschaft in Deutschland.

Einzelne Fürsten hatten hier zwar versucht, den Juden neue Existenzmittel im gewerblichen Leben zu verschaffen, sie zur Betreibung des Ackerbaues aufzumuntern; scheiterten aber, beim besten Willen, an der Hartnäckigkeit des in einzelnen Staaten und Duodezstätchen selbst noch im neunzehnten Jahrhunderte unüberwindlichen Zunftzopfe, an den Zunftregeln des Handwerkes und an der voreingenommenen Befangenheit des nicht jüdischen Publicums, das sich den Juden nicht als Handwerker denken konnte, noch wollte. Im Erzstifte Köln durften sie z. B. nur das Glaserhandwerk betreiben, natürlich nicht in Köln, wo ihnen seit 1424 der Aufenthalt untersagt war, und an keinen Orten, wo das Zunftwesen bestand; sie waren dort nur auf Flickarbeiten beschränkt, als hausirende Glaser geduldet.

Was den Ackerbau angeht, scheiterte die gute, löbliche Absicht einzelner Fürsten an der Gewohnheit des Nomadenlebens, zu dem die Juden seit achtzehnhundert Jahren, und besonders seit der Mitte des fünfzehnten Jahrhunderts in Deutschland verurtheilt waren, und an der Ungewißheit des Besitzes, denn selbst, wenn sie in einzelnen Städten und Orten seß- und siedelhaft waren, wer konnte ihnen, trotz aller Juden Stätigkeiten, die Stätigkeit des Besitzes sichern? Grundbesitz konnten sie zudem nicht erwerben, wie dies in unseren Tagen vor der Eroberung durch Preußen noch in Schleswig-Holstein der Fall war, um nur ein Beispiel anzuführen.

Die Stellung, in welche die Juden in politischer, socialer und rechtlicher Beziehung durch geistliches und weltliches Gesetz, Brauch und Gewohnheit den Christen gegenüber gerathen waren, trug die Schuld ihrer moralischen Verkommenheit. Grund und Ursache ihrer Versunkenheit waren nicht in ihrem Wesen zu suchen, sie war durch die äußeren Verhältnisse bedingt. Wie konnte an eine Hebung aus diesem mehr als trostlosen Zustande gedacht werden? Und doch hat uns die Geschichte gelehrt, daß die Jahrhunderte lang andauernde Schmach der entwürdigenden Sclaverei den Keim zum Besseren im jüdischen Volke ganz zu ersticken nicht vermochte.

daß im Gegentheil im jüdischen Volke die Ausdauer und Willenskraft wohnte, auch diese Zustände zu überwinden, seitdem ihm in Folge der französischen Staatsumwälzung der goldene Morgen der Freiheit tagte. Mit dem festesten Vertrauen glaubten die Juden an die Verheißung, daß das jüdische Volk nicht untergehen könne!

Nur wenigen Juden gelang es, sich als Financiers oder als Aerzte eine bessere Lebensstellung an einzelnen Höfen zu sichern. Die Geschichte der Juden in den einzelnen Staaten Deutschlands liefert die Belege zu dem Gesagten.

Bis zum Ende des siebenzehnten Jahrhunderts machten sich wieder verschiedene Schriftsteller Deutschlands ein Geschäft daraus, den Judenhaß zu schüren. Genannt seien hier nur Christoph Helficus, Johannes Buxtorfius, so daß es noch 1614 und 1615 in Frankfurt a. M. und in Worms zu Aufläufen gegen die Juden kam, aber vor Allen Eisenmenger, der in seiner 1694 erschienenen Schrift: „Das neu entdeckte Judenthum", die bis 1711 viermal aufgelegt und dreimal vom kaiserlichen Hofe verboten wurde, den Judenhaß dergestalt aufstachelte, daß noch 1712 in Frankfurt am Main, 1730 in Hamburg, 1779 im Elsaß eine blutige Verfolgung der Juden zum Ausbruche kam.

Wenn die Juden unter dem entwürdigenden Drucke, der allenthalben auf ihnen lastete, immer mehr verschlechterten, immer tiefer sanken, wer trägt die Schuld? Doch wohl nicht die Juden selbst?

Der verabgötterte Stimmführer im Lande der sogenannten philosophischen Aufklärung des achtzehnten Jahrhunderts — Voltaire — war nicht nur Gegner der Juden, sondern ihr abgesagter, wie in so vielen Dingen, ihr urtheilbefangenster Feind[223]). Seine Anhänger schwatzten ihm, dem herzlosen Spötter, blind nach, und daher in Frankreich die heftigsten Federkriege für und gegen die Juden. Ludwig XVI. hob erst 1784 den Leibzoll der Juden auf. Für sie trat besonders Mirabeau und der Bischof von Blois, Grégoire, mit seinem „Essai sur la régéneration phy-

223) Vgl. Mélanges de littérature, d'histoire et de philosophie. Chap. I.

sique, morale et politique des juifs" 1789 in die Schranken, so wie Zalkind Hourwitz und Thiery, deren Abhandlungen: „Sur la régéneration des juifs" von der französischen Akademie preisgekrönt wurden.

Auch in England setzten die Juden viele Federn in Bewegung, als sie 1753 naturalisirt wurden und im darauf folgenden Jahr, auf eine Petition aller Städte Englands, dieser Act wieder aufgehoben worden war. Erst seit 1830 ließ man in England die Juden zu den Corporationen, und 1833 auch zu der Advocatur zu, so daß 1837 am 9. November der Jude Moses Montefiore von der Königin Victoria zum High Sheriff von London ernannt und sogar in Guildhall mit der Ritterwürde bekleidet wurde. Moses Montefiore war der erste Jude, den man in Großbritannien in dieser Weise auszeichnete. Im März 1845 wurde die Bill, welche die Zulassung der Juden zur Aldermans-Würde beantragte, als Act angenommen, so daß sie in ganz Großbritannien nicht mehr ausgeschlossen sind von den höchsten städtischen Ehrenstellen als Lord-Mayors und Mayors. Ihre Zulassung zum Parlamente ist auch durchgegangen, und zählt dasselbe jetzt fünf jüdische Mitglieder. Die Juden sind also vollständig emancipirt in England.

Männer wie Maskow, von Justi, Lessing, Mendelssohn, von Dohm traten seit 1778 mit Entschiedenheit in Deutschland für die Juden auf[224]). Ihre Worte fanden ergiebigen Boden. Der Dämmerschein einer besseren Zukunft für das noch immer hartbedrängte Volk der Juden. Preußen ging hier den übrigen Staaten Deutschlands mit rühmlichem Beispiele voran. Schon 1787 hob König Friedrich Wilhelm die Schmach des Leibzolles auf und schaffte fünf Jahre später die Autonomie der Rabbinen und die Solidarität ab. Im Jahre 1803 wurde der Leibzoll in ganz Deutschland, außer in Heldburg in Meiningen aufgehoben. Dieses war der erste vielverheißende Sonnenblick in der düsteren, kummervollen Nacht des Daseins der deutschen Juden.

---

224) Spiler a. a. O. Cap. V.

Wohnten auch seit 1424 keine Juden mehr in Köln, so hatten sich doch die alten Osterlieder der Juden, wie sie unsere Großeltern, unsere Eltern und wir selbst noch als Kinderlieder sangen, in Köln erhalten. Wenige mochten ahnen, daß es Judenlieder waren, die sie sangen, ertönten in den Ringelreihen der Kinder die Lieder: „Ein Zickelein, ein Zickelein, dat hätt gekauf dat Väterlein", oder: „Et steit 'nen Baum em Jaden dren, de Dirre welle nit fallen, do scheck der Boor der Jakob erubs, dä sall de Birren schödden" u. s. w., oder: „Eins weiss ich: Einig dat es unse Jott, dä do läv un dä do schwäv em Himmel un op Aehden" u. s. w., oder: „Lev Jesell ich frojen dich. Lev Jesell wat frojs do mich? Ich frojen dich datt Eschte: Watt es et eimmohl Eins?" u. s. w. Es sind die Festlieder, wie sie die Judengemeinden an den beiden ersten Abenden des Mazzoth-Festes seit Jahrhunderten gesungen, und wie sie sich noch in den verschiedenen deutschen Dialekten auch unter den Christen erhalten haben[225]).

Im Jahre 1791 hatte die französische Revolution den Juden unter dem Namen „Israeliten" das Bürgerrecht zuerkannt. Am 6. October 1794 hielten die Franzosen, General Championet an der Spitze, ihren Einzug in Köln, nachdem der Senat denselben die Schlüssel der Stadt bis Melaten entgegen gebracht hatte. Das alte Stadtregiment bestand aber noch.

Die kölner Patrioten äfften den republicanischen Schwindel der Franzosen nach. Man feierte die Nationalfeste, tanzte um den auf dem Neumarkte errichteten Freiheitsbaum, unter dem sich Mönche und Nonnen, die ihrem Gelübde untreu geworden, trauen ließen, und der Kölner Brutus-Biergans und seine Genossen ihre hyperpatriotischen Reden hielten. Am 28. Mai 1796 wurden Bürgermeister und Rath ihrer Aemter entsetzt und eine aus einem Vorsitzer und sechs Mitgliedern bestehende Municipalität eingeführt

225) Vgl. Hagadah, oder Erzählungen von Israels Auszug aus Aegypten. Zum Gebrauch bei der im Familienkreise Statt findenden Feierlichkeit an den beiden ersten Abenden des Mazzoth-Festes. Köln, 1838.

auf Grund der Constitution der Republik vom Jahre III — während das Volk seine Spottlieder sang.

Der Ober-General der Sambre- und Maas-Armee, Hoche, ließ indeß am 21. März 1797, im Jahre V der Republik, die alte Verfassung, den Rath und die Gerichte wieder einführen, welche jedoch schon am 8. September einem provisorischen, aus dreizehn Mitgliedern zusammengesetzten Magistrate weichen mußten. Man warf dem Rathe vor, beim Eintreiben der Contributionen zu fahrlässig gewesen, und den gegebenen Vorschriften nicht streng genug nachgekommen zu sein, schleppte sogar einige der Rathsmitglieder nach Bonn ins Zuchthaus. Sich auf seine alten Rechte und die Freiheiten der Stadt berufend, beschwerte sich der Rath über diese Gewaltmaßregeln, worauf Commissarien von Bonn erschienen und die alte Verfassung der Stadt, welche vierhundert Jahre bestanden hatte, förmlich aufhoben. Am 17. September wurde der Freiheitsbaum wieder neu aufgerichtet, die Schandsäule des Nikolaus Gülich vom Magistrate niedergerissen, wobei es sich zutrug, daß die Stricke rissen und die Patrioten ihren republicanischen Eifer im Kothe abkühlten. In feierlicher Procession brachten die Freiheitsmänner den ehernen Kopf Gülichs nach Bonn und überboten sich darauf in Köln in republicanischen Tollhäuslereien.

Durch den Friedensschluß von Campo Formio im Jahre 1798 ward die Stadt förmlich mit der französischen Republik vereinigt und bildete als gewöhnliche Municipal-Stadt den Sitz des zweiten Bezirks des Roer-Departements, nachdem die Abtretung des linken Rheinufers durch den luneviller Frieden am 9. Februar 1801 bestätigt worden.

Es wurde in der ersten Zeit der Umwälzung einem jungen Manne mit jüdischem Namen noch der Aufenthalt in Köln versagt und derselbe unter militärischer Begleitung aus der Stadt geschafft.

Von Seiten der Stadt erhob man aber weiter keinen Einspruch, wenn Juden das städtische Gebiet und den kölner Viehmarkt besuchten. Als am 21. Frimaire des Jahres VI der Regierungs-Commissar Rudler einen Aufruf an die Bewohner der eroberten Länder erlassen, in welchem es unter Anderem hieß:

„Alles, was nach Sclaverei schmeckt, ist aufgehoben. Nur Gott allein werdet Ihr von Euren Glaubensmeinungen Rechenschaft zu geben haben, und Eure bürgerlichen Rechte werden von diesen nicht abhangen; jene Meinungen mögen sein, wie sie wollen, so werden sie ohne Unterschied geduldet werden und gleichen Schutz genießen“, kam Joseph Isaac aus Mülheim a. Rh. im Jahre VI der Republik bei der Stadt mit dem Gesuche ein, als Bürger aufgenommen zu werden. Die Aufnahme wird ihm am 16. März 1798 (26. Ventose des Jahres VI) gestattet, das Bürgerrecht aber noch nicht zuerkannt, da man hierüber nähere Bestimmungen der französischen Gesetze erwartete.

Joseph Isaac, der sich später, da nach dem Gesetze des Kaisers Napoleon I. vom Jahre 1806 die Israeliten einen bürgerlichen Namen annehmen mußten, Joseph Stern nannte, war also der erste Jude, der sich seit ihrer Verweisung im Jahre 1424 in Köln häuslich niederließ, und seine älteste, noch lebende Tochter, Frau Wittwe Ochse, wieder die erste in Köln geborene Jüdin.

Er wohnte zuerst zwei Jahre auf der Ehrenstraße, dann in dem Hause vor St. Paul Nr. 2492 und bezog darauf ein Haus Nr. 2047 in der Nähe der St. Laurenz-Kirche, wo er ein bedeutendes Pfandhaus (Lombard) errichtete.

In seiner Familie lebt noch folgende Anekdote: Sich in dem als judenfeindlich verschrieenen Köln häuslich niederzulassen, war damals ein gewagter Entschluß, für Joseph Isaac ein kühner Schritt. Wer wußte, was ihm und seiner Familie bevorstand? In einer Nacht wird er durch Sturmläuten aufgeweckt, von allen Thürmen wimmern die Sturmglocken, von den Straßen erschallt der Ruf: „Büdden eruhs!“ „Büdden eruhs!“ „Büdden eruhs!“ Er meint den Ruf: „Jüdden eruhs!“ „Jüdden eruhs!“ zu vernehmen und schickt sich schon zur Flucht an, da er glaubt, es sei auf ihn und die Seinigen abgesehen, eine Judenverfolgung im Anzuge. Es war aber nur ein blinder Schreck, Feuerlärm, und der Ruf der Feuerwehr: „Büdden eruhs!“, in dem seine Angst: „Jüdden eruhs!“ gehört hatte, nur ein Mahnruf: Kufen, mit Wasser gefüllt, auf die Straße zu stellen, wie es damals bei Feuersgefahr in Köln Sitte war.

Nach ihm wurden aufgenommen:

Mayer Raphael aus Fischelen bei Crefeld, am 28. Florial des Jahres X.

David Abraham aus Düren, am 18. Venlose des Jahres XII.

Haym Cassel aus Mainz, am 6. Florial des Jahres XII.

Hore Levi aus Arolsen, am 27. Nivose des Jahres XIII.

Seligman Lazarus, und dessen Bruder

Lifman Lazarus aus Mülheim, am 23. Florial des Jahres XIII.

Hirsch David, Handelsmann aus Euskirchen, geboren aus Schwanenfeld im Würzburgischen, am 9. Messidor des Jahres XIII.

Gebrüder Lazarus und Jakob von Geldern, am 1. Juli 1807.

Isaac David, am 18. November 1808.

Moises Levi aus Mayen, am 11. März 1808.

Abraham David aus Gustorf, dessen Aufnahme-Gesuch verworfen wird, am 23. März 1808.

Salomon Marcus Cohen, am 20. Mai 1808.

Baruch Cassel von Deutz, am 12. Mai 1812.

Samuel Löb Bielefeld, am 16. Juli 1814.

Isaac Waller, am 5. August 1814.

Dies waren, mit wenigen, hier nicht angeführten, wie Gompertz, Oppenheim, die die neue Judengemeinde Kölns bildenden Familien, welche ihre Begräbnißstätte mit der Judengemeinde in Deutz theilte.

Kaiser Napoleon erließ am 10. Mai 1806 ein Decret, dessen Zweck eine Reform des Judenthums, eine bürgerliche Sicherstellung der Juden als Staatsbürger. Am 26. Juni desselben Jahres fand die erste Versammlung jüdischer Deputirten aus Frankreich, Italien, besonders stark aus den Rheinlanden vertreten, in Paris Statt. Die der Versammlung vorgelegten zwölf Fragen, bezüglich ihrer socialen Gleichstellung mit den Bürgern anderer Confessionen, wurden am 29. Juli beantwortet. Auf Befehl des Kaisers eröffnete man am 9. Februar 1807 in Paris feierlichst, unter Vorsitz des ehrwürdigen Rabbi David Singheim, das große, allgemeine Sanhedrin, aus 71 Sanhedrin bestehend, welches nach acht Sitzungen am 9. März geschlossen wurde[226]). Die Beschlüsse der ehrwürdigen Versammlung aus Frankreich und den damals zu Frankreich gehörenden Theilen Deutschlands legten den Grund zu der allgemeinen socialen und moralischen Regeneration und Reformation der Juden[227]). Es traten zwar in Frankreich 1808 einige Beschränkungen in den den Juden zugestandenen Rechten ein; sie mußten unter Anderem ihre Namen abändern*). Um diese Zeit wohnten in Köln, zerstreut in der Stadt, 38 Judenfamilien, die im Ganzen aus 132 Personen bestanden, von denen 24 Handel trieben.

Die Juden erhielten 1808 im Königreiche Westfalen das Bürgerrecht und eine Gemeinde-Verfassung, in demselben Jahre in Hessen und Baden, wo diese Verleihung 1811 erneuert wurde, im Jahre 1809 in Anhalt-Dessau und in Waldeck, und in den Jahren 1810 und 1811 in Würtemberg, Sachsen-Weimar, Sachsen-Meiningen und in Frankfurt a. M. unter dem Reichs-Erzkanzler Karl Dalberg, der hier aber namentlich ihren Handelsverkehr in manchen Dingen beschränkte, ihren Säckel aber um so mehr in Anspruch nahm. In Baiern und in Mecklenburg erhielten die Juden 1813 das Bürgerrecht.

226) J. M. Joost a. a. O. B. IX. S. 130 ff.

227) Vgl.: Gesammelte Actenstücke und öffentliche Verhandlungen über die Verbesserung der Juden in Frankreich. Von Alexander Bran. Hamburg, 1807.

*) Durch königliche Cabinets-Ordre vom 31. October 1845 wurde bestimmt, daß in allen Theilen der Monarchie, in denen gesetzliche Vorschriften über Familiennamen der Juden noch nicht bestanden, dieselben fest bestimmte und erbliche Familiennamen führen sollten, mithin auch die auf der rechten Rheinseite wohnenden, die bis dahin noch keine bestimmten Familiennamen angenommen hatten. Unter dem 5. Juni 1846 wurden die Familiennamen der in dem rechtsrheinischen Theile des Regierungs-Bezirks Köln wohnenden Juden durch das Amtsblatt (Stück 27, 1846) veröffentlicht. Die Mehrzahl werden als Handelsleute aufgeführt, nur wenige als Metzger, Bäcker und Klempner, sonst keine Handwerker.

Preußen hatte durch das bekannte Edict vom 11. März 1812 die Gleichstellung der Juden angebahnt, aber bereits im Jahre 1814, nachdem das Volk, und wie viele Juden hatten nicht mit in den Reihen gekämpft? mit den unsäglichsten Opfern, mit Gut und Blut den Frieden, die Befreiung vom Franzosenjoche errungen hatte, trat hier, wie in manchen Dingen, auch in Bezug auf die Juden ein Rückschritt ein, wurden manche mit dem vollsten Rechte gehegten Hoffnungen mit einem Schlage vernichtet, zu Grabe getragen. Von den Lehr- und Gemeindeämtern wurden die Juden wieder entfernt, ausgeschlossen von der Beförderung im Militär, und in den Rheinlanden von den Geschworenen-Gerichten. Die letztere Bestimmung ist jetzt aufgehoben, auch werden die Juden in Preußen zur Advocatur zugelassen. In Hessen, Sachsen-Weimar und Mecklenburg beschränkte man sie in den ihnen wenige Jahre vorher zugestandenen Rechten, nahm ihnen sogar in Hannover, Hamburg und Frankfurt das Bürgerrecht und vertrieb sie aus Lübeck und Meiningen[228]).

Im Sommer des Jahres 1819 machte sich die allgemeine Unzufriedenheit in Deutschland, weil das feierlichst Versprochene nicht gehalten worden, welche die berüchtigten Karlsbader Beschlüsse vom 20. September, diese Ausgeburt der unter Rußlands Einfluß stehenden Metternich'schen Politik, deren Endziel die Knechtung des Vaterlandes, zur Folge hatten, im Süden Deutschlands durch einzelne Erhebungen gegen die Juden Luft. Es ertönte in Stadt und Dorf das ihnen Vernichtung drohende Hep! Hep! Damals sprach sich unter dem 3. September 1819 das weimarer Oppositions-Blatt über diese Tumulte folgender Maßen aus:

„Uebrigens würde man sehr irren, wenn man in dem jetzt laut werdenden Hasse gegen die Juden Fanatismus vermuthen wollte. Vielmehr ist es nur eine und dieselbe Quelle der Unzufriedenheit, woraus diese und andere bedenkliche Symptome der Zeit herfließen. Es ist das Unrecht von oben, welches dem Unrechte von

---

228) Vgl. Spiker a. a. O.

unten ruft. Ohne schlechte christliche Staatsdiener hätte es keine so schlechte Juden gegeben, oder ihre Schlechtigkeit hätte wenigstens nicht so verderblichen Spielraum gefunden. Wenn die Staaten in den letzten Kriegsjahren durch jüdische Lieferanten um ungeheure Summen betrogen wurden, so theilten christliche Kriegs-Commissare den Raub; wenn jüdischer Wucher und jüdische Schelmereien hier und da straflos blieben, so liegt der Hauptgrund in der Bestechlichkeit christlicher Beamten; wenn die Juden aus der Noth des Volkes Schätze erpreßten und selbst da und dort auf die Staats-Administration Einfluß gewinnen, wenn sie zum überflüssigen Lohne Titel und Adels-Diplome erbeuten, auf wen fallen dann die Vorwürfe? Wahrlich, die Erbitterung gegen die Juden wird sich geben, wie aller Unfriede, aller Argwohn, aller Ingrimm im Volke sich geben wird, sobald die Regierungen das einfachste Mittel anwenden, welches sie in Händen haben. Dieses Mittel liegt in dem alten Spruche: „„Schütze das Recht und strafe das Unrecht!““ Außerdem wird und muß stets die natürliche, nothwendige Folge sein, daß das Unrecht von oben dem Unrechte von unten rufe.“

So urplötzlich dieser Sturm gegen die Juden herauf beschworen, eben so plötzlich legte er sich wieder, weil der Geist der Duldsamkeit schon im Allgemeinen im Herzen des deutschen Volkes zu tiefe Wurzel gefaßt hatte. In Preußen untersagte man es ihnen noch 1824, irgend Verbesserungen im Gottesdienste vorzunehmen, und führte 1834 in Berlin sogar Bekehrungs-Predigten für sie ein. Eine Verirrung des Pietismus, des einseitigen, befangenen Pietismus, dem in seiner geistig beschränkten Befangenheit alle christliche und menschliche Duldsamkeit fremd, und daher noch in unseren Tagen in diesen Bemühungen fortfährt, wenn auch natürlich ohne Erfolg.

Wie thätig auch die Reaction gegen die Juden sein mochte, der bessere Geist siegte. Die ständischen Verhandlungen in Baden, Baiern, Würtemberg, Hessen, Braunschweig, Sachsen und Hannover, auf den preußischen Provincial-Landtagen bahnten eine Gleichstellung der Juden an. Würtemberg gab ihnen durch das Gesetz vom 25. April 1828 das volle Bürgerthum mit wenigen Beschränkungen, Kurhessen emancipirte sie 1833 vollständig, wie auch Braunschweig, Hannover und Sachsen wesentliche Verbesserungen ihrer Lage einführten. Baiern allein machte in Bezug auf die den Juden zugestandenen Rechte Rückschritte. Aus den politischen Stürmen des Jahres 1848 ging die Erkenntniß hervor, daß die Gleichstellung der Juden mit den übrigen Staatsgenossen nicht nur eine Billigkeit, sondern eine nothwendige Gerechtigkeit. Als die aus jener Sturm- und Drangperiode hervorgegangenen Verfassungen theils abgeschafft, oder doch beschränkt, wurde auch die Gleichstellung der Juden entweder aus Geneigtheit zu politischen Beschränkungen, oder aus confessionellen Vorurtheilen, oder aus engherzigen gewerblichen Rücksichten mehr oder weniger aufgehoben, oder ihre Einschränkung in Aussicht gestellt, wenn sich auch bis dahin die Reaction in Betreff der Juden im Allgemeinen in Deutschland weniger energisch und consequent erwiesen hat. In Frankfurt a. M., Hamburg, Baden, Würtemberg wurde ihre Gleichstellung durchgeführt, oder doch in Aussicht gestellt, selbst in Oesterreich. Es bleibt dieselbe noch eine Frage der Zeit[279]).

Die unausbleiblichen Folgen von fast zweitausendjähriger mehr als schmachvoller Knechtschaft, des Hasses, des entwürdigenden Druckes sind unter dem allbelebenden Lichte der Aufklärung, der wahren Duldung, die in allen, nach Gottes Ebenbild Geschaffenen nur den Menschen achtet und ehrt, nach und nach geschwunden. Es haben die Juden, trotz ihrer düsteren, allen geistigen Aufschwung scheinbar im Keime lähmenden und erstickenden Vergangenheit, in allen Zweigen des Wissens und Könnens, die eine höhere Intelligenz, eine ausdauernde Beharrlichkeit beanspruchen, in der allgemeinen Gesittung längst den Beweis geliefert, daß sie zum

279) Vgl. Allgemeine deutsche Real-Encyklopädie von. F. A. Brockhaus, 11. Auflage, der Artikel: Juden. B. VIII. S. 636 ff.

höchsten befähigt sind. Begegnen wir bei Einzelnen mitunter einer anmaßenden Ueberschätzung, die nicht selten in Arroganz ausartet, so ist dies verzeihlich, wenn man erwägt, daß ihre sociale Menschwerdung in Deutschland noch über kein halbes Jahrhundert zählt. Die Geschichte hat uns gelehrt, daß der von seinen Fesseln befreite Sclave nur zu leicht übermüthig und in seinem Uebermuthe anmaßend wird.

Und erheben sich von Zeit zu Zeit noch Stimmen gegen sie, so rühren dieselben entweder von Vorurtheilsbefangenen, oder von solchen her, die es nicht verschmerzen können, sich von Juden überflügelt zu sehen. Ausgezeichnetes haben die Juden in allen Zweigen der Philosophie, in der Medicin, in der Jurisprudenz, in allen schönen und Real-Wissenschaften geleistet. Juden sind jetzt die Zierden mancher Lehrstühle deutscher Hochschulen, und dies längst in Frankreich und in den Niederlanden gewesen. Nicht minder bedeutend sind sie in der Pflege und Ausübung der schönen Künste. Hervorragende Architekten, Maler, Bildhauer, Musiker, Componisten und ausübende musicalische Künstler, Dichter, Schauspieler und Schauspielerinnen, Sänger und Sängerinnen sind unter ihnen entstanden zum Ruhme aller Länder und namentlich Deutschlands. Die Befangenheit wird mir einwenden, daß manche Juden, die sich in den schönen Künsten Namen und Ruhm erworben haben, Convertiten. Niemanden wird es aber einfallen, behaupten zu wollen, daß die Conversion auch die Begabung verleiht. Es ist hier nicht der Ort, die Gründe, welche Manchen bestimmten, Convertit zu werden, näher zu beleuchten[230]). Der wahre Jude hält aus innigster Ueberzeugung fest an seinem Glauben. Noch lebt in Köln unter dem Volke folgende Sage: Ein Canonicus des Stiftes St. Andreas, ein jüdischer Convertit, kam zum Sterben. Da befahl er, einige Ziegelsteine in Essig zu kochen. Als sie eine Zeit lang gekocht, fragte er, ob die Ziegel weich geworden seien? Als man dies verneint, sprach er: So

---

230) Vgl. Convertiten-Bilder aus dem neunzehnten Jahrhundert. B. I. Abtheilung 1. Deutschland. Schaffhausen, 1865. Hurter. Das Werk behandelt nur die Geschichte katholischer Convertiten.

wenig es möglich, die Steine weich zu sieden, eben so unmöglich ist es, daß ein Jude von seiner Ueberzeugung, seinem Glauben lasse. Er starb als Jude. Zur Erinnerung an diese Begebenheit mauerte man an dem Hause, welches der Canonicus bewohnt hatte, an der Ostseite des Andreas-Klosters, mehrere Ziegelsteine in den Giebel, wo ich dieses Wahrzeichen noch gesehen habe.

Schon nach dem ersten Jahrzehend nach der Wiederaufnahme der Juden in Köln hatte hier das reine Menschengefühl den Sieg über das Vorurtheil, über den Judenhaß errungen, wie schwer es auch halten mag, hundertjährige Vorurtheile, genährt und gepflegt von blinder Unduldsamkeit der geistlichen und weltlichen Machthaber, mit der Wurzel auszurotten.

Im Jahre 1808 wohnte in der Salzgasse ein Jude Namens Joseph Philipps, Metzger seines Gewerbes, mit Frau und drei Töchtern. Die Familie erfreute sich des besten Leumunds, war geachtet von der ganzen Nachbarschaft ihres tadellosen Wandels wegen. Philipps hatte einige Zimmer des von ihm bewohnten Hauses an einen französischen Zollbeamten — Douanier —, mit Namen Gueret vermiethet. Die Frau des Gueret borgte von Zeit zu Zeit Geld bei der Familie Philipps, was ihr aber verweigert wurde, als die fällige Miethe nicht bezahlt worden und keine Rede von Rückerstattung des Geliehenen war. Philipps bestand auf der Bezahlung und schlug der Frau Gueret es auch ab, ihr sein Kochgeschirr zu leihen, was ihm der jüdische Brauch nicht gestattete. Frau Gueret brachte mit ihrer Tochter mehrere Nächte bei Bekannten zu und machte diese glauben, sie fürchtete sich vor den Juden, weil diese zu wiederholten Malen das Verlangen nach Christenblut geäußert hätten. Unter dem Vorwande, zu sehr von Ratten geplagt zu sein, verließ die Familie Gueret das Haus des Philipps, der sich zur Sicherung seiner Forderungen von Gueret vor Zeugen einen Schuldschein ausstellen ließ, was dieser unter den furchtbarsten Drohungen gegen Philipps that. Eine bei Philipps für Lohn arbeitende Nähterin, Bärbchen Kurth, zog mit der Familie Gueret. Und schon am folgenden Tage begab sich der Douanier mit seiner Frau und Tochter und der zweiundzwanzigjährigen Kurth nach dem Viertelsmeister seiner Section und klagten den Philipps eines Mordes an, den er mit seiner Frau und einem Dritten im Keller seines Hauses in der Salzgasse vollbracht habe. Die Tochter Guerel's, Maria Therese, gab zu Protocoll, sie sei am 10. November, dem Tage, wo der Mord geschehen sein sollte, allein zu Hause gewesen Frau Philipps habe sich gegen sieben Uhr Abends bei ihr eingefunden, den Schlüssel von der Thür ihrer Kammer abgezogen, auf den Tisch gelegt und ihr verboten, auszugehen. Darauf sei sie zu Bett gegangen, habe aber bald einen Schrei gehört, der sie veranlaßt, aufzuspringen. Sie habe ein Kleid übergeworfen und sei durch eine Hinterthür in den Hof gegangen, da sie der Meinung gewesen, ihre abwesenden Eltern seien zurückgekehrt.

Auf dem Hofe habe sie ein aus dem Kellerfenster kommender Lichtschein überrascht. Sie sei auf dem Bauche zu dem Fenster geschlichen und habe im Keller einen ermordeten jungen Mann gesehen, auf dem Rücken liegend, die Hände auf dem Bauche geknebelt. Philipps habe, ein blutiges Messer in der Hand haltend, sich an eine Tonne gelehnt, seine Frau mit einer brennenden Lampe bei dem Ermordeten gekniet. Ein Dritter habe der Leiche einen Fußtritt gegeben, um sich vom Tode derselben zu überzeugen. Sie wisse selbst nicht, wie sie wieder in ihr Zimmer gekommen, habe aber bald Tritte nach der Hinterthür vernommen, worauf sie auf einen Stuhl gestiegen, um durchs Fenster sehen zu können. Hier habe sie gesehen, daß der dritte Mann mit einem schweren Sacke durch das Hinterpförtchen fortgegangen, welches ihm Philipps, mit einer kupfernen Lampe leuchtend, geöffnet habe.

Die Kurth sagte aus, sie habe an demselben Abende noch gegen 7 Uhr im Zimmer des Juden gearbeitet, als dieser mit einem jungen und einem älteren, unbekannten Manne ins Haus getreten. In der Küchenthür sei der Angstschrei: O Gott! dreimal ausgestoßen und der junge Mann in den Keller geschleppt worden. Nach einer halben Stunde sei sie in die Küche gegangen, um sich die Hände zu waschen, und habe durch die Kellerthür eine Leiche mit einer Schnittwunde am Halse am Boden liegen sehen, neben welcher Philipps mit brennender Lampe gestanden. Zitternd in die Stube zurückgekehrt, habe sie das Essen verschmäht. Ehe sie nach Hause gegangen, habe ihr der Jude mit dem Tode gedroht, wenn sie irgend etwas gegen ihn aussage, worauf sie die Versicherung gegeben, daß sie nichts gesehen noch gehört habe, mithin auch nichts aussagen könne. Auch bei der Tochter Gueret's habe sich der Jude am folgenden Tage erkundigt, ob sie nichts am vorhergehenden Abende gehört habe, was diese auch verneint.

Philipps wurde am folgenden Abende in einer Schenke, wo er gewöhnlich zu Bier ging, verhaftet und in strenges Verwahrsam — au secret — gebracht. Die in seiner Wohnung veranstaltete Untersuchung ergab nichts; man fand nur im Keller ein Büschel Haare und auf dem Rande des Regensargs einen mit Blut befleckten Lappen. Die Frau und die Töchter Philipps' wurden darauf auch verhaftet und die Untersuchung eingeleitet. Philipps und die Seinigen kamen nur einmal ins Verhör, und aus Allem ergab sich, daß die den Proceß Leitenden, auch befangen von dem noch gegen die Juden gehegten Vorurtheile. Der Proceß wurde darauf an den Obergerichtshof in Aachen verwiesen. Alle Nachforschungen der Behörden, das Opfer des Mordes ausfindig zu machen, blieben fruchtlos, und es ergab sich, daß die im Keller Philipps' gefundenen Haare ein Büschel Frauenhaare. Die eidlich vernommenen Nachbarn Philipps sagten einstimmig aus, daß derselbe und die Seinigen nie auch den geringsten Argwohn eines Vergehens gegeben, daß man an dem Abende, an welchem der Mord geschehen sein sollte, auch nicht das geringste Geräusch im Hause des Metzgers vernommen, da man sonst in den anstoßenden Häusern, besonders bei Abend oder bei Nacht, alles hören könne, was in dem Hause vorgehe.

Als der Untersuchungsrichter die Haupt-Belastungszeugin in Aachen vernahm und ihr dringlichst ins Gewissen redete, bei der Wahrheit zu bleiben, fiel sie demselben laut schluchzend zu Füßen und erklärte, daß ihre gegen Philipps erhobene Anklage ein Lügengewebe, daß sie von der Familie Gueret dazu veranlaßt und mit derselben auch Alles besprochen und verabredet habe, was sie gegen Philipps aussagen sollte — und dies aus bloßer Rache. Sie gab die Zeugen an, die erhärten konnten, wo Philipps an dem besagten Abende gewesen, oder womit er sich in seinem Hause beschäftigt habe, als sie dasselbe verlassen. Die Zeugen stimmen mit ihrer Aussage überein. Die Tochter Gueret's wiederholte ihre frühere Aussage, aber so wortgetreu nach dem Protocoll ihres ersten Verhörs, daß der Untersuchungsrichter bald die Ueberzeugung gewann, das Ganze sei etwas Auswendiggelerntes, wie sie denn auch bei der weiteren Instruction in die auffallendsten Widersprüche gerieth und zuletzt, als sie mit der Kurth confrontirt, und diese auf der Aussage beharrte, daß Philipps an dem besagten Abende von anderen Geschäften, wie es durch Zeugen darzuthun, in Anspruch genommen, gestand sie unter Thränen, daß ihr Vater und ihre Mutter sie zu der Anklage verleitet und ihr die ganze Erzählung einstudirt hätten. Gueret und seine Frau wurden geladen und schoben nun das Verbrechen der falschen Anklage auf die eigene Tochter und die Kurth, deren Wandel sie in scheußlichster Weise verdächtigten.

Philipps bewies in den späteren Verhören vollständig sein Alibi. Vor den Schranken der Geschworenen ergab sich die Unschuld der hartgeprüften Judenfamilie durch die Aussage der Zeugen. Die Tochter Gueret's nahm ihre früheren Geständnisse, besonders ihre Aussage gegen den eigenen Vater zurück, spielte die Rolle einer Visionärin und erzählte, der Erzengel Gabriel habe sie aufgefordert, gegen die Juden auszusagen.

Der Wahrspruch der Geschworenen in dem Processe Philipps' und seiner Frau lautete auf Nichtschuldig, und unter dem Jubel der Anwesenden wurden Beide sofort in Freiheit gesetzt. Gueret und seine Frau wurden zum Tode verurtheilt und starben unter dem Fallbeile, die Tochter traf eine zwanzigjährige Galeerenstrafe. Barbara Kurth entging der irdischen Strafe, da der Herr über Leben und Tod sie noch vor Beendigung des Processes vor seinen Richterstuhl beschieden hatte*).

Philipps und die Seinigen wurden bei ihrer Heimkehr von Aachen nach Köln vor dem Hahnenthore durch ihre Nachbarn und eine Schar der angesehensten Bürger bewillkommt und beglück-

*) Man vgl. die in der Keil'schen Buchhandlung erschienene Proceß-Verhandlung.

wünscht, im Triumph nach ihrer Wohnung in der festlich geschmückten Salzgasse begleitet. War Philipps auch ein Jude, so wetteiferten seine nächsten Nachbarn und die Bewohner des ganzen Viertels darin, den so Hartgeprüften ihre Theilnahme zu beweisen, sie durch äußere Demonstrationen zu beglückwünschen, daß der Leidenskelch an den Unglücklichen vorübergegangen. Welcher Kölner hätte da noch an Juden denken können; es handelte sich um den hartgeprüften Mitmenschen!

Unbedeutend blieb die Judengemeinde Kölns bis zur Einverleibung der Rheinprovinz mit Preußen im Jahre 1815. Einige betrieben Wechslergeschäfte, aus denen sich Bankgeschäfte entwickelten, ein paar hielten Pfandhäuser — Lombards —, sonst ernährten sie sich vom Kleinhandel und wenige von der Metzgerei.

Die Juden trugen, wie die übrigen Bewohner, zu allen Communallasten und Beischlägen bei und betheiligten sich auch bei allen Sammlungen zu milden Zwecken. Hochgeachtet und allgemein geschätzt war das Haus Salomon Oppenheim, Gründer der jetzigen Firma Sal. Oppenheim jun. u. Comp., seiner Mildthätigkeit und seines Wohlthätigkeitssinnes wegen, welchen die Familie in edelster Weise in den Hungerjahren 1816 und 1817 bewährte; ihr war es eine heilige Pflicht, im Stillen Gutes zu thun, ohne Berücksichtigung der Confessionen.

Nachahmenswerth ist die Privatwohlthätigkeit der Juden, sind sie doch nach ihrem Gesetze selbst verpflichtet, zehn Procent ihres Gewinnes den Armen und Dürftigen zu spenden. Es bestehen in der Gemeinde verschiedene Vereine, Bruderschaften, deren edler, erhabener Zweck: Werke der Barmherzigkeit, der Wohlthätigkeit zu üben.

Als im Jahre 1819 die im südlichen Deutschland entstandenen Bewegungen gegen die Juden auch den Niederrhein und selbst Köln bedrohten, blieb Köln, zur Ehre der Stadt sei es gesagt, von den bedauernswerthen Ausschreitungen ganz verschont.

Bei den bemittelten Mitgliedern der Gemeinde fand wissenschaftliche Bildung die erfreulichste Pflege. In den Familien Oppenheim, Gompertz, Cohen, deren Söhne die höheren christlichen Lehranstalten besuchten, wurden immer christliche Hauslehrer gehalten. Diese Familien konnten hinsichtlich der häuslichen Erziehung als Muster gelten.

Seit dem Jahre 1820 nahm sich die königliche Regierung auch des jüdischen Schulwesens an. Den Herren Salomon Marcus Cohen und Salomon Oppenheim wurde die Aufsicht über die Schule ihrer Gemeinde übertragen. Der erste, von der Regierung angestellte Lehrer war Josua Schloß aus Frechen; es bestand jedoch unter Leitung eines E. Levi noch eine israelitische Elementarschule, welche aber nur von 23 Schülern besucht war, während 15 israelitische Kinder christliche Schulen besuchten. Joseph Gottschalk wurde als zweiter Lehrer angestellt.

Im Jahre 1825 bestand die Gemeinde aus 30 Familien und hatte 61 schulpflichtige Kinder, von denen 24 öffentliche christliche Schulen besuchten, sieben christliche Privatanstalten, einer Privat-Unterricht bei einem Christen und 16 bei israelitischen Privatlehrern hatten, während die jüdische Elementarschule nur 13 Schüler zählte. Im Jahre 1826 hatte die Gemeinde 57 schulpflichtige Kinder, von denen 34 die jüdischen Elementarschulen von Schloß und Elkan Levi besuchten, denen der Lehrer Marcus Manheimer als Hülfslehrer zugesellt war.

Im Juli desselben Jahres erklärten die Vorsteher der Gemeinde, die Herren Salomon Oppenheim und M. Cohen, daß die Gemeinde zu arm, ein eigenes Schullocal zu halten und einen Lehrer zu besolden, sie trugen daher darauf an, daß es besser, wenn die jüdischen Kinder die christlichen Schulen besuchten, „damit beiderseitige Religions-Verwandte sich weniger fremd blieben und gegenseitige Liebe und Vertrauen dadurch gefördert würden“.

Die Stadt zählte 1827 nur 30 jüdische Familien mit 57 schulpflichtigen Kindern, und 1828 37 Familien mit 65 schulpflichtigen Kindern. Die Regierung drang im December des Jahres 1831 darauf, eine eigene jüdische Elementarschule zu errichten, welche Verfügung am 24. April 1837 erneuert wurde. Erst im Jahre 1848 erhielt die Gemeinde eine Elementarschule mit drei besoldeten Lehrern und einer Lehrerin.

Als unter dem 8. Februar 1843 ein Rescript des hohen Ministeriums des Unterrichts und der geistlichen Angelegenheiten an die Gemeinde gelangte, nach welchem Se. Majestät der König beabsichtigte, für den ganzen Umfang der Monarchie das jüdische Cultus- und Schulwesen genauer, als bisher geschehen, und in umfassender Weise zu ordnen und zu regeln, beantworteten die Vorsteher der Gemeinde Köln die an sie gestellten Fragen in folgender Weise:

„Die Synagoge ist Eigenthum der Gemeinde, die am 18. Mai 1843 nicht mehr als 46 Familienhäupter zählte. Mitglied der Gemeinde wird man durch Geburt, oder wenn man eine seinen Verhältnisse angemessene Quote zu dem Gemeinde-Erwerb und zu dem jährlichen Local-Cultus beiträgt. Nur die Mitglieder haben Stimmrecht in Gemeinde-Angelegenheiten. Nach Art. 4 des durch kaiserliches Decret vom 17. März 1808 bestätigten Reglements wird jede Privat-Synagoge unter die Verwaltung zweier Notabeln und eines Rabbiners gestellt. Da das Gehalt des letzteren durch die Gemeinde bestritten wird und sonst keine Mittel vorhanden, so hat hier kein Rabbi aufgenommen werden können. Die Gemeinde muß zudem zum Gehalt des Ober-Consistorial-Rabbiners beitragen, die hiesige jährlich 130 bis 140 Thaler. Die hiesige Gemeinde folgt einem alten Usus, nach dem fünf gewählte Mitglieder einen Verwaltungsrath ihrer financiellen Angelegenheiten bilden.

„Die Wahl eines Rabbiners für eine Privat-Synagoge geschieht durch die Gemeinde, die eines Ober-Rabbi für das Consistorium, so wie die Functionen des Rabbiners sind in dem Reglement näher angegeben. Außer dem Rabbiner stehen zu dem Cultus in Beziehung ein Vorsänger, ein Kirchendiener, vom Vorstande unter Zuziehung des Verwaltungsrathes auf unbestimmte Zeit gewählt, und findet die Wahl nach dem Wahlmodus Statt, sobald Gründe dazu vorhanden sind.

„Das Vermögen der Gemeinde besteht aus der Synagoge nebst Nebengebäuden, zur Zeit mit 1350 Thlr. belastet. Besondere Fonds für Armen- und Krankenpflege bestehen nicht. Bestritten werden die Kosten zum Theil aus der Gemeinde-Casse, zum Theil von dem sich selbst verwaltenden Männer- und Frauen-Vereine zu wohlthätigen Zwecken. Sie wählen jährlich aus ihrer Mitte einen

Verwalter, der mit Zuziehung des Abgegangenen das Interesse des Vereins vertritt. Die Bedürfnisse des Cultus werden von der Gemeinde bestritten, durch den Vorstand unter Zuziehung des Verwaltungsrathes repartirt und durch einen Rendanten honoris causa verwaltet. Die Einziehung kann nach Art. 20 des Reglements zwangsweise geschehen, doch war zur Zeit die zwangsweise Einziehung, was sehr wünschenswerth, von der Regierung noch nicht gestattet.

„Die Gemeinde oder der Vorstand übt kein geistliches Strafrecht aus, eben so wenig wird der Bann gehandhabt; demjenigen aber, der sich den bestehenden Ordnungen widersetzt, können auf eine unbestimmte Zeit die Rechte eines Mitgliedes der Gemeinde entzogen werden. Streitigkeiten in Gemeinde- und Cultus-Angelegenheiten entscheidet das Consistorium mit Vorbehalt der Berufung an das Central-Consistorium, und in Ermangelung desselben an die höheren Behörden. Eine neologische Partei ist in Köln nicht vorhanden, daher keine Spaltungen.

„Der Gottesdienst wird in hebräischer Sprache abgehalten, doch ist seit sechs Monaten ein Rabbinats-Candidat zu periodischen Predigten in deutscher Sprache nach alttestamentarischem Texte provisorisch gewonnen, welcher durch freiwillige Beiträge honorirt wird. Confirmation der Kinder oder eine ähnliche, der christlichen Kirche nachgeahmte Aufnahme findet nicht Statt. Die Knaben treten nach vollendetem dreizehnten Jahre, die Mädchen nach dem zwölften Jahre in religiöser Beziehung in die Pflichten der Großjährigen. Erstere üben um diese Zeit einen darauf bezüglichen Actus in der Synagoge aus und pflegen in einer öffentlichen Versammlung ihre Tüchtigkeit in den Religions-Kenntnissen in einer Rede an den Tag zu legen. Die Mädchen werden zu den religiösen Pflichten in der Schule vorbereitet.

„Die Tracht der Cultus-Beamten ist geregelt, ohne daß dieselbe einen ausschließlich christlichen Charakter an sich trägt.

„Ein concessionirter Elementarlehrer, der auch den Religions-Unterricht ertheilt, seit 1845 Herr Raphael Marx, ein berufstreuer, tüchtiger Lehrer, und eine Lehrerin stehen der Elementarschule vor, die unter dem Schul-Inspector und dem Vorstande steht."

So waren die inneren Angelegenheiten der Gemeinde geordnet, die von Jahr zu Jahr zunahm, denn 1850 zählte sie bereits 1215 Seelen und hatte 180 schulpflichtige Kinder. Es stieg im folgenden Jahre die Seelenzahl der Gemeinde auf 1500. Sie beantragte bei der Stadt einen Zuschuß von 300 Thalern zur Unterhaltung der Elementar- und Religionsschule, es wurden ihr aber am 16. October 1851 nur 100 Thaler genehmigt, die im Januar 1853 auf 150 Thaler erhöht und 1857 bei 180 Schülern auf 200 Thaler, nebst 120 Thaler als Miethsentschädigung für das Schullocal. Damals galt die Schule als Musterschule, besonders die Mädchenschule unter Leitung einer Fräulein Meyer, welche derselben noch vorsteht. Drei Lehrer, die Herren Abraham Hermanns, Löb, Franke, fungiren jetzt an der Schule. Im Jahre 1863 übernahm die Stadt die sämmtlichen Unterrichtskosten mit einem jährlichen Zuschusse von 1000 Thalern. Die Gemeinde ist indeß so herangewachsen, daß sie 17 Wähler der ersten Classe zählt. Außer Bankgeschäften, Güter- und Fruchthandel, Weinhandel, Manufactur-Waarenhandel en gros und en détail, Colonial-Waarenhandel, Pferde- und Viehhandel, betreiben die Juden immer mehr Handwerke, als Metzger, Bäcker, Schuster, Schneider, Buchbinder, Goldschmiede, Gerber, Mechaniker u. s. w.

Der Geheime Commercienrath Herr Abraham Oppenheim, faßte den Entschluß, der Gemeinde an der Stelle der alten, eine neue Synagoge zu bauen. Den Plan zu dem Baue entwarf der verstorbene Dombaumeister, der Geheime Baurath Ernst Zwirner, dem es aber nicht beschieden, sein Werk vollendet zu sehen. Der Prachtbau, ein Kuppelbau, von vier schlanken Minarets mit vergoldeten Kuppeln flankirt, nahm fünf Jahre in Anspruch und zeigt in seinem Aeußeren, wie in der prächtigen und geschmackvollen inneren Ausstattung, daß keine Kosten gescheut wurden. Herr Oppenheim spendete zu dem Baue eine bedeutende Summe und gab der Stadt in demselben eine wahrhaft monumentale Zierde. Nur Schade, daß der stattliche Bau, der zwischen den Häusern der Südseite der Glockengasse gleichsam versteckt, nicht an einer anderen Stelle in freier Lage aufgeführt ist, um sich in seiner ganzen Bauschöne dem Auge zu zeigen.

Am 29. August 1861 fand die religiöse Besitznahme des herrlichen Tempels in feierlichster Weise mit einem Festzuge Statt. Eine würdige Feier, an der sich alle Confessionen betheiligten. Der zeitige Rabbiner der Gemeinde, Herr Dr. Israel Schwarz, ein tüchtiger, durchaus gediegener Kanzelredner, hielt die Einweihungs- und Festrede.

In demselben Jahre erschienen die aus 137 Paragraphen bestehenden Statuten für die Gemeinde Köln, welche außer dem Stadtkreise Köln, die zum Landkreise gehörigen Bürgermeistereien Longerich, Müngersdorf und Rondorf umfaßt. Die damalige Repräsentanten-Versammlung bestand aus den Herren: Samuel Meyer, Horn-Gidion, Salomon Rothschild, J. M. Rothschild, Hermann Kaufmann, Nathan Keller, Isaac Ochs, Dr. Cassel, J. M. Frank, Jonas Ochse, Joseph Kirchberg. Die Herren: Dr. Bendix, Drucker-Embden, Jakob Cassel bildeten den Gemeinde-Vorstand.

Gemäß §. 124 der Statuten sind als Cultus-Beamten in der Synagogen-Gemeinde in Köln angestellt: ein Rabbiner, ein Cantor, ein Schächter und ein Synagogendiener. Der Rabbiner kann mit Genehmigung des Vorstandes und der Repräsentanten-Versammlung auch in anderen Synagogen-Gemeinden rituelle Functionen verrichten. Der jetzt an hiesiger Synagoge als Rabbiner fungirende Dr. Schwarz ist nicht auf Lebenszeit angestellt. Das jüdische Consistorium hat seinen Sitz in Crefeld unter dem Vorsitze des dortigen, auf Lebenszeit angestellten Ober-Rabbiners Dr. Bodenheimer. Mitglied des Consistoriums ist der Ober-Rabbiner Auerbach in Bonn.

Von Tag zu Tag nimmt die Gemeinde zu, die vor zwanzig Jahren nur 46 Familien zählte und jetzt schon aus 400 Familien besteht. Die Synagogen-Gemeinde Kölns zählt nur ein, in jüngster Zeit zum Judenthume übergetretenes Mitglied. Ein sichtbares Gedeihen ruht auf derselben. Sie liefert den Beweis, was Intelligenz, ein durch die beharrlichste Ausdauer unterstützter Unternehmungsgeist und unermüdlicher, rastloser, vor keinen Hemmnissen zurückschreckender Fleiß vermögen, so daß sie jetzt schon 17 Wähler der ersten Classe aufzuweisen hat.

Nach den Verhandlungen des Gemeinderathes vom 13. September 1866, in welcher Sitzung das Budget der Elementarschulen der Judengemeinde auf 1600 Thaler festgestellt wird, trägt dieselbe etwa den siebenten Theil der Communalsteuern, und bezahlt ungefähr den fünfzehnten bis zwanzigsten Theil der Gesammtsteuer der Stadt. Staunen muß man, wenn man erfährt oder weiß, unter welchen Verhältnissen die meisten ihre Geschäfte begründet, und in welch kurzer Zeit sie prosperirt haben. Sie wissen den Werth des Pfennigs zu schätzen und zu ehren.

Als Kind erinnere ich mich, aus dem Munde des Herrn Salomon Oppenheim, des Gründers des jetzigen Bankhauses Salomon Oppenheim jun. & Comp., die Worte gehört zu haben, die er zu meinem seligen Vater sagte: „Die ersten hunderttausend Reichsthaler haben mir manchen Schweißtropfen und manche schlaflose Nacht gekostet, hat man die aber einmal vor sich und ist bei redlichem Fleiße nicht auf den Kopf gefallen, dann macht es sich von selbst." Herr Salomon Oppenheim, ein wahrer Ehrenmann, der zudem das Herz auf dem rechten Flecke hatte, pflegte auch zu sagen: „Nur kein fressend Möbel!" Das Haus hielt Wagen, aber keine Pferde; sollte ausgefahren werden, stellte ein darauf gemietheter Hauderer die Pferde. Es war die Zeit, wo in Köln nur drei Familien vollständige Equipagen hatten, nämlich Abraham Schaaffhausen, J. D. Herstatt und J. Mumm, die auch mit Vieren fuhren.

Die mit irdischen Gütern gesegneten Juden gehen ihren Mitbürgern bei allen Werken der Menschenliebe, der Mildthätigkeit mit dem schönsten Beispiele voran. Die Pflege des Geistes, der höheren Bildung, als Grundlage der eigentlichen Gesittung, ist ihnen Bedürfniß, denn sie haben ihre Wichtigkeit erkannt, wie sich dies aus dem Besuche jüdischer Zöglinge der höheren christlichen Lehranstalten ergibt. Es besitzt die Stadt eine ausgezeichnete jüdische höhere Töchterschule unter der umsichtvollen Leitung des Fräulein Rosa Levis, ein vielbesuchtes Handels-Institut, dessen Vorsteher, Herr Ochse, ein Jude. Einige der tüchtigsten Lehrer der Rheinischen Musikschule, unseres durch Privatmittel gegründeten Conservatoriums, das sich bereits einen rühmlichen Ruf über die

Gränzen der Provinz und des Landes hinaus geschaffen hat, sind israelitischen Bekenntnisses.

Und wer sollte es glauben, daß in einer Stadt wie Köln manche der düstersten Vorurtheile gegen die Juden in unseren Tagen noch nicht völlig ausgerottet sind? So tauchte vor ein paar Jahren hier die mehr als absurde, selbst von verschiedenen Päpsten, von den bewährtesten christlichen Autoritäten längst in ihrer völligen Nichtigkeit erwiesene Beschuldigung, daß die Juden zu religiösen Zwecken Christenblut bedürften, plötzlich wieder auf. Es kam sogar zu einigen mehr als bedauernswerthen Ausschreitungen des Pöbels gegen Individuen, die nicht einmal Juden waren. Diese Excesse wurden natürlich von den Behörden aufs strengste bestraft, lieferten aber einen traurigen Beleg, wie tief, trotz aller Aufklärung, trotz der in Preußen so viel gepriesenen Volksbildung gewisse Vorurtheile bei der Masse wurzeln, denn wie könnte man sonst solche Convulsionen des Aberglaubens in der zweiten Hälfte des neunzehnten Jahrhunderts noch für möglich, für wahr halten?

Auch die Errichtung eines Schullehrer-Seminars für das jüdische Bekenntniß steht in der Rheinprovinz in Aussicht. Aus Privatmitteln sollen die Fonds zu dieser eben so zweckdienlichen als wünschenswerthen Anstalt, die unsere Provinz bisher noch vermißte, beschafft werden, und werden in kurzer Frist nach dem, was bis jetzt schon von den Gemeindegliedern für den schönen, den edlen Zweck geschehen ist, beschafft sein.

Selbst in Rußland hat man in diesem Jahre, 1866, endlich die Menschenrechte der Jidden, wie der Russe die Juden nennt, anerkannt, die Mehrzahl der auf ihnen bis dahin lastenden socialen Beschränkungen und Bedrückungen aufgehoben, ihnen sogar erlaubt, in den Städten und auf dem Lande Grundeigenthum, Liegenschaften zu erwerben, was ihnen bis dahin nicht gestattet war. Wolle Gott, daß der Dämmerschein der Toleranz, der Aufklärung ihnen in dem weiten Reiche Rußlands zur beglückenden Sonne emporwachse! Und dies zum Heile der Juden!

Möge nun in Preußen, das sich mit einem gewissen, nicht unbegründeten Stolze den Staat der Intelligenz nennt, auch der Tag nicht mehr fern sein, wo aller und jeder confessionelle Unterschied seiner Bürger in Bezug auf ihre bürgerlichen Rechte schwindet, wo es, im Gefühle und Bewußtsein seiner so glorreich errungenen Machtstellung, allen seinen Staatsbürgern, wie sie alle gleichen Schutz des Gesetzes genießen, auch in allen Dingen eine völlig gleiche Berechtigung, was auch die Verfassung will, angedeihen läßt! Amen!

Noten.

Note I.

Reich ist unsere Literatur an verdienstvollen Werken über die allgemeine Geschichte der Juden und an specielleren über ihre Geschichte in einzelnen Ländern, Provinzen und Städten des deutschen Reiches. Nur die vorzüglichsten Schriften seien hier angegeben, die specielleren, von mir benutzten, sind unter dem Texte angeführt.

Wir besitzen in Dr. H. Graetz: „Geschichte der Juden von den ältesten Zeiten bis auf die Gegenwart“, von der bereits (1866) neun Bände erschienen sind, eine ausführliche, auf dem eifrigsten und gründlichsten Quellen-Studium fußende Darstellung der inneren und äußeren Schicksale des Volkes der Juden von seinem letzten Helden-Zeitalter der Makkabäer in allen Hauptländern Europa's und den übrigen Theilen der alten Welt. Der Verfasser hat in seinem, von einem staunenswerthen Fleiße zeugenden Werke besonders der allgemeinen culturgeschichtlichen Bedeutung der Juden und ihrer Literatur-Geschichte, namentlich in Spanien und Portugal, umsichtlich Rechnung getragen und ihren wissenschaftlich fördernden Einfluß in den düsteren Zeiten des Mittelalters nachgewiesen. Kein Unbefangener wird dieser gründlichen Arbeit die wohlverdiente Anerkennung versagen.

Ein Werk von gleichem Umfange ist: J. M. Joost, „Geschichte der Israeliten von der Zeit der Makkabäer bis auf unsere Tage“. In IX Bänden, 1820 bis 1828. Es geht diese Geschichte der Juden bis zum Jahre 1815.

Selig Cassel, „Geschichte der Juden“, im 27. Theil der allgemeinen Encyklopädie von Ersch und Gruber. Mit der gründlichsten Forschung nach den Quellen bearbeitet.

Otto Stobbe, „Die Juden in Deutschland während des Mittelalters in politischer, socialer und rechtlicher Beziehung. Die Frucht des gründlichsten und umfassendsten Quellenstudiums. Braunschweig. C. A. Schwetschke u. Sohn. 1866.

„Die Juden im christlichen Abendlande“. Preußische Jahrbücher von Haym. Band VIII. S. 30 ff.

C. W. Spiker: „Ueber die ehemalige und jetzige Lage der Juden in Deutschland“. Eine historische publicistische Untersuchung. Halle, 1809. Reich ist dieses Werkchen an literar-historischen Notizen.

Dr. Abr. Geiger, „Das Judenthum und seine Geschichte". Breslau, 1864. Zweite Abtheilung 1865, von der Zerstörung des zweiten Tempels bis zum Ende des zwölften Jahrhunderts. Die Tendenz dieser Vorlesungen ist rein dogmatisch und cultur-historisch.

J. H. Dessauer, „Geschichte der Israeliten, mit besonderer Berücksichtigung der Culturgeschichte derselben". Von Alexander d. Gr. bis auf unsere Zeit. Frankfurt a. M., 1846, bei Volker.

In den Werken von Joost und Graetz sind die angeführten Hauptquellen alle kritisch beleuchtet, natürlich vom streng jüdischen Standpuncte.

Die vorzüglichsten von mir benutzten gedruckten und ungedruckten Quellen:

Abel, O., „Die politische Bedeutung Kölns am Ende des zwölften Jahrhunderts". Allgemeine Monatsschrift für Wissenschaft und Literatur. Halle, 1852.

Agobardi Opera ed. Baluze. Paris, 1666. 8.

Andler, F. F., ab. Corpus constitutionum imperialium. II. Tom. Fol.

Annalen des historischen Vereins für den Niederrhein, insbesondere die alte Erzdiöcese Köln. 17 Hefte. Köln, 1866. M. DuMont-Schauberg'sche Buchhandlung.

Annalen der Juden der Mark Brandenburg. Berlin, 1790.

Archiv der Stadt Köln. Convolut von Papieren zur Geschichte der Juden.

Aretin, v., Geschichte der Juden in Baiern. Landshut, 1803.

Beck, Joh. Jod., Tractatus de juribus Judaeorum. Nurnberg, 1741. Deutsch: Vom Rechte der Juden.

Becker, J. R., Geschichte der Stadt Lübeck. 3 Bde. 4.

Beyer, H., Urkundenbuch zur Geschichte der mittelrheinischen Territorien. Coblenz und Trier. B. I. gr. 8.

Bodman, Rheingauische Alterthümer. Mainz, 1819. 4.

Böcker, F. J. Aug., Steuer-Secretär der Stadt Köln, Regesten der Stadt Köln. Handschrift. 2 Bde. 4., im Stadt-Archiv.

Boehmer, J. Fr., Regesta Chronologico-Diplomatica Regum atque Imperatorum romanorum inde a Conrado I. usque ad Henricum VII. Frankfurt a. M. 1831. 4.

— — — Regesta Chronologico-Diplomatica Carolorum. Frankfurt a. M. 1833. 4.

— — — Codex diplom. Moenofrancofurtanus. Frankfurt, 1836. 4.

— — — Fontes rerum Germanicarum. 3 vol. Stuttgart, 1843 bis 1853.

Bossart, Securis ad radicem posita. Gründlicher Bericht von der Stadt Cöllen am Rhein Ursprung und Erbauung. Bonn, 1729 ff.

Buchholz, C. A., Actenstücke, die Verbesserung des bürgerlichen Zustandes der Juden betreffend.

Cassel Selig, Geschichte der Juden in Ersch und Gruber's Encyklopädie. 2. Section. 27. Band. S. 3 ff.

Clasen, Das edle Cöllen, Oder Beyträge zu einer Abhandlung von Rittermäßigen Cöllnern. I. Stück. 1769.

— — Erste Gründe der kölnischen Schreinspraxis. Köln, 1782. 4.

— — Der kölnische Senat in den mittleren Zeiten. Köln, 1786. 4.

Chronica die van der hilliger Stat Cöllen. 1499. fol.

Chroniken der deutschen Städte. Band I.—IV. Leipzig, 1862—1866.

Cohen, Joseph ha, Emek-ha-Bacha, übersetzt von Dr. Wiener. Leipzig, 1858. 8.

Dalhe, P., Geschichte von Hamburg. 8.

Depping, J. B., Les juifs dans le moyen âge. Essai historique. Paris, 1834. 8. Deutsch: Die Juden im Mittelalter.

Dunze, J. H., Geschichte der freien Stadt Bremen. 2 Bde. 8.

Eichhoff, J. P., Kölnisches litterarisches Wochenblatt. I. Jahrgang. Seite 788.

Eisenmenger, J. A., Entdecktes Judenthum. (2. Aufl.) Königsberg 1711. 2 Bände. 4.

Endemann, Die national-ökonomischen Grundsätze der canonistischen Lehre aus Hildebrand's Jahrb. für National-Oekonomie. B. I. S. 167 ff. 1863. 8.

Dr. Ennen, Geschichte der Stadt Köln. B. I. 1863. B. II. 1865. 8.

Dr. Ennen und Dr. Eckertz, Quellen zur Geschichte der Stadt Köln. B. I. 1860. B. II. 1863. 8. Köln, bei M. DuMont-Schauberg.

Ettling, Gottl., De Judaeorum Moeno-Francofurtensium conditione duriori prae civibus ac incolis christianis dissertatio. Gissae, J. J. Braun. 1751. 8.

Fahne, A., Geschichte der Kölnischen, Jülich'schen und Bergischen Geschlechter. 1. Thl. Stammfolge und Wappenbuch (A—Z). Köln, 1848. Fol.

— — Ergänzungen und Erläuterungen zum ersten Bande, und Stammfolge und Wappenbuch der Clevischen, Geldrischen und Moers'schen Geschlechter. Köln, 1853. Fol.

Ficker, Jul., Die Münster'schen Chroniken des Mittelalters; Reinald von Dassel; Engelbert der Heilige. Köln, 1850, bei Lempertz.

Fischer, J. F., Commentatio de statu et jurisdictione Judaeorum secundum Leges Romanas, Germanicas, Alsaticas. Argentor. 1763. 4.

Floß, H. J., Dreikönigenbuch. Köln, 1864. 8.

Frankel, Monatsschrift für Geschichte und Wissenschaft des Judenthums. Band I—XIII.

Fridheim, Die Hoffnung Israels auf die Erlösung durch den Messias. 3 Bände. 8. Würzburg, Rienner, 1770—1772.

Friedländer, D., Beitrag zur Geschichte der Verfolgung der Juden im neunzehnten Jahrhundert durch Schriftsteller. Berlin, Nicolai, 1820. gr. 8.

Gallois, J. G., Geschichte der Stadt Hamburg. 3 Bde. 8.

Gaupp, Deutsche Stadtrechte des Mittelalters. 2 Bände. 1851, 1852.

Geiger, Abr., Das Judenthum und seine Geschichte. 1864, 1865.

Gelenius, Aegid., De admiranda sacra et civili Magnitudine Coloniae. Cöln, 1645. 4.

Gemeiner, Reichsstadt Regensburgische Chronik. Regensburg, 1800 bis 1824. 4.

Graetz, Geschichte der Juden von den ältesten Zeiten bis auf die Gegenwart. Der neunte Band 1866 erschienen.

Günther, Wilh., Codex diplomaticus Rheno-Mosellanus. VI. vol. gr. 8.

Haas, Rob., Das Staatsbürgerthum der Juden.

Hagen, Godefr., Reimchronik der Stadt Köln. Herausgegeben von E. von Groote. Köln, 1834. 8.

Heffner, Die Juden in Franken. Nürnberg, 1855. 8.

Hontheim, J. N. ab, historia Trevirensis. III. vol., fol. Prodromus historiae Trevirensis. III. vol., fol. Historia Norimbergensis diplomatica. Fol.

Hüllmann, K. Dietr., Städtewesen des Mittelalters. 4. Band. 8.

— — — Geschichte des Ursprungs der Stände in Deutschland. Zweite Ausgabe. Berlin, 1830. 8.

Jaffe, Urkunden zur Geschichte der Juden, in der Zeitschrift: „Der Orient" abgedruckt und 1844 in Leipzig gesammelt von Fürst herausgegeben.

Joost, J. M., Geschichte der Israeliten seit der Zeit der Makkabäer bis auf unsere Tage. 9 Bände. Berlin, 1820—1828. 8.

Die Juden in Lübeck. Frankfurt a. M., 1820.

Katzfey, Jak., Geschichte der Stadt Münstereifel. 2 Bände. 8.

Königshofen, Jak. von, Elsassische Chronik, herausgegeben von Schilter. 1698. 4.

Kriegk, Frankfurter Bürgerzwiste und Zustände im Mittelalter. 18[illegible]2

Lacomblet, Th. Jos., Urkundenbuch für die Geschichte des Niederrheins. 4 Bände. 4. 1840—1854.

— — — Archiv für die Geschichte des Niederrheines.

Lauffer, Jak., Beschreibung helvetischer Geschichten. 18 Bände. Zürich 1736—1738. 8.

Lehmann, Christ., Chronica der Reichsstadt Speyer. 3. Auflage, vermehrt von J. M. Fuchs. Fol.

Lersner, A. A. v., Chronica der Stadt Frankfurt a. M. 2 Bände. Fol.

Löhrer, J. G., Geschichte der Stadt Neuß.

Meier, Geschichte der hebräischen Nationalliteratur. Leipzig, 1856.

Meiners, C., Historische Vergleichungen der Sitten und Verfassungen, der Gesetze und Gewerbe u. s. w. des Mittelalters mit denen unseres Jahrhunderts. 3 Bände. 8. Hannover 1793—1794.

Meyer, K. F., Aachen'sche Geschichten. Fol.

Müller, K. A., Geschichte der Stadt Bonn. 1834. 8.

Neumann, Max, Geschichte des Wuchers in Deutschland. 1865.

Noppius, Jo., Aacher Chronik. Fol.

Oelsner, Die schlesischen Juden im Mittelalter, in Liebermann's Volkskalender. 1854.

— — Schlesische Urkunden zur Geschichte der Juden im Mittelalter, in dem Archiv für Kunde österreichischer Geschichtsquellen. B. XXXI. 1864.

Pawlikowski, Konstantin, Ritter Cholewa von, Hundert Bogen aus mehr als 600 alten und neuen Büchern über die Juden neben den Christen. Erste Abtheil. Freiburg im Breisgau, 1859. 8.

Pertz: Monumenta Germaniae.

— — Archiv der Gesellschaft für ältere deutsche Geschichtskunde. 8. Bd.

Preußische Jahrbücher, Die Juden im christlichen Abendlande. VIII. Band. Juli 1861.

Pufendorf, Observationes juris universi. Tom. II. Obs. I.

Ratisbonne, M. Théod., Histoire de Saint Bernard et de son siècle. 2 vol. 4me édit. Paris, 1853. 8.

Raumer, Friedr. v., Geschichte der Hohenstaufen. 5. Band.

Rühs, Friedr., Das Staatsbürgerthum der Juden.

Schaab, Diplomatische Geschichte der Juden zu Mainz und dessen Umgebung. Mainz, 1855. 8.

Scheppeler, Friedr. J., Aufhebung des Juden-Leibzolls, nebst Geschichte der Juden, ihrer Schicksale und staatsbürgerlichen Verhältnisse in Deutschland. Hanau, Scharneck, 1805. 8.

Schlosser, H., Vom Juden-Schul-Banne. Altdorf, St. Hessel, 1757. 4.

Schudt, Jüdische Merkwürdigkeiten. Frankfurt und Leipzig, 1714. 3 Bände. 8.

Senkenberg, Selecta juris et historiarum tum anecdota, tum jam edita sed rariora. VI Tomi. 8. Francof. 1732—1742.

Sidori, Geschichte der Juden in Sachsen. 1840. 8.

Silbermann, J. A., Localgeschichte der Stadt Straßburg. Fol.

Singularia Norimbergensia, oder Nürnberger Alterthümer und merkwürdige Begebenheiten. Fol.

Spiker, Ueber die ehemalige und jetzige Lage der Juden in Deutschland. Halle, 1809. 8.

Spieß, Archivalische Nebenarbeiten und Nachrichten. I. B. 4. 1783.

Stetten, Paul v., Geschichte der Stadt Augsburg. 2 Bände. 8.

Stobbe, Otto, Die Juden in Deutschland während des Mittelalters.

Stramberg, Chr. v., Der Rheinische Antiquarius. Coblenz.

Train, Die wichtigsten Thatsachen aus der Geschichte der Juden in Regensburg, in Illgen's Zeitschrift für die historische Theologie. VII. 1837.

Ulrich, J. C., Sammlung jüdischer Geschichten in der Schweiz. 1768. 4.

Wattenbach, W., Deutschlands Geschichtsquellen im Mittelalter bis zur Mitte des dreizehnten Jahrhunderts. Berlin, 1858.

Weiske, Jul., Rechtslexikon. B. V.

Weyden, Geschichte der Stadt Köln. Handschrift.

— — Köln am Rhein vor fünfzig Jahren. Köln, bei M. DuMont-Schauberg. 1862. 8.

— — Godesberg, das Siebengebirge und ihre Umgebungen. 2. Auflage. Bonn, 1864.

— — Das Siegthal. Bonn, 1866.

Wiener, Regesten zur Geschichte der Juden in Deutschland während des Mittelalters. I. Theil. Hannover, 1862. gr. 8.

Wigand, Paul, Wetzlar'sche Beiträge. 3 Bände.

Wolf, G., Zur Geschichte der Juden in Worms. 1862.

Würfel, Nachrichten von der Judengemeinde, welche ehehin in der Reichsstadt Nürnberg angerichtet gewesen. Nürnberg, 1755. 4.

Wyttenbach & M. F. Müller, Gesta Trevirorum. III. vol.

Zimmermann, F. G., Neue Chronik von Hamburg.

Nur die Monographieen der Geschichte der Hauptstädte Deutschlands habe ich angeführt, besitzen wir auch Special-Geschichten vieler deutscher Städte und besonders der Städte der Schweiz, welche uns Kunde von den Schicksalen der Juden geben. In Bezug auf letztere genügt aber das höchst interessante und belehrende Werk von Ulrich.

Note II.

Die Juden theilen ihr Jahr, das nur 354 Tage zählt, in zwölf Mond-Monate und setzen den Anfang desselben zur Erinnerung an die Befreiung aus ägyptischer Sclaverei in die Frühlings-Tag- und Nachtgleiche, da sie dasselbe vordem mit der Herbst Tag- und Nachtgleiche begonnen. Ihre Monate heißen: 1) Nisan, der 30 Tage zählt, mit dem 23. März beginnt und mit dem 21. April endigt. 2) Jiar, 29 Tage zählend, mit dem 22. April beginnend und mit dem 20. Mai endigend. 3) Sivan, der 30 Tage zählt, mit dem 21. Mai beginnt und mit dem 19. Juni schließt. 4) Thamuz, 29 Tage zählend, beginnt mit dem 20. Juni und endigt mit dem 18. Juli. 5) Ab, der 30 Tage hat, mit dem 19. Juli anfängt und mit dem 17. August schließt. 6) Elul, der 29 Tage hat, mit dem 18. August beginnt und mit dem 15. September endigt. 7) Thischri hat 30 Tage, beginnt mit dem 16. September und endigt mit dem 15. October. 8) Marchesvan hat 29 Tage, mit dem 16. October beginnend und mit dem 13. November endigend. 9) Kislew, der 30 Tage hat, vom 14. November bis zum 13. December. 10) Tebeth, der 29 Tage zählt, vom 14. December bis zum 11. Januar. 11) Schewat, mit 30

Tagen, vom 12. Januar bis 10. Februar. 12) Adar, mit 29 Tagen, vom 11. Februar bis 11. März. Außer dem Sabath, dem Tage der Ruhe, feiern die Juden die hohen Tage historischer Erinnerungen und fünfunddreißig Halbfeiertage oder Gedenktage, die nach der Zeit ihrer Entstehung in die 1. Vormakkabäischen, 2. Hasmonäischen, 3. Antisadducäischen und 4. Antirömischen eingetheilt werden. Vgl. Dr. Graetz, Geschichte der Juden. B. III. Note. S. 461 ff. Der historische Kalender. (Megillat Ta'anit). — Art de vérifier les dates etc. Trois. édition. Tom. I, 1783. pag. 82. Précis historique de la forme de l'année chez les anciens Hébreux et de l'établissement du calendrier chez les juifs modernes. — Vgl. Dr. Graetz a. a. O. B. III, Note I. S. 461—477.

Note III.

Nach meiner Ansicht und festen Ueberzeugung stimmte die Tracht der Juden in Palästina, Aegypten und Kleinasien in diesem Jahrhunderte mit der uralterthümlichen, welche die Araber und Beduinen unserer Tage noch beibehalten haben, in dem Haupttheile der Kleidung überein. Schafwolle, Ziegenhaar und Kameelhaar lieferten ihnen den Stoff, wozu die Baumwolle kam, seitdem eine jüdische Colonie in Aegypten und Cyrene neue Wohnsitze gefunden, seitdem durch die fortwährenden Auswanderungen aus Judäa nach Africa die Zahl der im Reiche der Ptolomäer staatlich bevorzugten Juden bis zu einer Million herangewachsen war und zwischen Palästina und Aegypten ein stets lebendiger Verkehr bestand. (Dr. Graetz a. a. O. B. III. S. 30 ff.) Wie in Sitte und Brauch, so natürlich in ihrer Kleidung hielten die Juden den ursprünglichen Typus, den sie als Nomaden in Mesopotamien angenommen, bei. Nur ausnahmsweise finden wir, was von den Strenggläubigen stets hart getadelt wird, daß Einzelne fremden Kleiderluxus annahmen. (Vgl. Sulamit. Das schönste Lied der Liebe. Neu übersetzt und erklärt von Dr. Joh. Marbach. Frankfurt, 1863.) Ihre Kleidung bestand aus einem kurzärmeligen Hemde, durch einen ledernen Gürtel geschürzt, einem sackförmigen, weiten, groben Mantelkleide, dem Burnus — arabisch Abaa, Abâjeh oder Kemli —, einem viereckigen befranzten Kopftuche und rohen Fellschuhen oder Sandalen. Haupthaar und Bart trugen sie ungeschoren. Ihre Waffen waren Bogen, Schleuder und Speer. (Vgl. Herm. Weiß, Costumekunde. Geschichte der Tracht und des Geräthes im Mittelalter. S. 217 ff.) Der französische Maler Horace Vernet (†) hat zuerst in seinen alttestamentarischen Vorwürfen die heutigen Costüme der Beduinen angewandt und unter seinen Schülern hierin viele Nachahmer gefunden.

Note IV.

Das jüdische Volk war in Judäa, Samaria und Idumäa, in der Tetrarchie Galiläa und Peräa, so wie in der Tetrarchie Trachonitis in verschiedene religiöse und politische Parteiungen zerfallen, daher auch die verschiedenen Ansprüche, welche die einzelnen Parteien an den gehofften Erlöser, den Messias stellten. „So leicht es auch war", sagt Dr. Graetz a. a. O. Band III. S. 250 ff. „messianisch-gläubige Anhänger zu finden, so schwer war es, sich bei der ganzen Nation als Auserwählten geltend zu machen und zu behaupten. Das Bewußtsein und die Erkenntniß waren durch die vielfachen Reibungen und die Vertiefung in die heiligen Bücher zu sehr geweckt, die Nation zu sehr in Parteien gespalten, von denen jede andere Ansprüche an den Erlöser stellte. Die republicanischen Zeloten, die Jünger Juda's des Galiläers, erwarteten zunächst, der Messias werde die Feinde Israels mit dem Hauche seines Mundes besiegen, dem Römerreiche ein Ende machen und das goldene Zeitalter davidischer Regierung wieder herstellen. Die Schammaiten machten zu diesem Bilde vom Messias noch die äußerste Religiosität und die tiefste Sittenreinheit hinzufügen. Die Hilleliten, minder politisch und minder fanatisch, dachten sich wohl unter dem Messias einen Friedensfürsten für die inneren und äußeren Reibungen. Alle waren sie aber darin einig, daß der Messias aus davidischem Geschlechte entstammt sein müsse, wie denn der Ausdruck Sohn David's (ben David) im Laufe der Zeit gleichbedeutend mit Messias geworden war. Die messianische Erfüllung müsse sich ferner auch bewähren durch das Heimkehren der in allen Enden zerstreuten Stämme Israel's, reich von den Völkern mit Geschenken beladen, als Sühne für die ihnen auferlegten langen Leiden.

„Die Gebildeten, welche vom griechischen Geiste angehaucht waren, als deren Hauptrepräsentant der jüdische Platoniker Philo gelten kann, statteten den Messias aus mit einer übermenschlichen, engelähnlichen Gestalt, welche, nur den Frommen sichtbar, die verbannten und reuigen Nachkommen Israels aus griechischen und barbarischen Landen heimführen werde. Die messianische Zeit werde auch, so dachten die Gebildeten, die jüdische Nation innerlich dazu vorbereitet finden in altpatriarchalischer Lebensheiligkeit, in gehobener Gesinnung, die keinen Rückfall mehr in die alte Sündhaftigkeit zuließe, und der göttlichen Gnade theilhaftig. Dann würden die Gnadenquellen ehemaliger Glückseligkeit aus ewigem Born wieder fließen, die verödeten Städte wieder erstehen, die Wüste in fruchtbares Land verwandelt werden, und das Gebet der Lebenden würde die Kraft haben, die Hingeschiedenen wieder zu erwecken.

„Am meisten idealisch malten sich wohl die Essäer den Messias und die messianische Gnadenzeit aus, sie, deren ganzes asketisches Leben nur dahin ging, das Himmelreich und die kommende Zeit (Olam-habba) zu fördern. Ein Messias, der die Zuneigung der Essäer gewinnen wollte, mußte ein sündenfreies Leben führen, der Welt und ihrer Nichtigkeit entsagen, Proben zeigen daß er des heiligen Geistes voll sei (Ruachha-Kodesch), Gewalt über Dämonen besitzen und einen Zustand der Gütergemeinschaft herbeiführen, in welchem der Mammon nichts gelte, sondern die Armuth und die Habloſigkeit die Zierde der Menschen seien. In essäischen Kreisen war die messianische Spannung am stärksten. Johannes der Täufer, der zuerst das Herannahen des Himmelreiches verkündete, die Menge zur Taufe im Jordan einlud und zur Sündenbekenntniß aufforderte, war sicherlich ein Essäer. Seine Lebensweise war ganz in essäischem Sinne; er aß kein Fleisch, sondern nährte sich von Heuschrecken und wildem Honig, und badete täglich in frischem Quellwasser. Da Johannes in keinen Gegensatz zum bestehenden Judenthume trat, so wird er auch von der herrschenden Partei der Pharisäer nicht angefeindet worden sein." Vgl. zu dieser Stelle Note 10, Band III., S. 507—529.

Note V.

In das Reich der Fabel gehört auch die Sage von dem Briefwechsel, welchen König Abgar, mit dem Beinamen Uchomo, der Schwarze (Niger) (Abgarus und Agbarus), mit Christo geführt haben soll. Der König soll von den Wunderwerken Christi Kunde erhalten und sich schriftlich an den Heiland gewandt haben, ihn auffordernd, nach Edessa zu kommen, um den König von einer Krankheit zu heilen, an welcher dieser seit längerer Zeit litt. Christus soll geantwortet haben, er könne nicht selbst zu dem Könige kommen, werde ihm aber nach seiner Himmelfahrt einen seiner Jünger senden, der ihm die Geheimnisse der Seligkeit eröffnen und den König an Leib und Seele gesund machen würde. Dieser Jünger soll Thadäus gewesen sein, welcher den König und viele Kranke heilte und die Mehrzahl der Bewohner Edessa's taufte. — Auf dem römischen Concil des Jahres 495 erklärte der Papst St. Gelasius (492—496) beide Briefe, von denen erst 300 Jahre n. Chr. Erwähnung geschieht, als apokryphisch. Hieher gehört auch die Sage, welche Evagrius erzählt, Christus habe dem Könige Abgar sein Bildniß gesandt. Je wunderbarer die Berichte, desto eher fanden sie bei den Christen Gehör und Aufnahme als Kriterien der Wahrheit. Wen könnte dies wundern? Es liegt in der Natur des Menschen. Wie vielen ähnlichen Erscheinungen begegnen wir in der Geschichte des Mittelalters und selbst der neueren Zeit. Auf die Masse hat das Uebersinnliche, Uebernatürliche zu allen Zeiten eine magische Gewalt geübt.

Note VI.

Unsere Martyrologen setzen den Martyrtod des heiligen Gereon und seiner Gefährten in das Jahr 297, nehmen den 10. October als den Tag des

Martyrthums an, und die Zahl der mit ihm als Blutzeugen Gestorbenen auf 318, während sie auch erzählen, daß um dieselbe Zeit der Cohorten-Führer Gregorius Maurus mit 360 Soldaten in Köln ihr Glaubensbekenntniß mit dem Tode besiegelt hätten. Diocletian beruhigte im Jahre 296 den Krieg gegen die rebellischen Aegypter und Thebaer, und nach Beruhigung des Krieges bildete er die thebaischen Legionen. Wir können diese daher nicht schon am Ende des Jahres 297 am Rheine finden. Gregor von Tours († 595) ist der einzige Profan-Schriftsteller, der uns berichtet, daß in Köln an der Stelle, wo jetzt eine Basilica stehe (die Kirche St. Gereon, angeblich von der Kaiserin Helena über der Marterstätte erbaut, daher „Ecclesia ad aureos martyres), fünfzig Mann aus der thebaischen Legion als Martyrer umgekommen seien. Das Gartengut, das jetzt in die Mohrenstraße umgewandelt, führte vordem den Namen „im Nordhofe", erinnernd an den Martyrtod des Gregorius Maurus und seiner Genossen, welcher, nach der Tradition, an dieser Stelle Statt fand. — Der Fund der 67 Schädel beim Fundamentgraben zum Wohnhause des Herrn Zimmermeisters Kühn auf dem Gerberbache veranlaßte den verstorbenen Professor Braun in Bonn zu einer Schrift: „Zur Geschichte der thebaischen Legion", in welcher der Verfasser nachzuweisen sucht, daß diese Ueberreste von den Martyrern der thebaischen Legion herrühren, aber ohne jeden historischen Beweis. Die Schädel, denen kein Nagel durch die rechte Schläfe getrieben, nimmt er als die christlicher Soldaten an, welche mit dem Schwerte hingerichtet worden, die anderen als die Schädel von Sclaven, dem Troß der Legion. Eine aus der Luft gegriffene, auf nichts sich stützende Vermuthung. Man könnte eben so gut das Gegentheil behaupten. Eben so wenig haltbar ist die etymologische Deutung des in der Nähe gelegenen Martinsfeld, kölnisch Märtensfeld, als Campus Martyrum — Feld der Martyrer. Die Schädel fanden sich, ohne die mindesten Ueberreste von Gebeinen, was mir unerklärlich, in gelbem, frischem Sande, und bei denselben Spuren von hölzernen Särgen aus schweren Bohlen. Die viereckig geschmiedeten ziemlich starken Nägel hatten viereckige, auf den vier Seiten abgestumpfte Köpfe. Ich untersuchte mehrere der Schädel mit durchgetriebenen Nägeln an Ort und Stelle, fand aber keinen durch diese Operation gesprengt. Der später gemachte Fund bei der Vertiefung des Kellers einer Brauerei auf der Severinstraße ergab dieselbe Erscheinung, nur daß hier neben vereinzelten Schädeln auch Skelete gefunden wurden. Ich deute mir diese Orte als römische Richtstätten außerhalb des Berings der Mauern der alten Römerstadt, weiß aber keine Erklärung zu finden für eine so grausame Todesstrafe, die übrigens in den Martyrologien vorkommt, noch für das Nichtvorhandensein von Skeleten in der Grabstätte auf dem Gerberbach.

Die Sohle der Römerstadt (Colonia Agrippina) liegt durchschnittlich 9 bis 12 Fuß unter der jetzigen Sohle der Stadt, wie es sich namentlich bei den in den letzten fünfzig Jahren vorgenommenen Neubauten ergeben hat. Neben den römischen Heerstraßen in der Nähe der Stadt lagen die Grabstätten der vornehmen Familien, eine Sitte, die wir auch im alten Rom, in Pompeji und Herkulanum finden und in Köln die hier gefundenen Sarkophage beweisen. Leider hat man bei uns diese Ueberreste der Römerzeit nicht immer nach ihrer Bedeutung gewürdigt; sie wurden meist zerstört und die in denselben gefundenen Antikaglien verschleudert. Einzelnes rettete im vorigen Jahrhunderte die von Hüpsch'sche Sammlung, welche theilweise in den Besitz unseres Wallraf gelangte und jetzt eine kostbare Zierde des städtischen Museums Wallraf-Richartz bildet.

Das im Jahre 1843 an der römischen Heerstraße im Dorfe Weyden, zwei Stunden von Köln, gefundene Römergrab, zweifelsohne die letzte Ruhestätte einer vornehmen Familie, die ihren Landsitz, ihre Villa, auf der Höhe des sogenannten Vorgebirges hatte, welches bis über Bonn hinaus mit römischen Landsitzen geschmückt war, ist eines der merkwürdigsten derartigen Denkmale, die am Niederrheine auf uns gekommen sind. Die aus glatt behauenen Tuffquadern gebaute Todtenkammer, zu der eine elf Stufen hohe Treppe führt, hat an drei Seiten Halbnischen, in welchen drei lebensgroße Büsten und einige Weihegeschenke aufgestellt waren, unter anderen eine 4 Zoll hohe Statuette, aus bläulichem Opal kunstreich geschnitten, die Hornplatten einer Laterne, Gefäße mit Schminkfarben u. s. w. Auf dem Boden der Kammer fand man einen aus Marmor gehauenen Sarkophag, auf einer Seite mit einer Kindergruppe in Hochrelief geziert, rohe Arbeit ohne besonderen Kunstwerth, wie auch die Büsten. Zwei in Marmor gehauene niedere Sessel, in der äußeren Form Korbgeflecht nachahmend, sind noch vorhanden und deuten darauf hin, daß das Grab zuweilen von den Angehörigen besucht wurde. Die Thürpfosten der drei Fuß breiten Thür haben Falzen, in denen der aus einer jetzt zertrümmerten Platte bestehende Verschluß ging, den man vermittels einer aus Eisen geschmiedeten, mit Kupfer belegten Handhabe bewegte. (Vgl. Ulrich's Jahrb. des bonner Alterthums-Vereins. Heft III. S. 184 ff.)

In den in Köln ausgegrabenen Särgen fand man außer Aschenkrügen, Lampen, Schmucksachen, Fibulen, Nadeln, Metallspiegeln, sogenannten Thränenfläschchen und kunstvoll in Glas gearbeiteten Gefäßen, unter anderen in zwei in der Severinsstraße entdeckten Sarkophagen zwei in Glas geschnittene, einige Zoll hohe Trinkgefäße ohne Fuß mit erhaben frei gehaltenen, netzförmigen Verzierungen am unteren Theile und Inschriften am Rande, von denen das eine sich jetzt in München, das andere in der Kunstkammer in Berlin befindet, als ein paar der größten Seltenheiten.

Unser Museum bewahrt noch verschiedene Mosaikböden auf, welche beim Baue des neuen Hospitals an St. Cäcilien, an Aposteln und bei der Anlage der neuen Häuser an der Ostseite der Casinostraße gefunden wurden und uns Kunde geben von der Baupracht der Römerstadt. In der jüngsten Zeit haben die Bauherren in der Ursulagartengasse einzelne Sarkophage und eine Menge kostbarer Antikaglien ans Licht gefördert, die jetzt im Besitze der Gebrüder Herstatt sind, wie man auch noch jüngst an der nordöstlichen Ecke der alten

Römerstadt, an der Chorrundung unseres Domes, die Ueberreste eines altrömischen Bauwerkes gefunden hat, in denen sich noch die Anlage eines Kaltbades, eines Frigidariums erhalten hat. Am Südende der Stadt, zwischen der Rächelskaul und dem Bayenthurme, im Garten des neu aufgeführten Hauses des Herrn Kaaf, hat man jüngst auch einen Römersarg gefunden, der außer einem wohlerhaltenen Skelett fünf Glasgefäße in seltener Form enthielt, die im Besitze des Bauherrn. Dieser Fund liefert den Beweis, daß der linke Nebenarm des Rheines nicht so tief in den heutigen Stadtbering ging, wie man gewöhnlich glaubte. Auf dem Griechenmarkte fand man die Fundamente eines Römerbaues mit enkaustischer Malerei und einer angeblich schön gearbeiteten Statuette in Marmor, die einem Fremden verkauft wurde. Jüngst (1866) entdeckte man beim Brunnengraben zwischen der Mörsergasse und Röhrergasse den Grundbau eines Römerhauses mit interessantem Mosaikboden.

Reich an seltenen römischen Glasgefäßen, formenschönen Urnen und Lampen, den mannigfaltigsten Anticaglien in Bronze, Elfenbein und anderen Stoffen, Statuetten, Schmucksachen u. s. w. ist unser Museum. Eine schöne Sammlung römischer Alterthümer, in welcher sich viel des Seltenen und Kostbaren befindet, besitzt Herr Karl Disch, Miteigenthümer des Hotel Disch. Ausgezeichnet, besonders in numismatischer Beziehung mit großer Sachkenntniß angelegt, ist die reiche Sammlung des Herrn Hugo Garthe, die Manches enthält, was man in den bedeutendsten Cabinetten Europa's vergebens sucht. Unter den noch in Köln aufbewahrten Kunstschätzen ein wahres Unicum, das bei den Sachkennern längst die verdiente Würdigung gefunden hat.

Hoffen wir, daß von Seiten der Regierung, wie von städtischer Seite auf die jetzt noch unter der Stadtsohle gefundenen Alterthümer mehr Aufmerksamkeit verwandt werde, dieselben nicht mehr ganz unbeachtet bleiben, wie dies bisher meist geschehen ist, daß sie wenigstens der Stadt erhalten werden und nicht mehr in die Hände des Anticaglien-Schacherers gerathen. Hätte man es wenigstens in den letzten Decennien noch der Mühe werth erachtet, die Grundrisse der einzelnen unter der Stadtsohle entdeckten Bauwerke aufzunehmen, so hätte man aus diesem unterirdischen Köln noch einen Theil der altrömischen Colonia herausconstruiren können.

Note VII.

Agobard, auch wohl Agobert und Agobald genannt, Erzbischof von Lyon, war einer der aufgeklärtesten Männer seiner Zeit. Er folgte in seinem Auftreten gegen die Juden der Kirche und ihren Beschlüssen, und mag auch wohl sonst seine Gründe zu seinem Verfahren gegen die Judenfreunde und besonders gegen die Judenfreundin Judith gehabt haben, da die letztere kein Tugendmuster. Als er die Partei Lothar's gegen Ludwig genommen, wurde er auf des letzteren Wunsch 835 auf dem Concil zu Diedenhofen seiner Würde entsetzt. Er ging nach Italien, starb aber 840 in Lyon, wohin er zurückgekehrt war. Als Schriftsteller war er äußerst thätig, und aus mehreren seiner Abhandlungen ersehen wir, daß er in vielen Dingen über den Ansichten seiner Zeit stand. So schrieb er eine Abhandlung wider den abgöttischen Bilderdienst, eine Vergleichung des geistlichen und weltlichen Regimentes, eine Schutzschrift der Söhne Ludwig's gegen ihren Vater, eine Abhandlung wider den Zweikampf, die sogenannten Gottesurtheile, vorzüglich gegen die Feuer- und Wasserprobe, und eine Abhandlung wider den Aberglauben, besonders gegen die Meinung, daß die Hexen Ungewitter, Stürme und Krankheiten machen könnten. Aufgeklärt darf man gewiß einen Mann nennen, der im neunten Jahrhundert gegen solche, noch aus der keltischen und fränkischen Heidenzeit tief im Volksglauben wurzelnde Ansichten das Wort zu nehmen wagt. Kleinere Abhandlungen von ihm sind: De divina psalmodia; de privilegio et jure sacerdoti; de grandine et tonitruis. Seine Werke wurden zuerst 1606 durch Papyrius Masson herausgegeben, der die Handschrift bei einem Buchbinder gefunden hatte, und dann 1666 durch Baluze wieder neu aufgelegt. Wir besitzen fünf judenfeindliche Schriften von ihm, die, nach Dr. Graetz, in folgender Ordnung erschienen: 1) Ad Proceres Walam et Hilduin; 2) Consultatio ad Proceres; 3) Ad Nibridium; 4) De judaicis superstitionibus; 5) De insolentia Judaeorum. Alle ins Deutsche übersetzt durch Dr. Eman. Samostz. (Leipzig, bei Hunger, 1852.)

Note VIII.

Eine gründliche kritische Beleuchtung der Quellen über die Geschichte der ersten Judenverfolgung am Niederrheine gibt uns Dr. Graetz a. a. O. B. VI. Note 5. Ich bin seiner Annahme gefolgt, da man zweifelsohne dem jüdischen Geschichtschreiber Elieser ben Nathan, der kurz nach der Verfolgung in Köln lebte, mehr Glauben schenken kann, als dem Albertus Aquensis, der zur Zeit des ersten Kreuzzuges in Aachen schrieb und Verfasser einer „Historia hierosolomitanae expeditionis" ist. Dieser behauptet, die Judenverfolgung habe in Köln begonnen, sei von Bürgern Kölns veranlaßt worden und habe sich von hier rheinaufwärts fortgepflanzt. Dem widerspricht Elieser und setzt den Anfang der Verfolgung nach Speyer, von wo sie nach Worms, Mainz und so an den Niederrhein kam. Wenn Albertus berichtet, in Köln seien viele Juden von den Bürgern erschlagen und ihre Synagoge und Häuser zerstört worden, erzählt Elieser bestimmt, in Köln seien nur zwei Juden, Mann und Frau, als Opfer des christlichen Fanatismus gefallen, und die Kreuzfahrer hätten später, da die Bürger den Juden bis zum 30. Mai (10. Sivan) Schutz in ihren Häusern gewährt die Synagoge und die Häuser derselben zer-

starb. Erzbischof Hermann III., Graf von Nordheim (1089—1099), habe die Juden in sieben Ortschaften des Stiftes vertheilt, wo sie von den Rotten der Kreuzzügler ermordet wurden, und zwar in einer Frist von vier Wochen, vom Wochenfeste bis zum 8. Tammus — 29. Juni.

Die Namen der Orte sind, hebräisch geschrieben, von den diese Quelle benutzenden Geschichtschreibern mißdeutet worden. Sie heißen Neuß, wo das Blutbad am 1. Tammus, also am 20. Juni Statt fand, dann Wevelinghoven, Altenahr am 4. Tammus, den 24. Juni, und in Dima, das ist Ollheim bei Rheinbach, und in Xanten, im Hebräischen ein corrumpirter Name, den Dr. Graetz Sinzig (Sentiacum) deutet, da es eine Unmöglichkeit, daß die Kreuzzügler in einem Tage den Weg von Altenahr nach Xanten, wie man Xanten gedeutet hat, zurücklegen konnten. Es heißt ausdrücklich, daß die Mörder, welche die Juden in Altenahr zum Selbstmorde zwangen, sie an demselben Tage, einem Freitage, Abends in Xanten, also in Sinzig (Sentiacum), was nach der Entfernung stimmt, überfallen und niedergemacht hätten. Am 7. Tammus (27. Juni) fanden dieselben Blutscenen in Mörs Statt, und am 8. Tammus in Kerpen.

Das Werk des Eliezer ben Nathan Halevi, Konteros Tatnu, ist von Jellinek unter dem Titel: „Bericht über die Leiden des Jahres 1096", zum ersten Male 1854 in Leipzig in der Uebersetzung herausgegeben worden.

Note IX.

Rabbi Joel, der Levit aus Bonn, Schwiegersohn des Rabbi Eliaser, Sohn des R. Nathan aus Mainz, sang über die Schreckensscenen, wie sie Köln erlebt, folgendes Klagelied, das wir nach einer Uebersetzung des Herrn Abb., Lehrer an der hiesigen jüdischen Elementarschule, mittheilen.

„Weinet bitterlich, ihr Engel des Friedens, der Erwählten heiliges Drei! Umgürtet mit Säcken Euch, hüllet in tiefe, tiefe Trauer Euch ein! Rufet ihn, den erhabenen Erzieher der Nation, rufet Bathjah's Sohn! In düsterer Wüste überläßt er jedem Unfall sie, die armen Schafe (Israel), ach! Sanft zwar leitete er ehedem durch furchtbare Oede sie hin, und nun — in die Hand Erbarmungsloser gefallen! Schwer drückt Gottes Strafe sie, die in königlicher Tracht einst glänzten. O du, Kölns ehrwürdige Gemeinde! Dein schreckliches Schicksal beugt meine Seele nieder, füllet mit Trauer sie an. Verführerisch wollte man vom göttlichen Gesetz uns abwenden, wollte fremden Gottesdienst uns aufdringen. Der Verdammung Urtheil sprach man aus, doch „Jakob wählte den einigen Gott sich immer!" (Ps. 135.) Weinend feuert der Heiligen Vorsteher sie an:

„Fasset Muth! unsere Seelen erwerben das ewige Leben sich. Ein Augenblick — und immerdauernde Herrlichkeit harrt in höheren Regionen unser."

Tief ins Herz drangen die rührenden Worte: „„heimtückischer, blutdürstiger Tyrann!““ riefen sie und fielen, dem Eroberer willig geopfert, vom Mordschwert tödtlich getroffen. Winselnd hingen Säuglinge an der Väter Arm, geweihte Opfer, wie einst auf Morijah dargebracht. Wie ängstlich bebt das fühlende Mutterherz! Tief verhüllt sie das von Thränen träufelnde Antlitz, kann ihres Kindes Tod nicht schauen. Die Barbaren! lebende Frucht rissen sie aus der Schwangeren Leib; gruben die Unglücklichen lebend in Felshöhlen, gaben, mannigfach gemartert, dem Tode sie hin. Dies alles erging über uns, doch fielen von Dir, Ewiger, wir nicht ab. Gerecht bist Du, Deiner göttlichen Lehre handelten wir zuwider; dem Propheten Jirmejahu gehorchten wir nicht, und wie er die Zukunft uns deutete, ach! so traf es ein. Und nun, o Gott, wie lange noch? — Hart sind wir Elenden gestraft, dem Sturme Preis gegeben. Des Weltalls Richter ahnde der tückischen Feinde Bosheit doch, des Hauses Israels, des Volkes Gottes, das durchs Schwert gefallen. Schwere Seufzer entwinden sich der beklommenen Brust, „„eilet herbei!““ ihr weisen Frauen, ihr einsichtsvollen Klageweiber; „„stimmt ihn an, den Klageton!““ Ach, mehr denn alle Erdbewohner traf das Unglück uns. Von Außen würgend Schwert, von Innen Todesangst; Säugling, Greis, Jüngling und Jungfrau entblößten Leibes hingeworfen, die verstümmelten Leichen den Thieren Preis gegeben. — Höhnend rufen übermüthige Feinde: „„Wo ist nun Euer Gott, der Felsenschutz, dem bis in den Tod Ihr vertraut? So erscheine er doch, stehe Euch bei, verleihe Euren Leichen die Seelen wieder!““ Allmächtiger, Du, zwar Sündenvergeber, warum schweigst Du, hältst inne, zauderst mit Deinem strafenden Grimme? Spottend ruft man uns zu: „„Glaubt Ihr den wahren Gott, so möge Israels Haus Er rächen, das feindliches Schwert hinraffte!““

„In Trauerton verwandelten sich unsere Freudengesänge, statt der Harfe tönt unaufhörlich Klagegeschrei; Niemand tröstet uns, Niemand zeiget Beileid uns, richtet uns empor. Ergossen hat sich über uns des Ewigen Zorn, schwer drückt die göttliche Strafe uns; man richtet uns zu Grunde, vernichtet unsere Großen alle, zermalmet uns. Tiefe Wunden, ach! wurden uns geschlagen; keine Salbe, kein Pulver kann sie heilen. Darum rufe ich: „„Weichet hinweg von mir; ich will bitterlich weinen; heißer Thränenstrom riesle die Wange mir herab, Israels, des Volkes Gottes wegen, das durchs Schwert gefallen!““

Der Verfasser dieses Klageliedes war Zeitgenosse der schrecklichen Judenverfolgung durch die Kreuzzügler. Sein Schwiegervater, R. Eliasar, ist auch als Schriftsteller bekannt, und wurde älter als hundert Jahre, denn er wird bereits 4905 a. m. als Rabbi angeführt und lebte noch 5007 (1247).

Note X.

Das Judenthor lag an der Westseite der westlichen Vorstadt Kölns, dem sogenannten Niederich (suburbium inferius), beim früheren Spital zum Ipperwall, jetzt Eigenthum des Geheimen Commerzienrathes Mevissen, gegenüber dem auf der Burgmauer, an der römischen Stadtmauer gelegenen Juden-Wichhaus (propugnaculum Judaeorum). Zwischen der Burgmauer und der Würfelpforte (Woirpilsporte), die jetzt auch niedergelegt werden soll, befand sich der mit Bäumen bepflanzte Ipperwalls-Graben, welcher den Bürgern von St. Laurenz zugehörte. Das Judenviertel lag im Pfarrsprengel der St. Laurenzkirche, daher den Juden auch das an dem Besitzthum dieses Sprengels liegende Thor zur Bewachung und Vertheidigung überwiesen war. Die Amtleute von St. Laurenz verliehen 1238 jenen Graben gegen einen jährlichen Zins dem Stifte zu St. Andreas, mit dem Vorbehalte, daß in großer Noth, namentlich in Kriegsgefahren, die Stadt den Graben wieder benutzen könne. Um das Jahr 1238 war aus Vergünstigung der Amtleute zu St. Laurenz die Woirpilport in den Besitz eines Theodoricus Balistarius mit dem dabei gelegenen Erbe gekommen. Der neben dem Thore gelegene Wall wurde später mit Häusern bebaut. Im Jahre 1300 brachte Gerhard Römer einen Theil dieses Erbes an sich, woher der Name der dort noch befindlichen Brauerei „Auf Rom". Die Amtleute von St. Laurenz waren noch 1291 im Besitze der Woirpilporte. Von ihnen ging dies Eigenthum an Ingebrand von Bederhan über und gelangte von diesem 1320 mit dem Ipperwalls-Graben an das Spital zum Ipperwald. Albrecht von Zell ließ auf diesem Graben ein großes Haus errichten, in welchem die Armen für eine Nacht beherbergt wurden. Johann von Zell, Albrecht's Bruder, erwählte im Jahre 1334 den Rath der Stadt zu Provisoren dieser Stiftung. Schon im Jahre 1260 hatte die Pfarre zu St. Laurenz die Zinsen der zu beiden Seiten der Würfelpforte gelegenen Häuser zur Beleuchtung ihrer Kirche verwandt. Nach Erbauung und Vollendung der großen Stadtmauer, mithin in dem ersten Viertel des 13. Jahrhunderts, wurde das Juden-Wichhaus nach Kahlenhausen, am nordöstlichen Ende der Stadtmauer, verlegt.

Note XI.

Ohne Widerrede ist das sogenannte Siebengebirge, das alle Reize eines malerischen Berggeländes im reichsten Wechsel vereinigt, der schönste Punkt im ganzen Rheinthale. In der durch die malerische Schönheit der sanften Linien ihrer Höhen, der Anmuth ihrer Thalgründe so äußerst anziehenden Berggruppe, dem nordwestlichsten, bis zu den Ufern des Rheines abfallenden Ausläufern des Westerwaldes, erhebt sich östlich vom Drachenfels, mit dem sie durch eine sanften Sattel, das Rübenlämpchen, verbunden, 1035 Fuß über der Nordsee die Trachytkuppe der Wolkenburg.

Auch diese Höhe, ursprünglich eine der höchsten der Berggruppe, krönte einst eine stattliche Bergveste, welche Erzbischof Friedrich I. (1099–1131) zum Schutze des Erzstiftes gegen Kaiser Heinrich V. erbaute. (Castrum natura et arte munitum, quod ob altitudinem a nubibus vocabulum trahens Wolkenburg nuncupatur. Pertz, Monum. German. s. s. XII., 474.) Die Veste wird in den ältesten Urkunden, die ihrer erwähnen, Wolkinburg — Wolkenburch — Wolkenborch, aber auch wohl Peters-Schloß genannt.

Unter dem Erzstifte bildete das Gebiet der Wolkenburg eine eigene Herrlichkeit und später ein Amt des Landes der Berge. Schon im Jahre 1125 finden wir einen Rudolf von Wolkenburg als Ministerial des Erzbischofs, und 1147 einen Godefriedus von Wolkenburch in vielen Urkunden bis zum Ende des zwölften Jahrhunderts; denn noch im Jahre 1198 wurde vom Erzbischofe Adolf I. ein Streit zwischen Godfried und dem Kloster Hoven geschlichtet. Unter Burggraf Godfried von Wolkenburg wies Erzbischof Adolf den Juden die Veste als Aufenthaltsort an, als am Niederrheine, 1146, wieder ein Vernichtungssturm gegen sie loszubrechen drohte. Kinder Godfried's waren Johann, Heinrich und Richmund. Johann kommt in Urkunden bis zum Jahre 1218 als „Castellanus in Wolkinburg", Burggraf auf Wolkenburg, vor. Im angeführten Jahre entsagte er mit seiner Gemahlin Lysa allen Ansprüchen auf die Mettenstiefeln und Kerzen zu Gunsten der zum Kloster Siegburg gehörenden Propstei Oberpleis. Sein Bruder Heinrich war Domherr in Köln und vermachte 1258 dem Dome jährlich 80 Schillinge zur Unterhaltung der Lampen in demselben. Richmund war Nonne im Kloster auf Nonnenwerth.

Nach seinem Tode, 1226, gerieth Johann's Familie mit dem Apostelnstifte in Köln in einen Proceß wegen rückständiger Renten, und wurde verurtheilt, dieselben, bestehend in 2 Hühnern, 14 Denaren, 2 Obolen, 6 Metzen Hafer, 120 Bürden Holz und 10 Eiern jährlich, wie auch die Proceßkosten zu bezahlen.

Im Jahre 1240 stärkte und festigte der Erzbischof Conrad von Hochstaden (1237–1261) die Burg mit neuen Thürmen, wozu ihn seine Fehden mit der Stadt Köln und sein Beitritt zum rheinischen Städtebunde zum Schutze des Landfriedens wahrscheinlich genöthigt hatten. Als Burggraf von Wolkenburg wird Johann's Sohn, Johann, dessen Gemahlin Agnes, genannt, welcher 1263 die mit Engelbert II. und der Stadt Köln geschlossene Sühne unterzeichnet, und zehn Jahre später, 1273, in Gemeinschaft mit seinem Bruder Ludwig, dem Ritter Johann von Dollendorf und Lambert von Honnef den Johann von Löwenburg aus seiner Burg vertreibt, in deren Besitz dieser durch einen Schiedsspruch des Erzbischofes wieder eingesetzt wird. Godfried, ein zweiter Sohn Johann's, erscheint 1279 als Burggraf von Wolkenburg, dessen Bruder Ludwig 1294 als Burggraf angeführt wird. Sigfried von Westerburg, Erzbischof von Köln, hielt im Jahre 1276 auf der Veste Wolkenburg den Grafen Ludwig von Neuenahr bis zu seiner Auslösung in strenger Haft.

Eine auf dem Rheine bei Mehlem gelegene Mühle gehörte zur Veste Wolkenburg. Diese wurde 1326 dem Dechanten Johann von Bonn, dem Wiedererbauer der Burg Rolandseck, vom Erzbischof Heinrich II. von Virneburg (1304—1332) überlassen. Erzbischof Walram von Jülich (1332 bis 1349) belehnte 1344 den Domcanonich Heinrich von Rennenberg mit dem Amte Wolkenburg auf Lebenszeit, welches aber bereits 1364 sammt dem Schultheißenamt zu Bonn dem Ritter Rütger von Rheidt für 5000 Gulden verpfändet wurde und 1372 durch Erzbischof Friedrich III. von Saarwerden (1370—1414) an Johann von Bonn, genannt Pastolr, kam im folgenden Jahre an Heinrich Buis von Lechenich. In dieser Belehnung war die Veste, das Amt Wolkenburg einbegriffen nebst dem Dorfe Königswinter, die Vogtei Vilich nebst allen dazu gehörigen Gefällen und dem Kürweine zu Königswinter. Der Erzbischof behielt sich nur die Brüchte, welche an Leib und Gut gehen, vor, und die Juden und Lombarden, in Königswinter und sonst in dem Amte ansässig. Die Belehnung sollte so lange zu Recht bestehen, bis dem Inhaber oder seinen Erben ein Darlehen von 3500 Gulden zurückbezahlt worden.

Erzbischof Dietrich von Mörs, der kriegslustige und prachtliebende, verpfändete am 13. Mai 1425 das Amt Wolkenburg um 1000 Gulden an Ritter Göddert oder Godfried von Drachenfels, welche jener ihm geleisteter Kriegsdienste wegen schuldete. Als Verwalter des Erzstiftes lös'te 1475 der Landgraf Hermann IV. von Hessen die Pfandschaft um 6000 Gulden von dem Ritter Clas von Drachenfels. Dieser verlor in der Fehde gegen den Erzbischof Ruprecht von Köln sein Haus Gudenau und seine Pfandschaft an Wolkenburg und Königswinter, und erhielt erst, als er sich dem Erzbischofe Ruprecht mit Verzichtleistung auf das Haus Gudenau zu beständigen Ritter- und Hofdienste unterworfen hatte, die Pfandschaft Wolkenburg und Königswinter zurück. Ritter Clas von Drachenfels wurde von seinem Neffen, Heinrich von Drachenfels, der sich mit Göddert und Johann von Drachenfels in Besitz der Burgen Drachenfels und Wolkenburg gesetzt hatte, erschlagen. Erzbischof Hermann legte sich vor die beiden Vesten und nahm dieselben am 8. October 1493 mit Gewalt. Heinrich von Drachenfels war flüchtig. Mit seinen Brüdern Johann und Göddert schloß der Kurfürst Hermann am Allerseelentage desselben Jahres einen Vertrag, worin sie erklären, daß der Herr von Nassau zu Bielstein ein Drittel, und der Ritter Vincenz von Schawenburg zwei Drittel der Burgen des Ritters Clas von Drachenfels so lange in Besitz behalten sollten, bis ihre Angelegenheit einen Monat später von den Landständen geschlichtet und sie, wenn ihre Unschuld erwiesen, wieder in den Besitz der Vesten treten sollten. Der Vergleich ward vollzogen, an die Vollführung desselben wurde aber nicht gedacht, das Erzstift blieb im Besitze. Ritter Johann suchte sich, wie Fehdebriefe aus dem Jahre 1504 erweisen, mit Waffengewalt sein Recht zu verschaffen, und scheint auch den Kurfürsten Hermann dahin gezwungen zu haben, sich gütlich mit ihm zu vergleichen. Auf den Eilftausend-Jungfern-Tag des Jahres 1508 wurde ein gütlicher Tag in dem Predigerkloster in Köln festgesetzt. Hermann starb aber schon am 27. October desselben Jahres zu Poppelsdorf, so daß die Sühne durch ihn nicht Statt finden konnte. Das Domcapitel brachte den Vergleich zu Stande. Es gab dem Johann von Drachenfels eine Verschreibung von 1000 Goldgulden für allen erlittenen Schaden und ließ den Burggrafen nach geleisteten Eide der Treue und Lehenspflicht und ausgestellten Reversale wieder Besitz von der Veste Drachenfels und dem Schlosse Wollenburg nehmen. Johann verspricht, alle Gefangenen, die er noch hielt, ohne Lösegeld frei zu geben und auf alle Brandschatzungen zu verzichten.

Das Lehen der Wollenburg wurde von dem Erzstifte eingezogen, als im Jahre 1506 der letzte Lehensträger von Rittern der Nachbarschaft ermordet worden war. Die Wollenburg theilte die Schicksale der Burg Drachenfels, sie wurde von dem Kurfürsten Ferdinand von Baiern gebrochen, um den Feinden bei möglichen Kriegsfällen keinen Schutz und Aufenthalt gewähren zu können, und um nicht mehr genöthigt zu sein, die Burg mit aller Nothdurft zu versehen und zu bemannen. (Vgl. Ernst Weyden, Godesberg und das Siebengebirge. 2. Aufl. S. 109 ff. und S. 137 ff.) Max Friedrich von Vorst-Gudenau verkaufte, als die Franzosen 1794 Besitz von dem linken Rheinufer genommen, seine Güter auf dieser Seite des Rheines und im Siebengebirge. Die letzten Spuren der Wollenburg schwanden, der Trachytkegel wurde in einen Steinbruch verwandelt, der jetzt noch in völliger Ausbeute als Eigenthum der Gebrüder Bachem in Königswinter.

Es besaßen die Ritter von Wollenburg einen Edelsitz in Köln, das mächtige, früher mit Eckthürmen, Zinnen und Spitzbogenfries versehene Haus an der Wollküche Nr. 35, jetzt in eine Bierwirthschaft verwandelt. Das Haus wird in den Schreinen unter dem Namen „Wollenburger-Hof“ aufgeführt. „Höfe“ wurden alle geistlichen und weltlichen Sitze in Köln genannt. Der Wollenburger-Hof kam nach Aussterben des Geschlechtes der von Wollenburg an die jetzt auch schon ausgestorbene Familie der von Thonet. Im Jahre 1505 wird der Edelhof unter dem Namen: „Das Conraitz Huis von Brenich und zo Wollenburgh“ bezeichnet, wo, bei dem in demselben Jahre durch Kaiser Maximilian in Köln abgehaltenen Reichstage, der Herzog Albrecht von Bayern seine Herberge nahm mit einem Rittergefolge von zwanzig Rossen.

Note XII.

Nur wenige Lieder Süßkind's sind auf uns gekommen, sie zeugen aber von hoher Begabung, von seltener Sprachgewandtheit und gemüthlicher Innigkeit, fanden daher auch unter den 140 Liedern der von Rüdiger von Manesse, Bürgermeister von Zürich, und dessen Sohn, Küster in Zürich, im vierzehnten Jahrhundert veranstalteten Sammlung der Lieder der Minnesinger Aufnahme in dem sogenannten Manessischen Codex, der im siebenzehnten Jahrhundert aus der Schweiz nach Heidelberg kam, und von hier zur Zeit des dreißigjährigen Krieges nach Paris, wo sich derselbe bekanntlich noch befindet. Von der Hagen theilt im II. Bande, S. 258 ff., seiner Sammlung der Minnesinger (Leipzig 1838) die sechs Gedichte Süßkind's mit, und im IV. Bande, S. 536 ff., die Erklärungen. Vgl. Graetz a. a. O. B. VI. S. 277 ff., wo nachgewiesen, daß Süßkind (Suezkint) wirklich Jude gewesen, was von der Hagen in Abrede stellt. Süßkind's vorzüglichste Gedichte mögen hier folgen:

1. Gedankenfreiheit.

Gedenke nieman kan erwern den tören noch den wisen,
dar ümbe sint gedenke vri ûf aller hande sache.
herz unt sin dur gemach
dem menschen sint gegeben.

Gedenke schlüffen dur den stein, dur stahel und dur isen;
gedank klein ahte, wie din hant dis unde das gemache;
swie man gedenke nie gesach,
si doch hörte streben.

Gedank is sneller über velt,
den der blic eins ougen;
gedank gimt bringet nach der minne gelt,
nach der gesihte tougen,
gedank kan wol ob allen arn hôch in dien lüften sweben.

2. Falschheit.

Ein wolf vil jaemerlichen sprach:
„Wâ sol ich nû beliben,
Sît ich dur mines libes nâr
muoz wesen in der âhte?
Darzuo sô bin ich geborn, din schult, diun ist niht min.

Vil manic man hât guot gemach,
den man siht valscheit triben
unt guot gewinnen offenbâr
mit sundeclicher trâhte;
der tuot wirser vil, dan ob ich naem ein genselin.

Jan hab ich niht des golden rôt
ze gebene umb mine spise,
des muoz ich rouben ûf den lip durch hungers nôt.
Der valsch in siner wise
ist schedelicher vil, dan ich, unt wil unschuldic sin.

Zum Lob und Preis der Frauen singt Süßkind:

Ire mannes kron ist das vil reine wip
je mer in wol eret ir wolwerder lip:
er saelic man, dem din guote sie beschert.

Er dichtete auch einen Psalm:

Künic herre, hochgelopter Got, was Du vermaht,
Du liutest mit dem tag unt vinsterst mit der naht,.
Dâ von din welt vil froide unt ruowe hat.

Abschied von der Kunst.

Ich var ûf der tôren vart
mit miner künste zware,
dar mir die hêrren niht welnt geben,
das ich ir hof wil vliehen,

Unt wil mir einen langen bart
lân wahsen griser hâre,
ich wil in alter Juden leben
mich hinnan vür wert ziehen.

Min mantel der sol wesen lanc,
tief unter einem huote,
demüeteclic sol sin min ganc
unt selten me gesingen hovelichen sanc,
sit mich die hêrren scheiden von ir guote.

Note XIII.

Die Juden, Jüdden, von Jude — Judael — führt unsere Chronik unter den fünfzehn ältesten edlen Geschlechtern der Stadt Köln auf, die da sind: Overstolz *), Scherffgyn, Quattermart, Van der Adocht, Spygel vam

*) Der letzte Nachkomme des Geschlechts der von Overstolz, ein [illegible], lebte als [illegible] in den [illegible], in St. [illegible].

Roldenberch tsom Dijsenberch, Die Juden, Hardefayst, Lieskirchin, Vam Ghyre, Birkelijn, Vam Hirtzelijn, Van Overstoltse die man noempt van Effren, Cleyngedank.

Nicht die geringste Kunde ist uns aber geworden über den Ursprung des Geschlechtes der **Jüdden** oder **Juden**. Wenn Dr. **Ennen** in seiner Geschichte der Stadt Köln, B. I., S. 472, sagt: „Im zwölften Jahrhundert treffen wir nur einen einzigen Juden, dem die Bekehrung ernstlich gemeint war: als Jude hieß er **Joseph**, bei der Taufe nahm er den Namen **Petrus** an. Er wird angeführt unter dem Namen: „„Judaeus, qui christianus factus est““. Möglich, daß auf ihn der Stammbaum des später so mächtigen und weitverzweigten Geschlechtes der **Jüdden** zurückgeführt werden muß“, so ist dies eine Vermuthung, die auf keinem historischen Beweis begründet ist. Einzelne Thatsachen aus der Geschichte des dreizehnten Jahrhunderts lassen allerdings vermuthen, daß das Geschlecht der Juden um diese Zeit noch nicht alt, und darauf deuten auch die drei **Judenhütlein** (Schebbes) in seinem Schilde, da erst mit dem Jahre 1215 Papst Innocenz III. den Befehl erließ, daß die Juden einen Spitzhut (Cornutum Pileum) tragen mußten, um sich vor den Christen auszuzeichnen. Erst mit der ersten Hälfte des dreizehnten Jahrhunderts werden in Miniaturen, Temperabildern und auf Glasmalereien Juden mit dem Judenhute dargestellt.

Die Chronik Kölns und die spätern Romanisten suchen die edlen Geschlechter der Stadt, namentlich die ältesten, von den Römern herzuleiten und sogar ihre Namen als römischen Ursprungs zu deuten. Was das Geschlecht der Juden angeht, auch später a und de **Judde** genannt, vgl. Aegid. Gelenius, De admiranda, sacra et civili magnitudine Coloniae, p. 190, De Gente Judaeorum.

Keinem Zweifel unterliegt es, daß das Geschlecht der Juden (Stirps praenobilis) von Juden abstammte. Gelenius führt folgendes Epigramm auf dasselbe an:

Stirps Judaea tenet nomen de Gente rebelli,
Qua domita Christum percolit ipsa Deum.

Auffallend und merkwürdig ist es, daß das Geschlecht den Namen „**Juden**“ beibehielt und sogar einen gewissen Stolz darein setzte, das Zeichen der Schmach seines Namens, die Judenhüte, in seinem Wappen zu führen, welche die von dem Geschlechte der Juden abstammenden Geschlechter, so die von **Hardenraih** auch fortführten.

Eine sehr bedeutende, wichtige Rolle spielte das mächtige Geschlecht der **Jüdden** oder **Juden** in der Geschichte der Stadt. An allen denkwürdigen Begebenheiten ihrer inneren und äußeren Geschichte nimmt es seit dem dreizehnten Jahrhundert den thätigsten Antheil; wir sehen dasselbe bis ins siebenzehnte Jahrhundert mit den höchsten städtischen Ehrenstellen betraut.

Unter den Edlen, die nach der Schlacht bei Frechen gegen Erzbischof En-

und von Hochstaden (1257) mit tollkühnem Muthe in der Verfolgung des Feindes sich bis auf die Brücke der Frechener Burg gewagt und von den Erzbischöflichen gefangen wurden, war auch Daniel Jude. Zu ihm sprach der Erzbischof, der selbst seine Heerhaufen geführt hatte: „All die Reinen mögen sich schämen, daß ein im Kriege Ungeübter ihre Reihen so rasch durchbrechen konnte. Magst du auch jetzt gefangen sein, dein ist der Preis der Tapferkeit." (Godert Hagen, Reimchronik, V. 962 ff. Ennen, Geschichte der Stadt Köln. B. II. S. 181.) Sollte der Ausdruck: „ein im Kriege Ungeübter", den der Chronist dem Erzbischofe in den Mund legt, nicht darauf deuten, daß Daniel noch Neuling im Waffenwerke, noch nicht lange zu den Edlen der Stadt zählte? Bei der am 20. März 1258 zwischen dem Erzbischofe und der Stadt vereinbarten Sühne finden wir unter den Edlen Kölns, welche die Sühne beschwuren, auch einen Peter Jude, wie denn ein Daniel Jude in demselben Jahre unter den Besitzern der Rheinmühlen angeführt wird, welche die Gemeinden auf Anstiften des Erzbischofes in Besitz nahmen und zur Hälfte dem Erzbischofe als Eigenthum zuerkannten, zur Hälfte der Stadt. In den Kämpfen gegen die Erzbischöfe Engelbert von Falkenburg und Siegfried von Westerburg begegnen wir dem Daniel Jude als mannlichem Helden in allen Zweiungen auf Seiten der Geschlechter, wahrscheinlich derselbe, der bei Frechen gefangen und auf wunderbare Weise aus dem Verließ der Burg zu Altenahr mit seinen Freunden entkommen war. (Hagen's Reimchronik, V. 1780 ff.) Er gehörte auch zu den Edlen, denen im Jahre 1275 die Stadt die Accise oder das Ungeld für ein Darlehen von 1530 Mark Sterlinge verpfändete. Ein Gobel Jude, auch wohl Ritter Gobel Jude genannt, half der Stadt im vierzehnten Jahrhundert häufig mit seinem Gelde aus, und schoß ihr noch 1370, Daniel Jude 3000 Mark vor, so wie Johann Jude 1000 Mark und 4 Schillinge, woraus sich ergibt, daß die Familie der Juden eben so reich war, als hoch angesehen, denn nicht selten treffen wir einzelne ihrer Glieder als Vermittler zwischen Fürsten der Nachbarschaft und zwischen den Erzbischöfen und der Stadt, welche sie oft vertreten. In den Parteikämpfen der Geschlechter und der Gemeinden trat 1391 Ludwig Jude als Rathsmeister kühn gegen die Anmaßungen des Rathes auf, und als ihn Jemand der Unzufriedenen fragte, was er für ein Mann wäre, gab er die Antwort: „Ich bin ein Christenmensch, obschon ich ein Jude genannt werde". Da er in einer folgenden Sitzung mit unerschrockener kühner Rede die Rechte der Stadt vertheidigte, mußte er auf ein Jahr lang zu Thurm gehen, und als die Frist der Haft verflossen, der Stadt Urphede schwören. Die Familie der Juden behauptete ihr Ansehen in der Stadt, und noch in der ersten Hälfte des siebenzehnten Jahrhunderts finden wir von 1632 bis 1644 einen Constantinus de Judde 1632, 1636, 1638, 1641 und 1644 als regierenden Bürgermeister.

Zweige der Familie der „Jüdden" lebten nach Fahne bereits im zwölften Jahrhundert in Mainz als angesehene Bürger (?), dann im Paderborn'schen, im Hessischen, in Würzburg und in Rom. (Vgl. A. Fahne, Geschichte der kölnischen, jülich'schen und bergischen Geschlechter. Erster Theil, S. 193 ff., wo auch ein Stammbaum des kölnischen Geschlechts der Juden mitgetheilt wird. — Ueber den Namen Jude als Familiennamen vgl. Otto Stobbe a. a. O. Anm. 156. S. 268 ff.

Note XIV.

Unsere Chronik sagt Seite 240 b:

„Item hertzoch Johan van Brabant vurss wart burger zo Coelne ind ime wart gegeuen zo eynre vergeldunge bynnen Coellen Costyn greven huys ein schoin herberge, vur syn eygen vry huys, in dem ouch de misdedige mynschen vry syn so wanne sij dair in komen, ind is dairumb genoempt „dat vryhuys van Brabant", als ouch darane geschreven steyt ind wirt doch noch nu zerzijt genoempt Costyn Greven huys, off zo der Gulden Kroin, eyn „van den koestlichsten herbergen bynnen Coellen fur fursten ind here. Ind so wanne eyn hertzoch van Brabant zo Coellen kumpt, so suicht he das in, as in syn eygen wonunge, ind wat heren dar in leghe, d' moyss verhuysen, as by unseren zijden geschiet is. Item dat selue huys haven in lehenschaff van eyme hertzoge van Brabant Rittermaissige man im Stift van Coellen.

Dr. Ennen macht nun im 2. Bande seiner Geschichte der Stadt Köln, S. 246, die Bemerkung: „Daß die Stadt ihm zum Danke ein großes Haus, den „„Brabanter Hof"" mit allen Freiheiten, welche die Fürsten von Brabant in ihrer Residenz genossen, zum Geschenk gemacht habe, ist nicht wahr. Schon im Jahre 1235 hatte das Kloster Weiher den in Rede stehenden Hof dem Herzoge von Brabant gegen einen Erbzins von 6 Sch. überlassen. Dieser Hof war demnach schon über 50 Jahre im Besitze der Herzoge von Brabant".

Das apodiktische „ist nicht wahr" beweist durchaus nicht, daß die Stadt das Haus zum Brabanter Hof dem Herzoge Johann nicht zum Geschenke gemacht hat. Dasselbe hatte Herzog Heinrich von Brabant von den Söhnen des Zöllners Gerhard: Geirhardus und Hermannus, deren Eigenthum es gewesen, gegen hundert Mark kölnisch an sich gebracht. Die von dem Herzoge 1287, mit einem Hermann Rithe vollzogene Lehens-Urkunde des Hauses lautet:

„Notum sit, quod dominus Hynricus dux Lothringie et Brabantie concessit in feodo Hermanno de rthe, quamdiu H. de rthe vixerit, domum suam, que opposita est palatio archiepiscopi, que quondam fuerat mansio Gerhardi theolonarii, sicut eam in sua possidebat proprietate, ante et retro, post mortem uero eiusdem Hermanni duo filii sui, quos de uxore sua priore Margareta genuerat, scilicet Geirhardus et Hermannus uel alter eorum predictam mansionem tamdiu obtinebant, quousque dominus dux Brabantie centum marcas Colonienses ipsis vel heredibus eorum amigraverit, salvo tamen iure conventus s. Marie de piscina, ut superius scriptum est.

„Actum anno domini MCCXXXVII."

Vgl. Quellen zur Geschichte der Stadt Köln. B. II. Urk. 165. Der Erbzins von 6 Sch. lastete also noch auf dem Hause, und urkundlich läßt sich nicht nachweisen, daß der Herzog die hundert Mark abgetragen, mithin das Haus sein freies Eigenthum war. Ich bin der Meinung, daß die Stadt diesen Verpflichtungen nachkam, den Kaufschilling abtrug, den Erbzins lös'te und das Haus dem Herzoge Johann von Brabant als freies Eigenthum, „vor eijn eygen vry huis", wie die Chronik sagt, schenkte.

Der jetzt, nach dem Plane eines berliner Architekten, Herrn Auerbach, der damals noch Israelit, umgebaute Brabanter Hof, ist Eigenthum der Gebrüder Kaufmann, ebenfalls Israeliten.

Zwölf Jahre nach der Schlacht bei Worringen ließ der Senat Kölns auf der Severinstraße, an der Stelle eines Hofgutes des Erzbischofes Siegfried, zur Erinnerung an den Sieg eine Capelle zu Ehren des heiligen Bonifaz bauen, in welcher täglich Messe gelesen wurde, und in der sich jährlich, am Tage des heiligen Bonifaz der Senat in corpore zu feierlichem Gottesdienste versammelte. Das Stift St. Severin hatte das Recht, bei einer Vacatur zwei Priester in Vorschlag zu bringen, von denen der Magistrat einen zur Besorgung des Gottesdienstes in der St. Bonifacius-Capelle wählte. Er mußte hier jeden Tag Messe lesen, und zwar von Ostern bis zum St. Remigius-Feste bei Sonnenaufgang, und von da bis Ostern bei Tagesanbruch. Das auf dem Altare geopferte Geld theilte er mit dem Schatzmeister von St. Severin, wofür ihm die Stadt jährlich eine Entschädigung von 6 Mark zahlte.

Ueber dem Eingange der 1802 aufgehobenen Capelle befand sich in Marmor gehauen folgende Inschrift, die noch im städtischen Museum aufbewahrt wird:

Anno MCCLXIX fuit Colonia tradita per foramen
apud Ulreportae.
Ao. MCCLXXXVIII fuit praelium in Worringen et hoc
in sabath.

Falsch ist die Jahreszahl 1269 der Inschrift, denn der Ueberfall der Stadt durch den Mauerdurchbruch an der Ulrepforte fand in der Nacht vom 14. auf den 15. October 1268 statt. Vgl. Quellen zur Geschichte der Stadt Köln. B. II., S. 558, und Dr. Ennen, Geschichte der Stadt Köln, B. II., S. 190.

Note XV.

Der Judeneid.

Im gesammten Deutschland war seit dem zwölften Jahrhunderte den Juden ein Reinigungs-Eid vorgeschrieben, den sie im Beisein des Richters und des Eidforderenden in der Synagoge barfuß auf einer Schweinshaut stehend, die rechte Hand auf das Buch der Leviten gelegt, einem Cleriker (Staber) nachsprechen mußten.

Darnach so schwor der jud und sprach dem Christen nach diesen eydt:

„Adonay, ein schöpffer der himmel und des erdreichs, und aller ding, und mein, und der menschen die hie stehen, ich ruff dich an durch deinen heiligen Namen auff diese Zeit zu der wahrheit als umb der N. N. mir zugesprochen hatt, umb den, oder den Handel, so bin ich ihme darumb aber damahs gantz nicht schuldig oder pflichtig, und hab auch in diesem handel keinerley falschheit oder ohnwahrheit gebraucht, was die sach ist, also ist es wahr, ohne alles gefährde, arglist und verbörglichkeit, also bitt ich mir Gott adonay zu helffen und zu bestätten diese wahrheit. wo ich aber nicht recht, oder unrecht hab an dieser sachen, sondern einig ohnwahrheit, falsch- und betrüglichkeit darin gebraucht, so seyn ich Cherem und verflucht ewiglich, wo ich auch nicht wahr und recht hab in dieser sach, daß mich den übergehe und verzehr das feuer, das Sodoma und Gomorra überging, und alle fluch die an der Torah geschrieben stehen, und daß mir auch der wahre Gott, der laub und graß und alle ding beschaffen hatt nimmer zu hülff noch zu statten kom in einigen meinen sachen und Nöthen. wo ich aber wahr und recht hab in dieser sach, also helff mir der wahre Gott adonay."

Eine andere Form des Judeneides war folgende:

„Ich schwöhre bei dem allmächtigen und lebendigen Gott Adonai, der Himmel und Erdt erschaffen hatt und Moysi in dem feurigen Busch Erschienen ist, und bey den zehn gebotten; (die Moysi seyndt gegeben worden); daß ich N. N. die pure, reine unverfälscht wahrheit keinem zu lieb noch zu leyd sagen wolle, und wan ich in solchem ungerecht und meinaydig werde, so muß ich verjagt und zerstrewet werden unter die Völker, und wohnen in dem Erdreich meiner Feinden, und das Erdreich muß mich verschlingen, wie Dathon und Abiron, und ahn kommen die aussätzigkeit als Naaman Syrium, und werde mein Hauß verlohren und kommen über mich alle meine und meiner Vor-Eltern sünde, und alle fluch (so im gesetz Moysis und der Propheten, geschrieben seynd) bleiben mir Ewiglich, und gebe mich gott in Verfluchung zu Einem schandzeichen allem seinem Volk, und dieses meines aydts halber schwöhre ich bey dem Ewigen Gott Adonai, daß ich keine Verzeihung bitten, begehren, auch keine erläuterung, abänderung oder Vergebung bei Einigen Juden nehmen solle.

Vgl. J. M. Joost: „Der Judeneid", in der allgemeinen Encyklopädie S. I., B. 26, von Ersch und Gruber.

Die Schweinshaut, bemerkt Joost, war ein Schreckmittel, das man für sehr wirksam gehalten haben muß, denn sie ward in anderen Ländern zu demselben Zwecke empfohlen. — Stobbe a. a. O. S. 158 ff. Der Beweis und der Eid der Juden, wo auch verschiedene Eidesformeln mitgetheilt sind.

Im Altkölnischen lautet die Eidesformel, wie folgt:

„Deser anspraichen der dich dis man off vrauwe anspricht off syt der, bistu unschuldich, dat der got also help der de erde geschaff ind den himel up hayff. off du hais unrecht dat du also gedyes as Sodoma ind Gomorra deide, off du hais unrecht dat du gewandelt werdets in eynen salzsuyll also Lotz wijff dede da ey van Sodoma gienk, off du unrecht haves, dat dich deselve veste ind anghee di vols bestaind ind Hilesens Knecht, off du unrecht hais dat dyn saem nimmer gemengt enwerde zo anderem, off du unrecht hais dat de erde dich verslynde, also asse dede Dathon ind Abyron, off du unrecht hais dat dyne erde nimmer gemengt enwerde zo anderer erden. Off du unrecht hais dat dyn sele verwyst werde in dat nederste duysternisse da geyne erloesungen en is dan de ewige verdoempniss. Deser eydt den du hie gesworen hais desem manne off deser vrauwen die is gereicht, dat dir got also help ind quinque libri moysi, du bidts den got die is ind umber sin sall sunder ende, dat hee dir also helpe zo dym besten ende, as du desem eynsachen reicht gesworen hais. amen."

Nach dem Schwabenspiegel lautet die ausführliche jüdische Eidesformel folgender Maßen:

Dis ist der juden eit; den sullen si sweren umbe ein leglich dinc das hie ze ir eide stêt. Er sol stên ûf einer sûhût, unde de so im din rehte hant in einem buoche ligen unz an die riste; unde an dem buoche sullen diu fünf buoch herren Moysi geschriben sin; unde sol der alsô sprechen, der im den eit dâ git, unde sole der jude diu selbe wort nâch im sprechen: „umbe sô getân guot, als dich diser man zihet, das du des niht enhâst noch enweist, noch in dîne gewalt nit kom, noch dehein din êhalte, under erden vergraben, noch in mûren verborgen, noch mit slôze beslozzen; sô dir helfe got der da geschuof himel unde erden, tal unde berge, wald, loup unde gras; unde sô dir helfe diu ee (10) die got selbe schreip mit siner hant, unde si gap dem herren Moysi in Monte Synai, unde diu fümf buoch dir helfen des herren Moysi; unde so du nimmer niht muezes enpizzen, du muezes dich al beschizzen als der künic van Babylonje tet; unde sô daz swebel unde das bech ûf dinen hals müeze regenen das über Sodoma unde über Gomorra regente; unde sô daz selbe swebel unde bech dich verbrennen müeze, das ze Babilonje zwei hundert man verbrante oder mêr; unde sô dich diu erde verslinden müeze als si tet Dathan unde Abiron; unde so diu erde nimmer kome ze anderre erden, unde din griez niemer kome ze anderme grieze in den boren des herren Abrahâmen. Sô hast du wâr unde reht, sô dir helfe Adonay. sô hast du war unde reht, des du gesworen hast, oder muezes werden malâtsch, als tet Jesi dô er von einer lügen massic wart durch unrehtes guotes willen. ez is wâr. unde sô der slag dich müeze ane gân der daz israhelische volc an gie in Egypten land. Es is wâr, des du gesworen hast, sô daz bluot unde der fluoch an dir weraude si des den geslehte im wunschten dô si Jesum Christum martereten, unde sprâchen alsus: „ein bluot kome ûf uns unde ûf unse kint.“ Es is wâr, des helfe dir got der ersehene herren Moyse in einem brinnenden boschen. es ist wâr, der eit den du gesworen hast, bi der sele die du an dem jungesten vür bringen muost. Per deum Abraham, per deum Ysaac, per deum Jacob. Es ist wâr, des helfe dir got, unde der eit den du gesworen hâst. Amen.“

Vgl. Der Schwabenspiegel. Ausgabe von Wilh. Wackernagel Seite 209 ff.

Bei dem 1495 durch Maximilian I. gegründeten Reichskammergerichte hatte der Judeneid folgende Form:

„Form und ordnung des juden aydts beym Kayserlichen Cammergericht üblich.

„So einem juden einen aydt aufferlegt wird, soll er zuvor, ehe er den aydt thut vorhanden, und vor augen halten ein buch, darin die gebott gottes die dem Moysi auff dem berg Sinai von gott geschrieben gegeben seynd, und mag darauff der juden bereden, und beschwören mit nachfolgenden worten.

„Jud ich beschwöre dich bey dem einigen, lebendigen und allmächtigen gott, schöpffer himmels, und des erdreichs und aller ding, und bey seynem Torah und gesetz, daß er gab seinem knecht mose auff dem berg Sinai, daßu wollest wahrlichen sagen, und verjahen, ob diß gegenwärtig buch seyn das buch darauff ein jud einem Christen, oder einem juden ein rechten gebührlichen aydt thuen, und vollfuhren mag und soll. sodan der jud auff solche beschwörung bekent und sagt, daß es dasselbe buch seye, so mag ihn der Christ, der den aydt von ihm erfordert, oder an seine statt, der ihm den aydt gibt, furhalten und furlesen die nachfolgende frag und ermahnung. Nemblich jud ich verkund dir wahrhafft, daß wir Christen anbetten den einigen allmächtigen und lebendigen Gott, der himmel und erden und alle ding erschaffen hatt, und daß wir außerhalb deß keinen anderen Gott haben, ehren und anbetten. das sag ich dir darumb, und aus der ursach, daßu nicht meinest, daßu wärest entschuldiget vor Gott eines falschen aydts, indem daßu wehnen, oder halten möchtest, daß wir Christen eines unrechten glaubens wären, und frembde Götter anbetten, das doch nicht ist. und darumb sintemahl, daß die Nemie oder haubtleuth des volcks Israel schuldich gewesen seynt zu halten das so die geschworen hatten den Männern von Gyphor die doch dienten den frembden Göttern. Vielmehr bistu schuldig uns Christen als denen die da anbetten einen lebendigen und allmächtigen Gott zu schwören und zu halten eynen wahrhaftigen ohnbetrüglichen aydt. darumb jud frag ich, ob du das glaubest, daß einer schändet und lästert den allmächtigen Gott indem so er schweret einen falschen und ohnwahrhafftigen ohnbetrüglichen aydt. so sprach der jud Ja. so sprach der Christ, jud ich frag dich ferner, ob du aus wohlbedachtem Muth und ohne alle arglist und betrüglichkeit den einigen lebendigen, und allmächtigen Gott wollest anruffen zu einem zeugen der wahrheit, daßu in dieser sach, darumb dir der aydt aufferlegt ist.

keinerley ohnwahrheit, falsch oder betrüglichkeit reden noch gebrauchen wollest in einige weiß, so sprech der jud Ja.

„so das alles beschehen ist, so soll der jud seine rechte hand bis an den knorren legen in das vorgem. buch und nemblich auff die worth des Gesetzes und gebott Gottes, welche worth und gebott in Hebraisch also lautend: „„Lo tissa eth adona eloecha lasch aw ki lo jenakke adona eth ascher jissa eth schemo lasch aw."" Zu teutsch. Nitt erheb den Nahmen des herren deines Gottes unnützlich, dan nicht wird ohngestrafft lassen der Herr den der erhebt seinen Namen unnützlich. alsdan und darauff, und ehe der jud den aydt vollfuret, soll der jud dem Christen, dem er den aydt thuen soll, oder an seiner statt dem, der ihm den aydt auffgibt, diese wort nachsprechen. Adonay ewiger einiger Gott meiner Väter, der du uns die heiligen Torah gegeben hast, ich ruff dich und deinen heiligen Nahmen adonay, und dein allmechtigkeit ahn, dases mir helffen bestättigen meinen aydt, den ich jetzo thuen soll. und wo ich unrecht, und betrieglich schwören werd, so seye ich beraubt aller gnaden des ewigen Gottes, und mir werden aufferlegt alle straff und fluch die Gott den verfluchten juden aufferlegt hatt, und mein seel und leib haben auch nicht mehr einigen theil an der Versprechung, die uns Gott gethan hatt, und ich soll auch nicht theilhaben am Messias, noch am versprochenen erdreich des heiligen seligen landts. ich versprech auch und bezeug, das bey dem ewigen Gott adonay, daß ich nicht will bewahren, bitten, oder nehmen einig erklärung, auslegung, abnehmung oder vergebung von keinem juden noch anderen menschen, wo ich mit diesem meinem aydt, so ich jetzt thuen werd, einigen menschen betriege. amen."

Der Hauptinhalt der jüdischen Eidesformel ist bei den einzelnen deutschen Stämmen derselbe, wird aber zuweilen durch nichtssagende Zusätze erweitert und in späteren Zeiten wieder vereinfacht. So viel wir wissen, rührt die älteste deutsche Eidesformel der Juden vom Erzbischofe Conrad von Mainz (1160—1200) her und ist bekannt unter der Bezeichnung Erfurter Judeneid, weil Erfurt unter dem Erzstifte Mainz stand. Der Cleriker, welcher den Eid abnahm, Staber genannt, sprach dem Schwörenden die Eidesformel in der Person der Anrede vor und diese wurde von diesem in der ersten Person wiederholt. Der Erfurter Judeneid lautet:

„Des dich dirre sculdegit, des bistu unschuldic, so dir got helfe, der got, der himel und erde gescuf, loub, blumen unde gras, des da vorre nine was. Und ob du unrechte sweris, daz dich di erde virslinde, di Datan und Abiron virslant. Und ob du unrechte sweris, daz dich di muselsucht biste, di Naamannen liz unde Jesi bestunt. Und ob du unrechte sweris, daz dich di e virtilge di got gab Moisi in dem berge Sinai, die got selbe screib mit sinen vingeren an der steinir tabelen. Und ob du unrechte sweris, daz dich vellin alle di scrifte di gescriben sint an den vunf buchen Moisi.

„Dit ist der judeneit, den di biscof Cunrat dirre stat gegebin hat."

Note XVI.

Finden wir auch in allen deutschen Städten, wo bedeutende Judengemeinden angesiedelt, bestimmte Viertel, die sie bewohnten, so in Speyer, Worms, Frankfurt am Main, Mainz, Köln, Regensburg, Nürnberg, Prag u. s. w., und diese Viertel oft mit festen Mauern und Thoren abgesperrt, so hat diese locale Absonderung ursprünglich aber nur ihren Grund in der Sitte des Mittelalters, daß Bürger derselben gewerblichen oder commerciellen Classe in den Städten bestimmte Straßen einzunehmen pflegten. Was anfänglich freier Wille der Juden, wurde später Sitte und Brauch, und so entstanden die Judenviertel, welche in den Ghetti der italienischen Städte Nachahmung fanden. Das erste Ghetto wurde in Venedig im März 1516 errichtet, und dann in Rom und anderen Städten nachgeahmt. Nachzuweisen ist es übrigens, daß gerade in Rom die Juden am längsten von manchen Bestimmungen des Kirchenrechtes, namentlich vom Tragen der Abzeichen, der Judenhüte, verschont geblieben sind. Das Wort Ghetto möchte ich von dem hebräischen Guet herleiten, mit welchem Worte der Jude den Act bezeichnet, mit dem er seiner Frau erklärt, daß er sich von ihr trennt, sich von ihr scheidet. Ghetto bezeichnete demnach das Viertel, wo die Juden angewiesen, getrennt von den Christen zu leben.

An vielen Orten kommt es auch noch vor, daß über den Eingängen der Judengassen oben an den Giebeln der Häuser Drähte gezogen sind, um die Gränzen der Judenviertel zu bezeichnen, so noch in Prag und in Hamburg. Als hier vor Jahren eine neue Straße am Judenviertel eröffnet wurde, welche ohne Thor Hamburg mit der Vorstadt verbindet, bemühten sich die Juden, beim Senat die Erlaubniß zu erwirken, einen Draht hoch quer über die Straße spannen zu dürfen, welches ihnen auch gestattet wurde. Nach einer Bestimmung des Thalmud dürfen nämlich die Juden an einem Sabath nichts von einem Hofe nach dem anderen tragen, selbst nicht Stock oder Regenschirm. Die streng Orthodoxen halten noch an dieser Bestimmung. Eine von Thoren und Mauern eingeschlossene Stadt wird nun als ein Hof betrachtet. Bei offenen Städten vertreten im Judenviertel die übergezogenen Drähte symbolisch die Mauern und Thore. Wenn wir nun in einzelnen Städten noch über die Gassen der Judenviertel gezogene Drähte finden — seyle uber die gassen gezogenn, wie der eisenacher Stadtschreiber Purgold am Anfange des sechszehnten Jahrhunderts schreibt —, so sind dieselben nur ein symbolisches Zeichen, als solches angebracht, um den Umfang des Judenviertels als ein durch Thore und Mauern abgeschlossenes Ganzes zu bezeichnen.

Note XVII.

Die Hauptquellen über das Unwesen der Flagellanten, Geißler oder Kreuzbrüder in Deutschland sind die Chronik Alberts von Straßburg (Albertus Argentinensis) (1270–1378) und die Straßburgische von Fritsche Closener, dem wir in einem Abschnitte seiner Chronik: „Die grosse geischelfart“, das Nähere über das Auftreten der Geißler in Deutschland verdanken. Wie oben bemerkt, schrieb Jacques Boileau (1636–1716), Bruder des berühmten französischen Dichters Boileau-Despréaux, eine „Histoire des flagellants“.

Als Südeuropa von dem schwarzen Tode heimgesucht wurde, trat diese Bruderschaft der Büßenden, die zuerst 1260 in Perugia erschienen, zum zweiten Male auf. In Processionen zogen sie durch Dörfer und Städte, kostbare Fahnen aus Sammt und Seidenstoffen, brennende Wachslichte an der Spitze des Zuges, je zwei und zwei. Sie trugen lange Mäntel und Hüte mit rothen Kreuzen, daher auch Kreuzbrüder genannt. Näherten sie sich einem Dorfe oder einer Stadt, begrüßte man sie mit hellen Glockenklängen, und ihre Vorsänger stimmten ihre Leisen (Bußlieder) an, denen die Menge, aus Männern, Frauen und Mädchen bestehend, mit dem Refrain:

„Nu helfe uns der heiland!“

antworteten. Die Kirche des Ortes war das Ziel ihrer Fahrt. Hier angekommen, stimmten sie die Verse an:

Jesus ward gelabet mit Gallen,
Deßhalb sollen wir kreuzweis niederfallen,

und sie warfen sich alle kreuzweis, d. h. mit ausgestreckten Armen, zur Erde. Nachdem sie eine Weile so gelegen, sangen die Vorsänger:

Nun hebet auf eure Hände,
Daß Gott dies große Sterben wende!

Dreimal wiederholten sie diese Uebung, und wenn sie sich zum dritten Male von der Erde erhoben hatten, nahmen sie Gastfreundschaft an von den Andächtigen, die in der Kirche, so daß eine Familie oft zwanzig, zwölf und zehn der Geißelbrüder beherbergte.

Wer in die Bruderschaft der Geißler oder Büßenden treten wollte, mußte vierunddreißig Tage in derselben bleiben und für jeden Tag vier Pfennige Zehrgeld aufzuweisen haben, was im Ganzen XI Solidi und IV Denare ausmachte. Etwas fordern oder Almosen heischen durften sie nicht, auch in kein Haus eintreten, wenn sie zum ersten Male in eine Stadt oder in ein Dorf kamen, es sei denn, die Bürger und Bauern hätten sie dazu aufgefordert, zu Gast gebeten. Mit Keinem durften sie sprechen. Wer gegen dieses Gebot sündigte, klagte sich darüber bei einem Meister der Geißlerfahrt an, empfing seine Buße und kniete vor ihm nieder. Mit den Worten:

„Steh' auf zu der reinen Marter Ehr'
Und hüte dich vor der Sünden mehr,"

versetzte er dem Beichtenden einige Hiebe mit der Geißel. Geistliche durften die Fahrt begleiten, doch sollte keiner derselben zu ihren Meistern gehören oder Antheil an ihren geheimen Berathungen nehmen.

Zweimal jeden Tag mußten sie büßen, sich geißeln, früh Morgens und Abends. Sie zogen dann hinaus auf das freie Feld, auf die Geißelstätte, in feierlicher Procession mit Kreuz und Fahnen und Lichtern unter dem Geläute der Glocken. Auf der Geißelstätte angekommen, legten sie alle Kleider ab außer den Beinkleidern, und nahmen Kittel und weiße Tücher die bis zur Erde reichten, um die Lenden. Nachdem sie sich in einen weiten Kreis auf der Erde niedergelassen nach Maßgabe der Sünden, über die sie sich anklagten: der Meineidige legte sich auf die Seite und streckte drei Finger in die Höhe, der Ehebrecher legte sich auf den Bauch, und so hatte Jeder eine Stellung, an welcher man die Sünde erkannte, deren er sich anklagte. Hatten sie sich alle niedergelegt, schritt der Meister über einen der Büßenden und so über alle weg, die alsobald aufstanden und dem Meister, über die Liegenden hinwegschreitend, folgten. So wie sie alle aufgestanden, stimmten sie einen Leis an und schritten dann zu je zwei um den ganzen Kreis, sich geißelnd mit Geißeln deren drei Riemen Knöpfe hatten, die mit Nadelspitzen kreuzweis auf die Länge eines Gerstenkornes durchstochen waren, und zwar so lange, bis das Blut ihnen von dem Rücken rann. War der Leis oder Leich, den sie sangen, zu Ende, knieten alle, die Arme kreuzweis über die Brust geschlagen, nieder und sangen:

Jesus der ward gelabet mit Gallen.

Dann sanken sie zur Erde und blieben hier so lange liegen, bis die Vorsänger folgenden Leis anhuben, in welchen alle knieend, die Arme zum Himmel erhoben, einstimmten:

Nun hebet auf eure Hände,
Daß Gott dies große Sterben wende,
Nun hebet auf eure Arme,
Daß sich Gott über uns erbarme!
Jesus, durch Deiner Namen drei,
Du machst uns, Herr, von Sünden frei!
Jesus, durch Deine Wunden roth,
Behüt' uns vor dem jähen Tod!

Sich geißelnd, umschritten sie dann den Kreis und sangen einen Leis, in dem sie die Mutter Gottes anflehten, ihre Fürsprecherin zu sein. Nach jenem Leis knieten sie wieder und wiederholten die oben angedeuteten Ceremonien. Das Schlußlied deutete auf die verschiedenen Sünden, für die sie Vergebung erflehten, und hier wird der Wucher zuerst genannt, dann Nichtbeachtung der Abstinenztage, der Sonntagsfeier, der Ehebruch und die Hoffahrt.

Bezüglich auf den Wucher heißt es:

O weh, ihr armen Wucherer,
Dem lieben Gott seid ihr zuwider:
Du leihest die Mark wohl um ein Pfund,
Das zieht dich in der Hölle Grund,
Darum bist du auf ewig verlor'n.
Dazu bringt dich Gottes Zorn.
Dafür behüt' uns, Herre Gott:
Darum bitten wir dich durch deinen Tod!
Die Erde bebt, auch erklingen die Steine:
Ihr harten Herzen, ihr sollet weinen.

Nach dem Schluß der Feier gingen Leute im Kreise herum „unde bieschent an dem ringe den lüten, das sie die bruder stürtent zu kertzen unde zu vanen: domit wart in vil gelten". Das Schauspiel endigte also mit einer Bettelei. Die einzelnen Leisen der Geißler theilt die Straßburger Chronik mit.

Note XVIII.

Verzeichniß der Häuser und Hausplätze, welche die Juden vor dem Jahr 1349 besessen, und welche zu Gunsten des Bischofes und der Stadt verkauft wurden.

	Lage des Hauses.	Lage des Hausplatzes.	Ehemaliger Besitzer.	Ankäufer.
1. 2.	Versus domum civium una versus portam martis.			Gerard de Caliga.
3.	domus contigua domui civium versus portam martis.			idem.
4.	ortulos tendens ad materiem q. dr breitue.			d. Loremberg.
5.	domus.		Tambach.	Joh. Stolle apothec.
6.	idem.		Meyers.	id.
7.	Idem.		Hoynerecht.	Gobelinus dict. Stolle.
8. 9.	ex oppo dom. some Keyfort sit. que a porta lignea usque cubiculum Spanne dnis S. de Martino Alcmentes se extendit.			Heinr. filius heinrici de Hore.
10.	domus inter dctas domus sita.		Judeus de Munheim.	id.
11.	domus dcta beyus ppe portam juxta Capellam martis.			Weimar de Geymonich.
12.	domus et area domibus sup. contigua.		Jacob de Munheim.	Heinr. de Hore.
13.		area domo contigua que sita	Isaac.	Joh. Stolle.

	Lage des Hauses.	Lage des Hausplatzes.	Ehemaliger Besitzer.	Verkäufer.
		inter domum Gobelini Stolle et Jo. de Berka.		
14.	domus tiam de ordone porta inferiorem versus domum civium et oppo dom. henrici de Horne.			Joh. dict. Mercator.
15.	haereditas que sita est de domo henrico Goltsleger ultima ordone et oppo. dom. hilgeri hirzelin cum dimiditate muri de scola judeorum usque ad domum appelatum dat Gambus cum puteo appellato der Kaldeburne.			Arnold de palatio.
16.	domicula contig. illi domui cum accessu ad puteum.			idem.
17.	dat neiste hus bi hernthis Erve van der eyrn, to der burgerhus wart.			Meister barth. Weis der steynmetzer.
18.	domus seu area dicte aree contigua.			idem.
19. 20.	dat hus up me orde der boytengasse met eme hus daran zo der martporzen wart intgeyn Heinrichs Erve van der eyren.			Joh. Knif der Goldsmit.
21. 22.	zwei hus mit me altvrouneu geyvil mit irme zogebur-alre neiste deyn Johan zo der martporzen wert.			Mathis van Kraynenburg.
23.	domus contigua domibus barth. lapicide supius versus domum civium.			Peter Gener due Wuyiphe.
24.		area reto suam domum sita cum meda puteo q. quondam erat Imtas.		Heinrich de Wenthoven aurifaber.

	Lage des Hauses.	Lage des Hausplatzes.	Ehemaliger Besitzer.	Ankäufer.
25.		ortulus directe retro ejus domum que erat qudam Imtas.		Magister Joh. Segilgrever.

Sciendum qd civitas levavit de hereditatibus venditis inclus. hereditatem Arnoldi de palatio 3329 Marc. 6 sol. 8 den. de praemissa sua 4483 Mr. 4 sol. 9. civitati competit p. sua media parte de eisdem hedib. venditis et sic de eadem summa deficiunt civitati levandis 1153 Mr. 9 sol. 4 den.

Die Verkäufe geschahen für eine Jahrrente, diese wurde im Jahre 1354 eingelöst mit 8966 Mark 8 Sol. Für jede Mark Rente mußten 25 Mark entrichtet werden.

Fortsetzung des Verkaufs vom Jahre 1351, Mariä-Verkündigung.

	Lage des Hauses.	Lage des Hausplatzes.	Ehemaliger Besitzer.	Ankäufer.
26. 27.	domus contigua domui Samsonis de Remagen et domus Zanderi Judei cum area usque ad plateam.		Zander	Tilman dt buttermart cingulator.
28. 29.		duae area contigue domui Mathis de Craneuberg superius versus portam martis.		Andreas et Peter fratres de Zelandia.
30.		area sita contigua domui Wenemari versus sum. et retro op dat gamhus.		Roland de Aldenwater.
31. 32.		due aree site in boytengassen retro domum dcti Knit cum accessu ad puteum.		Herman de Yseim.
33. 34.		due aree in boittengassin et alia contigua versus fratres minores.	Samson de Remagen.	Gobelinus de Schuhayn.

36.		area sita pp domum Abelonis de vurdi silva versus fratres minores in der boytengassen.		Lufard de Troye.
		Im Jahre 1355 wurden weiter verkauft:		
37.		area in boytingassin superius versus minores situata contigua duabus areis suis.		Gobelin de Schangeyn braxator.
38.		area sive domus cum Schoppo una sita versus summum cum muro directe usque murum retrorsum situm.	Meiger de Sybergh.	Arnold apothecarius.
39.	due domus et aree contigue ex oppo dom. mayjori sita gr. una vid. versus St. Laurentium ht ordone una se extendente et est tertia domus a domo vocata ad ovem versus summum directe retrorsum.			Goswin de Heppendorf.
40.	domus contigua domui Goswini de Heppendorf versus domum civium.			Wilh. de Molenheym.

	Lage des Hauses.	Lage des Hausplatzes.	Ehemaliger Besitzer.	Ankäufer.
41. 42.		area due grm una magna alia parva sita int. hereditates dmi Colono et Rolandi de Aldenwater usque up dat gerubin.		Canon dci Coyle.
43.		area sive didia Scola judeor. a didia intra dia hoyne ex oppo domus civium ad plateam deinde cum ordone vid. ad hereditatis q. idem Arnoldus alias ocpavit.		Arnold de palatio.

Sciendum qd anno 1357 feria quinta p. divisionem apost. fuerat computatum de omni pecunia pervenienti de hereditatib. venditis incipiendo a thelemano huc usque in hunc locum includendo mille mrc. de henrico de hore recept. de 40 marc. p. eam recept. sua pecunie 4939 mr. 7 sol. petentes insimul dno et civitati.

Sciendum q. de hac summa sunt date ldabis et notriis 280 mr. et sic remanet pma sua solvenda 4649 marc. 7 sol.

Dimidietas huj. est 2329 mr. 9 sol. 6 den.

	Lage des Hauses.	Lage des Hausplatzes.	Ehemaliger Besitzer.	Ankäufer.
44. 45.		due aree site int. domum Goswini de Heppendorf et domum Andreae de Zelandia.		Joh. Logynis mercator et Johan de Stemmorde lapicida.
46.		area juxta domum mgri Meys lapicide versus domum civium cum medite turri versus antiquum forum tendenti et cum duabus fenestris versus plateam.		Werner de speculo.

	Lage des Hauses.	Lage des Hausplatzes.	Ehemaliger Besitzer.	Ankäufer.
47. 48. 49.		tres aree que nunc sunt area una sita int. domum Pet. de Sutphania et domum Arn. de Calther.		Heinr. de Spire. Joh. Swaf. Frt. et Joh. Loynia.
50. 51.	domus sive area ad ovem et una.	area huic contigua versus summum.		Rolant de Aldenwater.
52.		area domui suae contigua versus domum civium.		Arn. de Calther.
53.		area sita juxta aream Arnoldi heditwere atq. sunt versus domum civium.		Joh. de Folle.
		Verkauft wurden im Jahre 1368.		
54.	domus dicta dat düvenhus sita ex oppo domui civium versus summum cum turra et didlo puteo retro domum pdctam cum suis attenentiis.			Telman Koyhet.
55.		una area q. quondam fuerit due domus sit. nit. domum verrinyde et dom. Ven Mimme judee.		Christina relicta Mathie.

	Lage des Hauses.	Lage des Hausplatzes.	Ehemaliger Besitzer.	Ankäufer.
56. 57.		2 aree in der bollengasse una appell. zo deyme Butzey alia huic contigua versus Rhenum.		Heinrich de Bonna.
58.	domus sive area sita juxta aream Christ. relicte quondam Mathie in botagasse versus rhenum ex oppo dom. zo den boten q. qdam fuit domus braxatoria.			Heinr. de Hore.

Unter der Ueberschrift: „Hec est dispositio domorum quondam Judeorum“ enthält unser Archiv noch ein Verkaufs-Verzeichniß der vorgenannten 58 Häuser und Bauplätze. Dies gleichzeitige Verzeichniß geht bis 1360 und besteht aus sechs Blättern klein Folio. Es stimmt bezüglich der Ankäufer mit vorstehendem Verzeichniß überein.

Note XIX.

Aufgenommen wurde 1385: Suskint Kolffmanns von Düllen gegen 100 Gulden Aufnahmegeld und 12 Gulden jährlicher Abgabe (pensio).

Im Jahre 1386: Vivus von Brühl, mit 100 Gulden Aufnahmegeld und 20 Gulden jährlicher Abgabe;

Suskint, Jakob's Sohn, von Jülich, 100 — 20 Gulden;

Jachant, Witwe Seligmann, von Siberg, 100 — 20 Gulden;

Sylla von Warendorp und Liefman ihr Erbe, 100 — 30 Gulden.

Im Jahre 1387: Jubelyn von Heidelberg, Anselm's Eidam, 100—10 Gld.

Im Jahre 1388: Heiyas von Radelsburg, 100 — 4 Gulden;

Seligman, Schail's Sohn, und Gyme, sein Weib, 100 — 8 Gulden;

Liefman, Sohn des Vivus, und Myngen, sein Weib, 100 — 21 Guld.;

Julia, von Brühl, 100 — 10 Gulden.

Im Jahre 1389: Jakob, Moises' Eidam von Bacharach, 100—12 Gld.;

Nathan, von Worms, 100 — 12 Gulden;

Bunheim, Anselm's Eidam, von Lahnstein, 100 — 12 Gulden;

Seligman, Schail's Sohn, 5 Gulden;

Kalman, Schail's Eidam, 8 Gulden;

Samoel und Perle, seine Frau, 5 Gulden;

Seligman, Nathan's Sohn, von Berke, 9 Gulden;

Jakob, Nathan's Eidam, von Berke, 8 Gulden;

Myngen, Guden's Tochter, 6 Gulden;

Johel und Bela, sein Weib, 8 Gulden;

Jouwel, Nathan's Sohn, von Worms, 4 Gulden;

Bele von Lynche, die Kduferssche, 4 Gulden;

Gegle, Samal's Weib, von Broich, 4 Gulden;

Jutta von Worms, 18 Gulden;

Meya von Worms, sein Eidam, 12 Gulden;

Rachel, Witwe Schmoichels, von Straßburg, 25 Gulden.

Im Jahre 1390: David von Momelgerde, 25 Gulden;

Salomon von Ensam, 50 Gulden;

Isaac, des Salomon Bruder, 25 Gulden.

Im Jahre 1391: Mabe, Regner's Tochter, 60 Gulden.

1392: Bunhelm von Zülpich, 20 Gulden.

1393: Manus von Ruremonde, 15 Gulden.

1394: Godeschalk von Speyer, 34 Gulden.

1396: Schlichman von Syberg, 10 Gulden;

Byneleu, Süskindt's Eidam, 6 Gulden.

1398: Ansem, Eidam des Vivus, 9 Gulden;

Schoengyn, Mengyn's Tochter, 12 Gulden;

Godschalk Mengyn, 80 Gulden;

Gompten, Sohn des Vivus in Bolengasse, 11 Gulden;

Moysin, 11 Gulden;

Meyer, Sohn des Anselm von Lahnstein, 7 Gulden;

Simon, Eidam des Moysin, 7 Gulden;

Schlichman von Nymwegen, 11 Gulden;

Meyer, Sohn des Moysin, 9 Gulden;

Jakob, Sohn des Menghyn, 9 Gulden;

Godschalk, Sohn des Menghyn, 12 Gulden;

Kela, Tochter des Sueßkind, 7 Gulden.

Das Aufnahmegeld betrug für jeden Neuaufgenommenen 100 Gulden.

Am 18. Juni des Jahres 1414 wurden durch den Erzbischof Friedrich und zwei Bürgermeister von Köln, Gobbel von Ehren und Hermann von Heimbach, folgende Juden von Neuem auf zehn nach einander folgende Jahre gegen Zahlung einer jährlichen Pension, halb für den Erzbischof, halb für die Stadt, aufgenommen:

Bruno Soeßkindt, Rabbiner, in der Botengassen, mit seinem Sohne Jakob, 50 Gulden.

Meyer, Schwager des Soeßkindt, in der Botengasse, 20 Gulden.

Vivus von Andernach mit Schwager und Tochter, 50 Gulden.

Sara, Witwe Moysyn's, mit ihrem Sohne Meyer, 105 Gulden.

Vivus, Eidam des Zchapf's, 63 Gulden.

Jakob, Eidam des Moysyn, 35 Gulden.

Jymmelyn, Eidam des Moysyn's, 35 Gulden.

Godschalk, Sohn Menlin's, 36 Gulden.

Joedelyn von Heidelberg, 45 Gulden.

Johel von Worms, 25 Gulden.

Jachand von Syberg, 50 Gulden.

Bunhem, Eidam des Anselm, 32 Gulden.

Rosa, Witwe des Anselm, 20 Gulden.

Mannus von Ruremonde, 40 Gulden.

Bunhem, Sohn des Jachand, 20 Gulden.

Sara, Tochter Joedelyn's, 10 Gulden.

Salomon, deren Ehegatte, 10 Gulden.

Soeßkint von Syberg, 36 Gulden.

Myngen, Witwe Lyefman, 36 Gulden.

Koppelman von Zülpich und Myngen, seine Frau, 60 Gulden.

Symon, Sohn David's, 12 Gulden.

David Medicus, 6 Gulden.

David de Pingora, Eidam des Vivus in der Botengasse, 16 Gulden.

Godschalk von Jülich, Bruder des Rabbiners Soeßkint, mit Selichman, seinem Eidam, und Gertrud, seiner Tochter, 40 Gulden.

Jakob Hutzel, 10 Gulden.

Die Jüdin, Blinde Blume genannt, 6 Gulden.

Gumperius, Sohn des Vivus, 20 Gulden.

Salomon de Bacharach, mit seiner Mutter und Frau, 40 Gulden.

Isaac, Sohn des Vivus in Bolengassen, 20 Gulden.

Vivus, Enkel des Vivus in Bolengassen, 20 Gulden.

Im Jahre 1405: Meyer, Sohn Anselm's von Lahnstein, 32 Gulden.

Im Jahre 1406: Anselm, Sohn des verstorbenen Vivus in der Bolengasse, 20 Gulden.

Meyer von Bergnaheim, 22 Gulden.

Zara von Worms, 12 Gulden.

Kalleman von Rodenberg, 24 Gulden.

Adam, Sohn des Jachand von Syberg, 16 Gulden.

Meyer, Sohn des Godschalck von Trier, 14 Gulden.

Sallchman Nathan, Sohn von Berka, mit Eidam und Tochter, 60 Gld.

Liefman und Rosa, seine Frau, 12 Gulden.

Salomon und Richmodis, seine Frau, 10 Gulden.

Santigen, Witwe Sellchman von Berka, 60 Gulden.

Abraham, ihr Sohn, 16 Gulden.

Soesklint, Sohn des Jachant von Syberg, 8 Gulden.

Meyer von Zülpich, 7 Gulden.

Im Jahre 1409: Joseph, Sohn des Meyer, und Brunna von Bunsheim, sein Weib, 22 Gulden.

Bromagl von Neuß, 25 Gulden, und

1411: Abraham, Sohn des Sellchman von Nymwegen, 16 Gulden.

Es waren mithin 47 Familien neu aufgenommen.

Im Jahre 1414 wurden ferner durch den Erzbischof Friedrich und zwei Bürgermeister von Köln, Johann von Daube und Heinrich von Ausheim, von Neuem aufgenommen nachbenannte Juden gegen eine jährliche Pension:

Bruno Soesklint, Rabbiner, und Jakob, sein Sohn, 60 Gulden.

Sara Soesklint, des Rabbinen Weib in der Bolengasse, 16 Gulden.

Meyer, ihr Eidam, 25 Gulden.

Salomon et Pryla, 25 Gulden.

Vivus von Andernach, mit seiner Nichte Gertrud, 50 Gulden.

Johel von Frankfurt, sein Eidam, 20 Gulden.

Jakob, Eidam des Moises, 60 Gulden.

Simon, Eidam des Moises, 46 Gulden.

Joedelyn von Heidelberg, 55 Gulden.

Koppelman und Myngen, sein Weib, 70 Gulden.

Salomon von Bacharach, 26 Gulden.

Abraham von Nymwegen mit seinem Bruder Severlink, 45 Gulden.

Gumpertus, Sohn des Vivus in Bolengassen, 32 Gulden.

David de Pignora, 26 Gulden.

Godschalk von Jülich, 25 Gulden.

Meyer von Bunheim, 32 Gulden.

Jakob Hupel, 16 Gulden.

Soeßkint von Syberch mit Moyses, seinem Blutsverwandten, 20 G.

Meyer von Frankfurt, 26 Gulden.

Bonhem von Siberg und Selichman, sein Sohn, 32 Gulden.

Salomon, Sohn des Blous, und Sara, sein Weib, 32 Gulden.

Rosa Anseym's, 32 Gulden.

Bromoyl von Neuß, 32 Gulden.

Johel von Worms, 26 Gulden.

Bonhelm, Eidam des Anselms, 38 Gulden.

Blous und Myngen, Wittwe Kalman, 36 Gulden.

Ber Lupis und Anselm, dessen Sohn, 40 Gulden.

Folgende drei werden als neu aufgenommen (novi) bezeichnet:

Hirtz und Breume, seine Ahnfrau, 30 Gulden.

Moisis, Symon's Sohn, und Julia, sein Weib, 12 Gulden.

Godschalck, Soeßkint's Sohn, und Zara, sein Weib, 12 Gulden. Dann Hirtz, Meyer's Eidam, in Baiengassen, und Ryfa sein Weib, 12 Gulden.

Liesman von Dortmund und Rosa, sein Weib, 24 Gulden. Dann Gulde, Gumprecht's Weib, von Andernach.

Bolen, Bunhum's Wyff, von Zülpich, und Gotschalk, ihr Sohn, 28 Gl.

Salomon, Soeßkint's Eidam, des Rabbinen, und Ryfa, sein Weib, 25 Gulden.

Myngen, Koppelman's Weib, 50 Gulden.

Jakob, Simon's Sohn, 14 Gulden.

Moesgin, Soeßkint's Eidam, von Syberg, 10 Gulden.

Israel, Samuel's Sohn, von Mainz, 12 Gulden.

Liepert von Heidelberg, 12 Gulden, und

Salomon von Bacharach, 26 Gulden.

Diese 41 Familien waren die letzten in Köln vor ihrer völligen Verweisung aufgenommenen Juden.

Note XX.

Der stattliche Thurm unseres Rathhauses, eine herrliche Bauzierde der Stadt, jetzt unter Leitung des Stadtbaumeisters, Herrn Raschdorf, auf's gewissenhafteste restaurirt, ist ein Werk aus dem Anfange des fünfzehnten Jahrhunderts. Der Thurmbau wurde im Jahre 1407 auf dem Bauplatze alter Judenhäuser begonnen, und in sieben Jahren mit einem Kostenaufwande von mehr denn 60,000 Gulden vollendet. Im Jahre 1406 beschloß der Rath, als Johannes Floryn und Goebel à Walrave regierende Bürgermeister waren, den Thurm zu Ehren der Stadt aus den Geldern zu erbauen, welche die Stadt von den 1396 vertriebenen edlen, rathsfähigen Geschlechtern einge gen hatte, als die aristokratische Verfassung in eine demokratische umgeändert wurde. Das über den Bau im Jahre 1406 aufgenommene Rathsprotocoll lautet:

„Van dem Raitzthorne. Item haint unse heren vame Raide bevunnen dat yd der Stede ere ind ouch eyn gemeyne beste syn sulle, dat die hoifstat an der burghuss betzimmert werde. Also haint unse here eyndrechtliche verdragen dat man zo dem neestzokomenden somer, dye hoifstat buwen solle, ind daryune machen eyne kelre zo der Stede wynen, eyne Raitkammer, eyn gewolve zo der Stede privilegien, ind ouch eyne kamer off gewolve, zo der Stede reyschap.

„Concordatum anno quo supra, feria quinta post assumptionem beatae Mariae.“

Vgl.: Ueber des Antonius von Worms Abbildung der Stadt Köln aus dem Jahre 1531. Von J. D. F. Sotzmann. S. 27 ff.

So entstand der hauptprächtige Berchfride oder Belvrede der Stadt, reich mit Standbildern geschmückt, deren Consolen die derbe, naturwüchsige Laune der städtischen Steinmetzen mit den bekannten tollen Schwänken des Tyll Eulenspiegel, wie sie damals im Volke lebten, verzierte. Eulenspiegel wurde wahrscheinlich zu Ende des dreizehnten Jahrhunderts in dem braunschweigischen Dorfe Kneitlingen, nach Anderen im Dorfe Pampau geboren, und starb 1350 im Städtchen Mölln, vier Meilen von Lübeck, wo noch seine Grabstätte gezeigt wird. Seine gesammelten Schwänke erschienen als Volksbuch in niederdeutscher Sprache um 1483, welches 1519 durch Thomas Murner ins Hochdeutsche übertragen wurde. Es mußten die Eulenspiegeleien aber schon im Anfange des fünfzehnten Jahrhunderts im Munde des Volkes leben, sonst hätten die Steinmetzen des Rathhausthurmes dieselben nicht von 1407—1414 zu Vorwürfen der Bildnereien der Consolen brauchen können.

Note XXI.

Bubenkönig war der Titel eines städtischen Beamten in Köln, unter dessen Aufsicht ein Theil der inneren Polizei der Stadt stand. Der Bubenkönig führte die Aufsicht über das schlechte fahrende Gesindel beiderlei Geschlechts, wenn namentlich bei Jahrmärkten, zur Zeit der Messe, oder wenn sonst irgend eine Gelegenheit, z. B. ein Freihof, eine Menge Fremder nach der Stadt brachte. Es standen unter der Jurisdiction des Bubenkönigs alle Vagabunden, wie sie nur Namen haben mochten, und besonders die fahrenden Weiber, welche solchen Gelegenheiten nachzogen, und mitunter in hellen Haufen; denn man ist irriger Meinung, wenn man glaubt, die Prostitution sei im Mittelalter in den größeren Städten nicht heimisch gewesen. Das mittelalterliche Köln hatte auch sein schlechtes Viertel, welches mit den öffentlichen Bädern in den Straßen der Südwestseite des Gürzenich lag. Die fahrenden Leute, die irgend etwas zur Schau stellten, mußten, um die Erlaubniß zu erhalten, dem Bubenkönige eine Abgabe entrichten, so auch die Beutelschneider und Falschspieler um ihr Gewerbe zu betreiben; sie hatten dafür zu sorgen, nicht ertappt zu werden.

Das Amt der Bubenkönige entsprach dem französischen „Roi des ribauds“, welche in Paris und in anderen Städten Frankreichs dieselben Verpflichtungen hatten. In Paris standen die Spielhäuser und die Häuser der Prostitution unter dem Roi des ribauds, zur Zeit Philipp des Langen (1317) ein Bosand zur Aufrechthaltung der inneren Polizei des Hotel des Königs. Jede im Ehebruch überraschte Frau mußte in Paris dem Roi des ribauds fünf Sous Strafe entrichten, und von jedem Hause der Prostitution bezog er wöchentlich zwei Sous. Der Roi des ribauds mußte auch allen Hinrichtungen der von dem Prévót des Maréchaux de France zum Tode Verurtheilten beiwohnen.

Note XXII.

Als Beweis, wie viele Opfer der düstere Wahn des blinden Aberglaubens im Erzstifte Köln forderte, könnte ich Auszüge aus hunderten Protocollen von Hexenprocessen mittheilen. Folgende Schreiben mögen als Beläge des Gesagten dienen. Zwei derselben an den Grafen Werner von Salm-Reifferscheid zu Dyk, Herrn von und zu Alfter und Hackenbroich, rühren von dem Pastor zu Alfter, Hilger Durenius, her, das dritte von Andreas Heffele, Vogt zu Hülleraith, an den gräflich salm-reifferscheider Amtmann Wilhelm von Landolf zu Dyk, datirt vom 22. December 1590.

I.

Hoch- vnd wollgeborner Graff, gnädiger Herr u. s. w.

Daß vberschicktes Hundlein ist mir zu recht vnd voll eingehändigt, darauß Ihro Gnaden gnädige Affection gegen mich woll ermessen können vnd mögen, deren mich vnderthänigst bedanke. Daß ich von längst her nichts geschrieben, ist daher kommen, daß mir nichts sonderlichs vorkommen, allein daß man zu Bonn stark zu brennen anfange: ietzo sitzet eine reiche, deren Mann vormahls Scheffen zu Bonn gewesen, nahmens Kurtzrock, deme die Herbergh zur Blomen eigenthumblich zuständig gewesen, ob er aber Ihro Gnaden &c. descriptione hac bekännt seie, weiß ich, sed sit ut sit, sie ist eine Hex vnd täglich vermeinet man, daß sie justificiret solle werden, welcher ohne Zweifel noch etliche Dickköpf mehr folgen müssen. E. G. ertheillten Bescheid (darin die Kirchenordnung vnd geistliche policey begriffen) betreffent, so wird der leider wenig gehalten, dessen dan ietzo aufs new die meiste vrsach seind die vielfältige

Branntweinbrenner. Dan oft hore ich von anderen, an Sonn- vnd Festtägen, daß ihrer etliche voll vor dem Gottesdienst auf gemeiner Gassen vnd misten liegen gleichs den vnvernunftigen beesten vnd creaturen, waß nun biß vor ein Scandalum dem gemeinen mann seie, kan ein jeglicher woll vnd leichtlich ermessen. Ich zwar vor meiner persohn kan es nit besseren, woferen mir von Ihro Gnaden die Hand nit gebotten wird werden. Besseren sag ich, kann ich's nicht, aber sagen kann ich's, vnd mehr nicht. Derowegen will Ihro Gnaden vor diesem recht vnd lobesam einen Befelch geben, alle dergleichen kesselen außerhalb einem oder zwein abzubrechen, selbigen bitte ich umb Gottes willen Euwer Gnaden repetiren vnd die execution ernstlich befehlen, den wir also der gerechten Handt Gottes entgehen mögen. Daran thuen Ihro Gnaden Gott ein gefälliges vnd für den menschen ein lobliches werck, daß Gott der Herr ungezweiffelt an Ihro Gnaden selbsten vnd an Dero vnterthanen mit seinem gottlichen segen wird erstatten, vnd bleibe also Ihro Gnaden vnderthänigster Diener vnd pastor zu Alfter.

gez. Hilg. Durenius*).

II.

Hoch- vnd wollgeborner Graf, gnädiger Herr!

Daß Ihro Gnaden sich gnedig gefallen lassen, auf mein vnterthenigst Schreiben vnd Begehren, dem closter 1 wagen Holtz zu vereren, thue mich vnterthenigst bedanken und bleib solches gegen Ewer Gnaden die tag meines Lebens in aller vnterthenigkeit zu verschulden so willig als geneigt. Neues dieserorts nit als daß ich verlittenen Dynstag zo Collen gewesen, allda gesehen 8 reuter gefenglich am Teutzer Fahr übersahren, welche von etlichen hinder Berchem geholt und des Obristen pagagi-wagen geplündert haben sollen. heut aber 29. 7bris kompt eine Zeitungh, daß sie schon zu truch alle gehrenght. Die Sag geht wiederumb alhir, die Licenten sollen aufgehen, weiß aber nit, ob auch zu glauben, weil unß dieses gesprach oft betrog. Sonsten bin ich vor 2 oder 3 Tagen zu Bonn bei dem Hr. Scholastern gewesen und allda auf Ihren Gnaden gesundheit getrunken, und über Tisch kam ein schreiben ein von Würzburg so an Herrn Scholastern von einem Canonico bonnensi abgegangen, ungefehr deß inhalts: Ein Faß wein de anno 1624 wird alhie verkaufft vor 140 reichsthr, deren Ihre Fürstl. Gnaden noch in ihrem keller hat 4000 und sonst haben die reichsten auch noch ihre keller wol versehen. solche seint aber mehrentheils Hexenmeister dieser art; gehet vor gewiß die halbe Stadt drauf; dann alhir seint schon professores &ct., candidati iuris, Pastores, Canonici, Vicarii, Religiosi eingelegt und verbrennt. Ihre fürstl. Gnaden haben 70 alumnos, welche folgendts Pastores werden sollen, von welchen quidam in-

---

*) Das Schreiben hat kein Datum. Es ergibt sich aus demselben aber, daß im Erzstifte die Branntweinpest schon zu größern [illegible]. demnach rührt der Brief aus dem Anfange des siebenzehnten Jahrhunderts.

signale musicus gestern eingelegt, 2 andere hat man auch gesucht, seint aber ausgerissen. Der Cantzler sambt der Cantzlerinn und des Geheimen Secretarii Hausfrau seint schon fort und gerichtet. Am Abend Unserer l. Frauen 7mo 7bris ist eine tochter alhir (so den namen gehabt, daß sie die schönste und züchtigste gewesen von der gantzen statt) von 19 Jahren hingerichtet, welche von dem Bischof selbsten von kind an auferzogen. einen Thumbherren, mit namen Rotenhan, hab ich sehen enthaupten und folgendts verbrennen. Kinder von 3 und 4 jaren haben ihre Bulen †. Studenten und Edelknaben von 9. 10. 11. 12. 13. 14 jaren seint hier verbrannt; Summa es ist ein solcher Jammer, daß einer nit weiß mit waß leuten man conversiren und umbgehen solle. Zu Bonn haltet man ein car? nescitur. Was weiters verlauffen wird, berichte ich am nechsten. Hiermit &ct. geben Alfter, 29. 7bris 1628.

Ew. Gnaden unterthenigster Diener,

Hilg. Durenius, pastor zu Alffter.

III.

Andreas Hessele, Vogt zu Hülchrath, an den gräflich salm-reifferscheider Amtmann Wilhelm von Landolff zur Dyck, am 22. December 1590.

Edel Ehrenfest großgunstig lieber Herr Ambtmann!

Nächst dienstinhabentlicher erbiettungk thun E. E. Liebden Ich hiermit zu wissen, wie daß Zeiger dieß der armen gefangenen Frawen Sybum genannt Gorti beyfergns vnd vorblite Carlen Heins zu Fürde Scheffens alhie bey mich gewesen vnd gebetten wegen seiner selbst vnd seiner geschwägern, daß man doch jre Mutter mit dem Schwerte richten vnd in die Erde begraben mochte. Dagegen sie vnserem gnedigen Herren viertzigh Thaler cölsch zu vnderthenigen verehrungh geben wollen; mitt freundt-nhabartlichem Begeren E. E. Liebden wollen mitt darzu ratten vnd helffen umb des hohen Alter vnd der freundtschaft willen &ct. nach vnß altem Gebrauch.

Dieße alhie sitzende habe Ich examiniren, peinigen vnd vfs Wasser versuchen lassen, deren zwei jre mithaten vmbstandlich bekannt. Die dryitte aber halsstarriglich geleugnett, jedoch dieselbe wie die anderen zween vfm Wasser geschwommen &ct.

Vnß hiemit gottlichen Segen empfhelende Hülchrath am anderen tagh post St. Thomas d 90. gutwilliger nhabar vnd diener

Andreas Hessele Vgt. mp.

Wie viele Hexenthürme oder Kerker und Orte, wo die Unglücklichen ihre Sabathe gefeiert haben sollen, im Erzstifte und Westfalen sind noch Erinnerungen an jene schrecklichen, grausenerregenden Verirrungen des menschlichen Geistes, unter deren Fluch Jahrhunderte seufzten? Außer den im Texte angeführten Materialien zur geistlichen und weltlichen Statistik des niederrheinischen und westfälischen Kreises, Erlangen, 1781, B. I., Stück 5, geben Auskunft über Hexenprocesse im Erzstifte Köln von Stramberg, Rheinischer Antiquarius, Schwaben, Geschichte von Siegburg, Köln, 1826, K. A. Müller, Geschichte der Stadt Bonn, Bonn, 1831, Löhrer, F. J., Geschichte der Stadt Neuß, Jak. Katzfey, Geschichte der Stadt Münstereifel, II Thle., Köln, 1854 und 1855, und die Monographieen über die Geschichte einzelner Städte und Ortschaften des Kurfürstenthums Köln und Westphalens.

Zur näheren Kenntniß der blutigen Geschichte des Hexenwesens und der Hexenverfolgungen im Erzstifte Köln, mache ich auf ein seltenes Buch aufmerksam, welches Hermann Löher 1766 in Amsterdam herausgab und dessen vollständiger Titel lautet:

Hochnötige Unterthanige Wemütige Klage der Frommen Unschultigen; Worin alle Hohe und Nidrige Oberkeit sampt ihren Unterthanen Klärlich, Augenscheinlich zu sehen und zu lesen haben, wie die arme unschültige Leute durch Fahm und Ehrenrauben von den falschen Zauberrichtern angegriffen, durch die unchristliche Folter- und Peinbank von ihnen gezwungen werden, erschreckliche, unthunliche Mord- und Todtsünden auff sich selbsten und anderen mehr zu liegen und sie ungerechtlich, fälschlich zu besagen. Welches auch die Herren Tannerus, Cautio Criminalis, Michael Stapirius, härtlich bekräfftigen. Mit unterschiedlichen schönen Kupferstücken nach dem leben zierlich abgebildet. Alles mit großem Fleiß und Mühe, zu Trost und Heyl der frommen Christ-Catholischen Leuten zusammengestellt: Durch Hermann Löher. Der Stadt Amsterdam Bürger. — Gedruckt zu Amsterdam. Vor dem Auctor, bey Jakob de Jonge. Anno 1676.

Hermann Löher, 1595 in Münstereifel geboren, war 1627 Bürgermeister, Schöffen und Rathmann in Rheinbach. Ein vorurtheilsfreier, aufgeklärter Mann, widersetzte er sich in seiner Stellung dem blutigen Unwesen der Hexenverfolgungen und lief deßhalb Gefahr, selbst als Zauberer verbrannt zu werden, wie die Rheinbacher ihren Vogt, Dr. Schwiegel, unter derselben Anklage schon verbrannt hatten. Durch Flucht entging Löher dem Tode und kam mit seiner Frau nach Holland, wo er in seinem achtzigsten Jahre das angeführte Buch herausgab.

Aus dem Munde eines Augenzeugen finden wir in diesem Werke eine treue Schilderung der blutigen Gräuel, welche das Städtchen Rheinbach heimsuchten, und die in den grauenvollen Einzelheiten, welche mitgetheilt werden, leider das Gepräge der Wahrheit an sich tragen. J. Katzfey hat das Verdienst, uns in seiner Geschichte der Stadt Münstereifel, II., S. 178 ff., wörtliche Auszüge aus der Schrift aufbewahrt zu haben, welche uns ein treues, lebendiges Bild gibt von den Hexenverfolgungen mit allen Nebenumständen, wie sie im ganzen Erzstifte Köln und im Herzogthum Westfalen damals an der Tagesordnung waren.

Auch das Stadt-Archiv Kölns hat eine Reihe sehr merkwürdiger Hexenprocesse aufbewahrt.

Man hält es kaum für möglich, daß allein in Deutschland mehr als

100,000 den Feuertod starben unter der Anklage der Zauberei — und doch ist es die Wahrheit! Vom Jahre 1627 bis 1629 wurden in Würzburg 157 verbrannt, und hier noch 1749 Maria Renata. In Lindheim kamen in vier Jahren, bei einer Bevölkerung von 600 Seelen, 30 auf dem Scheiterhaufen um. Nicht minder schrecklich wüthete der Aberglaube in England und Schottland, Tausende Opfer heischend. In England wurden in zweihundert Jahren 30,000 Personen als Zauberer und Hexen verbrannt, nachdem Heinrich VIII. 1541 ein Gesetz erlassen, nach welchem alle der Zauberei überführten Individuen dem Feuertode ohne geistlichen Beistand verfielen. Ein Gesetz, das 1562 durch Elisabeth, und 1603 durch Jakob I. erneuert wurde. Jakob gab 1603 zwölf Gesetze gegen Zauberei, und veröffentlichte in Edinburgh und in London seine „Dialogues of Daemonologie". Er verfolgte eine Assise, weil die Jurie einen der Zauberei Angeklagten frei gesprochen hatten. In Schottland wurden in hundert Jahren tausende Personen zum Feuertode verurtheilt. Während der Dauer des langen Parlamentes starben in England 3000 Personen auf dem Scheiterhaufen. In Northamptonshire und Huntington hat sich der Aberglaube am längsten erhalten; noch im Jahre 1705 wurden in Northampton zwei Personen als Zauberer verbrannt, und 1716 eine Frau Hicks und ihre neunjährige Tochter in Huntington. Das letzte Opfer starb 1722 in Dornach in Schottland. Georg II. hob erst 1736 die Gesetze gegen Zauberei gänzlich auf.

Im Jahre 1516 verbrannte man in Genf in drei Monaten nicht weniger als fünfhundert Hexen. Allein in der Diöcese Como kamen in einem Jahre tausend Menschen wegen Zauberei auf dem Scheiterhaufen um. Vom Jahre 1580 bis 1595 starben in Lothringen 900 Personen den Feuertod. Unglaublich ist die Anzahl der in Frankreich als Zauberer Hingerichteten, besonders im Jahre 1520, als ein der Zauberei Angeklagter auf 1200 Mitschuldige bekannte. Auch in Nordamerica, besonders in Massachusetts von 1648 bis 1649, und in Pensylvanien forderte 1688 der Aberglauben unzählige Opfer.

Was das Nähere über die Verirrungen des Aberglaubens angeht, verweise ich auf: J. Collin de Plancy, Dictionnaire infernal, 6me édition. Die brüsseler Ausgabe, 1845.

Urkunden.

Die ältesten Schreinskarten aus den Zeiten des Erzbischofes Kuno II. (1056—1070) enthalten folgende Noten:

Urkunde 1.

Notum sit, quod Vives judeus et Agnes uxor ejus emerunt ab Ottone filio divitis Segewini et uxore ejus Evese in Curia sua partem terre presentibus Patrochianis Parrochie Sancti Laurentii etiamque Potestate Civitatis consistente ibi . . .

Hoc totum factum est eo tempore, quo Egebreth qui Judeus fuit et Hardewic Filius Geroldi erant Magistri Vicinorum Parochiae Sancti Laurentii et Wezel Noldere et Marchman Filius suus Vocatores erant Vicinorum Predictorum. Haec sunt nomina eorum, qui huic conventioni interfuerunt, Herimannus et Herimannus filius suus; et Bertulfus Filius suus, et Hilduinus et Filii sui et Herimannus Albus, et Gerardus et Hildebrant Frater ejus et Lazeman et Thiederic et Berenger et Fulchardus et Vicinorum quam plurimi.

Urkunde 2.

Notum quod ego Salemannus Judeus et uxor mea Rachel domum et Curiam quam edificavit Ysac Judeus contra eum libere tribus Marcis minus quam sexaginta emimus mihi et posteris meis heredibus ad habendum absque censu. Quam domum confirmavit nobis ejus manu et firma conditione ante omnibus Urbanis Advocatus Henricus et coram Judicibus nemine Contradicente. Hujus rei testes sunt et erant omnes Magistri Civium S. Laurentii, primum illi duo Henricus et Herimannus qui tunc officium deserviebant insuper et alii quorum nomina hec sunt Lucemannus Emundus Herimannus Eckebartus Herimannus Herwicus Bertolfus Fordulfus Gerardus et Gerardus Cuno Euner ipse vero Advocatus Henricus nos Banno et Confirmatione in domum duxit et libere consedere fecit.

Vgl.: Das edele Cöllen. 1769. 5ter Beytrag. S. 80 ff.

In den jetzt noch im Archive des königlichen Landgerichtes, im Stadt-Archiv und in der Jesuiten-Bibliothek aufbewahrten Schreinskarten und Schreinsbüchern — den Grundbüchern der Stadt, von denen, leider! viele nach der Umgestaltung der städtischen Verfassung im Jahre 1797 abhanden gekommen sind, besitzen wir eine reiche Quellensammlung zur inneren Geschichte der Vaterstadt. Die ältesten Schreinskarten (Cartae) reichen von ungefähr 1065 bis 1230, und zwar aus der Pfarre Sti Laurentii, in welcher auch das Schreinsbuch der Juden „Liber Judaeorum", das von 1260, mense Julio, bis 1347, feria tercia post Nycolai geht, mithin bis zwei Jahre vor der blutigen Vertreibung der Juden aus Köln (1349). Im Ganzen besitzt die Stadt mit den Karten noch 358 Schreinsbücher.

Aus der oben angeführten Schreinsnote (Juß) ersehen wir, daß der Jude Egebreth zu den Magistri Vicinorum Parochiae Sancti Laurentii gehörte, mithin Burmeister eines Theiles des Pfarrsprengels war, die Judengemeinde als solcher vertrat. Die Bürger waren nach ihren Pfarrsprengeln in Burschaften oder Burgenossenschaften eingetheilt, was in anderen niederrheinischen Städten die sogenannten Nachbarschaften. Jede Burgenossenschaft hatte ihr eigenes Burgericht, das im Burhause der Pfarre seine Sitzungen hielt unter dem Vorsitze der Burmeister, anderwärts der Schultheiße, der Amtleute (Vocatores) und der Bur-Officialen. Jeder in der Burschaft Eingeschriebene konnte den Sitzungen des Burgerichts beiwohnen. Den Burgenossenschaften war zunächst die Verwaltung des Kirchenvermögens, die Aufsicht über das Schreinswesen und die Entscheidung über die meisten in das Ressort der heutigen Friedensgerichte fallenden Rechtsfälle anvertraut. Die Aufsicht über diese Verwaltungszweige hatten die von den Burgenossenschaften selbst gewählten Burmeister und Amtleute, welche letztere auch die Bau- und Reinlichkeits-Polizei ihrer Burschaften zu überwachen hatten. Die Schreinsbücher wurden in den Localen der Burgerichte aufbewahrt. Die Eintragungen geschahen im Beisein der Burmeister und Amtleute, welche auch die dafür zu zahlenden Gebühren bezogen. Ein nach Vorschriften hergerichtetes Festmahl, der „Dienst" oder das „Servitium", mußte von den neugewählten Burmeistern oder Amtleuten gestellt werden, und bestand anfänglich aus Wein und Nüssen. Ein Burmeister und Amtmann konnte aber nur einmal zu dieser Verpflichtung herangezogen werden, und trat dann in die Reihe der verdienten Bur-Officialen. Man muß die Burschaften aber nicht mit Bauerschaften verwechseln, nämlich mit den Genossenschaften der im Bering der Stadt und außerhalb derselben wohnenden ackerbautreibenden Bürger, den sog. Bauerbänken.

Urkunde 3.

(1212.)

Engelbert, Propst von St. Peter und St. Severin, beurkundet die Schenkung von fünf Morgen Land zu dem Friedhofe der Juden.

In nomine sancte et individue trinitatis amen.

Ego Engilbertus dei gratia maioris ecclesie et sancti Severini prepositus et archidiaconus omnibus Christi fidelibus in perpetuum. Ea, que geruntur, ne veritatis diminutione aut temporis longinquitate depravantur, scriptionis officio micius (?) commendantur. Universe itaque generationi tam presenti quam future significandum duximus, quod inter felicis memorie dominum C. prepositum sancti Severini et Ortliuum militem et judeos colonienses ita conuenit, quod eodem Ortlino de allodio sancti Severini V iugera in terminis sepulture iudeorum extra muros locata, que in feodo tenebat, in manus prepositi resignante, idem prepositus consciente et consentiente sibi suo capitulo iudeis coloniensibus sub pensione quatuor denariorum annuatim curti pro decimis reddendorum eadem donauit, memoratus uero O. donationem prelibatam resarciens de proprio allodio V iugera in campo suspese in VII partibus distincta ecclesie sancti Seuerini tradidit, que de manu prepositi consentiente capitulo recepit in feodo; prescriptione itaque XXXVIII annorum iudeis usque ad nostra fidelicet tempora continuata sepedictus O. quietem pactionis nona lite commutans interruptionis questionem suscitauit et concessionem quandam usque prefinitum ad tempus et idem euolutam non donacionem iudeis factam coram nobis constanter asseruit, verum commonitus et edoctus litem mouisse iniustam iuri et actioni sue tam pro se quam pro suis heredibus renuncians super agris memoratis effestucauit. Quam ob rem nos iudeis predictis, ne aliqua in parte, quoad possumus obliquitati suspicionum aut malignantium pateant insidiis cauere et donationem iam dictam eisdem perpetua firmitate constare uolentes, presentem paginam ordinationis prelibate conscribi et sigillis nostre ecclesie et nostro de uoluntate et consensu nostri capituli fecimus roborari.

Acta sunt hoc anno dominice incarnationis MCCXII sub testimonio Gerardi decani sancti Seuerini. Godefridi chorepiscopi. Nycolai. Thedorici de Brule canonici maioris ecclesie. Conradi de Bobardia eiusdem ecclesie canonici. Henrici de Eminde canonici sanctorum apostolorum. Ludewici canonici sancti Georgii. Henrici de Leigelin drapiferi prepositi et aliorum quam plurimorum.

Urkunde 4.

(1213.)

In der Urkunde, vermittels welcher Papst Innocenz III. die Gläubigen der kölner Provinz zum Kreuzzuge auffordert, heißt es bezüglich der geliehenen Gelder:

Si qui uero proficiscentium illuc ad prestandas usuras iuramento tenentur astricti, creditores eorum per ecclesiarum prelatos, ut remittant eis prestitum iuramentum et ab usurarum exactione desistant, eadem precipimus districtione compelli. Quod si quisquam creditorum eos ad solutionem coegerit usurarum, eum ad restitutionem earum simili cogi animaduersione mandamus. *Judeos uero ad remittendum ipsis usuras per secularem compelli precipimus potestatem et donec illas remiserint*, ab uniuersis Christi fidelibus tam in mercimoniis quam in aliis per excommunicationis sententiam eis omnimoda communio denegetur.

Die Urkunde vollständig im B. II. der Quellen zur Geschichte der Stadt Köln. Nr. 42. S. 47 ff.

Urkunde 5.

(1246, den 22. October.)

Papst Innocenz IV. befiehlt, daß die Juden nicht zum Christenthume gezwungen, nicht mißhandelt, beraubt und in ihrem religiösen Cultus gestört werden sollen.

Innocentius episcopus, seruus seruorum dei, dilectis in christo filiis fidelibus christianis salutem et apostolicam benedictionem. Sicut Iudeis non debet esse licentia in synagogis suis ultra quam permissum est lege presumere, ita in hiis que concessa sunt nullum debent preiudicium sustinere. Nos ergo, licet in sua magis uelint duritia perdurare, quam prophetarum uerba et suarum scripturarum archana cognoscere atque ad christiane fidei et salutis notitiam peruenire, quia tamen defensionem nostram et auxilium postulant, ex christiane pietatis mansuetudine predecessorum nostrorum felicis memorie Calixti, Eugenii, Alexandri, Celestini, Innocentii, Honorii et Gregorii, romanorum pontificum, uestigiis inherentes, ipsorum petitionem admittimus eisque protectionis nostre clipeum indulgemus. Statuimus etiam, ut nullus christianus inuitos uel nolentes eos ad baptismum per uiolentiam uenire compellat; sed si eorum quilibet sponte ad christianos fidei causa confugerit, postquam uoluntas eius fuerit patefacta, christianus absque aliqua efficiatur calumpnia: ueram quippe christianitatis fidem habere esse creditur, qui ad christianorum baptisma non spontaneus sed inuitus cognoscitur peruenire. Nullus etiam christianus eorum personas sine iudicio potestatis terre vulnerare aut occidere vel suas illis pecunias auferre presumat, aut bonas, quas hactenus in ea, in qua habitant regione, habuerint, consuetudines immutare. Preterea in festivitatum suarum celebratione quisquam fustibus vel lapidibus eos ullatenus non perturbet, neque aliquis ab eis coacta seruitia exigat nisi ea, que ipsi preteritis facere temporibus consueuerunt. Ad hec malorum hominum prauitati et avaritie obviantes decernimus, ut nemo cimiterium judeorum mutilare vel minuere audeat siue obtentu pecunie corpora humata effodere. Si quis autem decreti huius tenore cognito temere, quod absit, contraire temptauerit, honoris et officii sui periculum patiatur aut excommunicationis ultione plectatur, nisi presumptionem suam digna satisfactione correxerit. Eos autem dumtaxat huius protectionis presidio volumus communiri, qui nichil machinari presumpserint, in subuersione fidei christiane. Ego Innocentius catholice ecclesie episcopus ss. Act.

Datum Lugdini per manum magistri Marini s. romane ecclesie vicecancellarii, XI kal. Novembris, indictione V., incarnationis dom. anno M.CC.XLVI., pontificatus vero domini Innocentii pape IIII. anno quarto.

Das Original im Stadt-Archiv. Innocenz IV. rügt in einer zweiten Urkunde d. d. Lugduni III. non. Julii pontif. anno V. (den 5. Juli 1247) den in Deutschland bestehenden Wahn und Aberglauben, daß die Juden bei ihrer Osterfeier gemeinschaftlich das Herz eines von ihnen gemordeten Christenkindes verzehrten (quod in ipsa sollempnitate se corde pueri communicant interfecti, heißt es in der Urkunde), und unter diesem Vorwande, ohne Untersuchung und Feststellung der Thatsache wider Gott und die ihnen vom päpstlichen Stuhle verliehenen Privilegien beraubt würden. Papst Gregor X. wiederholt d. d. Lugduni nonis Junii anno 1273 die vorstehenden Urkunden Innocenz' IV., welche König Rudolf I. unter dem IV non. Junii 1275 mit der Bestimmung bestätigt: „ut in nulla omnino causa dampnari possint vel debeant, nisi legitimo judeorum et christianorum testimonio conuincantur."

Urkunde 6.

(1252, den 27. April.)

Erzbischof Conrad nimmt die Juden Kölns auf zwei Jahre in seinen Schutz, bestimmt seine Gerichtsbarkeit über die Verbrechen der Juden und stellt die Amtsdauer des Juden-Bischofs auf ein Jahr fest.

Conradus dei gratia sancte Coloniensis Ecclesie Archiepiscopus sacri Imperii per Italyam Archicancellarius. Dilectis fidelibus suis, Judicibus, Magistris Civium, Scabinis et Consulibus universis Coloniensibus salutem et omne bonum. Nostro in hoc profectui et honori accedere non modicum arbitrantes, quod Judei, qui nostre se credunt ac subiciunt dicioni spe protectionis et gratie assequende, speratam a nobis sentiant beneficenciam per effectum, scire vestram volumus vniversitatem, quod nos hac ducti consideracione Judeis quibuslibet vndecumque existentibus Coloniensem intrantibus Ciuitatem ad manendum in ipsa uel iam in presenti ibi manentibus hanc duximus gratiam faciendam, quod postquam ipsam intrauerint Ciuitatem, statim extunc cum personis et rebus vniversis sub nostra protectione consistant et nostram vbicumque locorum nostre iurisdictionis in cunctis suis agendis promotionem a nobis sentiant et a nostris, certum proinde nobis iuxta conuentionem, quam cum aliquibus de nostro latere bonis viris ad hoc specialiter deputatis fecerint seu inierint non nisi per biennium duraturam, exhibituri seruitium vel tributum duabus in anno vicibus videlicet in festo beati Johannis baptiste et in Natiuitate domini per soluendum, vltra quod ipsos nullatenus artabimus nec artari per aliquem nec per Aduocatum nec Camerarium seu quemquam alium promittemus. Finito autem illo biennio in ipsorum erit optione libera recedere uel manere, vel si recedere et alias se transferre elegerint infra dictum biennium debito nobis seruicio persoluto, recedent libere absque molestatione quacumque in rebus siue personis ipsorum. Si uero duxerint post completum biennium vlterius remanendum, poterimus libere, si nobis visum fuerit expedire, conuentionem impendendi nobis annui seruicii innouare secundum prefatorum virorum consilium uel mutare. Ceterum in ipsos nullatenus exercebimus iudicium seculare nisi in certis casibus, vtpote si alter in alterum commiserit furtum, falsarie crimen, vulnus apertum aut plagam, que bligendait vulgariter appellatur, aut si aliquis ex ipsis excommunicatus in excommunicatione hujusmodi contumax steterit et rebellis, aut si Judeus adulterium cum Judea uel etiam christiana muliere commiserit, in his casibus nos in ipsos exercebimus iudicium seculare et perpetrator hujusmodi excessuum coram nobis est tam christianorum quam etiam iudeorum testimonio, sicut ius exigit, conuincendus, ita tamen, quod nullus puniri debeat pro excessu alterius seu delicto. Item si aliquis eorum alium pro aliquo crimine accusare voluerit presente eo, quem accusat, suam debet accusationem proponere coram nobis ad talionem se obligando, alioquin accusationem suam volumus non valere. Item si aliquis inter ipsos fuerit, qui tam reprobus et maliciosus existat, quod omnes vniversaliter malum ipsi perhibeant testimonium et proinde ipsum extra suam consortium amoueri requirant cum instantia ad nos super hoc habendo recursum, nos ipsum exterminabimus et exire

Civitatem faciemus ad requisitionem ipsorum. Item quicumque ipsorum fuerit Episcopus Judeorum, non nisi per unum annum Episcopus permanebit et anno finito ipsi alium eligent, qui visus fuerit expedire, de cuius electione nobis quinque marcarum servitium impendatur. Ad horum observationem omnium, que fecimus de nostrorum consilio Priorum et nostri consensu Capituli nos astrinximus bona fide et nostros similiter successores esse volumus obligatos saltem in tantum, quod illam constitutionem annui servicii seu tributi, quam usque ad biennium duraturam ipsis fecimus, sicut est pretactum et nostris intendimus observare diebus, nostri per vnum ad minus annum ratam teneant successores. Ad hec ut ipsi Judei, qui in ipsa Civitate pedem iam sue fixerant mansionis, tanto magis efficiantur voluntarii ad manendum et alii Judei forenses ad intrandum manendi causa exemplo eorum, quos bene tractari viderint, invitentur, vobis fidelibus nostris, Judicibus seu magistris Civium, Scabinis et Consulibus vniversis Coloniensibus supradictis, qui ad nostram requisitionem vos fideiussores per nobis etiam de istorum omnium observantia statuistis, iniungimus et mandamus, nichilominus in presentibus nostris dantes vobis litteris plenariam potestatem, vt nos in prefatis honorando Judeis ad eorum promotiones et commoda faciatis, quicquid potestis, manutenendo, fovendo seu nostra auctoritate defendendo eosdem, ita quod non paciamini ipsos Judeos a quoquam contra premisse affici aliquibus molestiis vel offendi. In predictorum testimonium litteram hanc conscribi nostroque et Capituli nostri sigillis facimus communire.

Datum Colonie anno domini millesimo ducentesimo Quinquagesimo secundo, V. kal. Maii.

Das Original im Stadt-Archiv.

Urkunde 7.

(1258, den 28. Juni.)

In dem am 28. Juni 1258 zwischen dem Erzbischofe Conrad und der Stadt über ihre gegenseitigen Rechtsansprüche gethätigten Schiedsspruche heißt es unter Nr. 52 in Bezug der Juden:

Item quod nichil ad Cives Colonienses pertinet de suis Judeis, qualitercumque cum eis ipse agat, tenet enim ipsos Judeos in feodo ab imperio, et sicut sua interest eorum tributa recipere, ita est delicta et corrigere et punire.

Hierauf antwortet die Stadt unter Nr. 52:

Item ad hoc quod archiepiscopo fiat iniuria de suis Judeis, dicimus, quod Judei libere spectant ad cameram archiepiscopi, si tamen ipse archiepiscopus aliquid conscripsit Ciuitati et Judeis vel aliquibus de Ciuitate, dicimus quod iustum est quod teneat eis.

Aus dem Gesagten geht hervor, daß die Stadt noch keinen Antheil an den in Köln ansässigen Juden hatte, sie mithin nicht besteuern konnte. Die Urkunde selbst in B. II., Quellen zur Geschichte der Stadt Köln. Nr. 384, S. 380 ff.

Urkunde 8.

(1259.)

Erzbischof Conrad fordert die Stadt Köln auf, die den Juden von ihm zugestandenen Rechte zu verbriefen.

Conradus dei gratia sancte Coloniensis ecclesie archiepiscopus, ytalie archicancellarius. Dilectis fidelibus suis, Judicibus, scabinis, consilio, fraternitatibus et vniversitati Ciuium Coloniensium gratiam suam et omne bonum. Cum inter nos et nostros Judeos Colonienses conuentionem sub forma hactenus habita cum addicione aliqua duxerimus innouandam, prout in literis inde de nouo confectis apparet, quas, si placet, uobis capimus exhiberi et nos ipsis iudeis promiserimus, nos rogare et tales habere debere, quod ad ipsos fideiubatis pro nobis vestrarum testimonio litterarum, quod eis dicte conuentionis series bona fide firmiter obseruetur, vestram attente vniuersitatem rogamus, quatinus ipsis iudeis illam pro nobis pactionem fideiussoriam faciatis vestras super hoc eis litteras tribuendo patentes in testimonium et munimen, scientes, quod gratum in hoc uobis exhibetis affectum. Et uobis et Civitati saluum esse volumus illud emolumentum de quatuor solidorum solucione, quod hactenus habuistis ab ipsis iudeis, vt videlicet ipsi iudei, quandocumque uobis duabus in anno vicibus seruicium uel tributum, quotquot marcas uobis dederint, totidem quatuor solidos ad vestrum opus Ciuitatis vobis soluant.

Datum anno domini MCCLIX.

Das Original im Stadt-Archiv.

Urkunde 9.

(1266.)

Das den Juden durch Erzbischof Engelbert II. im Jahre 1266 ertheilte Privilegium:

Nos Engel (bertus) dei gratia sancte Coloniensis ecclesie Archiepiscopus vniversis in perpetvvm. Notvm facimvs, qvod qvia Jvdeos dyocesis Coloniensis comperimvs ad iniqvam consuedutinem devenisse ad inivrias svstinvisse diversas, ipsos ad antiqvas libertates svás qve inferivs continentvr, de consensv Capitvli et priorvm nostrorvm ac de consilio fidelivm nostrorvm dvximvs revocandos. Svnt itaqve libertates ipsorvm Jvdeorvm tales, qvod fvnera ipsorvm Jvdeorvm, qvalicvnqve morte extincta fverint, et vnde cvmqve locorvm addvcantvr, sine theloneorvm exactione qvalibet de ipso fvnere reqvirendis (sic), vel aliqvo modo extorqvendis, in cymiterio ipsorvm sito extra mvros Colonie, qvalitercvmqve et in vita deliqverint, permittantur libere sepeliri, exceptis illorvm Jvdeorvm funeribus, qvi in sententia excommvnicationis Jvdeorvm morivntvr, vel qui per ivstam sententiam sangvinis fverint interfecti. Nvllvs insvper officialivm Archiepiscopi Coloniensis vel Judex qvicvmqve fverit, in cymiterio predicto aliqvas sentencias sangvinis, sive sit in cadaveribus christianorum vel Jvdeorum exequi faciet, vel adeo in vicino loco, qvod ipsi Jvdei ex hoc verecvndiam paciantvr. Jvdei etiam qvincvmqve fverint, et vndecumqve venerint in districtvs Archiepiscopi Coloniensis de se et bonis svis thelonea solvent et pedagia eqvaliter cristianis et bonis eorvm ad alia non tenentvr. Nvlli etiam Cawercini vel cristiani, qui manifeste prestant ad vsvras, cvm ipsis per hoc fiat preiudicivm, in civitate Colon. residere nvllatenvs permitten(vr). Et qvia ipsi Jvdei in hvivsmodi libertatibvs merito svnt servandi, easdem libertates presenti lapidi inscriptas ad perpetvam memoriam in pvblico aspectu hominvm permisimus collocari.

Actum anno Domini MCCLXVI.

In zwei, 3 Fuß hohen und 2½ Fuß breiten Marmortafeln ist vorstehende Urkunde eingehauen und jetzt noch in der Schatzkammer des Domes eingemauert. Der Bau der Schatzkammer rührt aus viel späterer Zeit, als die Urkunde selbst. Uns ward keine Kunde, wo dieselbe ursprünglich aufgestellt war.

Urkunde 10.

(1278.)

Bulla Gregorii X. d. d. Lugduni nonis julii ao 1278, Pontificatus ao 3tio confirmatoria. Bullae Innocentii IV. datae Lugduni 3. non. jul. pontific. 5to in favorem judaeorum emanatae.

Gregorius Eps. servus servor. dei universis Xri fidelibus presentes literas inspecturis salt.

Tenorem literar. quas felicis recordationis Innoc. P. P. IIII precessor noster venerabilib. fratrib. nostris Archiepis et Epis per Alamaniam constitutis in judeor. Alamanie favorem direxit pro eo qd incipiebant nimia vetustate consumi de verbo ad verbum fecimus presentib. annotari qui talis est. Innocentius Eps servus servor. dei venerabilib. fratrib. Archiepisc. et Epis per Alemaniam constitutis salt. Lacrimabilem judeorum Alemannie recepimus questionem qd nonnulli tam ecclesiastici quam seculares principes ed alii nobiles et potentes vrar. civitatum et dioc. ut eor. bona injuste diripiant et usurpent adversus ipos impia consilia cogitantes ac fingentes occasiones varias et diversas non considerato et prudenter qd quasi ex archivis eor. Xriane fidei testimonia prodierunt scriptura divina inter alia mandata legis dicente non occides, ac prohibente illos in solempnitate paschali quicquam morticinium non contingere falso imponunt eisdem quod in ipsa solempnitate se corde pueri communicant interfecti credendo ad ipsam legem precipere cum sit legi contrariam manifeste ac eis malitiose obiciunt hominis cadaver mortui si contigerit illud alicubi reperiri et per hec et alia complura figmenta servientes in ipos eos super hijs non accusatos non confessos nec convictos contra privilegia illis ab aplica sede clementer indulta spoliant contra deum et justitiam omnib. bonis suis et media carcerib. ac tot molestiis tantisque gravaminibus premunt ipos diversis penarum affligendo generibus et morte turpissima eor. quamplurimos condempnando. qd iidem judei quasi existentes sub predictor. principum nobilium et potentum dominio deterioris conditionis quam eor. patres sub pharaone fuerint in egypto coguntur de locis inhabitatis ab eis et suis antecessorib. a tempore cujus non extat memoria miserabiliter exulare. unde suum exterminium metuentes duxerunt ad aplice sedis providentiam recurrendam. Nolentes igitur prefatos judeos injuste vexari quorum conversationem dominus miseratus expectat cum testante propha credantur reliquie salve fieri eorden, fraternitate vre per aplica scripta mandam. quatenus eos vos exhibentes favorabiles et benignos quicquid super premissos contra eosdem judeos per predictos prelatos nobiles et potentes inveneritis temere attemptatum in statum debitum legitime revocato non permittatis ipos de cetero super hiis vel similib. ab aliquibus indebite molestari. molestatores hujusmodi per censuram ecclesiasticam ap. peore postposita compescendo. Dat. Lugdun. III non. julii pontificatus nri anno quinto. Dat. Lugdun. non. julii pontificatus nri anno tertio.

Sigillum plumbeum appendet.

Urkunde 11.

(1275, 4. non. Junii.)

Rudolf I. bestätigt die Bulle des Papstes Innocenz' IV. Stadt-Archiv Caps. weiß. Lit. A. Nr. 7.

Urkunde 12.

(1302, den 20. December.)

Erzbischof Wicbold von Köln verspricht den zu Köln wohnenden Juden, welche ihm 1200 Mark gezahlt haben, auf neun Jahre und gegen 60 Mark jährlich, Schutz, Geleit und gleiche Behandlung vor Gericht und an den Zollstätten, wie sie die Christen genießen; worüber er ihnen Bürgen stellt.

Nos Wicboldus dei gratia s. Coloniensis ecclesie archiepiscopus, sacri imperii per Italiam archicancellarius, notam facimus et presentium testimonio manifeste profitemur, quod nos judeos nostros Colonienses, ad presens in Colonia commorantes, qui ad nostra obsequia se exhibuere devotos, per novem annos continuos, qui currere inceperunt anno domini M.CCC. secundo in festo b. Remigii proximo preterito, rebus et personis, eundo et redeundo ac moram faciendo, in nostram recepimus protectionem et conductum, ipsosque in omni gratia et libertate, tam in theloneis, quam judiciis et causis aliis, per dictos novem annos gaudere volumus, quibus hactenus sunt gavisi. Promittentes bona fide, quod eosdem judeos ab omni injuria, violentia seu molestia, quam aliquis hominum ipsis inferre posset, fideliter et favorabiliter defendemus, fraude et dolo penitus exclusis. Pro quo iidem nostri judei insimul singulis annis sexaginta marcas bonorum et legalium Coloniensium denariorum, vel eorum valorem in pecunia alia, si forsan denarii Colonienses haberi non possunt, nobis dabunt et dare promiserunt terminis infrascriptis, videlicet triginta marcas in festo Pasche proximo futuro, et residuas triginta marcas in festo b. Remigii ex tunc subsequente, et sic eodem modo in aliis annis subsequentibus in eisdem terminis nobis dabunt et persolvent ad numerum annorum supradictum. Et per hoc dicti judei ab omni exactione et prestatione qualibet liberi et quiti erunt a nobis et soluti. Volumus etiam, quod judei qui infra eosdem novem annos Coloniam venerint ad manendum, predicta securitate et libertate fruantur, dummodo nobiscum prius concordent super pensione annua nobis occasione dicte mansionis persolvenda. Item volumus, quod quilibet judeus, ad civitatem Coloniensem nostram veniens, per quindecim dies continuos sub nostra firma protectione moram trahat ibidem ad deliberandum, utrum mansionem in ea facere voluerit, an non. Nolumus etiam, si aliquis dictorum judeorum nostrorum aliquid commiserit uel forefecerit, et de hoc conuictus fuerit eo jure, quo judei conuinci solent, quod pro eo aliquis eorum, qui in culpa non fuerit, grauetur aut aliquatenus impetatur, sed is, qui deliquerit, secundum modum culpe nobis satisfaciet super eo. Promittimus etiam firmiter per presentes, quod predictos judeos nostros quiete et pacifice seruabimus et seruari faciemus per nouem annos predictos sub omnibus conditionibus prescriptis, contradictione qualibet non obstante. Idem volumus, si nos, quod absit, medio tempore mori contigerit, quod successor noster teneatur ad omnes conditiones prescriptas, pro eo quod causa utilitatis ecclesie nostre Coloniensis dicte conditiones a nobis facte sunt cum judeis supradictis. Item volumus, quod judei nostri predicti in episcopatu nostro nullum dent theloneum de personis eorum, mortuis siue viuis, seu etiam de rebus et bonis ipsorum nisi secundum quod christiani thelonea dare consueuerunt. Item volumus, quod dicti judei nostri non cogantur ad inconsueta juramenta, sed juramenta prestent et faciant prout ab antiquo prestare, facere et jurare consueuerunt. Item ut sepultura judeorum nostrorum predictorum non impediatur, promittimus cimiterium ipsorum extra ciuitatem Coloniensem constitutum, ne destruatur, pro posse nostro defendere et tueri. Item cum prefate judei quandam pecunie summam, videlicet mille et ducentas marcas pro subuentione necessitatum nostrarum et ecclesie nostre nobis dederint hiis diebus, volumus, quod si aliquis judeus post datam presentium litterarum infra supradictos nouem annos ad manendum se in ciuitate Coloniensi receperit sub pensione annua nobis soluenda, de qua ante omnia nobiscum tenebitur concordare, ut superius est premissum quod talis judeus partem, pro portione suorum bonorum, de pecunie summa predicte, ad ipsum proportionaliter et pro rata temporis contingentem, prout rationes fuerit, sicut alii judei nostri predicti quilibet partem suam soluit, det et persoluat. Item promittimus predictis judeis nostris priuilegia ipsorum a summis pontificibus et imperatoribus romanis ac a nobis et nostris antecessoribus concessa seruare firmiter et tenere ipsosque in omnibus bonis consuetudinibus suis et juribus antiquis, in quibus sunt, fuerunt et esse consueuerunt ab antiquo fouere fideliter et conseruare, ut ipsi judei nostri sub alis brachiis nostris protectionis in pace corporum, tranquillitate animorum, et conseruatione rerum quiete et pacifice pausantes, nostris temporibus salubrius et uberius recipiant incrementum. Et ut super premissis articulis dictis judeis uniuersis magis cautum existat, dedimus et constituimus eisdem fideiussores, videlicet Constantium de Lijsolskirgen, Johannem et Brunonem dictos Hardevust, fratres, Emundum Byrkelin, Johannem Scheruechin, Johannem Ralzen, Gerardum filium quondam Gerardi vicecomitis, Euerhardum Gyr, Ricolphum Meuechin, Danielem Judeum, Ratgherum filium Constantini predicti, Gobelinum Hardevust, vicecomitem nostrum, Johannem Overstolz, filium quondam Constantini Overstolz, Godescalcum Overstolz, Franconem de Cornu, scabinum, cives Colonienses, qui se pro nobis in solidum obligantes, fide prestita corporali promiserunt, quod si Judei nostri infra predictum terminum in premissis omnibus vel aliquo premissorum aliquem defectum sustinuerint, seu aliqua iniuria seu violentia ipsis ab aliquo illata fuerit in eisdem, de hiis idem fideiussores nostri ipsis Judeis ad plenum satisfacient de huiusmodi defectu, fraude et dolo prorsus exclusis. Promittentes bona fide tenore presentium quod predictis fideiussoribus nostris omnes conditiones prescriptas ratas et firmas servabimus per dictos novem annos, quos fecimus cum Judeis antedictis, et ipsos fideiussores nostros ab huiusmodi fideiussione quitos et liberos faciemus ac indempnes servabimus, sine dolo, omnibus exceptionibus et defensionibus juris et facti penitus exclusis. In huius rei testimonium et firmitatem presentes litteras predictis Judeis sigillo nostro tradidimus communitas. Et ad maiorem securitatem sigillum ecclesie Coloniensis apponi rogavimus huic scripto. Nos etiam Decanus et Capitulum Colonienses sigillum ecclesie nostre in testimonium tantum presentibus duximus apponendum. Nos etiam fideiussores prenominati fatemur omnia premissa et singula vera esse et nos fideiussisse, promisisse et in solidum obligasse ut est dictum, id protestantes per sigilla nostra que presentibus in testimonium sunt appensa.

Datum Colonie, in crastino s. s. Innocentum anno dom. M.CCC. secundo.

Ich habe diese Urkunde ganz mitgetheilt, weil die von den späteren Erzbischöfen den Juden Kölns ertheilten Privilegien auf dem Inhalte derselben fußen.

Urkunde 13.

(1321.)

Im Eidbuche der Stadt vom Jahre 1321 heißt es §. 46:

„Id sij kunt, dat want ansem van oissenbruggen, de zu moinsterre woneigtheigh is, jude, vurmails gehonknisse dede, dat die stat van Kolne iren lifbalke, da di rame van der burgerhus vp resi, umbe sunderlinge line der raitz van Kolne leis in sine mure legen inde ime geloift wart, dat man in gutlighen her umbe vereein solde, so haint vnse heirren ane gevein die vruntschaf, de hee zu der stede van Kolne vurmails gekeirt hait, inde gunnen eme des, dat hee sinen gevel vpruren magh alse he, alse hee wilt, inde mag dit dirdeil der straissen beslain, also dat he sijn gezumber behoide, also dat man gain ind stain mege, bis hee sijn were volvoirt heit, inde mach zu der straissen doiren, veinstren ve maghen alse verre, alse eme dat even koimpt inde untze is inde gewoinligh is, inde haint dar zu unse heirren geschickt de zweine rentmeistre, dat sijt bewaren dat deme juden egein vngemagh en geschey, bis hee einen ba volvurt heit.

Quellen zur Geschichte der Stadt Köln. B. I. S. 11 ff.

Urkunde 13a.

(1321.)

Erzbischof Heinrich II. verspricht der Stadt, seinen derselben bezüglich der Juden gegebenen Brief mit seinem und des Capitels Siegel zu versehen.

Stadt-Archiv.

Urkunde 14.

(1321.)

In goits namen amen. Id si kunt, dat wir die joidin van Kolne mit irme live ind irme goide in vnse bescirmeniss genomin haven inde in vnse hoide inde zu vnsin samen burgerin sein jair; de sin bestoindin ze loyssin zu unser vrowin missen, der luter der neiste verledin is, mid al den vurwordin, as in irme breve gescrevin steyt, de sij van vns haint besegilt mit deme groissin ingesegil der Steede van Kolne. Inde hain gekundiget zu gemeinne morgin spraghin, dat si neman ain in sal sprechen vur egeyme Reichtere umbe eyngin scade, we dar weeder deyt, de sal der Steede half als veel zu boissin geldis, as van in vordert of heyscht. Dis is gesceit na goits geburd in dusint druhundert in deme eyn inde zwentzichten jare.

Eidbuch vom Jahre 1321.

Auszüge aus dem Liber Judaeorum.

Urkunde 14a.

(1325.)

Den Juden Joselm von Bercheim und Saul von Arweiler ertheilten die Bürgermeister das Recht, ihr Haus, gen. zu Lowene, an Christen und Juden zu verkaufen und zu vermiethen.

Nos Consules nunc sedentes concedimus potestatem Joselmo de Bercheym et Sauli de Arwylre judeis et eorum heredit. qd domum suam dictam zu Lomere sitam int. domum Henrici dct. Mambas versus Stessenam et domum Medonis ex altera que quondam fuit domus pistores vendere et locare volunt Christianis et Judaeis et qd emptores seu locatores dte domus nulla servicia de ipsa domo solvere tenebunt civitate Coloniensi et quod janue et fenestre al dti judei et eor. heredes volunt omni tempē stabunt et manebunt de ppis q parietes lapideas vel ligneas facere pot. q suo libito voluntate et qd nullus de consulibus pvalis q tempē sedentibus hec ipis potit. aliquas phibē.

Urkunde 15.

(1325.)

Die Bürgermeister ertheilen den in dem, in Ordone Judeorum gelegenen Hause wohnenden Juden das Recht, einen Aus- und Eingang durch ein anderes Haus zu benutzen, oder neue Thüren und Fenster zu brechen.

— — qd domum sitam in Ordone Judeorum que posita est ex una parte inter domum dictam ad ordonem et domum apothecarii versus antiquum forum inhabitare possunt et eam alii vel aliis judeis ad inhabitandam conducere et locare et hag. inhabitavit habebit librum egressum et regressum p. januam q. in eadem domo sita est ex exposita dom. zume Rofarde et pmanebunt fenestre ipius domus ibidem et possunt novas jannas et fenestras construere pro qualib. sua voluntate.

Urkunde 16.

(1328.)

Die Juden Samson von Remagen und seine Frau Odilia kaufen ein Haus, genannt zum Orde.

Samson de Remagen et Odilia ejus uxor judei in emphyteosin emerunt domum appellatum zum Orde que quondam fuit Johannis dcti zum Orde civis Colon. sitam ex uno latere domus appellate zum Putze que est Sampsonis de Lymburg judei versus occidentem et ex alio latere domus Saulus de Arwilre judei quondam appellate Lomer versus orientem in vico qui dicitur Stessen cum area ante et retro &ct. erga discretum virum henricum dctum Wambas et Belam ejus uxorem ad hadewigen relictam lamberte den Bochen &ct.

Urkunde 17.

(1326.)

Asso dat man mit Koesten der juden dy poerte dy steint am der judengassen zu deu rintsuteren vert, ind dy poerte in der botengassen euer dy poerte dy steint in der encgergassen, ind dy poerte dy steint by der Marportzen, voegin ind machgin sal as na by eyn dat man dar durch noch sein, noch schiessen noch stechgin en muge, ind sal sy eynen geliche machin ind decken ind eyme delle vur den ram, ind sal man machin durch die poerte an den rintenten eyne portze asso wyt ind also ho dat man mid geladin wagenen ind carren mid gemache der durch vareń muge, ind in dy portze machhin eyn durlyn da man mid gemachte durch riden ind mid burden gan muge. Euer sol man machin an poerte an der marportsin eyne dur, asso wyt ind asso ho dat man dar durch riden ind gain muge ind mid eyne ungeladinre karren dar durch vareu muge mid gemache, oich durch dy poerte in der botegassen ind an der encgergassen sal man an eytliche der gassen machin eyn durlyn da man mid gemache durch gain ind ryden muge, ind sal man dy portzen ind durlyne alle aventz zu sleissen ind morgens up. Jud de slussele sal holden peter der stede bode of eyn ander bode de an na yme koempt, mer der juden busschof de sal hauen we de is eynen slussil an der enger gassen zu dem Durlyn ind mach hee da myde of eyn ander birne jude deme hoe dat beueilt dy juden us ind in laissen as sy des noit han sunder eym ans vragin, oich sal man dy poerte dy steint vur den dureu dy geint us den juden huseren in der Kirstenre inde straissen af doin, ind solen dy doerin stain als sy ei stoenden.

Urkunde 17a.

(1326, in vigilia b. Joh. Bapt.)

Widerruf der den Juden vom Erzbischofe Heinrich ertheilten Gerechtsamen. — Stadt-Archiv.

Urkunde 17b.

(1327.)

In goits namen amen. Id sij kunt, dat unse heirren van me sangme Rade gebaiden heren Hermanne scherfgine riddere inde scheffene deme

Greven, dat hee mogh sine gewalt nogh neiman van sinen wegen egeinme juden nogh judinne egeine unregchte gewalt dun en sal nog sij in des Kemerers hüs nogh in sijn sloe nog in egein sloe setzen in sal, nogh dun setzen, de enigen erfeigthiggen juden one judinnen zu burge setzen magh, one de selne erfeigthigt is, ambe enigh die vorderunghe, de hee zuist deme jude one judinne hanen magh. Inde van deme juden one judinne, den he gehortzaicht heit, sal hee clagen vur deme bischoffe ind deme Capittele der joitzschaf inde sal da nemen sunder weder rede joits reight, wat in dit meiste part van deme Capittele der joitzschaf wijst. inde alse de jude dat gedeit, so sal hee quijt sijn der ainspraighen. Weir dat saghe, dat hee her weder dede enigherhande wijs, so sal man sigh halden an sijn lijf inde an sijn gut. Inde weiligh sinre bode den jüden one die jüdinnen hey eubonen in enigh sloe leighte, de sal leigen veir weggen in der steide turne be sin eit van Kolne inde wasser inde broit essen inde danne neit ze kumen, de veir weggen in sin umbe. datum anno domini MCCCXXVII feria secunda post jubilate.

Eidbuch vom Jahre 1821. — Quellen zur Geschichte der Stadt Köln. B. I. S. 11.

Juden-Privilegium.

Urkunde 18.

(1331.)

In Goits namen Amen.

Wir Richtere. Scheffen. Rait. Inde die Burge gemeinligin der Stède van Koine doin kunt alle den genin die diesin brief seint in horint lecsin, dat wir mit guden vurrade anegesein hain Nuts inde Vrbe der Steede van Colne. In oych vmbe sunderlige beede des eirsamen Vadeirs Ir hin, her Henrichs des Ertschinbischofs van Colne Intfangin hain in genomen die Juden van Colne mid irme Lyue ind mid irme gude semenlligen in vnse beschirmnisse inde in vnse hode zu vnsin samenburgerin deze sein Jare, die anegeingt vp den heilligen Kirsdach de vurleden is int jair uns heirin, dusent drihundert in deme eyn inde drisichstime Jare inde geloven dat wir die vurgenante juden die vurssprochen Zyt van alre vnreicht gewalt die eman an sy kerin wulde, mit allen truwen gelich unse selues burgeren beschyrmen solen semenlichin ind sunderlichin weeren ind bevreden ain alre hande arglist.

Even so gelonen wir den selven Juden dat wir neit gehenogen en solen dat eynich vnser samen burger dy vurgenante Juden of eynichen van in, in eyniche sache trecke of sy aitsprechen vur eynich ime gerichte, id sy van Kolste of van schadin, dy in gegroeuen, bezailt of gelaift dat of umb scholit, of umb emende spise, dan en irre Scholen vur ire buschoue alzo as sy dat van alders herbraicht haint, wenlde nu eynich vremde psone sy ainsprechin vur eynichme anderme gerichte dan in irre Scholen vur yren buschoue, den solen wir, of wir mogin mid gutlichin worden dar so halden, dat hee ane laisse, ind reycht van in neame in irre scholen vur yren buschoue, In woulde hee des neit doin so sollen wir yre sachgen sementlichin, of sunderlichin weder die dy vreymde psonen mid yrre kost reedelichin oumitz unsse paffen doin hulden in hudin ain alre hande arglist.

Ever so gelouen wir den vursprochenen judin dat wir neit geheugen en solen, dat eynich van unsen samen burgen, of oich eynich vreymde psone in sementlichin of sunderlichin eyniche gewalt of drouwe due as ir guit of ir gelt in aue en dwenigin van eynicherleyge sachgin dy darzu geburen mach, ind oich of sy pende hedden dy sy jair ind daich gehalden hedden ind dy up buden na irre gewinden ind dy neit gelaist en muchten werden van den gienen den sy du pende up buden, ind dy pende dan verkochten, dan eyn eidlich persone mach dy vursprochen juden seymentlichin of sunderlichin ainsprechen van deme dat yme bruch is in irre Scholen vur yren buschove ind judtz reycht van yme neemen also as sy dat van alders herbraicht haint ind ire breeve behaldent.

Weir un Sachge of wir ind vnsen samen burgin umb eynicher hande tzweygincge of vrloege dat wir hedden weeder unse viande ind herumb vnss vter Coelne geburde zu varen of gewapnede lude senden musten of oich eynich heres vur steeden of vur burgen deden binê den vursprochen syn jaren van den sachen inde van alle deme dat dar zu rurende is inde dar zu gebuirt id si an wachen eetzungen an helpen an bedin of an eynger Koste die darzu geburde der solen si los inde ledich inde quyt syn. Inde in mugen noch in sulen in neyt dar are heischen noch vorden ain alleyne of is noit geburde des neit syn in mune so sulen si de portze de in van alders bevolen is van wachen inde mid anderre huden inde beschirmpnisse truwelichen hudin ind bewaren ain alre hande argelist. We oich sache of eynich vreymde jude of judinne queme binnen de stat van Kolne zu wonen mid den juden van Kolne de Jude of dey Judinne solen gebrugen alle doe vriheyde de den juden van uns gegenen inde verleint sint, beheltnisse doch den plege uns heirren van Colne des ertschen bischofs sints regts also as dat van alders her kumen is inde sulen geuen inde bezalen mid den juden van Kolne ir gebur irs guts na deme dat dat meyste part irs Capitels dat ersaint inde of eynich Jude of judinne vnser Kolne wirt of vure agtmails de of dey syn gebur sintz gutz neit gegeuen in hedde noch in gene, dey soil wir na vnser macht mid regte dar zu balden dat hie bezalt syn gebur sintz gutz na deme dat dat meiste part irs Capitels up in gesat hayt, were oich eyn sache of eynich vreymde jude of judinne binnen der stat van Kolne queme zu wonen of wolde de den vursprochin juden vngehoirsam syn wolde syn gebur sintz gutz dat up in gesat wurde zu geuen na deme dat id ouermitz dat meiste part irs Capitels gesat wurde, den of de, de alsus vngehoirsam weren soil wir dar zu balden, of dey vursprochen juden des an vns gesinnent dat si ir gebur irs gutz geuen inde bezalen. Inde gelouen oich in guden truwen dat wir egeyne Juden semtlichen noch sunderlichen in buyssen die gemeynde der Joitschaff egeinre hande vriheyt geuen en sulen dan si solen alle sementligen eine vriheyt de wir in gegeuen inde verleint hain gebrugen, wer euer sache of eynich Jude of Judinne binnen de stat van Kolne queme zu wonen de den Juden vnnutze were sin gebur sintz gutz dat up in gesat wer ze geuen de gene of den geinen mogen sy ouermitz vrdeil des meisten partz irs Capittels of si willent verdryuen inde sulen in da ayne bestayn sunder alre hande argelist.

Euer so hain wir in geloyft dat of agtmails eyng' hande zweyinge of uployf geschege of eyng' hande ander sache sy wer grois of cleyne wie dee erloiffen mochte tuschen Juden inde Kirsten of tuschen Juden inde Juden dat wir darumbe die gemeynde der Joidschaf noch en geynen juden de da an vnschuldich is, neit anhalen noch ainsprechen insolen noch engeyne samenungen gestaden in solin in ir gelt of ir gut dar umbe ze nemen of avenze dringhin dan man sal ainspraichin den genen of de gene die hant dedich sint of die an volke inde an vurde geweist sint inde solin die gemeinde der Joydschaf inde eynen yeclichen Jude da ane vnschuldich is dan ave beschirmen inde benreden dat in engein vngemoich ingesche, inde wir en sulen oich engeynre kunne gayne mid geboyde of mid gedwange van der gemeynden der Judschaf, noch van deme geyne de vnschuldich is dar umbe nemen inde gelouen sy in guden truwen zu beschirmen inde zu benreden van alre vnreicht ind gewalt ain alrehande arglist. Euer want ein Jude den andern Jude vurmails bedrain hait van vns inde si dar umbe verdreuen inde zu turne gelaicht sint, des hain wir ouerdragin dat wir neit in willen dat man si eit zu Turne legin sal of verdreuen umbe des wille dat irre eyn weder den andern zu schaffen hayt, dan eyn yeclich jude de mach eynen andern jude des sy vnder einander ze schaffen haynt ainsprechen vur irre meyst'schaf inde reicht van yeme nemen, also as dat van alders her come is.

Euer so gelouen wir den vurgesprochen Juden de zu Koine wonechtich sint, dat wir sy sementligen inde sunderliche halden inde buden sulen in alle irme aldeme reichte ind irre guden alder gewoynden inde vryheit de in van Poissen van Keysen inde van Ruymschen Kuningben inde van Ertzschen bischoven van Colne ind van uns gegeven inde verleynt sint van alders sy ein in gewonheit of in hayven geschreigte inde dey si mid unsen Ingesegelin, beyde mit deme groisme inde midme deme cleyme besegilt haint, inde die in dat eytbuch geschreven synt, vestighen inde steede halden solin ind in guden truwen ein alrehande argelist.

Inde willen oich want ire sidinge inde ire vurworde inde ire breve die wir in gegeven hadden nu zu Kirsnagt dat vur leden is nagegangen sint inde nu anderwerf ind uns verdragen de vursprochen sijt so wille wir dat in de vursprochen vurworde inde ire breyne de si van uns haynt, mid deme groisme inde mid deme kleyme ingesegele besegilt van der Stede wegen dey jairzalen dey da vurgeschreven staynt vestigen inde stede gehalden werden ain alrehande argelist. Inde zu eyner meirre siggerheide so hain wir deysen intgeynwordigen breyf mid ander breyven dey si haynt van uns mit der stede van Colne meiste inde minste Ingesegilen besegilt in dat eytbuich doyn schriven up dat id deynstligen steyde gehalden werde die sydinge dat ire jairzalen weren solen also as vurgeschreven steyt alrehande argelist vugescheyden inde ave gesat her umbe so sulen die vursprochin Juden uns zu nutze der steede van Colne alle jair geven also lange as die syn jair vurgeschreven weren sulen eychzeyn hundert mark colen payments as zer syt ginge inde gene is mid namen nuyn hundert mark zu sent Johans missen dat an nekende is inde nuynhundert mark darna zu Kirstennacht inde alsus vort umber des jairs dese zein jair Echtzein hundert mark inde zu den ziden as da vurgeschreven steyt. Inde solen wir si loymen dese vurgenante zyt gerayt inde gerast sitzen inde si beschirmen inde bevreden gelych uns selfs burgen.

Inde dis zu eyme Urkunde so hayn wir dat meyste Ingesegele der steede van Kolne*) an deysen breyf doyn hangen de gegeven is in deme Jaire uns heirren dusent drihundert in deme ein inde drisalchtme Jaire de Duarisdays vur sent agnetin dage.

Im Jahre 1342 erhielten die Juden ein ähnliches Privilegium auf 18 Jahre gegen 1800 Mark jährlich. Dasselbe ist mit dem vorstehenden übereinstimmend, enthält aber noch folgenden Zusatz:

Ouer wille wir dat neman eynich bedrach up eynger Juden oder Judinne an vns brenghe, noch eynitz gesuyet aycht wt leyde dan vur deme buscboyve in deme Capittel der Juden inde vur deme of den, die die sagbe an geit, inde darup sal deseu der buschof inde dat Capittel

*) Das große Stadtsiegel.

der juden na deme meysten parte up yren Eit ind des sal uns genugen. Wer en saghe dat eynich jude der Clage of des bedrags gein weulde offenbayr ind he dan dat neit inbreichte, also as dat meyste pt des busschof ind yrs Capittels wysde dat man it zu seulde brenghen, so sal de becleger of cleger die selue peyne dar umbe lyden die der gein lyden muesten in de seulde de bedrogen wer, of hi schuldich wē geweist. Euer wille wir dat eyn yeclich jude inde judinne mach in hynne syme of in irme huys upme syme zymbern unden inde oven, zu allen synen willen sunder unsen zorn of wedersprauche, also dat he noch si nett in buyssen instegern, noch in geyn gepeuwede vur syme huys inhalde noch in have, id in sy dan mid unsen wille, dat he id of si zalchans enweg doin voeren. Euer willen wir dat der juden portzen die an enden irre gassen steint, dese druzen jair vurgenant solen blyven stain in alle der wys, inde in der breyden, wyden inde hoeden wie sy nu steint ind wat an den portzen breiche bynnen den vurgenanten jare dat mugen se weder machen, also dat sy blyven stain in alle der maniere dat sy nu sint ind steint, sunder arglist. Euer willen wir dat man den juden semetlichen of sunderlingen Vrydais verkoiffe essende spyse ind drank gelycher wys als man kirstene inde deit. Euer willen wir sy beschirmen van alme unreichte, gewailt, besweirnisse eyns yeclichen mynschen in wilgrley wisen ind stait dat he we na alle unser mugen. Euer so geloif wir den vurgesprochenen juden de zu Kolne wonichtigh sint dat wir si semetlichen ind sunderlinge halden inde huden sollen in alle deme Reichte inde irre guder alder gewoinden ind vryheyt, die in van Pelsen, van Keysern, inde van Roemschen Kuninghen, inde van Erzschen bisschoven van Colne, ind van uns gegeven ind verleint sint von alders sy syn in geschreichte of in buyssin geschreichte, inde die sy mid unsen Ingeseien beyde midme groisme inde midme cleynme besegelt haint, inde die in dat eytboich geschreven sint, vestlichen in de stede halden solen in guden truwen ain alrehande arglist. Inde zu eynre meirre siggerheyde, so hain wir desen intgeynwordegen breyf mid ander breven die sy haint van uns mid der stede van Colne meysten ind mynsten ingesegele besegelt, in dat eydboich doin schriven up dat id die coestliche stede gehalden inde die zeldinge die yre jair weren solen, also ast vurgeschreven steit, alrehande arglist uysgescheden ind ave gesat. her umbe solen die vurgesprochenen Juden uns zu nutze der stede van Colne alle jair geven, als lange as die druzein jair vurgeschreven weren solen Eychsein hundt mark Colz payments as zerzyt genge inde gene is, mid namen nuyn hundt mark zu sent Johanis mysssen darna zu kirsmyssen inde alsus vort umber des jairs Eychsein hundt mark inde zu den ziden als id da vurgeschreven steit, inde solen wir sy laissen dese vurgenante zyt gerait ind gerast sitzen inde sy beschirmen inde bevreden gelych uns selfs burgern na forme inde vurworden der brieue, die uns unse Eirsame vader inde heirre her Walrave Ertzebusschof van Colne gegeven hait mit sime inde des Capittels van me Doyme ze Colne Ingesegelen besegilt, inde geloyven wir den vurgesprochenen Juden, dat wir in halden solen, die vurgesprochen druzein jair alle die punt inde artikele in alle der wys, so wie sy da vurgeschreven steint stede inde unverbrechlichen in guden truwen ayn eyngerhande argelis, dis zu eyner Urkunde ind zu eynre gantzen stedigheyde, so hain wir dat meyst Ingesegel der Stede van Colne an desen breyf doin hangen, de gegeven is int jair uns heren Dusent drihundert in deme zwei inde veirziechstieme jare des eirsten dags na sent Pauwills dage da he bekeirt wart.

Urkunde 19.

(1331, in crastino b. s. Innocentium.)

Erzbischof Heinrich nimmt die Juden gegen 80 vollwichtige Mark Kölnisch jährlich, auf zehn Jahre in Köln auf und ertheilt ihnen verschiedene Privilegien.

Stadt-Archiv.

Urkunde 20.

(1331, in die s. Innocentium.)

Erzbischof Heinrich fordert den Senat der Stadt Köln auf, den Juden auf zehn Jahre Schutz und Schirm angedeihen zu lassen.

In diesem Briefe wird auch bescheinigt, daß die Juden 6000 Mark Köln. gezahlt haben zur Einlösung des Schlosses Aspeln und der Städte Rees und Kempen cum omnibus apartinentiis.

Stadt-Archiv.

Urkunde 21.

(1334.)

Der Jude Süßkind von Frankfurt und dessen Ehefrau Gutheil kaufen mit Erlaubniß der Richter, Schöffen und des Rathes ein Haus, genannt zume buntachoe.

Suskind judeus de francofordia et Gutheil ejus uxor judei specialiter licentia judicum, Scab. consl. civium civit. Colon. hereditarie emerunt sibi et suis heredibus domum vocatam sume buntechoo que sita est in platea vocata zu der stessen contigua domui vocata zu den boten versus campum erga honestos viros dnum Joh. Overstolz scabinum filium dni Werneri Overstolz in Ryngassen Scabini et demodim ejus uxorem et Jacobum dtni Scholnwerder et drudam ejus uxorem cives Colon.

Urkunde 21 a.

(1341.)

In dem Eidbuche der Stadt vom Jahre 1341 heißt es unter Nr. 26:

Vort sal peter (der Stadtbote, als Castellan des Stadthauses, auch später Burggraf genannt), of deme id der Rait beueilt, halden de slussele van der Judin Porzen, inde durline, die sal he des auentz sleissin, as der dach undin geit, id in were dat unse heirren up deme huis weren, inde des morgins zu der uroer primen upsleissin, bebadin der juden blaschone des alsmails zu der enger gassin, as der judin brief behelt. Her umbe solin die juden geuen alle jairs zwentich mark petere, of weme id der Rait beueilt inde neit me, in noch irme gesinde die zijt, dat jre Jaremalin durent van den porzen.

Quellen zur Geschichte der Stadt Köln. B. I. S. 31.

Urkunde 22.

(1335, in crast. S. Petri ad vincula.)

Erzbischof Wallram, Graf von Jülich, fordert die Stadt auf, den Juden außer den fünf, ihnen von seinem Vorgänger Heinrich bewilligten Jahren, noch weitere sieben Jahre Schutz zu gewähren.

Stadt-Archiv.

Urkunde 22 a.

(1335.)

Id si kunt dat want dy stat van manicher hande sachgen veile zu done ind zu schaffen hadde mid den Juden zu Coelne, ind oich der edel heire her Willem der margreve van Gulliche sich sere ind ernstlich besiade van den juden van Coelne dat sy syne juden vervarreychtin, des sy eynen breif hedden van in ind weeder den breif gedain hedden ind sy den breif neit enheilten, dos quamen by eyn alle dy heirren dy vur ind na in sy engerne rade gesessen haint, ind gaven vns vunfzien heirren dy nu in enegme raide sitzent volkomen maicht so wat wir van dysen sachgin deden ind machdin dat man dat steede ind vaste unverbruchlich halden sal. Van diser selver maicht so hain wir vunfzien eyndrechtlichgin ouerdragin ind willen dat so wanne dy vurgenoympde juden van Coelne noit haint, ind sy des gesinnent dat van der enege Rait doy zer zyt sitz sy sal verantwerden entgeen den marcgreve of syne vrunt, dy hee den by schickt na van deme vursprochenen brieve na reichte ind na alre beschedinheyt clage mid in halden in willen vort dat herumb engeyn Rait den Juden eit heyschen sol mid eynicher behendigheyt of varwen, of in dat Vr anebreche, of drenege, of dwingin in eynich quit zu geeuen dy juden sy willen dan deme raide gerne vruntschaf doyne, ind entgeyn sy verdenen, want dy juden vur verdeint haint entgeen dy stat dat da komen in nutz ind urber der steede.

Datum anno dm X die pdts.

Urkunde 23.

(1338, in vigil. S. Catharin. virg.)

Erzbischof Wallram sühnt sich mit den Juden Kölns aus und bekundet, daß die kölner Bürgerschaft auf sein Ansuchen die hier befindlichen Juden in Schutz genommen habe und sie mit ihrem Hab und Gut gegen jede Gewaltthat und Anfeindung sichere, jedoch mit Bewahrung ihrer Rechte.

Stadt-Archiv.

Urkunde 23a.

In Godts namen amen. Wir Richter, Scheffen, Rait ind gemeyne Burgere van Coelne doin kunt alle den gienen dy dysen breif seint of hoerint leesin, dat wir mid eyndreychtme willen alre Reede mid deme buschove, Capittile ind mid der gemeynre Jutschaf van Coelne umb nuts ind gemach der Steede ind der Juden van Coelne guitlichen ind vruntlichin ouerdragen hain asso dat man mit Koesten der juden dy poeste dy steint ain der juden gassen zu der rintenteren wert, ind dy poerte in der botengassen ener dy poerte dy steint in der eneger gassen, ind dy poerte dy steint by der marportzen, voegin ind machgin sal so na by eyn dat man dar durch noch rein, noch schleenen noch steehgin in muge, ind sal sy eynin geliche machin ind decken mid eyme dele vur den raen ind sal man machin durch dy poeste an den rintsuten eyne portze asso wyt ind also ho dat man mid geladin wagenen ind carren mid gemache dar durch varen muge, ind in dy portze machgin eyn durlyn da man mid gemachte durch riden ind mid barden gain muge. Euen sal man machgin an die poeste an der marportzin eyne dur asso wyt ind asso ho dat man dar durch riden ind gain muge ind mit eynre ungeladinen karren dar durch varen muge mid gemache, oich durch dy poeste in der botengassen ind an der encgergassen sal man an eytliche der gassen machen eyn durlyn da man mid gemache durch gain ind ryden muge, ind sal man die portzen ind durlyne alle avents zu sleissen ind morgens up. Ind dy slussele sal halden peter der stede bode of eyn ander bode de an na yme koempt, mer der juden buschof de sal hauen we de is eynen slussil an der enger gassen zu dem Durlyn ind mach hee da myde of eyn ander birne Jude deme hee dat beveilt dy juden us ind in laissen as sy des noit haint sunder eymans vragin, oich sal man dy poeste dy steint vur den duren dy geint vs den jodin huseren in der kirsliwre lude straissen af doin, ind solen dy doerin stain als sy ee stoenden. Oich weir id sache, dat sich dy juden of yre kindere uzser Keulne of dy van en buyssen Keulne bestaidden in Keulne dy mugen varen komen ind wonen zu Keulne as sy zu varents plagin zu doene nu some yre breue dy sy haint van der steede van Keulne. Oich so mogin sy gesinde neemen, ind dat wandelen as sy plagin zu yren willen. Oich mugin vreymde juden zu Keulne komen us ind in varen ind zu wonen as sy vur plagin, behalden unsme heirren Erzebuschove van Coelne ind syme amptmanne de der Juden pleeger is syns reychts. Ind geloven wir alle Reede soementligen der gemeynre Jultschaf van Coelne alle dyse vursprochin punte ind stucke steede, vaste vnverbruchlich zu haldin, ind neit gestadin dat sy nemans da ane cruede of hindere eynicherhande wys dy zyt as dat yre jairzailen duren solen alre kumre arglist vsgescheiden. Ind dyser punte haint dy juden eynen breif besigilt mid der steede meiste Ingesigele van worde zu worde as vur geschreuen steit.

Ohne Datum.

Urkunde 24.

(1335.)

Erzbischof Walram verspricht, das Domcapitel zur Ertheilung seiner Zustimmung nicht mehr auf kurze Frist zu beschränken und den Termin des von dem Erzbischofe Heinrich II. den Juden zu Köln verliehenen, von ihm verlängerten Privilegiums des ausschließlichen Gerichtsstandes vor ihrer Genossenschaft nicht weiter auszudehnen zu wollen.

Universis presentes literas inspecturis nos Walramus dei gratia s. Coloniensis ecclesie archiepiscopus, sacri imperii per Ytaliam archicancellarius, notum esse volumus, quod, cum hiis temporibus pro concedendis quibusdam priuilegiis judeis nostris Colonie habitantibus dilectum nobis capitulum ecclesie nostre pro consensu et consilio eorum adhibendo requirere haberemus, et ex eo quod nobis videbatur, huiusmodi negocium dilatione nobis et ecclesie nostre in non modicum posse cedere detrimentum, pro habendo huiusmodi consilio et consensu plus festine, quam et ipsis nostro capitulo videbatur oportere et decere duximus instandum, ita quod eis, si nostris volebant optemperare rogatibus et instantiis, prout tamen finaliter optemperabant, dierum paucorum tempus pro consilio inter se habendo et ad consensum eorum adhibendum seu denegandum restabat; propter quod ipsi prefati capitulum nostrum ob urgentes nostras instantias nobis commiserint, se tamen grauari allegantes, si hoc inantea ad consequenciam traheremus, eo quod a tempore, cuius memoria non existit, apud nostros predecessores, ac apud nos, necnon apud eosdem capitulum nostrum consuetum fuerit, quod quociescunque aliqua emerserint negocia, que archiepiscopi pro tempore sibi et ecclesie sue utilia reputarent, et in quibus ipsorum capituli nostri consilium et consensus essent necessaria adhibenda, eis tempus sufficiens ad deliberandum et conciliandum, an scilicet talia negotia ipsis archiepiscopis pro tempore existentibus et sue ecclesie forent utilia, consueuit ab eisdem archiepiscopis permitti: nobis supplicauerunt humiliter, ut a talibus instanciis, quibus eis tempora sufficientia, in quo deliberare et consiliari plene valeant secundum negociorum exigenciam, in quibus eorum consensum adhiberi duximus requirendum, dignaremur de cetero abstinere, nec eos in hiis ultra hactenus habitam consuetudinem artaremus, presertim, cum sicut jura testantur, tempore indigemus, ut maturius agamus. Preterea cum predictum negotium, ad quod complendum eorum requisiuimus consilium et consensum, in eo consisteret, quod judeis nostris Colonie degentibus quoddam priuilegium a bone memorie Henrico, nostro predecessore, cum diffinicione temporis concessum, de ipsius nostri capituli consensu et nonnullos annos post terminum huiusmodi temporis, per quod hoc privilegium ipsius predecessoris durabit, prolungauimus sub eadem forma, sub qua a prefato predecessore nostro eis concessum fuerat, nichil addito vel subtracto, et in eodem contineatur inter cetera privilegio, quod ipsi judei et aliquis eorum coram quocunque judice ecclesiastico seu mundano a quocunque homine, cuiuscunque dignitatis aut conditionis existat, super quacunque re non debeant conueniri, nisi coram suo pontifice; prefati capitulum nostrum coram nobis etiam proposuerunt, quod cum tale priuilegium in hac parte cunctis christianis nostris subditis, presertim magne auctoritatis viris, puta prelatis et aliis in dignitate constitutis, ac ipsis capitulo et persone eiusdem capituli ignominiosum existeret, quod si quando aliquibus talibus personis agendi contra judeos incumberet necessitas, coram judeorum pontifice comparere et litigare in sua synagoga et in eorum conventiculis non sine dedecore oporteret, allegantes quod, etsi eidem predecessori nostro in concedendo tale privilegium consensissent, hoc tamen summa consulente necessitate, puta pro redemptione castrorum et opidorum Kempene, Aspele, Xanctes et Reys et territoriorum suorum, que tunc sub tali extiterant periculo obligata et titulo pignoris possessa et detenta, quod si redempta non fuissent, forsitan vel nunquam vel cum difficultate maxima in possessionem et usum Coloniensis ecclesie revenissent, tunc duxerant faciendum, quod tamquam a ratione communi exorbitans trahi ad consequentiam non deberet. Et ex hiis similiter supplicaverunt, immo nos rationabiliter incitarunt, ut postquam finitus esset huiusmodi nostre prolongationis predicti privilegii terminus, ad concedendum tale privilegium, talem clausulam maxime continentem, dedignaremur de cetero nostrum animum inclinare. Nos itaque premissa considerantes multa ratione muniti, habita deliberatione sufficienti in hiis, quoad premissas duas petitiones predicti nostri capituli annuendum decrevimus votis suis, promittentes eisdem, quod quotiens nos contigerit talia habere pre manibus negocia, in quibus ipsorum nostri capituli oportet habere consilium et consensum, per nostras preces seu requisitiones ad repentinos terminos, ut nobis talem consensum adhibeant, ne quaquam artabimus, immo quin maturitatem temporis pro consiliando et deliberando secundum morem et consuetudinem antiquam habeant, requisitiones, rogatus aut indignationes nostras, aut alios modos quoscumque, quibus in huiusmodi impediri poterunt, nullatenus ingeremus, nisi talis evidens et notoria ingrueret necessitas, quod etiam ipsi capitulum negare non possent, quod mora talis, que secundum morem et consuetudinem eorum circa deliberationem et consilium pro consensu eorum adhibendo haberi consuevit, esset nobis et ecclesie nostre notabile periculum allatura; et si, quod absit vos ultra hoc requisitionibus et precibus nostris sollicitaremus aliquando, ipsi nobis sine nostra offensa poterunt denegare. Preterea similiter promittimus, quod prefatis judeis nunquam de cetero quoad predictam clausulam, que ut predictum est continet, quod ipsi judei et aliquis eorum coram quocunque judice ecclesiastico seu mundano, ut supra, non debeant conveniri seu clausulam similem, privilegium nullatenus concedemus etsi, quod absit, tali forsitan concedere intenderemus prefati capitulum nostrum suum consensum adhibere atque nostra indignatione poterunt denegare, nisi etiam ut in alio casu dictum est, hoc exigerit nostra et nostre ecclesie necessitas seu utilitas adeo evidens et notoria, quod ipsi capitulum nostrum precipue consulerent faciendum, et quod sic ex causis evidentibus et evidenter rationabilibus pro nobis duximus faciendum nostris successoribus, ut similibus et similia faciendum moueantur rationibus, indicamus. In cuius rei testimonium sigillum nostrum duximus presentibus apponendum.

Datum anno d. M.CCC.XXX quinto crastino b. Jacobi apostoli.

Urkunde 25.

(1341, den 20. December.)

Erzbischof Walram von Köln verspricht dem Domcapitel, welches nachmals eine den Juden zu Köln über deren ausschließliche Gerichtsbarkeit vor ihren Genossen verliehene Urkunde mitbesiegelt hat, bei künftiger Erneuerung derselben die kölnische Clerisei ausdrücklich auszunehmen.

Walramus dei gratia s. Coloniensis ecclesie archiepiscopus sacri imperii per Italiam archicancellarius dilectis sibi Decano et Capitulo ecclesie sue Coloniensis salutem in domino sempiternam. Cum bone memorie Henricus predecessor noster olim ob necessitates sibi et Coloniense ecclesie incumbentes judei utriusque sexus ciuitatem Coloniensem inhabitantibus priuilegia quedam concessit, inter que inter cetera eis indulsit quandam clausulam sub hac forma: Item volumus, quod quicunque hominum habent requisitionem aliquam aduersus aliquem vel aliquam judeorum nostrorum Coloniensium, quod ille sit consensus sententia, que sibi per maiorem partem judeorum in scolis judeorum sub iuramento eorum datur et profertur et ultra hoc nemo eos grauabit; nos que simili necessitate nostra et ecclesie nostre inducti ipsis judeis pro aliquibus annis in suis litteris, quas eis dedimus, similem insestruerimus clausulam, et vos, qui libenter nostris predecessoribus et nobis in quibuscunque poteratis uisi fuistis et uoluistis complacere, ad ipsius predecessoris nostri et nostrarum precum instanciam litteras predictam clausulam continentes vestro maiori sigillo duxeritis sigillandas, quamquam hanc clausulam reputaveritis multum a jure et rationis regula exorbitantem. Nosque hiis temporibus simili necessitate pro nostra ecclesia inuoluti, cum eisdem judeis conuenimus de nouo de similibus litteris similem inter cetera clausulam continentibus eis dandis et ob hoc vos nunc instanter interpellauerimus pro litteris per vos huiusmodi sigillandis, vosque qui, ut dictum est, hactenus nec nouistis nec voluistis nobis in aliquibus aliqualiter displicere, sicut nec facietis in antea dante deo licet perplexitas circa hoc vobis insederit, eo quod ex una parte sublevationem nostre necessitatis, si has sigillaretis litteras, ex alia vero parte predicte clausule a jure et ratione exorbitationem, eo quod hec universalis clausula videtur etiam capitula et clericos ciuitatis et diocesis Coloniensis comprehendere ponderantes dubitaueritis nec immerito has litteras sigillare finaliter eas nostrarum contemplatione precum duxeritis sigillandas nos attendentes vos non ad re immo ex motu rationali hanc clausulam abhorrere, ne vos, qui semper apud nos gratiam meruistis, de cetero in huiusmodi clausulae sigillatione per vos facienda in antea conturbemus, promittimus quod si aliquando aliquas litteras ipsis judeis dare habuerimus, prefatam clausulam seu eius in intentione seu significatione similem huiusmodi litteris, quin expresse capitulorum et clericorum universorum in ea fiat expressa exceptione, nullatenus ingeremus et, si insereremus, ad tales litteras vestro sigillo sigillandas nullis precibus seu quibuscunque modis aliis nos non artabimus aliomodo. In cuius rei testimonium sigillum nostrum presentibus litteris fecimus appendi.

Datum in vigilia b. Thome apostoli, anno d. millesimo C.C.C.X.L.I.

Urkunde 26.

(1350), Donnerstag nach St. Matthäi.)

Einigung zwischen Erzbischof Wilhelm von Gennep und den Kölnern, das von dem zur Zeit des Erzbischofes Walram erschlagenen Juden herrührende Hab und Gut zu gleichen Theilen sich zuzueignen und einander getreulich beizustehen, wenn sie deßhalb von Jemandem angefeindet werden sollten.

Wyr Wilhelm von der Gnaden Gottes Ertzbischoff der heiligen Kirchen von Cölne und des heiligen Reichs in Ytalien Ertz-Cantzler u. s. w. Thun kundt allen Leuthen, die diesen Brieff sollen lesen off horen lesen. Want in der zeit unsers Vorfahren Wyl. Herrn Wallravens Ertzbischoffs zu Cöllne, deme Gott gnedig sei, all umb ind umb in deme Lande als mehr, als in allen Stätten und Dörperen die Juden, so wie Sy gesessen wahren, von geloufte der Gemeinden erschlagen ind todt bleiben seint, ind ihr Gut ind ire Have ungenohmen ind gewoest ist also, als dat all umb in deme Lande scheinbar ind Landtkundig ist, in want dergleich auch in der zeit dat unse vorschr. Vurfahre verscheiden was, ind uns von deme Ertzbischthomb van Cöllne versiene were, die Juden, die zu Cöllne gesessen, ind wohnende weren, aldar bei nachts geloufte beider der ghienere die bannen Cöllne gesessen wehren, ind der ghienere, die nit zu verliesen hatten, erschlagen ind todt blieven sein, ir gut ind jre have mit alsolchen geloufte ind mit ungeschichte banesen willen ind zuthuen des Raths ind der guter Leuthe unser Burgeren von Cöllne, die dat op die zeit nit woll gekehren enkundten, verbrand gewoest, ind ungenohmen ist, ind want wir ind dieselve Statt, ind unsere Burgeren van Cöllne uns dass vermoithen ind versiene, dat uns ind jnn viele ansproch ind Vorderungen davon entstain sollen, darahne Wir ind sy gheyne schult an haven; So hain Wir umb dess besten ind umb dess willen, dat Wir ind die Statt ind unse Burgern van Cöllne Uns ahn beiden seithen alsulcher einsprachen, ind Vorderungen die hase verantwerden ind erwehren mögen, uns mit der selver Statt in unsen Burgeren van Cöllne, ind si sich wieder mit uns freundlichen overdragen ind hain samentlichen ind eindrachtlichen under einander verworden, ind verbunde gemacht, in machen evermitz diesen Brieff in formen und maneren als herna folgt; In deme ersten dat wir sollen mit Gerichte ind mit Urteilen an uns winnen alle dat gut, id sei an gereden gut, off an Erve, off an farender have, dat dieselve Juden zu Cöllne gelassen haint, id sei funden, off dat man noch finden mag, off erkrygen, vort want wir, ind die vorsch. Statt ind Unse Burgere van Collne uns vermeithen als vorgesch. is, dat Uns in der Statt ind unsen Burgeren vorsch. van Cöllne van derselven Juden wegen, ind van irem gute, ind van alsolchen geschichte, als da gefallen iss, viele einsprachen upcrstain sollen; So han wir genohmen ind gekohren vor uns van unsem Rhade den Edlen man Johan Herr von Saffenberg, und Henrich van Syntzig Herren van Arendale, ind dieselve Statt ind unse Burgere van Cöllne vor sich ind von irem Raide Gobelen Juden, ind Johannen vame Horne Scheffen Ridderen, welche vier sollen allzeit ind als dicke, als dat noth geschiet, samentlichen van unser beider wegen, off ire zwene, dat ist zu verstain, ein von den unseren zwenen, ind ein van der Statt Rhatmanne, an der viere en geyne noth en wehre, zu tage Ryden, unse Rathmanne in unser kost und der Statt Rhatmanne in ire kost, als zu verantworden mit recht, off mit minne off wir ind von Collne der minnen eindrachtig werden, alle alsulche vorderungen ind einsprachen der wir, off die Statt van Cöllne samentlichen of sunderlichen eingesprochen werden, van denselven sachen van den Juden off van einichen sachen, die darahne treffen mögen, sie syen nit op erstanden, off die noch op erstain mögen, sonder argelist; ind were id, dat einich der vorschr. Rathleuthe an beiden seithen avlinich würde, so sollen wir und die vorschr. Statt ind unse Burgere van Cöllne, deme dat van uns zugehörde, einen anderen in dess statt setzen binnen acht tagen na deme dat he is versucht wurde, in guten trewen sonder argelist; were affer sach, dat yemandt wie he auch were, nymandt ausgescheiden deme mit rechte nit genügen en wollte, ind die uns ind die Statt ind unse Burgere van Cöllne samentlichen off sunderlichen umb derselve sachen off Vorderungen willen, off die in einiger weisen darahne treffen mögen, oirlogen wolde, so hain wir der vorschr. Statt ind unsen Burgere van Cöllne gelooft in guten trewen, ind sy hant uns dergleich wider gelooft in guten trewen, dat Wir ind sy in alsolchen oirlogen zumahl eyn sollen sein, ind dat samentlichen ind ungescheiden kehren, ind wehren solle mit einer getrewen gantzer hulffen mit recht ind auch mit der thaidt unser jeglich dem anderen dat is zu verstain, wir der Statt, in sy uns wider daran beistain ind zo helpen, wanne ind wie dücke dat gefelt, ind unser jeglich dem andern dat halst wider allemallich Niemandt ausgescheiden, die uns ind die Statt semetlichen off sunderlichen kriegen, off orlogen wollten also auch dat wir, ind unse Fründe uns nym der Statt van Cölne ind wider dairin ind dieselve Statt ind unse Burgere van Colline nym alle unse Lande, Stätten ind Schlösser, ind wider darin sich behelpen mögen so wo ind ahn welichen enden sich dat heischt, ind so wo ind wie dücke dass noch ist, in alsolchen orlogen, so wanne ind wie dücke das noth gebuert ind wie die Statt van Cölne, off sie uns des versuchen thoen, sollen wir derselven Statt ind unsen Burgeren van Cölne ind sy uns wieder trewlich helffen ind beistain, dat selveste dat wir möge in reisen in dergleichen kriegen, in herumonen ind entsetzungen mit geburren mögen, mallich doch von uns ind unseren Leuthen ind von der Statt ind unsen Burgeren von Cölne op sein gewyn ind uff sein verlnyss in op seine schaden ind frommen ind op seine kost, es sey mit gezale von Leuthen zu pferdt off zu fuess als sich dat gebuert, off mit der macht, so wo sich dat heischt ind an welchem ende des noth ist, ind so wie derjeniger, der die helpen heischt, dat weyhren wilt, kleine off grosse, off in wat künne manieren; vort ist tuschen uns gefürwart ahn beiden seithen, dat wir auch buissen die Statt und und unse Burgere van Cölne noch sey buissen uns sollen noch en muegen in einichem oirloge, dair wir sametlichen einkommen wehren, von den sachen vursehr. off von einiger sachen, da dair ahne treffen möcht, soene, friede, bestant, off lydinge, so wy man ahn die nennen mach; off sall, aingegain, mehr wir in die Statt sollen des orloges, dair wir ind die Statt van Colline also semetlichen einkomen wehren, ungescheiden hey ein blieven, also lang biss wir an uns nehmen ind allein verantworden, sonder argliat; Vort ist gefürwart ind overtragen tuischen uns ind der vorschr. Statt ind unseren Burgeren van Coellne, dat wir an uns nehmen ind allein verantworden ind affdhoin sollen, alle die Vorderungen ind ansprach, die alle die Pfaffen van Collne, die binnen der Statt van Colline wonhafftig, off gesessen seint, semetliche off sonderliche habent off haven möchten ahn of zo uns, off ahn, of zu der vorschr. Statt ind unsen Bürgeren van Collne, als von den vorschr. sachen, ind deselven gleichen sall die Statt ind unse Burgern von Cöllne ahn sich nehmen, ind allein verantworten ind aff dhoin alle die forderunge ind ansprache, die ire eingesessen Bürger von Cöllen semetlichen off sonderlichen ahn off zu uns off an off zu derselver Statt haven, off haven möchten, als von demselben sachen ind wehre dat sach dat der einig, dat ist zu verstain den Pfaffen von Cöllen binnen der Statt von Collen gesessen ind wonhafftig, off auch der ingesessener Bürger von Cöllen uns off die Statt semetlich off sonderlichen als von diesen sachen orlogen wolte, so sollen wir der Statt ind unsen Burgeren van Collen vorschr, ind die Statt soll uns wider helpen ind beistain wider den, die uns semetlichen off sonderlichen also orlogen wolte, ire wehre ein off mehr, wanne ind wie dücke wir von der Statt ind unsen Burgeren van Collen off sy von uns dat heischen, ind dem trewlichen bei sinpleiben, in manieren als vorschr. iss, biss wir ind die Statt ind unse Bürgere von Collen vorsch. dass semetlichen endtladen werden, in alle der weyse, als hy vor van den helpen geschrieben steht, sonder arglist; Vort ist zu wissen, want der Statt ind unsen Bürgeren von Collen vorschr. zu diesen vurgenanten sachen ind zu dieser hülpen gebuyren muss grosse kost ind arbeith, ehe sy der endtladen werden, so hain wir der Statt in unsen Burgeren von Collne vorschr. mit gutten Vorrade bei gutidünken ind rathe unser Maige ind Frunde geloefft in guten trewen, ind geloven onermitz diesem breffe dat wir dat erste dat wir mit gericht ind mit Urdeilen alsolch guet, als die Juden, die zu Collen gesessen ind wonhafftig wehren, gelaissen hant, ahn uns gewonnen hain, als vorschr. is, geuen sollen ind lassen folgen freylichen in sonder einich hast widersprechen der Statt ind unsen Burgeren von Collen vorge. onermitz halff all dat gut, dat die vorschr. Juden van Collen gelassen haint, dat fonden is, off dat man noch zu einicher zeit finden off erkriegen kan, id sey Erve off fahrende have, schulden, off gereidt gut, wat künne dat sy, ind wa ahne dat gelegen sei, off wie man dat nehmen off heischen mage sonder arglist. Also dat Sy mit deme halffscheidt deselnen guts, dat wir in also geven sollen, ind gegenen hatten, dhoin mugen iren freyen Willen, sonder unse, off ymandts anderst hinderunge off widerrede; Vort were sache, dat ymandt en bawsen der Statt van Cöllen gesessen, die derselber Statt ingesessen Burger nit en were, uns missdain hette ahn der schlacht der Juden von Cöllen Bürgeren, off ahn irem guede, dat sel genohmen hette, dat mögen wir alleine forderen ahn denselben ausgesessen Leuden, ind so wat nutz ind Besserungen wir dair ahne erkriegen mogen, dat sollen wir uns alleine behalten, ind dem en sall die Statt ind unsere Burgere von Collen nit zu schaffen hain, noch sy en sollen sich des ycht underwinnen. Vort so ergiene wir Ertzbischoff van Collen vurg. ind bekennen offenbarlichen, dat wir alle forderungen ind ansprachen, die wir in einigen manieren ahn, off zu der Statt ind unseren Bürgeren van Collen semetlichen off sunderlichen hetten, off hauen möchten, biss op diesen nemenlichen tag von hende off hernachmals hanen möchten von einichen Sachen die an der schlacht, ind an deme geschichte dat an den vorschr. Juden van Collen geschiet iss, gescheiden sein mit der Statt ind unsen Bürgeren von Collen vorschr. ind sey mit uns onermitz diese vorschr. vorwarden ind verdräg slechthin verschlicht in verllecht ind gemoit seint. Also dat noch wir, noch yemant von unseretwegen aichtermails sy semetlichen off sunderlichen darumb, off umb einicher sachen willn, die dat ain treffende seint, Occasionen off ainsprechen en sollen noch en mögen, einicher weise boven diese vorschr. vorwaerde ind dit verdrag sonder arglist. vort ergienne wir ind die vorschr. Statt ind unse Burgere van Collne ind willen op beyden seidten, dat diess gegenwärtige brieff off eynige die puncte, off vorwaerde die hierinne seint, dat grosse verbündt, off einige die puncte, off vorwaerde die darinne geschreiven seint, dat tuischen uns in der vorschr. Statt ind unsen Burgeren von Collen gemacht is, nit rühren noch quetschen en sall in einiger weise, mer lylich ind verbündt soll seine macht in stedigkeit haven ind behalten in allen manieren, als yeclich von in begryfft ind innehelt, sonder arglist. Ind alle die vorschr. vorwerde, puncte ind articuln hain wir vor uns ind die zwene Burgermeister der Statt van Cöllen, die nu zur zeit seint, vor dieselbe Statt ind unse Burgere gemeinliche in guten trewen geloefft, gesichert ind geschworen op deme heiligen Evangelio, dat wir ind sy lyfflich geroirt haint vaste ind stede zu halten unse lebtage, ind daruider nit zu dhoin mit einiger künst, vorven off behendigkeit, die man darwider erdenken, off dhoin möchten, heimelich off offenbair, ind dess zv einem Urkundt ind gantz stedigkeit hain wir unse insiegele ahn diesen brieff dhoen hangen, ind hain auch gebeden die Edle Leude unsere Mäge ind Manne Syfrieden Grafen zu Wietgenstein ind Ludwig Herren zu Randerode, dat sie jre jesigel zu einem urkundt und stedigkeit ahn diesen brieff dhoin hangen, ind wir Syfridt Grave von Wietgenstein, und Ludwig Herr von Randerode ergiene dess, dat wir unse siegel zu einem urkundt ind stedigkeit aller dieser dinge umb bedde willen unss Herren, Herrn Wilhelms des Erzbischoffs von Collne vorgeschr. ahn diesen brieff hain dhoin hangen. Ind wir Richtere, Scheffen Rath ind gemeine Burgere der Statt von Cöllne ergeine des offenbarlichen in diesen brieff, dat wir mit unserm Herrn dem Erzbischoff von Cöllne, vorgeschr. alle der vorsch. fürwarden, puncte und articuln fremdtlichen onerdragen haint, ind dat wir uns mit Jme in den furwarden, puncten ind articulen vorschr. vestiglichen verbunden hain, ind geloven in guten trewen die veste, stede ind unverbrüchlich zu halden in allen formen ind manieren, als die vorschr. seynd, ind als die vorschr. zwenen Bürgermeister unser Statt dat van unsem geheysche vor uns ind vor unser Statt gemeinlich geschworen haint op deme heyl. Evangelio als vorschr. iss, ind des zu einem urkundt und zu einer gantz stedigkeit, so hain wir unser Stätte Meister siegell ahn diesen brieff dhoin hangen, die gegenen ist in den jahren unses Herrn dausent dreyhundert ind funffzig dess negsten Donnerstag nach S. Matthaei tag des Heiligen Apostels ind Evangelisten.

Urkunde 27.

(1352.)

Urtheil des erzbischöflichen Manngerichts, welches dem Erzbischof von Köln das Juden-Geleit und ihre Hinterlassenschaft zuerkennt.

„Wir Wilhelm van der Schleyden, Doem Propst zu Colne, Johann von Virnenberg, Propst zu Santen, Henrich von Rennenberg Achterdechen zu Coelne, Johann Herne van Valckenburch, Ruprecht Greve von Virnenburch, Syfridt Greve von Witgenstein, Lodowich Herrn von Randerolde, Johan Herr von Rifferscheit, Johann Herr van der Schleyden, Rorich Herrn van Rennenburg und Hermann von Rennenburg sein broder, Joan Herrn von Saffenberg und Conradt von Saffenburg sein broder, Johan van Nevernaro Herrn zu Rodesberg, Conradt von Mulnarken, Lodowich Walpolt von der Neverburg, Dederich von Kerpen, Johann Marschalk van Alffiere, Johann burggreve von Rynecke, Wynandt von Dinsichoven, Henrich van Garstorp, Hamme van Ulmen, Werner van Vlotten, Dederich van Hadembar, Henrich Johann an S. Peter van Gymnich gebruedere, Arnold van Bacheim, Kamerer des Gestichts ind Johann Crumpvoyss Ritter Edeln ind auch andere Manne des Gestichts van Cölne. Doen kundt allen luden, die diesen brieff sien sullen ind hoiren lesen, Want unser Erwurdige in Christo Herr Wilhelm der Erzbischoff zu Colne hüde zo dage, aas von deme vurfallen der Juden, die vur dieser ziet von eynem geschichte, ind von einem geleuffe der gemeinden sunder upsatz ind sunder vurrait dort bleven sind, mit uns gedingt hatt up sine Erzb. Saale zu Cölne, ind he dese ordeln, die herna folgent an unss gesat hat, ind unss darumb rechts gefragt hatt, zo deme ersten, sint jn de Juden halt vom Ryche zo lehne, ind he der Juden van deme Riche belennt ize, ind sinn vurfahren belennt sind gewest, of die Juden mit recht yet sin waren, die in sime Gestichi gesessen waren, so han wir uns beraden ind hant gedeilt unsme vurss. Herren von Colne na unsen besten sinnen, und duntt uns recht sin, dat die vurst. Juden, die in sin Gestichte gesessen waren, durch recht sin waren, sint ho die Juden vonnen Riche zu lehne hat, ind he, ind sine vurfahren der Juden vamme Riche belennt waren, as vur is verschregen, vort hatde he an uns mit eime urdelle, sint die Juden sein waren, of alsulch erue ind guet, as si gelassen haint, sulle yet mit reicht sin sinne, want he sy vam riche zu lenn helt, as vurschreven ies, das beraden wir unss ener, ind han mar gedeilt ind gedunkt uns recht sin, dat alsulch erue ind guet, as die Juden gelaissen haint, mit reichte syn is, ind nyemans anders. Vort haide he ener an uns mit eynem ordeile sint die verfallen syn sint, ind eine der Juden gut erfallen ism, of he alsolche guet, want id verfall is, heren ind wendra möge, an welche hant he wille, das beraden wir uns ever, ind deylen eme, ind dunkt uns recht sin, dat he dat vurss. guet, erve ind farende have, dat die Juden gelassen haint, dat eme erfallen ind zugewist is, as vurss is, keren ind wenden mag so sinen willen, an welch hant he wille, dieser vurss ordeile, ind irer etlichen bekanten unse vurss Herrn van Cölne unss ein urkunde up derselver Statt, as dat recht ist ind gewoenlich, und hat uns vort gebeden dat wir eme dasselve gedinge ind dieselbe ordeile, die wir gedeylt und gewyst han, beschrieven gegen under unsen Ingesiegelen besiegelt, Ind herum so han wir alle samen das overkommen mit eyner gemeine Rade, dat wir dat doen willen umb gezuich der warheide zo brengen ind wir manne hievor geschreven, die diesen brieff myet besiegelt hant, want wir uns insiegele bey uns niet ne hain so han wir gebeden die ghine, die diesen brieff besiegelent, ind da herna geschreven steent, dat sy vur sich, ind vur uns, ire insiegele an diesen brieff doen hangen, ind wir Wilhelm van der Schleide Doemprobst zu Coelne, Johan van Virnenburg, Proist zu Xanten, Henrich van Rennenburg Achter Dechen van Coelne, Johan van Valkenburg, Ruprecht Greve van Virnenburg, Syfridt Greve van Witgenstein, Lodowich Herrn von Randeroide, Johan Herre von der Schleyden, Henrich Herrn van Rennenburg, ind Herman von Rennenburg syn broder, Johan Herre von Saffenberg, ind Johan van Nesemare Herre zu Rodesberg vurgeschreven bekennen, dat wir vor uns ind vur ander die vurss manne, ind zo ire benden ind zo gesinnen uns vurschreven Herren van Cölne. Unse insiegele an diesen brieff han doen hangen, die gegeven wart in deme jare uns Herren dusend dreyhundert, zwey ind Funffzig up St. Mathyas avent des Heiligen Apostels.

Pptus Colon. Praep. Xanten, Sub Decanus. D. de Valkenb. Com. de Virnenb. Com. de Witg. D. de Randenr. D. de Weyda. D. de Rennenb. H. de Rennen. D. Saffenburg. D. de Rodenb. Mit ihren angehängten Siegeln.

Urkunde 28.

(1352.)

Recognitio Johannes von Horne, Ritter und Scheffen, und Edmundus Birklein vom Bayen, daß sie der Juden verfallene Erbschaften binnen Köln zu Rath des Erzbischofs Wilhelm und der Stadt jeden Theil zur Halbscheid dessen Fleißes veräußern und verkaufen sollen. Stadt-Archiv.

Urkunde 29.

(1353) Sabbto p. annunciatione bte marie virg.

Gerichtliche Bestimmung der Häuser, welche aus der Theilung der Nachlassenschaft der Juden dem Erzbischofe Wilhelm zufallen.

In Goits name. Amen.

It si kunt, dat der Eerber vader ind heirre, her Wilhem Ertzbuschof zu Colne comen is in dat Gherieht ind hait sich dein erdinghe ind geweldigen an alsulge Erfnisse und Erve, as die Jueden die wilne zo Colne gesessen waren, na irme dode gelaissen haint, wilghe Erfnisse ind Erve gelegen synt binnen der tirmpten ind den gelegeringen hernageschrieven, dats zo verstain van deme orde der hays zo Ryne wert, geleegen op der gassen under Rintshuteren (jetzt, unter Taschenmacher) bis an dat inde der Burghuyse deme orde alrenelst gelegen, hinden zu mit iren zubehoren, ind vort van deme anderen ende deselven Burgerhuys zo der Martportzen wert, bis an der Martportzen Cappelle hinden zu mit ihren zubehoren, ind vort van deme orde des huys da entgheia over zu velde wert geleegen, bis op dat ort der engher gassen die tghein der vurscrive Burgerhuys zo sente Laurentius wert gheyt, ind van demselve orde, die selve side Vuss: bis op dat ort tghein heren Menrarts huyse geleegen, ind dat selve ort, umbe bis an heynrics Geltsloegers huys, hinden zu mit iren zubehoren, ind van dem orde tghein dat ort over an meisters Johans huyse van Ederer des Goltsmiets geleegen, die selve side wieder inwert bis up dat ort derselven gassen tghein dat vurgen. Burgerhuys geleegen, hinden zu mit ihren zubehoren, ind van deme selven orde, die gasse zu den Rintshuteren nederwert geleegen, bis op dat ort van der Botengassen hinder zu mit iren zubehoren, ind van deme orde der Botengassen, dat selve ort umb zo der minnenbrueederen cloister werth, bis an dat huys zu den Boten, hinden zu mit iren zubehoren, ind vort van deme huyse zu den Boten upper wert, bis an dat huys zo der Liepen (Große Budengasse Nr. 4) hinden zu mit iren zubehoren, ind verm yden huyse, da tghein over geleegen, die gasse wieder in bis an dat hachuys, up deme orde under Rintshuteren geleegen, hinden zu mit iren zubehoren, ind want do nyemant erscheyn, de wiederstentinisse dede, so wart syne aneweldinge stede gedeilt und gof Scheffen urdel, dat men un dar ane schriven seulde, also dat hee die mit reicht behalden mochte, inde wenden ind keren an wat hant hee weulde, Beheltinisse alremallichas seins reichts. Actum et datum Anno dni millesimo trecentisimo quinquagesimo secundo in vigilia bti Mathie Aple et Scrptu sub anno dmni millesimo trecentisimo quinquagesimo tertio: Sabbto p. annunciationem bte Marie virg.

Urkunde 30.

(1353.)

It si kunt dat der Eirber vader ind heirre her Wilhelm Ertzbusschof zu Colne vurs haes gegheeven und verlaissen heren Johanne vame horne ritter und Scheffene, ind Emunde Birclyn de zu Beyen wont burgen zu Colne alle de vurgenoimpde Erfnisse ind Erve, so wie ire gelegenheyt van tirmpte zu tirmpte vur geschriven steit, ind also as hee dar ane geweldiget is, mit allen iren zubehoren, also dat sy alle vurser Erfnisse ind Erven mit allen iren zubehoren, und die zumale of in deyle wenden ind keren mogen an wilghe hende sy willent also doch dat sy alle dat gelt ind allen nutz de dan af compt ind comen sal, ind ervallen, lieveren ind hantreichen sueln half deme Ertzschenbusschove van Colne vurs. ind half der Stat van Colne up die Rentkamer, mit varwerden auch wurde irre eynich of levich, ee dat Erve zumale verkeicht wurde ind verusseri, dat dan der vurs. Erzbusschof van Colne, of hee eine zubehoirte ind die stat van Colne, of hee ir zubehoirte sullen cynen anderen in des afgainden stat wieder setzen. de geliche macht haven sal, as der ghin hadde de afgegangen were ind des afgainden Wyf ind Erven ensamen an deme vursg. Erfnisse of an deme nutze, de da af comen were, of queme engheynre hande recht haven noch behalden, noch sych eyngs rechts dar ane vermessen eyngher wys.

datum ut supra.

Urkunde 31.

(1353, ipso Marci Evangel.)

Der Rath und der Erzbischof Wilhelm von Köln bescheinigen, daß der Zwist mit Arnold von Bachem und dessen Sohn, Kämmerer des Stiftes Köln, die Judengüter betreffend, ausgeglichen sei.

Stadt-Archiv.

Urkunde 32.

(1350, post assumpt. b. Mariae.)

Markgraf Wilhelm von Jülich verzichtet auf jede zu der Stadt habende Ansprach von solchaner Geschichte, als die Juden zu Köln selbsten brannten.

Wilhelm Markgraf zu Jülich einerseits, Richter, Scheffen, Rath und anderer Burger der Stadt Köln andererseits bekennen: Da zwischen ihnen und ihren Vorfahren jederzeit Freundschaft und Vertraulichkeit geherrscht, welche sie eher zu mehren als zu mindern beabsichtigen, und da unter ihnen Forderungen und Ansprüche gemacht worden, woraus Zwist hätte entstehen können, so haben sie sich folgender Maßen verstanden:

1) so haben wir Markgraf aus besonderer Gunst und Freundschaft, die uns die Stadt Köln bewiesen und täglich beweiset, verzichtet auf alle Ansprüche und Forderung, die wir an die Stadt Köln gemacht van unse Jueden wegen die in dem Geschichte dat in derselben Statt geschach do sich die Joden allda gemeinlichen verbrannten, doit blieven, und umb alsulche Erve ind Varende have as sy den liessen gehad haven, of einig Wys haven moichten, auch wolle er den Erzbischof Wilhelm zu Köln um die Colner Judengeschichte oder um ihre Erbe und gut vorgehr. nie ansprechen.

Da der Markgraf Forderungen an Arnold von Aldenwilde, der sein Rentmeister gewesen und Bürger zu Köln geworden, so ist man überein gekommen daß er zwei seiner Freunde wählen sollte, nämlich Wilhelm Graf von Wied sein Sun und Tilman den jungen Ritter, der gedachte Arnold wählte Gerhard Hardevust in Ringassen und Arnold von dem Pallaise, Bürger zu Köln, welche die Sache entscheiden sollten.

Urkunde 33.

(1378.)

Richter, Scheffen, Rath und Bürger der Stadt Köln nehmen vom St. Remigiustage 1373 die Juden als Sammtbürger auf zehn Jahre in ihren Schutz und Schirm. Bestimmung ihrer Rechte, Privilegien. Vgl. S. 365 f.

Wir Richter, Scheffen, Rath und ander Burger der Stadt Cöln bekennen, dass wir mit gutem Vurraide angesehen haben zu Nutz und Urbar unserer Stadt und auch um sunderlinge beede des Eirverdigen Vaders und Hrn Hrn Friederich Erzbischof zu Coln er mit uns und wir mit ihm eindrechtlich zu werden die Juden in unser Stadt zu empfangen, haben genommen und empfangen die Juden von Coln mit ihren Lyven und Gute sämmtlich in unsere Beschirmniss und Hude zu unsern Samenburgen zehn Jair nach einander folgende die angingen auf St. Remigiustag letzthin und geloven dat wir die vurg. Juden die vurs. 10 J. vor alle Unrecht, Gewalt die jemand an sie kehrte of kehren wolte mit allen Treuen gelich uns selvsburger sämmtlichen und sunderlinge beschirmen, bewahren, bevreden sollen, fort geloven wir denselben Juden dat wir nit geuchmigen en sollen, dat einig von unsern

Samenburgen die Juden oder einen von ihnen in einiger Sache trecken of sie ansprechen vor einem Gericht es sey von Coesten of von Schaden, die gegoven, bezalt, of geloist syn, of um Schult of um ennende Spyse, dan in ihre Schole vor irem Bischofe also as sie dat van Alders herbraicht hant, and woulde horen bovon einige vreymde Personen sy ansprechen vor einig andere Gerichten dan in ire Scholen vor irem Bischof den sollen wir of wir mögen mit gütlichen Worten dazu halden, dat he aflaisse und reicht von in nehme in ire Scholen vor irem Bischof, and en wolde he das niet doen, so sollen wir ihre Sachen semetlichen and sonderlingen weder die fremde Personen mit irer Cost veidilgen overmits unse Paffen doen halden bewaren and forderen wie des noit is; fort geloven wir den Juden dat wir auch nit genehmigen en sollen dat einich van unsen Samenburgen of auch einige fremde Personen ihn semmtlichen of sunderlingen einige Gewalt of Drauen timn ihre Gut of Geld ihn aff zu drenen of zu dingen von einigerlei Sachen die daran gebühren mag. und auch of sie Pende Jahr und Tag gehalden hätten, und die uphanden na irem Gewoinden, die niet geloist en weichten werden von den ghenen den sie die Pende upbunden und die Pende dan verkolchten, so mach eine eitliche Person die Juden samotliche of sunderl. ansprechen van dem dat jre bruch wo in irre Scholen vor ihrem Bischof und Juden Reicht van ime of van yr nehmen also as sy dat von Alders herbraicht haint und ire Brieve inne haldent.

Wer die Saiche dat ihn Jemand Pende versetze die neyt as gut en weren dat man sy Jair u Dach halden moichten, so sollen sie die Pende uphinden and mogen verkauffen na Zyt der sie mit den Versetzern einträchtig werden wenn gelyche of sei die Jair und Dag gehalden hatten.

Were auch Sache dat wir und unsere Samenburger um einicher Hande Zweiungen Kreich of Urloge die wir heddon wider unse Viande und darum uns unser unser Stadt von Coln gebürde zu fahren of senden mussen gewapnete Lüde of auch einig besess für Städten of Burgen deden binnen den god. 10 J. van den Sachen u van alle dem dat dair anvoorende is und dat daran gehört, id sey an Wachten of an Schatzungen an Helpen an Honeden of an einiger Cost die dazu gebürde, der sollen sy quit, los und ledich seyn, und en mogen noch en sollen in niet dann af heyschen noch fordern dan allein of's Noit gebürde, des niet seyn en moyse, und wirs von ihn gesinnen so sollen sey die Portze die in von Alters befohlen ist, an Wachte und mit andern Hoeden und Beschirmnisse, treulichen hueden und bewaren.

Fort so han wir den Juden geloeft, so wat von Juden of Judinnen namals von uns dem Raide zur Zeit of van ghiene den wir dat von unser wegen bevollen haven of noch bevoilen sollen verhalden werden, dat deselbe gebruichen sollen alle Freiheide Privilegie und Reichte in diesem brieve begriffen gleich denjenen die heud zu Dage anthalten sind durende diese vorsch. 10 Jair. Wäre auch Sache dat einig Jude of Judinne nyt verbruchte of misdede in wat keine Manyren dat we allsulche Besserungen und Boisse as dann af queme und anders so wat sy vär of sa gegheven havet und auch binnen der varss. Zeit gheiven soilen kleine of groit Noyt uysgescheiden, Gelt of Gelts Wert, dan sall gleich half fallen unser Herr von Colne wurss und half uns und unser Stadt sunder yemans Woderrede ussgescheiden alsulchen Gut und Gelt als die Juden den Erzbischofen zu Colu zu geven plagen dat sy dat vort gheven und richten soilen uns. Herr von Coelen als man dat von Alters plaich zu doen sunder dat af zu eisen von dem Gelde dat uns und unser Stat van un geboirde zu gheven Ind as dat nit in verdragen is und noch verdragon werden sol; fort were Sache of einich von den vurg. Juden nu unthalten of namails nuthalten werden sal, den vurg. Juden ungehoirsam were und niet gheven en wolde, alsulchen Geld as sy under yn overmitz dat meiste Part yrs Capittels gesat hedde un ein gemein beste and noit, den of die alsus ungehorsam were soilen wir darzu halden of die vurg. Juden des an uns gesinnent dat sy irre Gebur alse up sy gesat geven und bezahlen, und geloiven auch dat wir geinen Juden buyssen die Gemeinde der Judschaft geynerhande Freiheit gheven en soilen den sy soilen alle sämmtlichen eynre Freiheit die wir yn gegheven und verlient haven gebruichen; fort wäre Sache dat eynich Jude of Judinne die nu unthalten ist of noch unthalten werden sal, den vurg. Juden unnutze und gebüir syn Guts wel einen gemein beste up zu gesat zu geven den of die moigen sy overmits Urdel des meisten Parts yrs Capitels, of sy willent und sy gut dunkt, verdreiven und sellen syn, da an bestendich syn; vort so han wir geloeft, dat of nichtmails eynterhande Zweiungen of Uploif geschehe of einicherlei andere Sache sy were gross of cleyne, wie sich die verlouffen mochte tuschen Kirstenen of Juden of tuschen Juden und Juden dat wir darum die Gemeine der Judschaft noch geinen Juden die da an unschuldig is niet entzalen noch ansprechen noch in gheyne Wys gestaden en salen von Gut of von Gelt darum zu nemmen, of af zu dringen, dann man ansprechen den ghenen of die ghenen die hantdedich synt of die an volke und an Geberde geweynt synt, und solen die Gemeinde der Judschaft und einen jegl. Juden die an unschuldig ist, da an beschirmen und bevreden, dat yn geyn Ungemach en geschie, und wir en sollen auch en gheinen Kummer gheve mit Geboide, of mit Getwange von Gemeinden der Judschaft noch von den die da an unschuldig synt davane nemen und geloven sy in guden truwen zu beschirmen u zu bevreden an alre unreichte Gewalt as varss is.

Fort wäre Sache dat einig Jude of Judinne den anderen bedroegen van einchen Sachen die dat neyt by ein breichte, je mit guden unbesprochenen Luden beide Kirstenen und Juden die mit reichte neyt zu

weder leugen en woron of dem auch neyt na en volgde so sal deselve Jude of Judinne lyden und doen allet dat geleden of gedain haven saulde of hee dat bybracht hedde, und des schuldig we gewoist. Fort willen wir dat man den Juden Vrydags verkouffe essende Spyse und Drank, gelych dat man kirstenen Luden doyt. — Fort geloven wir den vurg. Juden dat wir sy halden hueden und bewaeren soelen in allen den rechten guden alder Gewoinden und Vryheiden die yn van Paessen van Keysern roymschen Conyngen und van Ertzenbusschoven van Coelne und van uns gegheven und verlient synt, von Aldors, sy syn in Geschrichte of busen Geschrichte, vestlichen und stede halden soilen in guden truwen und herumb so sollen uns die vurg. Juden die nu unthalten synt, of noch naimals unthalten werden sollen eytlich von yn ghevon alsulchen Gelt und Gulde, as man getzant mit den unthaltenen Verdragen helt und mit den die noch unthalten werden sollen, verdragen werden sal uns und unser Steede vurss die zo verrichten und zo betzalen alle jairs darende diesen vurg. 10 Jairen up alsulchen Ziele und Termine as unse Vrunde, dartzo geschickt jetzunt mit den Unthaldenen haint verdragen und noch verdragen soilen mit den anderen namails zo untfangen.

Fort is overdragen dat die vurss Juden von alsulchen Lyftzucht und Renten as sy schuldig molchten syn so gheven und dann allre Ansprachen dar kommende van Juden of van Judinnen vur alsichte der Juden, vormails in unser Stat gesessen. Dat die Juden und Judinnen nu untfangen und hernaimails zu untfangen der alentlichen Geleydt los u. ledig syn soilen sunder einigen krut van uns und unsen Burgern of auch van yeman anders dos wir mogich weren yn darumb zo doen.

Fort were Sache dat eynich Jude of Judinnen yrn Kinder nyss bestaden und sich van yn scheiden sy zo Gueden also dat sy sunderlingen mit Beringe umgingen dat sy selve as dann sich soilen lassen antfangen um eyn Geld das unse Vrunde mit yn eyndrechtig werden soilen.

Fort so ist verdragen dat diese vurst. Juden und Judinnen unsen Burgen die Mark Wechgen zur Walche neyt hoerre lienen en soilen dann um einen Pennink.

Fort so ist overdragen dat die Juden und Judinnen up nasse bluidige Pende, apssege wede, noch up geine andre kirchliche Cleynode gelt lenen en soilen mit eynichen behentgeyt.

Alle Argilst in allen und jeglichen Punten und Articulen diss briefs gentzlichen uysgescheiden.

Ind des zo Urkunde und ganzer stedicheit so han wir der Steede meyste Ingesiegel an diesen Brief doen hangen.

Datum anno dmni 1373 ipso die beati Thome Cantuar.

Urkunde 34.

(1378, crastino festo assumpt. b. Mariae.)

Erzbischof Friedrich überträgt seinem Secretär Hermann von Goch, Can. zu Werden, die Juden in Köln und deren Handlungen (et facta eorum) und alles andere, was auf seine Kirche Bezug hat, mit allen und einzelnen Rechten, Attinenzen und Pertinenzien, jährlichem Einkommen, Gefällen und Emolumenten. Hermann von Goch und seine Unterbeamten erhalten vier Jahre freies Geleit für ihre Person und ihre Sachen.

Das Nähere über Hermann von Goch, seine Verhältnisse zur Stadt und seine Schicksale in Dr. Ennen, Geschichte der Stadt Köln, B. II., S. 762 ff.

Urkunde 34a.

(1380.)

Dit is der Eyt, den di tzwene herren Jairs doyn solen, de ouermitz unse herren vanme Raide zertzijt gekoren ind genoymen werden sullen, vmb der Juetschaff sachen zo hantyeren, die nu bynnen yrre Stat gewesen is ind die auch hernamails binnen yrre Stat zu woynen untfangen werden sall, wilcher zweyer herren ein alle Jair van dem Raide gekoren werden sall, de dat Jair vur gesessen hette ind sall yrre eyn umber tzwey Jair bij diesen sachen blijven ind geyn van yn die tzwey Jair lanck in Raide syn noch darin gekoren werden.

In den eyrsten solen sij versicheren ind zo zu den heilgen sweyren, dat sij der Juetschaff sachen vurschr. gemeynligen ind besunder na Eren ind beste der Steede ind na yren besten synnen truweligen hantyeren ind verkeren solen in der volgen, as sij unthalden synt, of namails untfangen werden solen, sunder dat umb eyncherleye sachen wille zo laissen, die dat yrren of hynderen moechten buyssen wist ind willen unser herren zertzijt vanme Raide ind dat sij alle der Juetschaf bruche truwelichen vorderen ind allen wynkouff, vurgelt, untfenckniss, upkomen, allen ervall ind wie man dat anders noemen mach, die van vurschr. Juetschaf sementligen of sunderligen geburden zo komen of zu ervallen, van walkunne sachen, de weren, mit truwen ind mit gantzem vlysse invorderen ind die gentzligen ind volkoemeligen leueren ind antwerden solen up der Steede Rentkameren, sunder des viel off cleyne hynder yn zubehalden, of des yet zu yrme of zu yemans anders nutze zu wenden of zu keren, ayn alreley argelist. Ind herumb sall man eyne yeklichme van yn des Jairs gheven X gulden ind nyet me, van der Stede wegen. Datum et concordatum Anno domini MCCCLXXX quarto die VI mensis Julii.

Urkunde 35.

(1417.)

Wir Sigmundt von Gots gnaden Römischer König, zu allen zyden mehrer des Reichs, und zu Vngern, Dalmatien, Croatien &c. König. Bekennen ind thun kundt offenbahr mit diessem brieue allen den, die in sehen oder hören lesen, Wandt die gemeine Judenschaft der Edler Statt zu Cölne unser und des Reichs Kammerknecht uns ind dem selnen Reiche zu dissen zeiten gross wallgefallen und pillichkeit beweisen, ind treffliche dienste gedain haint, und uns auch vurbass also mehr willig bereit sein sall und mag, So vell gnedigllicher und mildiglicher wir die mit unsern besunder gaaden gnediglichen bedenchen und versehen, Darumb han wir angesehen solche danknome beheeblicheit, ind dienste der egemelter Judischeit van Cölne mit wollbedachtem muth, guten Rath und rechten wissen alle von redliche gnaden, Privilegia, handtfesten brieue, rechte und gute gewonheiten, die dieselben Judischeit von dem Erwirdigen Diederich Erzbischoff zu Cölne &ct. seinen Vorfahren dem Capittel, und der Statt zu Cölne bis an diese zeit redelichen behalten, herpracht, ind besessen haut, bestediget, ind confirmiret, bestedigen, benesten ind confirmiren In die auch in krafft diss brieffs, auch van sunderlichen gnaden haben wir derselben Judischeit gemeinlich zu Colne disse besundere gnade gedain, dass sie niemandt wer der sei, Christen oder Juden, von unser und des Reichs wegen in keinerley heischung, forderung oder schatzung, umb gelt oder gutt, und auch sunst an andern Dingen, in diesen neg-zten sehen Jaren van datum diesses brieffs anzuheben, ansprechen und beschweren solle oder möge in geine wyss, es sei dan, das wir unser Kaiserliche Crönung in der zeit entfan wurden, das selbe recht, was uns dieselbe Judischeit dan von solcher unser werdicheit thun solte, haben wir uns behalten, auch wollen wir von Römischer Kön. macht, off jemand were, der were edel of unedel, Christen oder Juden, der Judischeit gemeinlichen zu Cölne oder Irer einer befunden, an leib oder gutter, ichte ihtte zu sprechen, dass sich der an der obgemelter Statt zu Cölne mit Scheffen urtheil ind gerichte, als daselbst gewonlich ist begnugen lassen sulle, es weren dan solche sachen, als morderey, dieberey, ind des glichen, die man kunfftiglich uber sie brengen mogte, und was uns darumb mit Scheffen urtheil in dem obersten gerichte zu

Cölne zugesprochen wurde, dass haben wir auch unss behalten. Und gepiethen daramb allen Fursten, Geistlichen und Weltlichen, Grauen, Vryhern, Herrn, Rittern, Knechten, Landvogten, Vogten, Ambtluden, Scholtheissen, Landtrichtern, Burgermeistern, Rhaten, ind gemeinden ind sunst allen anderen unseren ind des Reichs underthanen, ind getrewen, dass sie die vurss. Judischeit gemeinlichen ind besunder an den obgemelten gnaden, privilegien ind brieven, wie die von worten *luden* und an worten begriffen sein, ind nemblich an den obgemelten unseren newen gnaden nicht hinderen noch irren, sonder sei getrewlich dabei pleiben lassen, als lieb in sey unser ind des Reichs schwere ungnade zu vermeiden, Mit urkundt dieser brieve versigelt mit unser Kon Majest. Insigell, Geben zu Aich nach Christus Geburt 1400 und darnach in dem 17. Jare, dess negsten dinstags nae S. Lucien dage der heiligen Jungfrawen, unserer Reiche des Ungerischen in dreyssigsten und des Römischen in dem 7ten Jar.

Urkunde 36.

(1424.)

König Sigismund ladet den Senat Kölns und eine Anzahl Bürger in vierzig Tagen nach Empfang der Vorladung vor seinem Gerichte in Person zu erscheinen, um sich zu verantworten.

Wir Sigismundt von Gottes Gnaden Römischer König, zu allen zeiten mehrer des Reichs, und zu Ungarn, Bohmen, Dalmatien, Croatien u. s. w. König.

Entbieten unseren und des Reichs lieben getrewen Eberhart Hartfust, Johan von Heimbach, Rolandt von Odendorff, Göbell Walraff, Heinrich Hartfust Ritter, Johann Judt, Johan Bischoff, Johan von Dhaw, Theiss Walraff, Johan von Aren, Johan von Lewenstein, Jacob von Bernsaw, Johan von Mawenheim, Johan von der Ehren, Hermann Scherffgin, Adolff Drewer, Heinrich Bonenberg, Johann von Schilt, Conradt von Schilt, Theiss Floren, Heinrich van Waldt, Gerhard van dem Wasser Vasse, Eberhardt der Dummelts Dochter hat, Arnold Wachendorff, Ludwich von Westhoven, Dietherich Bolk, Gerhard von der Hosen, Claus Werckmesser, Reinhard von Krepss, Gobel von Lincke, Jacob vom Dawe, Herman Ludendorff, Johan Lengin, Friedrich Walraff, Walter von Dyck, Johan von Duren, Peter von Stralen, Johan von Stralen, Wynemer zu Beyerbaum, Fales von Odendorff, Rutger von der Widen, Johan von der Arken, Gottschalck Rabot zuer Hennen, Mertin Munch, Heytgen von der Bysen, Johann Beffen Schomacher, Johan Rodenkirchen, Arnold von

Vilke, Arnold von Weselich, Johan Vente, Johan Brewer, Johan von Glewel, Johan von Trot-n, Herman von der Hallo, Johan von Wistorff, Philipps von Schleide, Wilhelm Hoenschilt, Johan Thonberg, Herman von Geschrichte, Arnold von Siebenburg Blauverber, Gerhard Vogell, Gostwin Vogel, Johan vom Walde Scheronschleifer uff S. Marcellenstrassen, Gobel vom Rade, Johan von Reid, Thiell Schröder, Arnold Schilling, Heinrich von Gerrisheim, Ludwich Apoteker, Reinhardt Handtwerker, Johan von Sachsenhausen, Lauff in den Willgraven, Theiss von Elsig, Ludwich vom Kluppel, Johan Koylchgen, Vollmar gegen Judenberg uber, Meiss in der Rheingassen, Johan under Dreyfeldt, Gotthart Rottenbroich, Johan Koperschlaeger, Johan Fremersheim, Vlattenmecher under Spermecher, Wilhelm von Bergershausen Mahla, Costein Essigmenger uff dem Newmarck, Peter Ketzgen Hauwiseren uff der Sandtkulen, Peter zu der Portzen, Heinrich Becker, Heinrich Edelkindt, Johans von Glattbach, Carl von Aich, Ludwich von Lionenfelts, Arnold von Hensberg, Eppenscheit under Pannenschlager, Angelmacher, Johan von Gielr, Johan von Bommelskirchen, Gerhard und Christian von Winsberg, gebrüdere, Driess Teschenmacher, Göbel Pasternach, Peter der Schumacher, Herman Kistenmaecher, Johan der Brewer zum Esell, Heinrich der Tode und Jorge Kundte der Fleischawer, Bürger und Rath der Statt Cöllen ahm Rhein unser gnadt und alles guts.

Lieben getrewen, uns hat mit klage furbracht der Ehrwurdig Dieterich Erzbischof zu Cöllen, des Heiligen Romischen Reichs in Welschen Landen Ertz-Cantzler, unser Neue und Churfürst, wie das ir, ewer gesellen und diener von der Statt wegen und in der Statt Nahmen zu Cöllen, ahn seine und seines Stifftes Freyheiten, Herligkeit, Gerichte, Gräuen, Richtern, Ambtleuthen, Scheffen, rechten herkommen und Lehen, und nemblich mit der Judischeit binnen Cöllen gross gewalt, und unrecht mannigfalt begangen, und vorgenohmen habt wider denselben unsern lieben Neuen und Churfürsten und seines Stifftes rechte und freyheit, die Sie von uns und dem Reich haben, und hat unss als einen Römischen König demüttiglich angeruffen, das Wir ihnen des rechten umb solch unrecht gegen Euch geruheten zu helffen; und wan wir ihme des rechten nit haben mögen versagen, nach dem und wir einem jeglichen pflichtig sein das recht zu geben lassen, der uns umb recht anruffet, und wan wir doch gern sehen, durch Friedens willen das ir ungemuedet bellebet, und den vorgenandten unseren Lieben Neuen und Churfürsten liesset bey seinen und seines Stifftes Rechten, Herligkeyten, Freyheiten, Lehen, und nemblich der Judischeit bliben, darumb erwarnen wir euch als unsere und des Reichs getrewen, und gebieten Euch auch von Römischer Königlicher macht dass ihr fürbass den vorgenandten Dietrichen bey seinen und seines Stifftes Herligkeiten, Freyheiten, Gerichte, Gräven, Richtern, Ambtleuthen, Scheffen, rechten herkommen und Lehn ohne hindernuss bleiben und der gebrauchen lasset in aller der massen, als seine Vorfahren und er die bisher ingehabt habent, und nemblich der Judischeidt binnen Cöllen, des vorgenandten unsers lieben Neuen und Churfürsten bestettigung denselben Juden gegeben, ohn allen eintrag halden und schirmen, als Er und seine Vorfahren dass mit Euch herbracht haben, wenn thut ir dass nit; so heischen und laden wir gemeinlich und jeglichen besunder von derselben Römischen Königlichen macht mit diesem Brieff, dass ihr nach dem Tag, als Euch dieser brieff geantwortet wirt, ahn dem Viertzigsten Tag vor unser Königlicher Person und mit ewer selbst Leiven sein sollet, Euch und die Statt von Coellen zu verantworten, und zu recht bestehen gegen den obgedachten unseren Lieben Neuen und Churfürsten, und solche ansprach, geschichte, und sachen, die Er zu Euch, und der Statt zu Cöllen samentlichen oder besunder zu klagen hat, quemet ihr aber nit und wurdet solchen rechten Tagen vor Uns versaumen, so wollen wir den obgenandten unsern lieben Neuen recht gegen Euch lassen gehen, als recht ist.

Geben zu Ofen versigelt mit unserem Königlichen anhangenden Insigel nach Christi Geburth Vierzehn hundert Jahr, und darnach in dem Vier und Zwantzigsten Jahr, an der Helligen dreyer König abendt Unser Reich des Ungarischen in dem 37. des Römischen in dem Vierzehnten und des Bohemischen im vierten Jahr.

Urkunde 36 a.

(1424, am Vorabende des Festes der h. Lucia.)

Freundschaftlicher Vergleich zwischen dem Erzbischofe Dietrich und der Stadt Köln wegen der auf zehn Jahre nach des Erzbischofes Tode ausgewiesenen Juden, durch den Herzog Adolph von Jülich und Berg vollzogen.

Wir Adolph von der genalde godds Hertzoige zo güliche, ind zo dem Berge, ind greve zu Ravensberg, doin kundt. Also des wir in den scheidlinge ind Verbundbrieffe tuschen dem eirwürdige in golde vader ind Herrn, Herrn Diederichs Ertzenbuschove zo Coelen, Hertzoige van Westphalen ind van Enger &ct. unser Lieven Herren ind Neven ind der eirsamen wysen Bürgermeisteren Raide ind Borgern der Statt van Coelen unsen lieven vrunden, oevermits uns gesaiss ind vyssgesprochen uns macht behalden hain, up dat punte van der Jueden vasthelialter zu bynnen der Statt van Coelne mit wist ind Consente beider partyen vursch. so sprechen, ind Sy in dem punte ouch zo saisen: So sprechen wir eyns in vruntschafft ind mynnen ouermits desen Brieff as dat dieselue beide vursehr. partyen au vans gedalt haint, dat so wat gebreche off stoesse tuschen yn beyden partyen vursch. Darumb geweist off vntstanden moigen syn, doit sollen syn ind blyuen. Also dat darumb vnse Herrn ind Neve der Ertzebuschoff van Coelne vurg. noch syn gestichte, noch nyeman anders darzo gehoerende van synen, noch van syns gestichts weige vurschr. der Statt Burger noch Ingesessen von Coelen ansprechen noch kroeden en sall in engeynrewys. Woert ouch sache, dat yeman anders die selue Statt Burger off Ingesessen van Coelne vurgen. darumb ansprechen off kroeden weulde, dess en sall hee der selve unse Herru ind Neue der Ertzbuschoff vurgen. nyet gestanden noch laissen geschien mit synen wissen ind willen ain argelist. Ind dat der vurgen. unse Herru und Neue der Ertzbischoff van Coelne, syne leuedage noch ouch syn Capittell ind syn gestichte, noch syne nakoemelinge, an demselnen gestichte, noch ouch nyeman van yrenwegen tuschen Jaire na doide desselnen uns Herru ind Neuen des Ertzenbuschoffs en sall noch en sollen in geynrewyse die Statt Burger off Ingesessen van Coelne an gesynnen, den Jueden vntheltnisse zo gheven, off die zo vnthalden bynnen Coelne. Ind sprechen ouch, dat die Statt van Coelne bynnen der vursehr. Zyt die Juden nyet vnthalden en sall bynnen der seluer Statt Coelne zo woynen sunder alre kunne argelist ind geuerde. Ind mit derer vruntliche eynonge ind vphetsonge van der Juetschaff en sollen geyne der partyen vurg. geynreleye reicht vryheit noch erfschaff ouergegeuen hain nain na vissgange der tzwei Jaire, na doide unss Herren ind Neuen dess Ertzenbuschoffs vurg. ain alle geverde. Dies in eyn gesuchnisse der warheit ind gantzer vaster stedicheit hauen wir Adolph van der genalden Goids Hertzouge zo Güllche ind zo dem Berge ind greue zo Ranensberg vurg. vnse segell an dessen Brieff doin hangen. Ind wir Diederich van der seluer genalden Goids der heilige Kirche zo Coelne Ertzebuschoff des heiligen Roemschen Rejchs in Italien Ertz-Canceler, Hertzouge van Westphalen ind van Engern &ct. vur vnss, vnss gestieht ind naekoemlinge an, demseluen vnser gestieht. vp eyn. Ind wir Burgermeister Rait ind Burger der Statt van Coelne vp die ander syde, beide partyen vurgen. bekennen desse vurgen. punten ouermits, ind mit vnser beider wist ind guden willen van dem hogeboiren vnser lieuen Neuen ind Herren Herr Adolph Hertzouge zo Gülliche ind zo dem Berge ind Greuen zo Ranensbergo also gedadingt ind vssgesprochen synt wie vursch. steit. Ind darumb, so hain wir Diederich Ertzebuschoff geloifft ind geloyuen in guden trawen ind by vnser ferstlicher eren ind eyden. Ind wir Bürgermeister, Rait ind Bürger der Statt van Coelne vurg. hain ouch geloifft ind geloyuen by unser truwen ind eyden ouermitz vnse Burgermeister scruyt as gewoenlich is, dem seine vursch. punten vaste, stede ind vnverbruchlich zo halden ain argelist. Ind dies zo eyme urkunde hain wir Diederich Ertzbischoff zo Coelne vurg. vnse groisse pontificaely Segell an desen tegenwordige Brieff doin hangen. Ind hain zo meerer vestenisse wille dieseluen desen Brief mit vnss doin besegelen ind geloyuen, die Ersamen vnse lieue andechtige Doymdechen Ind Capittell vnser Kirche zo Coelne Ind also bekennen wir dieselwen Doymdechen Ind Capittell der selner Kirchen van Coelne vurgen., dat dese seine sachen vursch. mit vnser reichter wyss, willen ind Consente geschiet ind gedadingt synt as vursch. steit. Ind geloynen die darumb in guden truwen vaste ind stede zo halden, as verre ind as vort, as vns die antreffende synt, ind denselnen sachen ouch zo volgen as vursch. is, Sunder argelist Urkunde vns gemeynen Capittells segells an desen selnen brief gehangen vur vnss ind var vnse Nakoemlinge. Ind wir Burgermeister Rait ind Burgere der Statt van Coelne vurg. hain ouch der vursch. vnser Steide meiste Segell zo Vrkunde ind Stedicheide deser selner sachen vursch. an desen selnen vntgaenwordigen brieff doin ind laissen hangen vur ons ind var vnse Nakoemlinge. Ind wir Burgermeister Rait ind Burger der Statt van Colne vurg. hain ouch der vurg. vnser Steide meiste gegeuen in den Jairen vnsers Herren duysent vier hundert ind vier ind swentzich dens Dynstags op sente Lucien Avent der heilger Jouncfrauen.

Stadt-Archiv.

Zusatz.

Die hiesigen Kaufleute Gebrüder Elzbacher haben in jüngster Zeit den löblichen Entschluß gefaßt, aus ihren Mitteln für die jüdische Gemeinde ein Krankenhaus zu stiften, und zwar mit der humanen Bestimmung, daß auch Bekenner anderer Confessionen in demselben Aufnahme finden können. Dank den edlen, menschenfreundlichen Geschenkgebern!

Die Judengemeinde geht auch mit dem Gedanken um, sich bei Köln einen Friedhof anzulegen, da ihre Mitglieder bis dahin auf dem jüdischen Friedhofe bei Deutz beigesetzt werden.

www.ingramcontent.com/pod-product-compliance
Lightning Source LLC
Chambersburg PA
CBHW020740020526
44115CB00030B/717

* 9 7 8 3 7 4 1 1 5 8 6 0 5 *